作战环境工程学术著作丛书

作战环境建模

宋国民　曹雪峰　陈令羽　张　欣　编著

科学出版社
北　京

内 容 简 介

本书系统介绍作战环境建模的基本概念、基础理论、主要过程、关键技术和方法；具体阐述系统建模、作战环境模型的内涵、作用及分类，分析作战环境建模的共性方法和通用技术；重点介绍地理空间信息网格建模、数字高程模型建模、地物建模、全景图像建模、地理环境分析模型建模、地理环境数值模型建模等内容和方法。同时，对其他作战环境的概念内涵、构成要素、建模内容及建模方法进行简要介绍。

本书可供作战环境工程及相关方向本科生、研究生学习，也可供系统仿真、测绘地理、作战环境、作战实验等领域的研究人员和技术人员参考。

图书在版编目（CIP）数据

作战环境建模 / 宋国民等编著. —北京：科学出版社，2024.3
（作战环境工程学术著作丛书）
ISBN 978-7-03-077912-0

Ⅰ. ①作… Ⅱ. ①宋… Ⅲ. ①作战–系统建模 Ⅳ. ①E83

中国国家版本馆 CIP 数据核字（2023）第 256024 号

责任编辑：张艳芬　李　娜 / 责任校对：崔向琳
责任印制：吴兆东 / 封面设计：无极书装

科学出版社 出版
北京东黄城根北街 16 号
邮政编码：100717
http://www.sciencep.com

北京中石油彩色印刷有限责任公司印刷
科学出版社发行　各地新华书店经销
*

2024 年 3 月第 一 版　开本：720×1000　1/16
2025 年 3 月第二次印刷　印张：23
字数：464 000
定价：198.00 元
（如有印装质量问题，我社负责调换）

"作战环境工程学术著作丛书"编委会

主　编：高　俊
副主编：游　雄
编　委：（按姓名汉语拼音排序）

　　　　陈　刚　贾奋励　李　锋　李　科
　　　　吕志伟　宋国民　王光霞　武志强
　　　　夏　青　徐丙立　於建峰　张威巍

"作战环境工程学术著作丛书"序

  敌情、我情、作战环境始终是战争关注的焦点。作战环境影响、制约着各种作战活动，只有正确地认知环境，才能有效地利用环境，进而掌握战争的主动权。实现这一目标，离不开及时、准确、可靠的环境保障。作战环境保障能力反映了一个国家的国防实力和战争能力，是各军事强国抢占的战略制高点。

  古往今来，作战环境构成要素并非一成不变，而是随着战争形态、作战形式和科学技术的变革发展而不断演变，其中，军事科技的发展深刻地影响着作战环境因素的构成。现阶段，以物联网、大数据、云计算、人工智能等为代表的新一代信息技术，以脑科学、生命科学为代表的新一代生物技术，以太空进入、利用与控制为核心的空间技术，以网络空间塑造与应用为核心的网络信息技术，极大地拓展了军事活动的空间和领域。智能化无人作战、认知域作战等新型作战样式进入战场，新域新质作战力量悄然形成。在这些变化影响之下，作战环境呈现出新的特点：陆、海、空、天、网多域空间交叠并存，构成超高维空间结构；自然、人文、信息多元要素交互融合，产生不确定变化结果；对作战行动的影响效能无法叠加测算，形成非线性综合影响；形态特征动态发展，具有多时态变化规律。总之，作战环境对作战行动和武器装备运用的影响非常复杂，以往以单一环境要素为研究对象的学科体系和保障手段，已不能满足对复杂作战环境特点规律的认知需求，迫切需要建设作战环境新学科，建立作战环境保障新手段。

  20世纪90年代，时任军事科学院副院长糜振玉中将、原解放军测绘学院院长高俊院士等部分国务院学位委员会军事学科评议组专家，提议在军事学门类体系中增设"作战环境学"，得到了军队教育训练主管部门的支持。1999年，原解放军信息工程大学测绘学院组建了以高俊院士领衔的学科建设团队，在军内率先探索建设作战环境学新学科；2012年，作战环境学正式列为军队指挥学一级学科下属二级学科。作战环境学（2022年学科更名为"战场环境"）横跨军事学、测绘科学、地理学、气象学、信息科学、计算机科学等学科专业，涉及作战指挥、训练模拟、武器应用、装备研制以及民用等应用领域，其学科知识和技术手段不仅可为作战指挥提供保障，也可为国家安全、抢险救灾、行政管理和经济建设提供服务。

  "作战环境工程学术著作丛书"由战略支援部队信息工程大学地理空间信息学院牵头组织，汇集作战环境工程领域深耕多年的研究成果，内容涵盖作战环境感知、认知、评估、服务及其作战应用的理论与方法。丛书按照"时空域-要素域-认知域"三域一体的研究框架，阐述基于统一时空基准实现多域、多元作战环境信息集成融合和认知应用的基本理论、关键技术和应用场景，覆盖作战环境基本概念、空间认知原理与实验方法、卫星定位与位置服务、作战环境建模与仿真、作战态势表达、作战环境信息系统构建等研究内容，呈现虚拟作战环境、战场增强现实、兵棋地图、全息位置地图和机器地图等新型认知手段。

在作战环境学科建设、工程实践以及丛书撰写过程中，李崇银、杨元喜、周成虎、龚健雅、李建成、郭仁忠、陈军等院士以及薛彦绪、郭卫平、笪良龙、胡晓峰、毕长剑、陈雷鸣、马亚平、张宏军等专家给予了热情指导和积极推动，在此表示衷心的感谢！

真诚地希望这套丛书能够为作战环境工程领域人才培养、科学研究和技术保障提供有益借鉴。

2023 年 4 月

前　言

　　作战环境建模与仿真是人类认识作战环境的重要手段。作战环境建模是其中一项重要的内容，也是后续开展作战环境仿真的基础。它是以相似性原理为依据，围绕作战环境的主要特性，根据研究目标建立相应的作战环境模型，并采用一定的手段对作战环境模型进行检验的理论、技术和方法。

　　本书是作者在从事多年作战环境建模相关领域教学和科研工作的基础上撰写的，重点阐述作战环境模型的基本概念、分类组成，深入探讨地理、海洋、气象、电磁、空间、网络等作战环境的概念内涵、构成要素、建模内容及建模方法。全书共 13 章。第 1 章主要介绍系统建模的基本概念、原则与方法，以及检验的相关知识。第 2 章主要介绍作战环境模型的基本概念、层次及分类。第 3 章主要介绍地理空间信息网格的基本概念、剖分方法及编码计算方法。第 4 章主要介绍 DEM 的基本概念、获取，规则格网及不规则三角网数字高程模型的建模方法，DEM 的精度评估。第 5 章主要介绍地表各类地物的外观特征建模方法，以及建筑物室内空间建模。第 6 章主要介绍全景图像的基本概念与投影方式、图像配准、图像融合。第 7 章主要介绍地理要素的量测与计算模型、空间叠置分析模型、基于 DEM 的计算与分析模型。第 8 章主要介绍几种常用的地理环境数值模型的建模。第 9 章主要介绍海浪建模的几类方法，以及海洋标量场、海洋矢量场可视化建模。第 10 章主要介绍战场气象环境的概念、构成要素、建模内容，以及常见的大气现象数学模型的建立方法。第 11 章主要介绍战场电磁环境的概念、构成要素、建模内容，以及电磁信号、电磁环境特征机理、电磁环境可视化的建模方法。第 12 章主要介绍空间环境的概念、构成要素，以及常见的空间环境数学建模、空间环境可视化建模。第 13 章主要介绍网络空间的概念、组成要素、分层、建模内容，以及实体建模、行为建模、态势建模。

　　本书由宋国民负责设计全书框架结构，拟定各章内容。本书内容由宋国民、曹雪峰、陈令羽、张欣共同撰写。其中，第 1 章、第 2 章、第 4 章、第 7 章、第 9~13 章由宋国民撰写，第 3 章由曹雪峰撰写，第 5 章由宋国民和曹雪峰共同撰写，第 6 章由陈令羽撰写，第 8 章由张欣和宋国民共同撰写。全书由宋国民统稿。

　　在本书撰写过程中参考了大量的国内外文献资料和优秀研究成果。这些文献资料和研究成果大大充实了本书的内容，在此对相关作者表示衷心的感谢！

本书涉及领域较多，很多内容尚处于研究和探索之中，加之作者的学识和水平有限，书中难免存在不妥之处，恳请广大读者批评指正。

宋国民

2023 年 8 月

目 录

"作战环境工程学术著作丛书"序
前言
第1章 系统建模概述 …………………………………………………………… 1
  1.1 系统建模的基本概念 …………………………………………………… 1
    1.1.1 系统 ……………………………………………………………… 1
    1.1.2 模型 ……………………………………………………………… 2
    1.1.3 系统建模与仿真 ………………………………………………… 3
  1.2 系统建模的原则与方法 ………………………………………………… 4
    1.2.1 系统建模的原则 ………………………………………………… 4
    1.2.2 系统建模的方法 ………………………………………………… 5
  1.3 系统建模的检验 ………………………………………………………… 7
    1.3.1 VV&A 的概念 …………………………………………………… 7
    1.3.2 模型校核的一般方法 …………………………………………… 8
    1.3.3 模型验证的一般方法 …………………………………………… 9
    1.3.4 模型的确认 ……………………………………………………… 11
第2章 作战环境模型 …………………………………………………………… 12
  2.1 作战环境模型的基本概念 ……………………………………………… 12
    2.1.1 作战环境的概念 ………………………………………………… 12
    2.1.2 作战环境模型的概念及作用 …………………………………… 13
  2.2 作战环境模型的层次 …………………………………………………… 14
    2.2.1 概念模型 ………………………………………………………… 14
    2.2.2 数学逻辑模型 …………………………………………………… 15
    2.2.3 仿真程序模型 …………………………………………………… 17
  2.3 作战环境模型的分类 …………………………………………………… 18
    2.3.1 根据作战环境模型的描述内容分类 …………………………… 18
    2.3.2 根据作战环境模型的描述方法分类 …………………………… 20
    2.3.3 根据作战环境的组成要素分类 ………………………………… 20
第3章 地理空间信息网格建模 ………………………………………………… 25
  3.1 地理空间信息网格的基本概念 ………………………………………… 25

        3.1.1 地理空间网格的发展历史 ………………………………………… 25
        3.1.2 地理空间信息网格的内涵与特征 …………………………………… 29
    3.2 地理空间信息网格的剖分方法 ……………………………………………… 33
        3.2.1 平面网格剖分方法 ……………………………………………… 33
        3.2.2 球面网格剖分方法 ……………………………………………… 38
        3.2.3 球体网格剖分方法 ……………………………………………… 47
    3.3 地理空间信息网格的编码计算方法 ………………………………………… 55
        3.3.1 层次编码计算方法 ……………………………………………… 55
        3.3.2 填充曲线编码计算方法 ………………………………………… 56
        3.3.3 整数坐标编码计算方法 ………………………………………… 57
第 4 章 DEM 建模 ……………………………………………………………… 58
    4.1 DEM 的基本概念 …………………………………………………………… 58
        4.1.1 DEM 的定义 …………………………………………………… 58
        4.1.2 DEM 的分类 …………………………………………………… 60
    4.2 DEM 的获取 ………………………………………………………………… 62
        4.2.1 立体光学影像 …………………………………………………… 62
        4.2.2 合成孔径雷达图像 ……………………………………………… 63
        4.2.3 机载激光扫描点云数据 ………………………………………… 64
        4.2.4 现有地形图 ……………………………………………………… 65
        4.2.5 实地测量 ………………………………………………………… 66
        4.2.6 各种 DEM 获取方式比较 ……………………………………… 67
    4.3 格网 DEM 的建立 …………………………………………………………… 68
        4.3.1 RSG DEM 的建立 ……………………………………………… 68
        4.3.2 TIN DEM 的建立 ……………………………………………… 74
        4.3.3 RSG DEM 与 TIN DEM 的比较 ……………………………… 86
    4.4 格网 DEM 的数据组织 ……………………………………………………… 86
        4.4.1 RSG DEM 的数据组织 ………………………………………… 87
        4.4.2 TIN DEM 的数据组织 ………………………………………… 90
    4.5 DEM 的精度评估 …………………………………………………………… 91
        4.5.1 概述 ……………………………………………………………… 91
        4.5.2 DEM 数据质量与误差理论 …………………………………… 92
        4.5.3 DEM 精度描述指标和精度体系 ……………………………… 96
        4.5.4 DEM 精度评定和精度模型 …………………………………… 100
第 5 章 地物建模 ……………………………………………………………… 104
    5.1 基于二维平面图的三维建模 ……………………………………………… 104

  5.1.1 基于 CAD 的三维建模 ……………………………………………… 104
  5.1.2 基于数字地图的三维建模 …………………………………………… 105
 5.2 基于摄影测量的三维建模 ………………………………………………… 109
  5.2.1 基于数字摄影测量技术的三维建模 ………………………………… 109
  5.2.2 基于倾斜摄影测量技术的三维建模 ………………………………… 111
 5.3 基于激光点云的三维建模 ………………………………………………… 114
  5.3.1 激光点云的特征提取 ………………………………………………… 114
  5.3.2 建筑物外观的三维建模 ……………………………………………… 116
  5.3.3 树木的三维建模 ……………………………………………………… 118
 5.4 建筑物室内空间建模 ……………………………………………………… 121
  5.4.1 建筑物室内空间的特点 ……………………………………………… 121
  5.4.2 建筑物室内空间数据模型 …………………………………………… 122
  5.4.3 建筑物室内空间建模方法 …………………………………………… 137

第 6 章　全景图像建模 ……………………………………………………………… 140
 6.1 全景图像的基本概念 ……………………………………………………… 140
  6.1.1 全景图像的分类 ……………………………………………………… 141
  6.1.2 全景原始图像数据的获取 …………………………………………… 145
 6.2 全景图像的投影方式 ……………………………………………………… 149
  6.2.1 圆柱面全景投影 ……………………………………………………… 149
  6.2.2 立方体全景投影 ……………………………………………………… 150
  6.2.3 球面全景投影 ………………………………………………………… 152
 6.3 图像配准 …………………………………………………………………… 154
  6.3.1 图像配准的基本概念 ………………………………………………… 155
  6.3.2 图像变换 ……………………………………………………………… 156
  6.3.3 基于特征的配准方法 ………………………………………………… 159
  6.3.4 基于灰度的配准方法 ………………………………………………… 166
 6.4 图像融合 …………………………………………………………………… 168
  6.4.1 直接平均法 …………………………………………………………… 169
  6.4.2 加权平均法 …………………………………………………………… 170
  6.4.3 重叠区线性过渡法 …………………………………………………… 170
  6.4.4 多段融合法 …………………………………………………………… 170
  6.4.5 中值滤波法 …………………………………………………………… 171
  6.4.6 其他方法 ……………………………………………………………… 171

第 7 章　地理环境分析模型建模 …………………………………………………… 174
 7.1 地理要素的量测与计算模型 ……………………………………………… 174

7.1.1 位置量测 …… 174
7.1.2 质心量测 …… 175
7.1.3 长度量测 …… 175
7.1.4 面积量测 …… 179
7.1.5 形态量测 …… 179
7.2 空间叠置分析模型 …… 180
7.2.1 基本概念 …… 180
7.2.2 矢量数据叠置分析 …… 182
7.2.3 栅格数据叠置分析 …… 184
7.3 基于 DEM 的计算与分析模型 …… 184
7.3.1 高程内插 …… 184
7.3.2 坡度和坡向计算 …… 187
7.3.3 表面积和体积计算 …… 189
7.3.4 剖面分析 …… 191
7.3.5 可视性分析 …… 193

第 8 章 地理环境数值模型建模 …… 196
8.1 建模分析 …… 196
8.1.1 格网样式分析 …… 196
8.1.2 地理环境描述要素分析 …… 197
8.2 格网模型数学基础的建立 …… 197
8.2.1 格网几何特性分析 …… 197
8.2.2 正四边形格网系统构建 …… 201
8.2.3 正六边形格网系统构建 …… 202
8.2.4 格元尺寸的确立 …… 206
8.3 格网数值模型的建立 …… 206
8.3.1 格网数值的描述方法 …… 206
8.3.2 正四边形格网数值模型的建立 …… 207
8.3.3 正六边形格网数值模型的建立 …… 210

第 9 章 海洋环境建模 …… 222
9.1 海洋环境建模分析 …… 222
9.1.1 海洋特征对象的建模方法 …… 223
9.1.2 海洋场对象的建模方法 …… 223
9.1.3 海洋环境特殊效果的建模 …… 224
9.2 海浪建模 …… 224
9.2.1 基于几何模型的方法 …… 225

		9.2.2 基于物理模型的方法	228
		9.2.3 基于海浪谱的方法	229
		9.2.4 基于运动模型的方法	231
		9.2.5 基于分形几何的方法	232
	9.3	海洋标量场可视化建模	233
		9.3.1 一维标量场可视化建模	233
		9.3.2 二维标量场可视化建模	234
		9.3.3 三维标量场可视化建模	235
	9.4	海洋矢量场可视化建模	239
		9.4.1 图标法	239
		9.4.2 矢量线法	240
		9.4.3 纹理法	241
		9.4.4 特征法	244
第 10 章	战场气象环境建模		245
	10.1	战场气象环境建模分析	245
		10.1.1 战场气象环境的概念	245
		10.1.2 战场气象环境的构成要素	246
		10.1.3 战场气象环境的建模内容	251
	10.2	大气环境建模	252
		10.2.1 理想化模型	252
		10.2.2 统计特征模型	252
		10.2.3 数值模型	254
	10.3	大气现象模拟	255
		10.3.1 大气尘粒现象模拟	255
		10.3.2 大气水凝现象模拟	258
第 11 章	战场电磁环境建模		267
	11.1	战场电磁环境建模分析	267
		11.1.1 战场电磁环境的概念	267
		11.1.2 战场电磁环境的构成要素	268
		11.1.3 战场电磁环境的建模内容	270
	11.2	电磁信号建模	273
		11.2.1 信号仿真	273
		11.2.2 功能仿真	276
	11.3	电磁环境特征机理建模	277
		11.3.1 空域特征建模	277

	11.3.2	时域特征建模	278
	11.3.3	频域特征建模	279
	11.3.4	能域特征建模	280
11.4	电磁环境可视化建模		281
	11.4.1	电磁波束可视化	281
	11.4.2	电磁场可视化	284
	11.4.3	电磁态势可视化	284

第 12 章　空间环境建模 290

12.1	空间环境建模分析		290
	12.1.1	空间环境的概念	290
	12.1.2	空间环境的构成要素	291
	12.1.3	空间环境的建模内容	294
12.2	空间环境数学建模		295
	12.2.1	高层中性大气建模	295
	12.2.2	电离层建模	296
	12.2.3	地球磁场建模	297
	12.2.4	地球辐射带建模	298
	12.2.5	流星体、空间碎片建模	299
12.3	空间环境可视化建模		302
	12.3.1	空间环境数据场的可视化方法	302
	12.3.2	空间环境数据场的直接体绘制	304
	12.3.3	空间环境数据场的面绘制	305
	12.3.4	地球磁场及磁层的 MHD 可视化	311
	12.3.5	地球辐射带的可视化	314

第 13 章　网络空间建模 317

13.1	网络空间建模分析		317
	13.1.1	网络空间的概念	317
	13.1.2	网络空间的组成要素	319
	13.1.3	网络空间的分层	319
	13.1.4	网络空间的建模内容	320
13.2	实体建模		321
	13.2.1	实体建模分析	321
	13.2.2	物理实体建模	322
	13.2.3	虚拟实体建模	323
	13.2.4	实体关系建模	325

13.3 行为建模 ·· 330
　13.3.1 行为建模分析 ·· 330
　13.3.2 信息行为建模 ·· 331
　13.3.3 认知行为建模 ·· 332
13.4 态势建模 ·· 333
　13.4.1 态势建模分析 ·· 333
　13.4.2 态势评估与分析 ··· 334
　13.4.3 态势预测 ·· 341

参考文献 ·· 343

第1章 系统建模概述

人类对现实世界的探索过程，往往是通过建立各种模型对现实世界进行研究的过程。不同学科的研究都要建立研究对象的模型，从宏观系统到微观系统、从生命系统到非生命系统的研究都是如此。因此，明确研究对象、建立研究对象的模型、检验模型的准确性，是系统建模必须研究和关注的问题。

1.1 系统建模的基本概念

为了能够全面、准确地理解系统建模，必须了解系统建模的研究对象及研究方法。

1.1.1 系统

系统建模所研究的对象即系统。系统通常是指为了达到某种目的，一组具有特定功能、彼此互相联系的若干要素的有机整体。系统建模所关注的系统是广义的，泛指人类社会和自然界的一切存在、现象与过程，如人体的新陈代谢系统、自然界的生态循环系统、军事领域的作战模拟系统等。

我国系统科学的奠基人钱学森在系统建模与仿真领域做出了开创性的贡献。他把极其复杂的研究对象称为系统，并认为系统是由相互作用和相互依赖的若干组成部分结合而成的具有特定功能的有机整体，并且该系统又是它所属的更大系统的组成部分。他对系统的描述重点强调递归分解的概念：一个系统由若干分系统组成，而每个分系统又是另一些子系统的合成体，如此直至无穷。也就是说，系统可以由一系列相互作用的分系统构成，分系统又可以由更低一级的子系统组成。因此，要使上述定义有效，递归分解过程必须是可以停止的，也就是说，根据研究对象与研究目的的不同，系统的粒度可大可小。

任何系统都存在三方面需要研究的内容，即实体、属性和活动(黄柯棣等，1998，2010)。

(1) 实体：组成系统的具体对象。
(2) 属性：实体所具有的每一项有效特征(状态和参数)。
(3) 活动：系统内对象随时间推移而发生的状态变化。

无论是简单的还是复杂的系统都由一些实体组成，而每一个实体又有其属性，整个系统又有其活动。因此，实体、属性和活动构成系统的三大要素。

系统往往是在不断地运动、发展和变化的。组成系统的实体之间相互作用而引起属性的变化，使得在不同时刻系统中的实体与属性都可能发生变化，这种变化通常用状态来描述。在任意时刻，系统中的实体、属性及活动的信息总和称为系统在该时刻的状态，用于表示系统状态的变量称为状态变量。

系统并非独立存在的，它总是在某一特定环境下运作。环境的变化有可能影响系统的状态。系统也会产生一些作用，使系统之外的环境(或环境中的物体)发生变化。因此，系统边界与系统环境也是系统的研究内容。

(1) 系统边界：能包含所研究对象(系统)所有部件的界限，这种界限可以是物理上的，也可以是概念上的。

(2) 系统环境：位于系统边界以外的部件，以及能够在系统特性上施加某些重要影响的因素。

在研究系统时，要注意正确划分系统边界。系统边界的确定，要根据研究目标而定。确定研究目标后才能确定哪些属于系统内部因素，哪些属于系统外部环境。

1.1.2 模型

对系统开展研究，有时无法直接对原始系统进行研究，往往只能通过系统的相似物进行研究，而这个相似物就是模型。模型是对所模拟对象(原型)的一种抽象、描述、模仿，是对原型本质的表述。它具有与原型相似的数学描述或物理属性，以各种表现形式(如文字、符号、图表、实物、数学表达式等)反映原型的信息(图1.1)。从应用的角度，模型不是原型的复制，而是根据不同的使用目的，选取原型的某个或某些方面的属性或特征进行抽象和简化(曹晓东等，2013)。

(a) 沙盘模型　　　　　　　(b) 城市三维虚拟环境

图1.1　模型示例

就模型与原型的关系而言，可以把模型看作原型物质或观念上的类似物。据此，可以把模型分为实体模型和抽象模型两大类。实体模型是以某种程度上相似的实物去再现原型的，通常要求实体模型与实物比较相似，能够逼真地描述实物原型。它既可以是人工构建的，也可以是自然界获取的，如沙盘模型、武器装备模型、动植物标本等。抽象模型是指人们对原型进行信息加工处理后的一种抽象化再现，可以表现为概念模型或数学模型。概念模型基于对所研究对象相关概念的抽象，并通过对抽象概念相互关系的概括和描述得到，通常用文字、符号、框图等形式表达原型。数学模型则是用数学表达式、逻辑表达式、符号及数据来表示原型的模型，其中原型的属性用变量表示，原型的活动用相关变量之间的数学关系式表示。

目前，建立系统的模型并基于模型研究系统，已成为人们认知世界和改造世界的一种重要方法。而且，随着所研究的系统或原型的规模越来越大，复杂程度越来越高，模型的价值越来越高，对建模方法的要求也越来越高。在科学研究和工程实践中，人们能够构建一个模型，利用该模型进行实验，并根据特定的应用目标对该模型进行相应的修改与完善。与原型相比，模型的构建和使用成本一般要低得多。如果模型构建合理，其结果通常具有较高的可信度，可以用来复现或预测原型系统的属性、状态或活动。

1.1.3 系统建模与仿真

在系统建模与仿真领域，建模与仿真常常被混为一谈，不加区分，但严格地讲，建模与仿真具有不同的含义。美国国防部在建模与仿真主计划(modeling and simulation master plan，MSMP)中，将仿真划分为建模与仿真两部分(黄文清，2011)。建模即建立模型，是指建立系统的一种表达，而仿真是指运行和演练这种表达。建模和仿真是一种分析和解决问题的途径，是一种建立系统模型、对系统进行仿真的活动。任何模型都要通过仿真实现，而任何仿真都必须有模型支持。

系统建模与仿真，简称系统仿真，是指建立系统模型，并通过系统模型的实验去研究原型系统的具体过程。具体来说，系统建模与仿真是以相似理论、控制理论、计算机技术、信息技术及其应用领域的专业技术为基础，以计算机和各种物理效应设备为工具，利用数学模型或部分实物对实际的或设想的系统进行动态实验研究的一门综合性技术。

在系统建模与仿真的过程中，系统是研究对象，模型是系统的抽象，是实际系统的替代物或模仿品，仿真通过对模型的实验来达到研究系统的目的。进行仿真实验，系统和模型是两个主要因素，同时由于对复杂系统的模型处理和模型求解离不开高性能的信息处理装置，而现代的计算机及网络组成的仿真平台又责无旁贷地充当了这一角色，所以系统建模与仿真实质上包括三个基本要素，即系统、模型和仿真平台。联系这三个基本要素的基本活动包括设计实际或假设系统的模型(系统建模)、在计算机上执行模型(仿真建模)和分析执行输出(仿真实验)。它们的关系可用图 1.2 来描述。

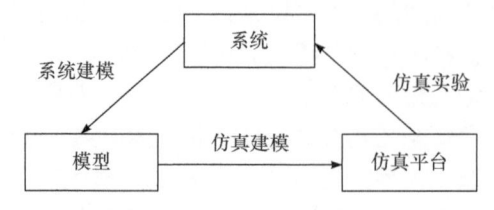

图 1.2 系统建模与仿真的三个基本要素及三项基本活动

从图 1.2 可以看出,系统建模是系统仿真中的一项重要活动,是开展仿真研究的基础。具体来说,系统建模是通过对实际或假设系统的观测或检测,在忽略次要因素及不可检测变量的基础上,用数学的方法进行描述,从而获得实际或假设系统的简化近似模型。由实际系统抽象到数学模型,称为一次建模。这一过程的完成需要系统辨识技术和系统建模理论与方法的支撑。

仿真建模是指由数学模型转换到能够在计算机上运行的仿真系统模型的过程,又称二次建模。这一过程的完成需要特定的计算机等仿真平台及相应仿真技术的支持。仿真模型反映了系统模型与仿真平台之间的关系,能被仿真平台接受并运行。例如,仿真模型就是对系统模型进行一定的算法处理,使其在变成合适的形式(如将数值积分变为迭代运算模型)之后,能在计算机上进行数字仿真的"可计算模型"。显然,由于采用的算法引入了一定的误差,所以仿真模型相对于实际系统或假设系统是一个二次简化的模型。

仿真实验是指对模型的运转。例如,计算机仿真就是将仿真模型置于计算机运转的过程。仿真是通过实验研究实际系统或假设系统的一种技术,通过仿真活动可以探究系统内在的结构变量和环境条件的影响。因此,为了使模型能够运转,需要设计一个合理的、方便的、服务于系统研究的实验步骤和软件。

1.2 系统建模的原则与方法

建立一个简单明了、准确反映原型系统主要特征的模型,是系统建模工作的根本目标。为达成此目标,在系统建模时必然要遵循一定的建模原则,采用一定的建模方法。

1.2.1 系统建模的原则

建立能较全面、准确反映系统的状态、本质特征和变化规律的模型是系统建模的关键。在大多数情况下，模型不可能与原型系统完全吻合。为保证建立的模型尽可能逼近原型系统，建立模型时应遵循以下原则(刘思峰等，2012；穆歌等，2013)。

1. 准确性

在建立系统模型时，应该考虑所收集的、用以建立模型的信息的准确性，包括确认所对应原理和理论的正确性及其适用范围，同时检验建模过程中针对系统所作假设的正确性。

2. 简单性

从实用的观点看，由于在建模过程中忽略了一些次要因素和某些非可测变量的影响，因此实际的模型是一个简化的近似模型。一般而言，在实用的前提下，模型越简单越好。

3. 清晰性

一个复杂的系统往往是由许多子系统组成的，因此对应的系统模型也是由许多子模型构成的。在子模型之间除为了研究目的所必需的信息联系，互相耦合要尽可能少，结构要尽可能清晰。

4. 相关性

模型应该只包括系统中与研究目的有关的信息。虽然与研究目的无关的信息包含在系统模型中可能不会产生很大的影响，但是会增加模型的复杂性，使得在求解模型时增加额外的工作，因此应该把与研究目的无关的信息排除。例如，对空中调度系统进行建模，只需要考虑飞机飞行的方位与航向，而不需要关注飞机的飞行姿态。

5. 可辨识性

模型结构必须具有可辨识性。可辨识性是指系统的模型必须有确定的描述或表示方式，而在这种描述方式下与系统性质有关的参数必须具有可识别的解。若一个模型结构中具有无法估计的参数，那么此模型就没有实用价值。

1.2.2 系统建模的方法

根据系统特点的不同，可采用不同的系统建模方法。当前，常用的系统建模方法有以下三类(贺毅辉等，2012；刘思峰等，2012)。

1. 分析法

分析法又称演绎法、理论建模法或机理建模法，是指对于内部结构和特性清晰的系统(即白箱系统)，可以利用已知的一些基本规律和原理，经过分析和演绎推导出描述系统的数学模型(图 1.3)。

分析法是根据系统的工作原理，运用一些已知的定理、定律和原理(如能量守恒定律、热力学原理等)，明确系统机理，并据此推导出描述系统的数学模型。分析法是从一般到特殊的建模过程，并且将模型看作在一组前提条件下经过演绎而得到的结果。此时，实验数据仅用来验证分析法所构建的模型是否合理。

分析法存在一定的缺陷，在一定的前提条件下，按照分析法，基于一组完整的公理将推导出唯一的模型，但人们对前提条件的选择往往有所差异，因此构建出来的模型往往不一致。

2. 测试法

测试法又称归纳法、实验建模法或系统辨识法，是指对于内部结构和特性不清晰的系统(即黑箱系统)，如果允许直接进行实验观测，则可假设模型，并通过实验验证和修正建立模型，也可以用辨识的方法建立模型(图 1.4)。

输入 → 系统已知 → 输出　　　输入 → 系统未知 → 输出

图 1.3　白箱系统建模　　　　图 1.4　黑箱系统建模

对属于黑箱且不允许直接进行实验测试的系统(如多数非工程系统)，可以采用数据收集和统计归纳方法建立模型。

测试法是从特殊到一般的建模过程。它是从系统描述分类中最低一级开始的，并试图去推断较高水平的信息。一般来讲，这样的选择往往不是唯一的，因为测试所用的数据集是有限的，而且常常是不充分的，所以据此推断出来的结论往往不够全面、完整。

对于通过辨识方法建立起来的系统模型，还需要利用额外的一些输入来测试系统的正确性。此外，在输入/输出不能达到预期效果时，还要对建立的模型进行进一步调整。

3. 综合法

还有一大类系统(即灰箱系统)介于白箱系统与黑箱系统之间，对于灰箱系统的内部结构和特性，只了解其中一部分，此时可采用前两种方法相结合的方法(图 1.5)。当然，即使对于白箱系统，在分析演绎出模型结构后，仍需通过实验方法确定其参数，因此综合法用得最多。

分析法运用较为广泛，但其只能用于比较简单的系统，且在建立数学模型的过程中必须进行一些假设与简化，否则所建立的数学模型会过于复杂，不易求解。测试法无须深入了解系统的机理，但必须设计一个合理的实验，以获得系统的最大信息量，这在实践中往往是非常困难的。因此，这两种方法在不同的应用场合各有千秋。在实际应用时，两种方法应该互相补充，而非互相取代。在有些情况下，可以将两种方法结合起来，即运用分析法列出系统的理论数学模型，运用测试法确定数字模型中的参数。两种方法结合起来往往可以得到较好的效果，而且求得的数学模型的物理意义比较明确。

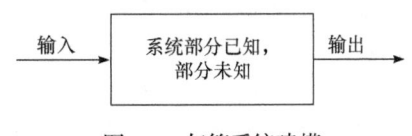

图 1.5 灰箱系统建模

要获得一个满意的模型是十分不易的，特别是在建模阶段，它会受到客观因素和建模者主观意志的影响，所以必须对建立的模型进行反复校核，以确保其可信度。

1.3 系统建模的检验

模型是建模者根据建模与仿真的目的，按照一定的规则对原型系统的科学抽象与简化描述。基于系统建模方法所构建的模型是否正确，是否能够反映原型系统的真实特性，是建模与仿真过程中必须考虑的现实问题。特别是随着建模与仿真复杂程度的不断增加，建模与仿真的正确性和可信度问题越来越重要，因为一个不正确的仿真结果可能会导致重大的决策失误。如何保证建模与仿真的正确性和可信度，引起了国内外仿真界的广泛关注和研究，由此推动建模与仿真的校核、验证和确认(verification，validation and accreditation，VV&A)技术的产生、发展和应用。

1.3.1 VV&A 的概念

模型的 VV&A 由校核、验证和确认三部分组成，是指基于建模与仿真的特定应用，不断对其进行评审、分析、评估和测试，以提高其可信度的过程。

校核是证实模型从一种形式转换到另一种形式是否具有足够正确性的过程，也就是说模型的实现是否正确体现了开发者的概念性描述和规格说明的过程。在模型的开发过程中，校核阶段是最为有效的。

验证是从预期应用的角度确定模型表达实际系统的准确程度。其目的和任务是根据建模和仿真的目的和目标,考察模型在其作用域内是否准确代表了原型系统。与校核不同,校核是确保模型是按照需求正确建立的,而验证则要保证模型的可信度;校核侧重于对建模过程的检验,验证侧重于对仿真结果的检验。

确认是一个相信并接受某一模型的权威性决定,表明官方或决策部门已确认模型适用于某一特定的目的。确认是由领域专家、权威机构对模型做出的综合性评价,是官方的认证过程。

国外早在20世纪60年代就开始对模型的有效性问题进行研究,并在概念和方法性研究方面取得许多重要成果。例如,美国国防部成功地对"爱国者"导弹半实物仿真模型进行了确认,战斗群仿真(battle group simulation, BGS)、激光指示器武器系统仿真(laser designator weapon system simulation, LDWSS)等系统也都经过了确认和验证;美国国家航空航天局(National Aeronautics and Space Administration, NASA)对终端配置车辆(terminal configured vehicle, TCV)仿真系统进行了专门的确认;美国国防部对"星球大战"计划及其后续的"战区导弹防御计划"中的仿真项目拟定并实施了相应的校核与验证(verification and validation, V&V)计划。另外,美国国防部于1991年成立国防建模与仿真办公室(Defense Modeling and Simulation Office, DMSO),负责制定国防系统仿真章程,其中要求各军种和国防机构制定相应的 VV&A 细则。另外,美国国家标准和技术机构于1992年发表了一个适应性较广的 VV&A 标准;电气电子工程师学会(Institute of Electrical and Electronics Engineers, IEEE)也发布了一个软件 V&V 计划的标准,并被美国国家标准局和联邦信息处理标准指导委员会采用。

在我国,建模与仿真的 VV&A 技术也日益受到广大仿真工作者和管理者的重视。例如,仿真算法引起的仿真精度研究,采用灰色关联度、谱分析等方法对导弹、鱼雷模型进行的验证研究等。

1.3.2 模型校核的一般方法

根据对模型校核概念的理解,模型校核可以从以下几个方面加以考虑(刘藻珍等,1998;廖瑛等,2002,2006)。

1. 仿真算法的校核

仿真算法的校核包括两个方面的内容:一是对算法进行理论研究,对其主要的品质如精度、收敛性、稳定性、适用性等进行分析,以确保算法的合理性;二是检查计算机程序是否能够准确地实现仿真算法的功能。此外,还必须精心设计仿真程序,以确保正确无误地实现仿真算法的功能。

2. 静态检测

静态检测主要检查算法、公式推导是否合理，仿真模型流程图是否合乎逻辑，程序实现是否正确。

为了便于模型的动态校核，一开始就应当严格按照结构化、模块化、规范化的风格编制程序。

3. 动态调试

在模型运行过程中，通过考察关键因素或敏感因素的变化情况来检查计算模型的正确性。

4. 多人复核

对开发设计的仿真计算模型，可以请多人进行检查。他人可以用一切办法甚至带有挑剔的态度去寻找计算模型中潜在的错误。多人复核比较客观，可以提高模型的可行度。

5. 标准实例测试法

对于比较简单的、规模比较小的仿真问题，可以认为所设计的仿真计算模型是正确可靠的。对于复杂的系统，不能轻易相信仿真计算模型是正确可靠的。往往需要经过许多标准实例的测试和验证，通过多方面的校核，以及反复修改、优化，最终才能获得正确的仿真计算模型。用于测试的实例往往是典型的、标准解已知的系统模型，将需要测试的仿真计算模型进行适当的调整，使其成为标准解已知的典型系统的仿真计算模型，并将仿真结果与标准解进行比较，以此来考核被测试系统模型的正确性。

6. 将软件可靠性理论应用于模型校核

仿真计算模型是一类用于专门目的的软件或计算机程序，因此除了在设计过程中遵循软件工程的思想方法和要求以外，对于已经设计出来的复杂系统的仿真程序，也可以利用软件可靠性理论与方法对其进行诊断与查错。

1.3.3 模型验证的一般方法

模型验证包含两方面的含义：一是检查概念模型是否充分而准确地描述了实际系统；二是考察模型输出是否充分接近实际系统的活动过程(刘藻珍等，1998；廖瑛等，2002，2006)。

模型验证的第一个含义实际上是考察演绎过程中的可信性，可以通过以下两个途径进行分析和验证。

(1) 对系统前提条件(各种假设条件)是否真实进行研究,以验证模型本身是否可信。

(2) 通过对推理过程是否符合思维规律、规则,即推理的形式是否正确进行研究来检验模型的可信性。

模型验证的第二个含义是考察归纳过程中的可信性,往往通过考察在相同输入条件下仿真模型输出结果与原型系统输出结果是否一致,以及一致性的程度进行判断,进而发展出以下一些主观的或客观的、定性的或定量的判断方法。

1. 专家经验评估法

请有经验的领域专家、行业工程师和项目主管对仿真模型输出和原型系统输出进行比较判断。如果认为两类输出相差无几或者根本无法区分,那么就认为仿真模型已达到足够的精度,是可以接受的。

2. 动态关联分析法

根据先验知识,提出某一关联性能指标,利用该性能指标对仿真输出与原型系统输出进行定性分析、比较,并据此给出二者一致性的定性结论。

3. 系统分解法(子系统分析法)

把复杂的大系统分解成若干个子系统,对每个子系统进行分析、验证,然后根据子系统组成大系统的方式(串联、并联等)考察大系统模型的有效性。

4. 参数估计法

对于系统的某些性能指标参数,考察其仿真输出可信域是否与相应的参考(期望)输出可信域重合或者落入期望的可信域。

5. 假设检验法

利用假设检验理论判断仿真结果和参考结果是否在统计意义上一致,以及一致程度如何。

6. 时间序列与频谱分析

把仿真模型输出与相应的参考输出看作时间序列,对其进行某些处理后用时间序列理论和频谱分析方法考察二者在频域内的统计一致性。

7. 综合方法

综合使用上述两种或两种以上的方法，从多个侧面考察仿真模型的有效性。

当然，模型验证远不止以上列出的几种方法，还有其他一些方法，如基于卡尔曼滤波理论的模型检验与校正方法、决策理论在仿真系统概念模型有效性确认中的应用、模糊数学在仿真模型验证中的应用等。

1.3.4 模型的确认

模型的确认工作是模型检验的最后一道工序，也是最为关键的一项内容。对于小的、单个人员开发的仿真项目，当开发人员对校核和验证结果满意时，可以进行一些非正式的确认工作。对于大的项目，确认更为正式，并且涉及大量对仿真和校核、验证过程感兴趣的人。

确认计划的第一步是确定确认的权威性。通常进行确认的人员和机构要区别于建模与仿真开发人员。确认权威机构应该有能力分析 V&V 报告，确定模型及仿真是否满足要求。确认权威机构应该是仿真用户，其对整个项目的全生命周期结果进行确认。在多数情况下，确认权威机构最好选择对整个项目的成功负有责任的个人或机构。

在确认权威机构检验完 V&V 测试结果之后，其必须根据建模与仿真目的，决定是否接受该测试结果。如果测试结果达到预期目标，则可认为建立的模型是正确及准确的；如果 V&V 测试不足或测试结果没有达到预期目标，则可认为建立的模型是不正确或不准确的，往往需要对模型重新进行校核和验证。

第 2 章　作战环境模型

模型是对现实世界或虚拟世界中各种事物或现象的一种抽象化表示。建模则是建立模型的过程，也称为模型化。对作战环境进行仿真研究，首要任务是建立作战环境模型。能否建立合理的作战环境模型并满足作战环境仿真的需求是作战环境建模需要研究的核心问题之一。

2.1　作战环境模型的基本概念

2.1.1　作战环境的概念

环境是相对于某个主体而言的，主体不同，环境的内容也就不同。狭义的环境一般是相对于人类这个主体而言的，是指一切自然环境要素的总和。广义的环境是指多种环境要素的组合，既包括地理、气象、海洋、电磁、太空等自然的物质要素，也包括政治、宗教、民族、文化、法律等社会人文的非物质要素。因此，环境是与人类活动紧密关联的，是由多类型环境要素构成的综合体。

战场环境是战争的舞台，所有的战争必然在一定的战场环境下展开。战场环境、作战主体、作战行动是构成战场的三个要素。全军军事术语管理委员会等(2011)认为，战场环境是指战场及其周围对作战活动有影响的各种情况和条件，包括地形、气象、水文等自然条件，人口、民族、交通、建筑物、生产、社会等人文条件，国防工程构筑、作战设施建设、作战物资储备等战场建设情况，以及信息、网络和电磁状况等。中国军事百科全书编审委员会(2014)认为，战场环境是指战场及其相关空间地域对作战活动有影响的各种客观情况和条件，包括地貌、水文、气象等自然条件，交通、工农业生产、行政区划、人口、民族、宗教、社会等人文条件，国防工程构筑、作战物资储备等战场建设情况，以及信息、网络和电磁状况等。

美军对战场环境的认识也是随着作战空间的扩大和维度的增多而逐渐深化的，从其专用的军事术语"battlefield"向"battlespace"再向"operational environment"的转变中可明显得出这个结论。美军认为"operational environment"是指联合部队司令面对的作战环境，由影响联合能力使用和指挥员决策的各种可变因素、情况、影响等组成，具体包括空域、陆域、海域、太空域等物理区域、信息环境(含网络空间)、电磁频谱,以及其他与具体联合作战有关的包括敌对的、友好的、中立的各种系统。这些系统的性质及相互作用将影响指挥员计划、组织、实施联合作战(Staff,2017)。

任何作战都是在一定的环境条件下实施的,环境对作战具有重大影响。环境因素复杂多样,不同环境因素可能对作战的不同方面产生不同程度的影响,组织实施作战必须了解并掌握这些影响。同时,我们也要认识到战场环境与作战环境二者涵盖的范围稍有差别。战场通常作为一种特殊的空间描述,战场环境侧重于空间性描述;作战是一种行为动作,是军事力量执行任务的行动,作战环境更具工程性,其将作战人员、武器装备(信息系统)与作战环境的相互作用进行统一考虑。本书将这两者的概念等同起来,与之相近的还有作战空间、战争环境等。

作战环境可以从作战空间分布、作战主体、作战保障维度、作战任务等方面进行分类和描述(高俊等,2016)。按照作战空间分布,可将作战环境分为陆地地下作战环境、陆地地表作战环境、海洋作战环境、天空作战环境、太空作战环境等;按照作战主体,可将作战环境分为陆军作战环境、海军作战环境、空军作战环境、火箭军作战环境、战略支援部队作战环境等;按照作战保障维度,可将作战环境分为地理环境、海洋环境、气象环境、核生化环境、空间环境、电子对抗环境、网络攻防环境、社会人文环境等;按照作战任务,可将作战环境分为边境防卫作战环境、岛屿(岛礁)作战环境、核反击作战环境、城市作战环境、特种作战环境等。

2.1.2 作战环境模型的概念及作用

1. 作战环境模型的概念

作战环境模型是指对作战环境采用物理的、数学的或其他合乎逻辑的表示方法进行表示的模型(胡晓峰,2004;游雄等,2012)。它可为作战仿真、装备论证和智能武器提供作战环境数据和功能服务,以及为作战环境的感知提供可视化模型支持。作战环境建模是指在数字化作战环境的基础上,依据一定的标准或规范,建立满足应用需求的各类作战环境模型的过程。

作战环境模型是作战环境建模的结果,具有以下特点。

(1) 相似性。模型与所研究的作战环境要素在本质上具有相似的特性和变化规律,即具有相似的物理属性或数学特征。

(2) 空间性。作战环境与空间位置紧密相关。研究对象包含从宏观的外层空间到微观的环境实体及不同空间层次的环境问题等。空间关系影响着环境要素之间的关系,空间尺度的不同影响着环境模型的应用。

(3) 时间性。模型反映的环境要素是动态变化的，因此在作战环境建模时必须考虑时间尺度，保证模型的时空关系正确。

(4) 复杂性。模型所反映的环境要素范围广阔、内容多样、关系复杂，往往难以用简单模型表达。

2. 作战环境模型的作用

作战环境模型的作用主要表现在以下几个方面。

(1) 支持对作战环境的理解。通过构建模型、运行模型、分析模型运行结果、验证模型，对所研究的作战环境进行更深入、更全面的理解。

(2) 支持对作战环境的预测与分析。可以根据已知条件，通过模型运算来预测未来作战环境的变化发展趋势。

(3) 为多维作战环境信息融合提供基础。在研究复杂作战环境时，大量庞杂的作战环境数据往往超出人脑的信息处理能力，而基于综合作战环境的模型能够将不同类型、不同尺度、不同维度、不同过程的作战环境信息融合到一起，并将其转化为有价值的知识。

(4) 支持作战与训练的辅助决策。经过验证的模型可用来模拟不同作战环境之间及作战环境对部队作战行动、武器装备效能发挥产生的影响，为指挥人员提供决策依据。

2.2 作战环境模型的层次

在计算机环境下，作战环境模型根据其对建模对象的抽象程度不同，可以分为概念模型、数学逻辑模型和仿真程序模型三个不同的层次(曹晓东等，2013；邓红艳等，2013；宋国民，2016)。其中，概念模型是对模拟对象的第一次抽象，是与仿真实现无关的概念描述；数学逻辑模型是在概念模型简化的基础之上进行进一步的抽象，是所模拟对象的属性、状态及相互关系进行量化和函数化的描述；仿真程序模型则是采用特定的程序设计语言，对概念模型和数学逻辑模型描述的建模对象进行程序实现和模拟。

2.2.1 概念模型

概念是研究问题的基本构成要素，以概念为核心建立的概念模型是最基本的模型。具体来说，概念模型是指利用科学的归纳方法，以对研究对象的观察、抽象形成的概念为基础，建立关于概念之间的关系和影响方式的模型，往往可以用文字、符号和图形等非数学的形式进行表达。通常情况下，概念模型可分为两大类，即面向实体的概念模型和面向过程的概念模型。其中，面向实体的概念模型是以实体为中心对现实世界所进行的概念建模，如汽车是一个物理实体，通常有四个及以上的车轮，可用来载人或载物；面向过程的概念模型是围绕过程(或现象)进行的概念建模，其描述的是某种动态关系，如台风模型。概念模型是对现实世界各类实体和过程的第一次抽象，是建立更高层次模型的基础。

概念模型是领域专家和仿真开发者之间，以及仿真开发者与仿真用户之间沟通的桥梁。随着仿真技术的发展和仿真作用的日益显现，仿真所涉及的行业和领域也越来越广泛。仿真开发者对仿真领域的知识和技术很清楚，但对其开发仿真系统的原型系统不见得有很深入的理解，要求仿真开发者对原型系统的背景知识和理论加以掌握也不现实。他们设计和开发的依据只能借助领域专家。仿真开发者需要将他们所理解的原型系统描述出来，作为仿真系统设计和开发的依据。随之而来的问题是，他们对原型系统的描述是否正确，这需要由领域专家做出评判。在这个过程中，仿真开发者与领域专家的信息交流需要一种载体，即仿真开发者根据他们对原型系统的理解进行的描述，这种描述就是概念模型。另外，仿真开发者需要就仿真用户提出的仿真需求与仿真用户进行交流，仿真系统开发完成后，二者还要就仿真系统是否满足需求、仿真系统在使用过程中有哪些限制等问题进行交流。他们的专业背景不同，进行信息交流也需要一种适当的载体，概念模型就是仿真开发者和仿真用户之间信息交流的桥梁。

概念模型的建立要实现问题空间到解空间的转换，而完成这一转换往往受问题空间的复杂性、对问题空间描述的不确定性、不同领域人员之间难以沟通等因素的影响，因此也是建模过程中最关键、最困难的阶段。

2.2.2 数学逻辑模型

数学逻辑模型是用数学表达方法、逻辑表达方法和数据来描述研究对象(系统)的本质属性及其运动特征的模型，通常由数学方程式、关系表达式、逻辑框图、数据等组成，其本质是概念模型的数学逻辑化表达。数学逻辑模型是研究和掌握系统变化规律的有力工具，是分析、设计、预报或预测、控制原型系统的基础。例如，在气象学中，经常需要预测降水量，预报台风、沙尘暴、寒流中心的运动规律，预测水位上涨等问题，这类问题常转换为数学问题来求解。数学逻辑模型是人们研究和运用得最多、最普遍的一类模型。

数学逻辑模型用数学表达方法、逻辑表达方法和数据来表示一个系统。其中，系统的属性用变量来表示，而系统的活动则用相互关联的变量间的数学关系式或逻辑表达式来描述，也就是说，一个系统的数学逻辑模型由某种形式的语言对该系统进行描述。由于任何数学描述都不可能是全面的和完全精确的，所以系统的数学逻辑模型不可能对系统进行完全真实的描述，而只能根据研究目的对它进行某种近似简化的描述。

数学逻辑模型的种类很多，而且有多种分类方法(刘思峰等，2012；穆歌等，2013)，常见的数学逻辑模型的分类如图 2.1 所示。

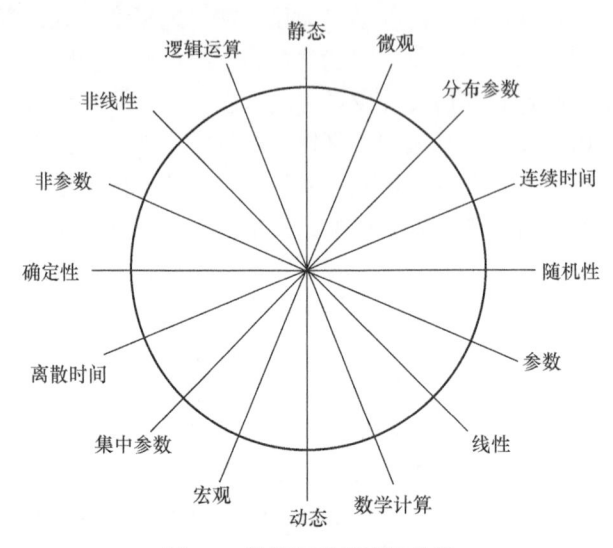

图 2.1　数学逻辑模型的分类

1. 静态模型和动态模型

静态模型是指要描述的系统各量之间的关系不随时间的变化而变化，一般用代数方程表示。动态模型是指描述系统各量之间随时间的变化而变化的规律的数学表达式，一般用微分方程或差分方程来表示。

2. 微观模型和宏观模型

微观模型研究事物内部微小单元的运动规律，一般用微分方程或差分方程表示。宏观模型用于研究事物的宏观现象，一般用联立方程或积分方程来表示，如研究流体作用于物体上的力。

3. 分布参数模型和集中参数模型

分布参数模型是用各类偏微分方程来描述系统的动态特性，而集中参数模型是用线性或非线性常微分方程描述系统的动态特性。在许多情况下，分布参数模型借助空间离散化的方法，可简化为复杂程度较低的集中参数模型。

4. 连续时间模型和离散时间模型

模型中的时间变量在一定区间内连续变化的模型称为连续时间模型。上述各类用微分方程描述的模型都是连续时间模型。在处理集中参数模型时，也可以将时间变量离散化，获得的模型称为离散时间模型。离散时间模型是用差分方程描述的。

5. 随机性模型和确定性模型

随机性模型中变量之间的关系是以统计值或概率分布的形式给出的，而在确定性模型中变量之间的关系是确定的。

6. 参数模型与非参数模型

用代数方程、微分方程、微分方程组、传递函数等描述的模型都是参数模型。建立参数模型的关键在于确定已知模型结构中的各个参数，通过理论分析可得出参数模型。非参数模型是直接或间接地从实际系统的实验分析中得到的响应。例如，通过实验记录到的系统脉冲响应或阶跃响应就是非参数模型。运用各种系统辨识的方法，可由非参数模型得到参数模型。如果实验前可以决定系统的结构，则通过实验辨识可以直接得到参数模型。

7. 线性模型和非线性模型

线性模型中各量之间的关系是线性的，可以应用叠加原理，即几个不同的输入量同时作用于系统的响应，等于几个输入量单独作用的响应之和，线性模型简单，应用广泛。非线性模型中各量之间的关系不是线性的，不满足叠加原理。在条件允许的情况下，非线性模型往往可以线性化为近似的线性模型。

8. 数学计算类模型和逻辑运算类模型

数学计算类模型以数学计算为主，通常为代数运算符号连接而成的数学方程式。逻辑运算类模型以逻辑运算为主，通常是由逻辑运算符号连接而成的关系表达式或由基本逻辑图符号组成的逻辑框图。

2.2.3 仿真程序模型

概念模型和数学逻辑模型实现了研究对象向建模内容及其相关细节的转换，以及所研究系统中各种实体、要素、过程之间量化关系、逻辑关系的抽取和表征。概念模型的抽象是否合理、是否满足研究需要，数学逻辑模型的构建是否正确，都需要通过仿真实验进行检验，而这必然涉及仿真程序模型的构建问题。

仿真程序模型是指将基于概念模型的数学逻辑模型转换为计算机程序语言描述的软件模型。它是由可在计算机等仿真平台上运行的、充分定义的程序构成的模型。通常采用特定的计算机程序设计语言，将数学逻辑模型中涉及的数学方程式、关系表达式、逻辑规则等进行编程实现，并可在特定仿真环境下运行，获得相应的仿真结果。

软件是用特定程序设计语言对概念模型、数学逻辑模型及系统功能的编码实现。在开发实践中，在确定了目标系统的需求，形成了总体设计方案，并构建了研究对象的模型后，通常不直接进入编码阶段，而是由系统分析人员对目标系统进行详细设计。在详细设计阶段，要对实现需求的技术路线和具体的设计思路进行描述，必要时可给出具体的编码方案。这种描述称为软件模型，主要用途是向编程人员说明软件的实现机制，指导和约束编程工作。软件模型属于软件设计的范畴，通常程序采用的软件模型是由软件采用的体系结构确定的。随着软件技术的不断发展，软件模型也在不断发展中，先后经历了面向过程、面向对象、面向构件、面向客户及面向服务等多种软件模型形式。

2.3 作战环境模型的分类

作战环境模型形式多样，从不同的角度出发就有不同的分类方法，例如，根据模型反映的要素状态变化情况，可分为静态模型和动态模型；根据模型在时空表达上的连续性，可分为连续模型和离散模型；根据模型描述作战环境组成要素的内容，可分为地理环境模型、气象环境模型、电磁环境模型和核生化环境模型等。下面针对作战环境模型的常见分类方法进行具体介绍。

2.3.1 根据作战环境模型的描述内容分类

根据作战环境模型的描述内容，可以将作战环境模型分为物理模型、表示模型、影响模型和预测模型等(胡晓峰，2004；游雄等，2012)。

1. 物理模型

物理模型是指描述作战环境的几何形态、属性特征等物理特性的模型，可反映作战环境的客观形象，揭示作战环境的主要特征。按照表现形式的不同，物理模型又可分为以下几种。

(1) 实体模型，是将作战环境按一定的比例关系缩小并经简化处理而形成的模型，如地形沙盘模型、城市建筑物模型等。

(2) 数值模型，是对作战环境的几何形态、属性特征等采用数值形式所进行的离散化描述，如数字高程模型(digital elevation model，DEM)、数字地形模型(digital terrain model，DTM)等。

物理模型的建立与建立者对作战环境的认知能力、实验能力，以及原型的简化算法有极大的关系，因此物理模型的建立带有一定的主观性。

2. 表示模型

表示模型是指运用图形、图像、文本或图表等形式来表示作战环境的模型，可为作战环境的可视化表达提供基础模型。按照表现形式的不同，表示模型又可分为以下几种。

(1) 符号模型，是指以点状、线状、面状、体状等符号来表达作战环境几何形态及属性特征的模型，如地图符号、气象符号等。符号模型不是对客观世界的机械映射，而是人们对客观世界再认识的结果，通常更加适用于特定的用途，例如，指挥员通常使用地图而不是遥感影像来指挥作战。

(2) 真实感显示模型，是为了逼真地表示作战环境的特征而建立的模型，通常用于虚拟作战环境的表达，如地貌、地物、地表纹理的多细节层次模型等。

(3) 叙述模型，是指以文本、数字、图表等形式描述作战环境的模型，如兵要地志、地形分析报告、气象分析报告等。

3. 影响模型

影响模型是指描述各作战环境要素之间相互影响，以及对武器装备效能发挥和部队作战行动产生影响的模型，可为作战人员做出正确决策和选择提供支持。按照影响对象的不同，影响模型又可分为以下几种。

(1) 环境相互影响模型，是指描述某类作战环境与其他作战环境相互影响的模型，如电磁波传播模型中纳入地形影响因素、地貌演化模型中纳入气象影响因素。

(2) 作战效能影响模型，是指描述和表达作战环境对武器装备效能发挥和部队作战行动影响情况的模型，是通过实战、实验统计或模型模拟获得的，例如，部队越野机动模型中纳入地形坡度、植被分布、气象条件等影响因素。

影响模型是作战环境模型中最为复杂的模型，涉及环境、装备、作战等多学科专业的交叉融合，已成为作战环境研究的重点内容。

4. 预测模型

预测模型是指根据作战环境的发展规律，按给定的初始条件推断作战环境变化发展结果的模型，如气象环境研究中的变化预报模型、核生化环境研究中的核生化危害预测模型，可为作战人员了解作战环境的变化发展趋势，并做出正确决策提供支持。根据预测的对象、时间、范围、性质等不同，预测模型可分为以下几种。

(1) 时间序列分析模型。依据作战环境要素随时间的变化规律，对作战环境未来的发展趋势进行定量预测的方法，主要包括移动平均法、指数平滑法、趋势外推法等。

(2) 因果关系预测模型。根据作战环境的因果规律，由因素变量预测结果变量的方法，主要包括回归分析法、概率统计法、系统动力学仿真法、神经网络法等。

2.3.2 根据作战环境模型的描述方法分类

根据作战环境模型的描述方法，可将作战环境模型分为数值模型和参数模型两类(宋国民，2016)。

1. 数值模型

数值模型是指通过结构化数值描述作战环境的几何形态、属性特征的模型，通常用于描述复杂的、难以用数学方程式表达的作战环境要素。按照模型的数据结构不同，数值模型又可分为以下几种。

(1) 栅格数据模型，以栅格方式将复杂的作战环境要素描述为一组数值，栅格可有若干层，每一层对应一类作战环境要素，由此构成一组表项。栅格数据模型按一定的空间间隔取样，模型中的某个数值代表相应取样单元内作战环境要素的几何形态和属性特征，可采用规则格网和不规则格网进行取样，规则格网 DTM 是典型的栅格数据模型。

(2) 矢量数据模型，是按矢量方式对作战环境要素进行描述的。它用一个平面坐标 (x, y) 来描述一个点状要素的位置信息，用一串平面坐标 (x_0, y_0), (x_1, y_1), …, (x_n, y_n) 来描述一个线状要素的位置信息，用轮廓范围线的坐标串来表示一个面状要素的位置信息，并用各种数值来描述要素的属性特征。矢量地图数据是典型的矢量数据模型。

2. 参数模型

参数模型是指采用代数方程、微分方程、传递函数等参数方程式描述作战环境的模型，是进行作战环境分析的基础模型，如地理环境中的空间度量模型、地形分析模型，电磁环境中的雷达信号模型、电磁效应模型等。

2.3.3 根据作战环境的组成要素分类

根据作战环境的组成要素，可将作战环境模型分为地理环境模型、气象环境模型、电磁环境模型、核生化环境模型等。

1. 地理环境模型

地理环境是自然地理环境、经济地理环境、社会文化环境、交通运输环境的总称。对战场地理环境而言，战场建设成果也可纳入地理环境中。地理环境是影响战争的一种客观因素，任何战争都是在一定的时间和空间内展开的。它不但受

第2章 作战环境模型

到交通、人口、资源等因素的制约，而且受到自然地理环境的影响。

战场地理环境模型是对战场地理环境采用各种物理的、数学的或其他合乎逻辑的表示方法来表示的模型。

战场地理环境模型根据其描述内容可分为物理模型、表示模型、影响模型和预测模型。

(1) 物理模型主要描述自然地理环境、交通运输环境、战场建设环境的几何形态与属性特征等物理特性，如 DEM、DTM、地物几何模型等。

(2) 表示模型是运用图形、图像、文本或图表等形式来表示战场地理环境的模型，包括符号模型、真实感显示模型和叙述模型。地图是典型的描述地理环境的符号模型。真实感显示模型涉及地形和地物模型的细节分层模型、纹理图像的金字塔模型、光照模型等。兵要地志、地理环境分析报告是常见的叙述模型。

(3) 影响模型是指描述战场地理环境与其他战场环境之间相互影响，以及对部队作战行动和武器装备效能发挥产生影响的模型。

(4) 预测模型是指根据战场地理环境的发展规律，按给定的初始条件推断战场地理环境变化发展结果的模型，如洪水淹没范围预测模型、人口疏散模型。

根据模型的描述方法，战场地理环境模型又可分为数值模型和参数模型。

(1) 数值模型是指通过结构化数值描述战场地理环境的几何形态、属性特征的模型，通常用于描述复杂的、难以用数学方程式表达的战场地理环境要素。常见的数值模型是栅格数据模型，它以栅格方式将复杂的地表信息描述为一组数值(图 2.2)，栅格有若干层，每一层对应一种地理要素，由此构成一组表项。另一类数值模型是矢量数据模型，它按矢量方式对地理要素进行描述。矢量数据是用一个平面坐标(x,y)定义一个点状要素，用一串平面坐标(x_0,y_0), (x_1,y_1), $\cdots$, (x_n,y_n)定义一个线状要素，而面状要素的空间位置可由其轮廓范围线来确定(图 2.3)。这里的点状要素、线状要素、面状要素是指其平面分布呈点状特征、线状特征、面状特征的地理要素。矢量数据的数据量取决于要素的数量、要素的复杂度，以及数据采集的密度。矢量地图数据是典型的矢量数据模型。

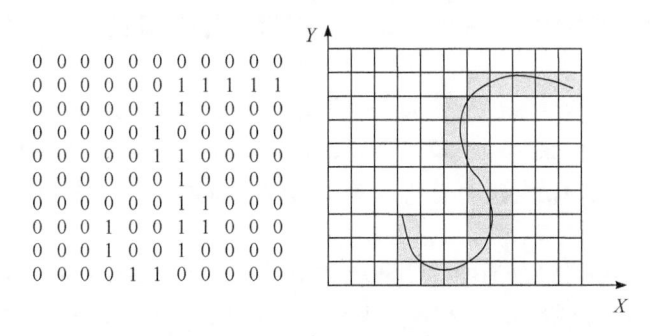

图 2.2 栅格数据模型的数据记录方式

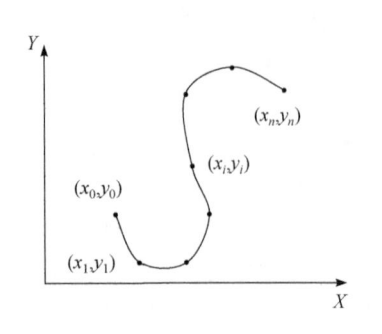

图 2.3　矢量数据模型的数据记录方式

(2) 参数模型是指采用代数方程、微分方程、传递函数等参数方程式描述战场地理环境的模型，是进行战场地理环境分析的基础模型。比较常见的参数模型有 3 种。①空间度量模型，是指对地理要素基本几何参数进行量测和计算的模型，如距离、长度、面积、体积、方位角、空间插值等模型。②空间分析模型，是指基于地理要素的位置和形态分析要素之间联系的模型，如网络分析、缓冲区分析、空间聚类分析等模型。③地形分析模型，是指基于 DEM 或 DTM 计算和提取地形属性特征的模型，如坡度分析、通视分析、遮蔽分析等模型。建立参数模型的关键在于确定已知模型结构中的各个参数，可通过理论分析及大量实验求解出模型参数。如果模型求解的变量较少，参数方程式多为线性方程，容易直接求得精确解；如果模型求解的变量较多，参数方程式有线性方程和非线性方程等类型，此时模型求解比较困难，多采用拟合的方式求近似解或最优解。

2. 气象环境模型

气象环境模型是根据气象水文要素的时空分布规律，模拟某地或某地区在一定时段内气象或水文要素的空间分布及其随时间变化的数学模型，是战场气象水文环境模拟的基础。

气象环境模型包括两部分：一是气象环境基础数据模型，是指气象要素场(包括风、云、能见度、雾、降水量、雷暴等)随时间演变的模型，这类模型模拟的是气象水文要素随时间的"真实"变化；二是气象环境变化预报模型，是指对气象要素场随时间演变的预报模型，这类模型模拟的是气象水文要素随时间变化的"预报值"。气象环境变化预报模型描述各气象水文要素预报值的统计规律。这些预报值由两部分组成，一部分是各要素值随时间变化的"真值"，另一部分是预报误差。

在长期观测资料的基础上，人们对气象水文要素的统计特征进行了研究，逐步提出一些数学模型来刻画气象水文要素随时间变化的规律。常用的方法是对气象水文观察数据取值情况进行普查，统计出频数与频率，并对不同的气象水文要素配置合适的分布模型。

气象水文要素可以分为连续型和离散型两类。连续型要素如气温、降水量、风速、云量和能见度等，常常配置正态分布、韦布尔分布和 β 分布等模型；离散型要素如雷暴日数、沙尘暴日数等，常常配置 Poisson 分布等模型。

气象水文要素场都存在时间及空间上的相关性，这就要求气象水文要素模型不但能够模拟各点、各时刻的气象水文信息，而且由其形成的场及其随时间的变化还必须符合气象学或水文学的规律。为此，需要根据大量的历史资料研制各类模拟模型。

3. 电磁环境模型

战场电磁环境是现代战场环境的重要组成部分。它是特定战场时空范围内的各类电磁辐射源、电磁波传播介质、电磁波接收设备和电磁波敏感设备，通过电磁波的辐射、传导和接收，形成的相互作用和相互影响的特殊战场环境。

战场电磁环境模型是对战场电磁环境特性与变化规律的抽象描述。战场电磁环境模型作为实际电磁环境的替代物或模仿品，提供关于战场电磁环境要素、要素间关系，以及战场电磁环境特性或变化规律等方面的知识和信息，是研究、认识战场电磁环境的重要手段或工具。结合战场电磁环境的信号环境、特征机理、电磁兼容和综合效应等问题，可分别建立战场电磁环境信号模型、特征机理模型、电磁兼容模型和综合效应模型。

战场电磁环境信号建模是指针对战场上常见的雷达、通信、光电等不同类型和功能的典型电磁装备，分别建立相关的数学模型，即按照一定的目的对所要研究的战场典型电磁装备的特征进行提取，用数学语言定量地描述战场典型电磁装备的内在联系和变化规律，使真实的战场电磁装备与数学模型之间实现等效关系。

战场电磁环境是战场各种电磁活动辐射的电磁波在空间、时间、频谱和功率上的复杂分布和变化情况的一种综合反映。空间、时间、频率和能量作为战场电磁环境的外在表象，是描述战场电磁环境外在特征的直接方式。建立战场电磁环境特征机理模型，就是构建战场电磁环境空域特征模型、时域特征模型、频域特征模型和能域特征模型的过程。

战场电磁兼容是武器装备系统间、体系间的电磁兼容，关注的是限定空间内系统与系统之间的电磁兼容问题。要实现已方战场电磁兼容，首先必须掌握当前战场空间内的兼容状态和未来战场空间内不兼容的因素。借助建模仿真手段对战场电磁兼容性进行预测分析是其主要的预测手段。其主要任务是根据理论和实验建立电磁兼容三要素(电磁干扰辐射源、传输耦合途径、电磁敏感设备)的数学模型。

战场复杂电磁环境直接影响武器装备效能的发挥，间接影响部队作战行动的效果，甚至会影响到作战成败。战场电磁环境综合效应评估及建模是指从装备和行动两个层面，分别在分析评估战场电磁环境对装备效能的直接影响和对作战行动效果间接影响的基础上，建立典型电子装备电磁环境效应模型和典型作战行动电磁环境效应模型。

4. 核生化环境模型

战场核生化环境模型是指对真实的战场核生化环境进行抽象描述或模仿的模型。根据战场核生化环境的描述内容，战场核生化环境模型可以分为战场核武器危害模型、战场生物武器危害模型、战场化学武器危害模型、战场核武器威胁模型、战场生物武器威胁模型、战场化学武器威胁模型、威胁等级与防护等级模型等类型。

第3章 地理空间信息网格建模

地理空间网格[1]作为人类围绕地理空间开展科学研究的一种技术和方法，有漫长的发展历史。地理空间信息网格作为信息化条件下空间认知的新方法，又有多种多样的表现形式。当前，人类社会面临各方面的挑战，如何准确把握地理空间信息网格的本质，构建地理空间信息网格新体系，支持政治、经济、军事和科研活动，需要进行认真的思考和科学的探索。

3.1 地理空间信息网格的基本概念

在人类认知客观世界的过程中，曾产生了一系列的科学方法论和技术。这些科学方法论和技术与人类的空间认知特点相匹配，同时又促进了人类空间认知能力的不断提升。地理空间网格就是这样一种人类空间认知的重要思想，地理空间网格的发展过程是人类对空间环境、空间特征进行认知和实践的过程。下面概要回顾地理空间网格的发展历史，以此说明地理空间网格技术的发展与人类对空间的认知过程是一致的，并随着历史的发展不断更新其内涵和外延。

3.1.1 地理空间网格的发展历史

地理空间网格的发展历史大致可分为古代地理空间网格、近代地理空间网格、现代地理空间网格三个阶段。

1. 古代地理空间网格

古代，中国是典型的陆地型国家，对地球的认知是天圆地方的思想。在中国古代地图作品中充分体现出这种原始的平面空间划分思想，如夏商周时期的井田制、西晋时期的计里画方等。

古希腊是典型的海洋型国家，认为地球是球形的。哲学家毕达哥拉斯认为地球是一个球体，地理学家尼尔库斯在地图上画出了纬线，托勒密在托勒密地图上绘制了经纬线网，这些无不体现了球形地球的思想。

可以看出，古代人类出于对所处生活地域和地球的认识，一直在寻找一种能

---

[1] 由于历史原因，不同机构、学者采用了网格、格网等不同名称，其含义相同。

够解释自然现象，并可以用数学来表达的工具。用点、线、面来表示空间对象是人类空间抽象思维上的显著进步，最为典型的是古希腊学者已经从数学和天文学出发，尝试用抽象概念的形式解释事物的本质。无论是东方的井田制、计里画方，还是西方初期的经纬度，表现形式都是相对具体和直观的，是通过一种简单的网格划分来实现控制地图的比例和绘制精度，是一种规则化的概略控制的思想。这种古代的地理空间朴素网格思想与当时人类的认知能力是一致的。

2. 近代地理空间网格

经过漫长的中世纪徘徊，14世纪文艺复兴之后，人类历史进入了地理大发现时代。随着国家意识的强化和空间拓展的需要，地图在国家之间的外交谈判、军事斗争中发挥着越来越重要的作用，人类迫切需要建立更加精密的地理空间表达体系。

从14～15世纪托勒密的《地理学指南》、荷兰地图学家墨卡托采用正轴等角圆柱投影编制了航海图，到17世纪荷兰数学家斯内尔发明大地三角测量方法，18世纪法国卡西尼家族构建国家级三角点网，用于测制法国大比例尺地图，再到19世纪相继出现的德兰勃椭球、贝塞尔椭球、海福特椭球、克拉索夫斯基椭球等参考椭球体，可以说，这个时期，人类认识客观世界的方法获得了巨大发展。19世纪末出现的国际百万分之一世界地图编制，表明人类已经具备构建全球统一地理空间框架的理论和实践能力。

在这一时期，实验和数学是占统治地位的科学方法，通过归纳和演绎从细节上把握思维对象和客观世界。而唯物辩证法的产生，给出了一种从总体上把握客观世界，并指导实践科学的思维方法。在这个阶段，人类虽然站在地球表面，但是通过大范围的地理观测实践已经掌握了认知所处星球的有效科学工具，这就是解析几何理论、微积分理论、大地测量理论和地图投影理论。无论是椭球理论模型的经纬网，还是实地布设的三角控制网，以及地图投影后的坐标网，都是追求一种严格数学规则下可控制量测的目标，共同构成近代的地理空间量测网格思想。

3. 现代地理空间网格

以第一次世界大战为分界线，现代人类社会在100多年来取得了巨大的科技成就。在这个阶段，地理空间网格思想及技术有了显著的进步，其内涵和外延产生了巨大的变化，称之为地理空间信息网格。

1) 全球化的人类活动，需要以全球为对象的新坐标框架

第一次世界大战前后，为了提高炮兵的射击精度，各国根据军事需要纷纷使用等角投影。1917年，法国改彭纳等面积投影为兰勃特等角投影，德国将卡西尼

投影改为高斯-克吕格投影，并使用了军用坐标网。1928 年，苏联建立按经差 6°分带的高斯-克吕格投影，开创了大范围统一全国地形图投影的先例。

第二次世界大战以后，美国为了配合其全球战略的需要，于 1948 年提出通用横轴墨卡托(universal transverse Mercator，UTM)投影和通用极球面(universal polar stereographic，UPS)投影。为适应全球作战和指挥业务的需要，美军制定了军用坐标参考系(military geographic reference system，MGRS)标准。在全球 8°×6°分区的基础上，MGRS 按照 100km 边长绘制方格坐标网，通过逐步细化可以达到米级网格，支持全球唯一编码。MGRS 用网格编码法替代图幅分幅编号，在统一标定位置、指示区域上具有很好的效果，经历了多次作战检验。2001 年"9·11"事件以后，MGRS 成为美国国家网格(United States national grid，USNG)标准。

20 世纪 50 年代末，卫星和远程弹道武器出现后，为了精确推算轨道与跟踪观测，必须建立新型地心坐标系。世界上第一个统一的地心坐标系是 1984 世界大地测量系统(world geodetic system 1984，WGS84)。2008 年，我国全面启用 2000 国家大地坐标系(China geodetic coordinate system 2000，CGCS2000)。

坐标网、比例尺、大地控制网(平面控制网和高程控制网)统称为地图的数学基础，是地图上确定地理要素分布位置和几何精度的基本依据。这种全球连续覆盖、唯一、尺度+控制的理念正是传统地理空间网格的核心思想。

2) 航测、制图技术的现代化，需要相一致的空间数据模型

1903 年飞机问世，1910 年德国成功研制了用于航空摄影测量的立体测图仪，人类跨入从空中进行地形图测绘的新阶段。1957 年，苏联发射了第一颗人造地球卫星，开创了人类从新的高度进行全球性观测的新纪元。航空航天对地观测获取的都是行扫描的遥感影像数据，以像素作为空间对应的基本单元，是一种多分辨率的像素网格，具备海量特征，影像金字塔、影像并行处理等技术成为影像像素网格管理和应用的重要工具。

1946 年，世界第一台数字式电子计算机诞生。20 世纪 50 年代后，计算机技术开始应用于地图制图领域。栅格数字地图是将地球表面划分为大小均匀、紧密相邻的网格阵列，按行与列排列，具有不同灰度或颜色的阵列数据。为了更好地存储、管理地理空间数据，人们开始使用空间数据库技术。空间数据被分解为离散记录的数据集合，以属性索引和拓扑索引进行空间关联，整体管理仍遵循传统纸质地图的分幅组织管理方式。

1999 年，Google Earth 在全球空间信息的网络存储与管理方面取得重大突破，多尺度、多源、海量地理空间数据的网络快速浏览成为现实，打破了传统纸质地图的分幅组织管理方式，完全以空间数据分块、分层的思想组织管理数据。为了应对网络环境下地理空间数据的获取、存储、检索等应用，出现了网格剖分

的概念。

3) 信息化知识服务的需求，需要最佳的认知工具和应用平台

Miller 等(1958)提出 DEM 的概念。DEM 主要有规则格网(regular square grid，RSG)和不规则三角网(triangulated irregular network，TIN)两种具体表现形式，并通过细节分层(level of detail，LOD)技术实现多级表示。RSG DEM 具有地理空间网格的典型特征，如严格空间基准、规则化、近似性、多分辨率、连续性等。TIN DEM 虽然描述空间特征更加优秀，但是不符合规则化和近似性的特征。DEM 最大的进步是使地理空间网格具备分析的特征，利用格元之间的空间关联性，结合属性数据进行空间分析，支持多种复杂空间问题的求解。

20 世纪 90 年代，人们提出了虚拟地理环境(virtual geographic environment，VGE)的概念。1998 年，美国副总统戈尔描述的数字地球是一个以地球坐标为依据，具有多分辨率、多维海量数据和多维显示的虚拟地球系统。其核心是基于地理空间信息网格的多维空间数据组织模型，使得 VGE 集成政治、经济、军事、地理、大气、地球物理等多门学科的知识和机理，成为多学科应用的平台。长期以来，地学领域中研究地壳构造、地质、地震、海洋、大气、地球物理的学者一直从自身专业角度出发，设计了多种类型的全球或局部三维网格模型。与上述研究有所不同，VGE 更要求基于统一的地理空间框架，进行严格的地球空间多级网格剖分，构建基于网格的空间数据组织模型，支持多维信息的融合、可视与分析。真正意义上的地理空间信息网格概念开始出现，地理空间信息网格成为 VGE 的核心数学基础之一。

Goodchild 等(1992)提出一种全球地理信息层次数据结构。Sahr 等(1998)提出全球离散网格系统(discrete global grid system，DGGS)概念。Dutton(1996)提出球面四元三角形网格。国内也有多名学者提出多种类型的地球球面网格剖分方案。虽然各有不同的应用范畴，其实质均是基于地理空间信息网格的多维空间数据组织模型(图 3.1)。

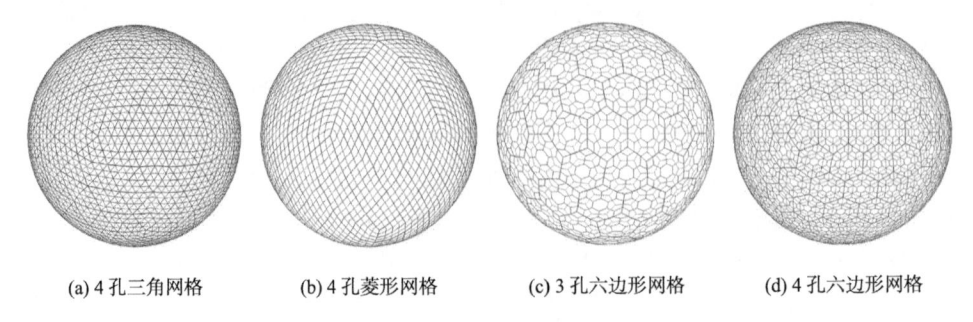

(a) 4 孔三角网格　　(b) 4 孔菱形网格　　(c) 3 孔六边形网格　　(d) 4 孔六边形网格

图 3.1　基于正二十面体的全球离散网格系统(Sahr et al.，1998)

4) 计算网格等新技术的发展，推动计算科学与空间科学的结合

随着互联网等信息化技术的发展，出现一系列与网格相关的概念。Net 主要是指网络、网状物、通信网、计算机网、神经网等；Network 特指计算机网络；Grid 主要是指格子、地图坐标方格、输电网等。它们的共同之处是，都是由相互交叉的若干条边构成的，相互支撑、相互关联；不同之处是，Grid 更强调严格的数学模型、空间的规则性和形状的近似性。

Foster 等(1998)指出，网格是构建在互联网上的一组新兴技术，它将高速互联网、高性能计算机、大型数据库、传感器、远程设备融为一体，可为用户提供更多的资源、功能和交互性。这里的 Grid 是计算网格(computing grid)的概念，主要是指网络环境中计算资源、软件、数据的整合和利用。而地理空间信息网格是指地理空间信息资源的整合、组织管理和共享应用的基础。虽然两者都具有信息化、整合资源、广域分布、基础平台等特征，但是两者分属不同领域的概念。对于如何建立两种网格之间科学、实用的联系，信息网格(information grid)、知识网格(knowledge grid)等一系列新概念被学者和机构相继提出。

1999 年，美军国防信息系统局提出全球信息网格(global information grid, GIG)计划，目标是构建一个全球互联、终端对终端、高度集成的一体化作战信息系统，通过全维、立体、多频谱、多节点的网络，在恰当的时间、恰当的地点，以恰当的方式向恰当的人员安全、及时、准确地提供所需的作战信息资源。GIG 中的 Grid 是一个以网络为中心的作战指挥平台，并不是美军传统 MGRS 中的 Grid 概念。Grid 的不同使用引发了概念的争议和混淆，2014 年美国国防信息系统局将 GIG 改名为国防信息网络(department of defense information network，DoDIN)。

综上所述，在人类发展的不同阶段，地理空间网格表现为不同的形式。文艺复兴之前是古代时期，人类认知水平有限，出于对客观世界直观、具体地观察和思考，地理空间网格表现为井田制、计里画方及初期的经纬度、投影等，可以称为朴素网格。文艺复兴至第一次世界大战阶段的近代时期，地理大发现及政治、经济、军事的需要，科学的理论与实践相互促进，数学、天文学、物理学、地理学取得了巨大发展，测绘学科开始建立，地理空间网格表现为经纬网、三角控制网、坐标网、多类型的投影等，是一种实用化的实践工具，可以称为量测网格。第一次世界大战至今是现代时期，人类认知客观环境的工具、手段都有了巨大的进步，信息化成为最重要的特征，地理空间网格表现为像素网格、存储网格、分析网格、融合网格等，甚至广义上包括计算网格，可以统称为地理空间信息网格。

3.1.2 地理空间信息网格的内涵与特征

地理空间信息网格是地理空间网格在信息化条件下的思想方法和技术形态。

进入21世纪后,其表现形式发生了巨大的变化。地理空间信息网格既是一种剖分方法,也是一种数据组织模型,又或者只是传统技术的另一种"时髦"称呼。多样化的表现形式使人们对于其基本内涵产生了困惑。

1. 地理空间信息网格的内涵

对地理空间信息网格的认识可以统一到地理空间网格的基本概念上来。地理空间网格是人类在认识地形环境过程中形成的一种基本理论和方法,即通过一定规则组织起来的、连续的、多分辨率的格元,逐步逼近最真实的地球,把空间的不确定性因素控制在相应的尺度范围之内。地理空间信息网格则是地理空间网格在信息化时代的体现。

地理空间信息网格有广义和狭义两种描述方式。广义上的地理空间信息网格是指以计算机、测绘、遥感、导航等科学为基础,构建的天地一体的空间信息获取、存储、分发、计算、服务体系,包括计算网格、数据网格、服务网格三部分。其中,地理空间计算网格是指将网络上分布的,与地理空间信息领域相关的,各种同构与异构的计算机、工作站、机群等设备的计算能力聚合起来,形成相对用户透明、虚拟的高性能计算环境;地理空间数据网格是指与信息化技术环境相适应,将地理空间数据进行网格化剖分和组织,使其支持海量存储、管理与调度,支持多维空间信息的融合与分析;地理空间服务网格是在计算网格和数据网格的基础上,支持各种同构或异构地理空间服务资源的动态加入或退出、自治管理、分发等。

狭义上的地理空间信息网格是指地理空间数据网格,即按照严格的空间剖分规则,构建一系列紧密关联的空间单元集合,支持地理空间数据的网格同化、网格存储、多维环境信息的网格融合和网格分析等。

2. 地理空间信息网格的特征

经过多年的讨论,地理空间信息网格的基本特征可明确为如下几方面。

1) 空间一致性

地理空间信息网格的建模过程就是对地球系统空间进行模型化的过程,保持与地球系统空间本身的一致性就是地理空间信息网格的空间一致性特征。其具体表现为:通过不同剖分等级的格元涵盖整个地球空间,通过格元编码实现对地理空间信息在不同时空尺度上的描述,通过网格空间分析实现对地理空间现象和过程的自适应表达。

2) 空间基准性

空间基准是建立地理空间信息网格的基础。在空间基准的基础上,地理空间信息网格剖分地球空间得到的每一个格元才具有唯一确定的空间坐标,进而才能描述地球空间中的事物和现象。

空间基准是一种计算空间位置、区域等信息的参考依据，通常表现为一组参数，例如，定义一个坐标系的原点、各个坐标轴的方向与尺度及其与空间区域的相对关系，就建立了以该坐标系为参考的空间基准。地理空间信息网格使用的地球参考系就是由关于原点、定向、尺度的约定来定义的，与地球一起在空间中做周日运动的空间基准。目前，我国已经启用的 CGCS2000 就是以现代空间技术为基础建立的空间基准。

3) 多尺度性

在地球系统空间中，各种事物和现象存在尺度的不同，例如，厄尔尼诺现象是在全球尺度上的过程，山体滑坡是在局部山地区域的过程。同时，科学研究针对不同问题也会选择不同的尺度，例如，城市规划所依托的虚拟地理环境是局部地区的，探月活动所依托的仿真模拟环境则要覆盖地月空间。

地球系统的多尺度特征要求地理空间信息网格具有多尺度特性，即要实现对地球空间的层次化剖分与编码，建立不同层级格元之间的嵌套隶属关系，能够组织多分辨率空间数据，支持多尺度空间现象和过程的描述与分析。

4) 适应性

在地球系统中，各种空间现象和空间目标在空间尺度上的差别很大，而且各种数据采集手段在采集途径、时空分辨率等方面的不同，造成空间数据来源多样、结构各异，进而导致各个行业领域在地理空间信息获取、处理、分析等方面千差万别。

既要为跨领域研究提供统一的基础结构，又要适应不同领域对地理空间信息的个性化需求，这就要求地理空间信息网格在网格空间剖分、格元编码、网格数据组织管理、网格运算分析等方面，既具有统一的模型基础，又具备弹性调整变化的能力，在数据组织、检索查询、分析耦合、应用模型等方面具备良好的适应性。

5) 唯一性

地理空间信息网格剖分要求：每一个剖分等级上所有格元组成的集合能够完整覆盖整个地球系统空间，同时在同一个剖分等级上每个格元不与其他格元重叠，这就要求用来标识每一个格元的编码不能出现二义性。网格剖分结果的唯一确定性，使得对任意空间对象的描述都可以把地理空间信息格元作为参照物。

6) 连续性

地球系统空间可以分为地核、地幔、地壳、水圈、生物圈、大气圈及近地空间等不同部分，其中广泛存在各种地球系统要素的变化和人类的活动，各个部分和要素不间断地相互影响、作用、变化，具体包括空间连续和时间连续。地理空间信息网格要连续地描述不同空间范围内的空间对象，要求每一个剖分等级上的所有格元都能够完整、不间断地覆盖地球系统空间，相邻格元之间不存在不属于任何格元的空间，即格元无缝且不重叠。同时，地理空间信息网格通过时空网格的方式保证不同分辨率上的时间无缝且不重叠。

7) 关联性

关联性主要体现在两个方面。第一个关联是指地理关联。在地理空间信息网格剖分编码的基础上，可以将地理空间数据转换到网格的框架中，使格元成为地理空间数据组织管理与分析应用的基本单元，从而实现通过格元将某一个空间区域与其中的空间数据关联起来。例如，Google Earth 等软件利用经纬网格实现遥感影像和高程数据的网格化关联，兵棋地图等利用正方形、正六边形等格元实现地形类型的网格化关联。

第二个关联是指剖分方法关联。地理空间信息网格的建立遵循严格的数学组织规则，空间格元之间存在严密的空间关联关系，同一剖分方法内同一个剖分等级上每个格元相互关联，相邻或不同剖分等级上的格元相互关联，是网格编码、检索、运算的基础。同时，在地理空间信息网格发展过程中出现了多种多样的网格剖分方法，不同网格剖分方法之间具有相互转换关联性。

8) 近似性

地理空间信息网格的近似性表现为一系列几何结构相似的特点，具体包括：在同一剖分等级上，所有格元的形状、大小接近，格元之间的邻接关系相同；在相邻剖分等级之间，父级格元与子级格元形状相同；在逐层剖分过程中，格元中心点的空间对准关系保持不变等。这种同层接近、邻层相同、逐层一致的近似性结构特点，是地理空间信息网格对多尺度时空现象和过程进行描述的基础。

3. 地理空间信息网格的分类

从数学模型来看，现有的地理空间信息网格的研究主要集中在以下三类。

(1) 地理空间信息平面网格，包括地图投影经纬线网格、图像像素网格、DEM 网格，其都是在二维平面上描述地理空间实体及现象的。

(2) 地理空间信息球面网格，直接在地球参考球体(椭球体)上进行系列网格剖分，构建空间数据组织模型。

(3) 地理空间信息球体网格，将地球球面扩展为地球球体空间，支持三维、动态空间对象的表达。

此外，在平面网格、球面网格、球体网格的基础上增加时间编码，支持随时间变化事件的组织管理，也取得了一系列的研究成果。

3.2 地理空间信息网格的剖分方法

网格剖分是网格编码、索引计算及操作应用的基础。地理空间信息网格的剖分方法主要有平面网格剖分方法、球面网格剖分方法、球体网格剖分方法三类。

3.2.1 平面网格剖分方法

地理空间平面网格是在二维平面地图上按照一定规则划分的覆盖全球范围的空间单元集合。传统的地图投影经纬网和方里网属于地理空间平面网格的范畴，是现有测绘成果的数学基础。为了适应全球作战指挥、模拟训练的计算分析以及国民经济统计等应用的需求，在平面地图的基础上，一些国家又设计了相应的平面网格标准，如中国国家地理格网、美国国家网格等。

1. 中国国家地理格网

中国国家地理格网国家标准指出，地理格网是一种科学、简明的定位参照系统，是对现有坐标参照系、行政区划和其他定位系统的补充；适用于标识与地理空间分布有关的自然、社会和经济信息的空间分布，可以保证其采集、存储、分析与交换的一致性，为各类信息的整合提供以格网为单元的空间参照系统(全国地理信息标准化技术委员会，2009)。

地理格网是指按照一定的数学规则对地球表面进行划分而形成的格网，包括经纬坐标格网和直角坐标格网。经纬坐标格网是按照经纬线对地球表面进行划分而形成的格网。直角坐标格网是将地球表面按数学法则投影到平面上，按一定的纵横坐标间距和统一的坐标原点对地表区域进行划分构成的格网。格网层级由不同间隔的格网构成，层级间能方便地实现在格网上赋予信息的合并或细分。经纬坐标格网面向大范围(全球或全国)，适于概略表示信息的分布和粗略定位的应用；直角坐标格网面向小范围(省区或城乡)，适于较详尽信息的分布和相对精确定位的应用。

1) 经纬坐标格网

经纬坐标格网按经差、纬差分级，以 1°经差、纬差格网作为分级和赋予格网代码的基本单元。其分级规则为：各层级的格网间隔为整数倍关系，同级格网的经差、纬差间隔相同。经纬坐标格网基本层级分为 5 级(表 3.1)，格网间隔大于 1°为扩展级。

表 3.1　经纬坐标格网分级

格网间隔	格网名称
1°×1°	一度格网
10′×10′	十分格网
1′×1′	一分格网
10″×10″	十秒格网
1″×1″	一秒格网

经纬坐标格网编码由 5 类元素组成，即象限代码、格网间隔代码、间隔单位代码、纬经度代码和格网代码。前 4 类元素为必选元素，格网代码元素根据需要选用。象限代码由南北代码、东西代码组成，分别用 1 位字符码表示；格网间隔代码用 2 位数字码表示；间隔单位代码用 1 位字符码表示；纬经度代码由纬度代码和经度代码组成，分别取纬度、经度的整度数值计算生成，用 2 位数字码表示纬度和 3 位数字码表示经度；格网代码取纬度、经度的非整度数值计算生成，由于采用的格网间隔不同，格网代码长度可以为 0 位、4 位或 8 位。经纬坐标格网编码结构如表 3.2 所示。

表 3.2　经纬坐标格网编码结构

编码元素	编码长度	编码举例
象限代码	2 位字符	NW/NE/SW/SE
格网间隔代码	2 位数字	01/10
间隔单位代码	1 位字符	D/M/S
纬经度代码	5 位数字	36 123
格网代码	0/4/8 位数字	04 00/0247 0015

经纬坐标格网以赤道和本初子午线的交点为原点，将全球分为西北、东北、西南、东南四个象限，象限代码表示为 NW、NE、SW、SE。第一位表示南北半球，用"N"表示北半球，"S"表示南半球；第二位表示东西半球，用"E"表示东半球，"W"表示西半球，例如，我国位于东北半球，表示为 NE。格网间隔代码依据表 3.1 所列的格网间隔，用 2 位数字表示，不足 2 位的在前面补 0，如格网间隔为 1′时表示为"01"。间隔单位代码中，"D"表示以度为单位，"M"表示以分为单位，"S"表示以秒为单位。

例如，某点位于 75°41′15″N、143°02′35″E，其各级经纬坐标格网的编码分别如下。

(1) NE01D75143：1°格网代码。
(2) NE10M751430400：10′格网代码。
(3) NE01M751434102：1′格网代码。
(4) NE10S7514302470015：10″格网代码。
(5) NE01S7514324750155：1″格网代码。

2) 直角坐标格网

直角坐标格网采用高斯-克吕格投影直角坐标系统，以百公里为基本单元，逐级扩展。直角坐标格网系统根据格网间隔分为6级，以百公里格网为基础，按10倍的关系细分(表3.3)。直角坐标格网不适用于高纬度区域。

表 3.3　直角坐标格网分级

格网间隔/m	格网名称
100000	百公里格网
10000	十公里格网
1000	公里格网
100	百米格网
10	十米格网
1	一米格网

直角坐标格网编码由4类元素组成，即南北半球代码、高斯-克吕格投影带号代码、百公里格网代码和坐标格网代码。其中，前3类元素为必选元素，坐标格网代码元素可根据需要选用，如需要，还可按规则扩充。直角坐标格网编码结构如表3.4所示。

表 3.4　直角坐标格网编码结构

编码元素	南北半球代码	高斯-克吕格投影带号代码	百公里格网代码	坐标格网代码
编码长度	1位字符	3位数字	1位字符，2位数字	2~10位数字
编码举例	N/S	020	D44	—

注：南、北半球代码为1位字符码，南半球记为"S"，北半球记为"N"。

直角坐标格网采用高斯-克吕格投影，采用6°或3°分带，投影带号采用3位数字码表示。当采用6°分带时，全球共分60带，在投影带号前用0补足3位，投影带号代码为001~060；当采用3°分带时，全球共分120带，在投影带号前加100，投影带号代码为101~220。

百公里格网代码采用1位字符与2位数字混合编码。当采用6°分带时，自西向东，每百公里用 1 位字符(A～H)表示；当采用 3°分带时，自西向东，每百公里用 1 位字符(C～F)表示，由南向北，每百公里用两位数字(00～90)表示。

例如，某点位于 39°55′N、116°30′E，其 6°投影带号为 20，纵坐标值为 4420395.9m，横坐标值为 457251.1m，其各级直角坐标格网的编码分别如下：

(1) N020D44：百公里格网代码。

(2) N020D4452：十公里格网代码。

(3) N020D445720：公里格网代码。

(4) N020D44572203：百米格网代码。

(5) N020D4457252039：十米格网代码。

(6) N020D445725120395：一米格网代码。

2. 美国国家网格

美国联邦地理数据委员会(Federal Geographic Data Committee, FGDC)于 2001 年发布了美国国家网格(USNG)标准(United States Federal Geographic Data Committee Standards Working Group, 2001)。该标准是以 MGRS 为基础建立的，在美国领土范围内二者等同。

USNG 采用 WGS84 坐标系、贝塞尔椭球(1841)，在南纬 80°～北纬 84°之间基于 UTM 投影平面基准，在南纬 80°以下、北纬 84°以上的两极地区基于 UPS 投影平面基准。UTM 投影几何上理解为等角横割椭圆柱投影，圆柱横割于地球的两条等高圈上，投影后两条割线上没有变形，中央经线上长度比为 0.9996。为减小投影变形，从经度 180°开始由西向东按经差 6°将全球分成 60 个投影带，中央经线依次为 177°W、171°W、…。每一个投影带各自采用 UTM 投影，其中央经线与赤道作为坐标轴，交点为原点，坐标单位为 m。为避免坐标出现负值，将坐标纵轴西移 500km，在南半球将坐标横轴南移 10000km。UPS 投影应用于南、北两极，采用地球面为椭球面的等角正方位投影。平面与地球的南、北极在某一纬度相割，中央经线、极点分别为投影坐标系的纵轴与原点，极点长度比为 0.994，割纬线纬度约为 81°7′。为了避免坐标出现负值，UPS 投影坐标纵轴西移 2000km，坐标横轴南移 2000km。

在南纬 80°～北纬 84°，将地球表面分为纬差 8°、经差 6°的若干带区。从经度 180°开始，由西半球起算，以每个经差 6°的带形区域为基础，以 1～60 编号，则西经 180°～174°为第 1 带区，西经 174°～168°为第 2 带区，依此类推。纬差按 8°划分，从南纬 80°起算，每一个 8°纬差分别按字母顺序 C～X 标识(去掉 I、O，以免与数字 1、0 混淆)，如北纬 0°～8°用 N 标识。因此，在南纬 80°～北纬 84°的任何一个区域都可用带号(1～60)和区号(C～X)组成的全球唯一的网格区域标识(grid zone designator, GZD)来表示，如 1Q、2P、3N 等，如图 3.2 所示。

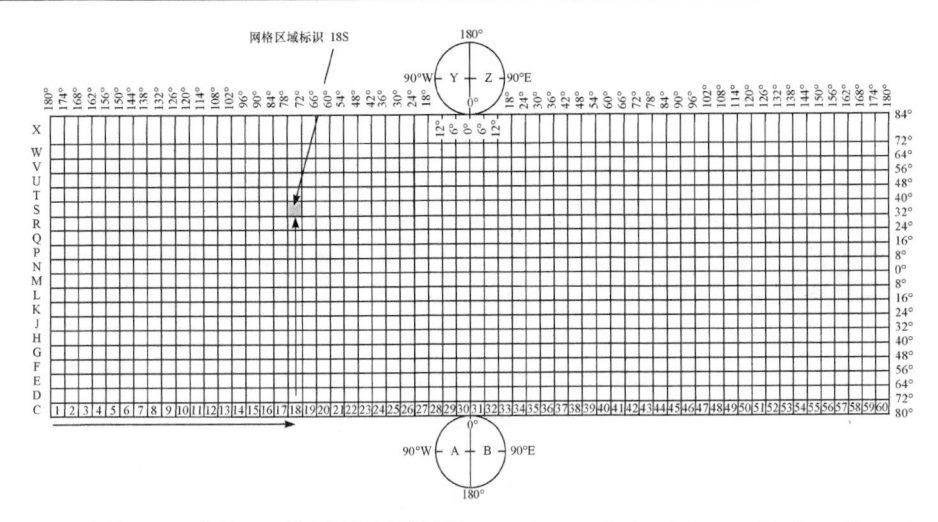

图 3.2 南纬 80°～北纬 84°基本网格区域标识(United States Federal Geographic Data Committee Standards Working Group，2001)

在每一带上按 UTM 投影坐标剖分边长为 100km 的方格，并将上述带区与方格结合起来，将方格编以代号(图 3.3)。网格以投影带为单位进行剖分，但编号在

图 3.3 UTM 投影百千米网格(United States Federal Geographic Data Committee Standards Working Group，2001)

全球进行。100km 网格的代号用两个英文字母来表示，在东西方向上，从第一个投影带的西边界开始用 A～Z(去掉 I、O，以免与数字 1、0 混淆)的 24 个字母反复表示，每三个投影带反复一次，每个投影带 8 个字母，对应完整的或不完整的 8 个窄条。这是因为在赤道上，从中央经线到投影带的边缘约有 355.5km 的距离，共需要 6 个完整的和 2 个不完整的窄条。在南北方向上，奇数投影带从赤道开始向北用 A～V(去掉 I、O，以免与数字 1、0 混淆)反复表示(约经过两个带区反复一次)。偶数投影带从赤道以南第 5 个方格处开始用 A～V(去掉 I、O，以免与数字 1、0 混淆)反复表示，赤道以北第 1 个百千米网格正好是 F。这样就使具有相同代号的方格相距远一些，从而避免指示目标和读图时发生混乱。因此，每一个方格就可以用两个字母来表示，如 TU、UU、EK 等。

当地理坐标的精度小于 100km 时，在 USNG 中可用网格代号后加该坐标点的东向距离、北向距离来表示。这种距离坐标以该方格的最西南坐标为直角坐标原点，例如，32TNL63 表示边长为 10km 的区域。这种表示方法可以一直循环，即可以在 100km 的方格中标定一点，10km 的方格中标定一点，1km 的方格中标定一点，100m 的方格中标定一点，10m 的方格中标定一点等。例如，15SWC80825121 可精确到 10m，用"8082"表示横坐标，用"5121"表示纵坐标，而 15SWC8081751205 可精确到 1m，用"80817"表示横坐标，用"51205"表示纵坐标。这样，在美国地形图上可以使用三种方式来表示一个点的点位，分别为大地经纬度坐标、UTM 投影坐标和 MGRS 坐标。

在北极地区，分别用字母 Y、Z 表示 0°和 180°子午线以西区域与以东区域的网格分区名称；在南极地区，分别用字母 A、B 表示 0°和 180°子午线以西区域与以东区域的网格分区名称。

当坐标点落在北极区域内、横坐标小于 2000km 时，即在中央经线以西区域，用 Y 作为 GZD 分区标识；当横坐标大于 2000km 时，即在中央经线以东区域，用 Z 作为 GZD 分区标识。当坐标点落在南极区域内、横坐标小于 2000km 时，即在中央经线以西区域，用 A 作为 GZD 分区标识；当横坐标大于 2000km 时，即在中央经线以东区域，用 B 作为 GZD 分区标识。

3.2.2 球面网格剖分方法

地理空间平面网格建立在地图投影的基础上，必然存在一定的投影误差变形，在全球化应用模式下显得力不从心。地理空间球面网格将地球表面抽象为(椭)球面，按照一定的规则将(椭)球面划分为一系列格元，利用格元描述空间位置、空间形态、空间分布，进行空间数据组织和管理，实现空间对象建模、分析与表达。

1. 球面经纬网格剖分

长期以来，经纬度是描述地表空间位置坐标的一种主要形式。经纬线组成的经纬网是得到广泛应用的地球表面空间参考框架。在地球表面画上经纬网已经成为人们空间思维的重要习惯。通过经纬度来描述地球表面与经纬线平行的矩形区域，方法简单，便于数据组织和处理，目前大部分地理空间基础数据、处理算法和软件都是以经纬度坐标为基础的。利用经纬线划分球面空间网格是一种很自然的思路。很多学者和研究机构研究了各种经纬网格划分模型。

1) 球面等间隔经纬网格剖分

球面等间隔经纬网格剖分的基本思想是用等经纬度间隔的格元覆盖球面或投影面(图 3.4)，相邻层次单元的经纬度间隔相差一倍。等间隔经纬网格划分方便、邻接关系简单，空间计算和数据索引也很简单，因而应用较早，也较为广泛。美国地质调查局(United States Geological Survey，USGS)推出的 GTOPO30 数据和 ETOPO5 数据，美国国家影像与制图局(National Imagery and Mapping Agency，NIMA)和 NASA 提供的 JGP95E $5' \times 5'$ 全球 DTM 数据均以等间隔经纬网格为基础，计算全球 DEM 的离散高程点坐标。

图 3.4 球面等间隔经纬网格

美国佐治亚理工学院研制的 Virtual GIS(geographic information system，地理信息系统)、美国海军研究生院研发的 NPSNET(Naval Postgraduate School NET)系统、斯坦福研究院(Stanford Research Institute，SRI)开发的 Terra Vision 地形浏览器、Google 公司开发的 Google Earth、微软公司的 Virtual Earth 系统、NASA 的 World Wind 系统，其数据管理结构都是以等间隔经纬网格为基础的。

李德仁等(2006)提出基于行列编码的全球四叉树网格。首先从一个固定起算点开始，以固定宽度和高度划分初始行列网格(称为基本网格)，然后对每个基本格元进行四叉树细分。在全球表面，以经度 0°、纬度 0°为起算点，以 1∶100 万比例尺地图分幅大小(经差 6°、纬差 4°)为网格尺寸划分基本网格，然后按照四叉树规则对基本网格进行层次细分。基于行列编码的四叉树网格的单元编码包括基本网格的行号、基本网格的列号、格元的四叉树十进制 Morton 码。

等间隔经纬网格的局限性主要表现在以下方面。

(1) 格元粒度不均匀。从赤道到两极，格元的面积和形状变化越来越大。同一等级的格元，最大面积与最小面积比随剖分等级的提高而迅速增大，且不收敛。

格元粒度变化太大，会严重影响空间数据精度和存取访问效率。

(2) 极点奇异性。格元一般为四边形，而在两极为三角形，因此必须在数据操作和空间分析时进行特别处理。这会增加数据存储的冗余度，增大数据组织管理和空间建模分析的复杂度。

(3) 邻接关系不一致。边邻近和角邻近的格元距离不相等，会增大基于格元进行空间操作的复杂度。

2) 球面不等间隔经纬网格剖分

为了改善由等间隔经纬度划分而导致的格元粒度不均，不等间隔经纬网格的格元经度和纬度跨度不相等，一般在不同的纬度，经度间隔不同。

NIMA 提出的数字地形高程模型(digital terrain elevation model, DTEM)采用不等间隔经纬网格，其中球面划分为多个纬度跨度不同的纬度带，格元的经度间隔随纬度的增加而变大。虽然格元粒度相比等间隔经纬网格更均匀，在一定程度上降低了数据冗余，但是不等间隔划分增加了格元连接的复杂性。

Ottoson 等(2002)在地球参考椭球体表面建立了基于四叉树规则的等积网格，即椭球四叉树网格(图 3.5)。该网格有两种划分方式：固定纬差值$\Delta\Phi$，将椭球面划分为带状，以变经差划分矩形网格；固定经差值$\Delta\lambda$，将地球划分成条状，以变纬差划分矩形网格。随后，再以$\Delta\lambda/2$ 和$\Delta\Phi/2$ 细分，保持各级单元面积相等。椭球四叉树网格剖分计算量大，格元之间的关系更加复杂。

图 3.5 椭球四叉树网格(Ottoson et al., 2002)

为了进一步改善 DTED 网格，Bjørke 等(2004)提出一种不等间隔的全球四边形网格，格元经度间隔随纬度的不同而变化，使格元面积大致相等，但是格元变形更严重，格元之间的拓扑关系更复杂。

3) 球面 GeoSOT 网格剖分

程承旗等(2012)提出球面 GeoSOT 网格剖分。球面 GeoSOT 网格剖分是一种等经纬度四叉树网格剖分，通过对地球空间的一次整体扩展以及两次网格扩展，将经纬度数值扩展为[-256°, 256°]，并且在 1°网格和 1′网格上分别进行一次扩展(将 1°扩展为 64′，将 1′扩展为 64″)，在 1″网格以下逐次进行四叉树剖分，直至剖分到 1/2048″，从而得到一组尺寸为{$2^{9°}$、$2^{8°}$、$2^{7°}$、$2^{6°}$、$2^{5°}$、$2^{4°}$、$2^{3°}$、$2^{2°}$、$2^{1°}$、$2^{0°}$、$2^{5'}$、$2^{4'}$、$2^{3'}$、$2^{2'}$、$2^{1'}$、$2^{0'}$、$2^{5''}$、$2^{4''}$、$2^{3''}$、$2^{2''}$、$2^{1''}$、$2^{0''}$、$2^{-1''}$、$2^{-2''}$、$2^{-3''}$、$2^{-4''}$、$2^{-5''}$、$2^{-6''}$、$2^{-7''}$、$2^{-8''}$、$2^{-9''}$、$2^{-10''}$、$2^{-11''}$}的经纬网剖分结果，实现整度、整分、整秒的四叉树剖分网格。

在度级上，球面 GeoSOT 网格将经纬度空间扩展到[–256°，256°]。第 0 级网格定义为以赤道与本初子午线交点为中心点的 512°×512°网格，其编码为 G(意为全球 Globe)。在第 0 级网格的基础上四等分，得到第 1 级网格，每个网格大小为 256°×256°。第 1 级网格的编码为 Gd，其中 d 为 0~3，编码顺序与 Z 曲线一致，如 G0 对应于东北半球。第 2 级网格由第 1 级网格四等分得到，如 G0 细分为 G00、G01、G02、G03。在第 2 级网格中开始出现只存在于 GeoSOT 数学空间，但没有实际地理意义的网格，如 G02、G03 等。没有实际地理意义的网格不再进行剖分，其他的第 2 级网格虽然有部分区域落在实际地理空间之外，但是仍然作为一个整体向下剖分。向下剖分的每级网格都按照此原则筛选能够进入下一次剖分的网格。第 3 级网格在第 2 级网格的基础上进一步四等分得到。后续等级的网格按照四叉树剖分规则依次类推。

剖分得到的第 9 级网格大小为 1°×1°。为了保持该等级网格四等分后尺寸仍为整型，避免浮点数带来的截断误差，在第 9 级网格中进行了一次虚拟扩展。令该等级网格的大小由 60′向外延伸到 64′，第 10 级网格以 64′×64′的大小进行四等分，形成大小为 32′×32′的网格。

第 10~15 级网格称为 GeoSOT 分级网格，其剖分网格大小和编码形式按照上述四叉树剖分规则递归。

第 16~21 级网格为秒级网格，其剖分方式、编码形式与"分"级网格一致。秒级网格的根节点是第 15 级网格，尺寸为 1′×1′。类比于第 9 级网格，同样进行一次扩展，将网格扩展为 64″×64″，然后依次进行四等分，形成下级网格。第 16 级网格在第 15 级网格扩展后的基础上四等分得到。

第 22~32 级网格属于秒级以下网格。当剖分到第 32 级网格时，网格尺寸为 1/2048″×1/2048″，网格编码为 G$ddddddddd$-$mmmmmm$-$sssss$.$uuuuuuuuuu$，其中 d、m、s、u 是取值为 0~3 的四进制数。

4) 球面混合式网格剖分

基于经纬度坐标网格剖分的优点是，与现有的各种数据转换很方便，网格形状比较规则，计算比较简单；缺点在于，格元的面积和形状在低纬度与高纬度之间相差较大，对两极地区数据的适应能力较差，导致数据冗余。极地等距离方位投影对于两极地区数据管理具有独特的优势。该投影是以平面作为投影面，平面与地球极地地区构成相切关系，将经纬网投影到平面上，构成以两极为中心的同心圆组网格，其等纬度间隔相等。如果应用该网格对极地投影平面进行管理，则可以有效解决由等经纬度间隔剖分造成的数据冗余问题。

对极地等距离方位投影平面运用等距离网格进行数据管理，在解决了两极地区数据冗余问题的同时，又出现了新的难题。投影后纬线圈是同心圆，因此网格的坐标(x, y)与经纬度构成复杂的函数关系，给数据的管理与调用增加了难度。

网格数据管理的目的是将球面地理空间数据存储到网格内,而不用像地图那样需要细致地考虑投影面的变形。所以,为了降低用网格对极地投影平面直接进行剖分造成换算的复杂度,将同心圆进行几何转换,即保证将纬线圈上每一个点投影到圆的外接正方形上。这样纬线圈上每一个点与外接正方形上的点是一一对应的,同心纬线圈便转换成同心正方形。

为了改进大多数基于地理坐标系的网格系统存在高纬度地区单元变形严重的缺陷,韩阳等(2008)提出混合式全球网格,采取对中低纬度以及高纬度、两极地区分别处理的方案,以期避免在高纬度地区的严重变形。该方案的主要思路是:在低纬度地区采用基于等距离正圆柱投影的网格剖分方案,在45°纬度以上区域采用基于极地等距离方位投影变换的极地正方形投影进行网格剖分(图3.6)。

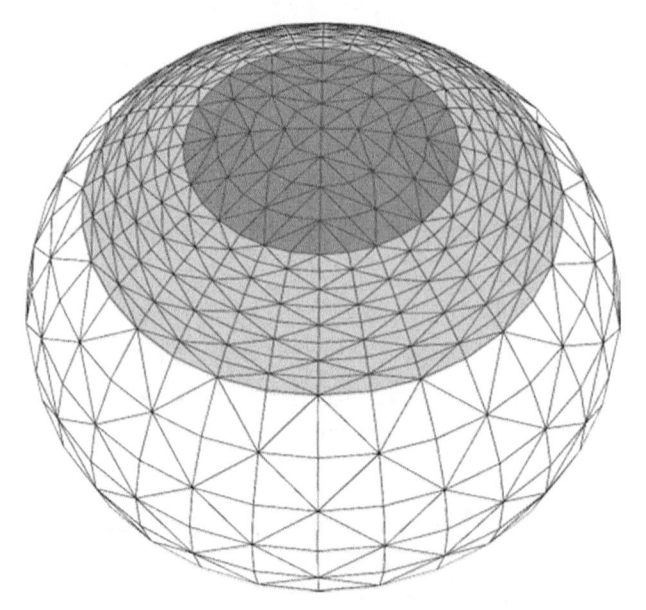

图 3.6　混合式全球网格(韩阳等,2008)

通过两种不同的网格剖分方案,可以将全球分成六个基本面片,赋予这些基本面片 0~5 共六个索引。每个面片在每边都是 90°,其中 4 个处于南纬 45°~北纬 45°,采用矩形网格覆盖;2 个处于高纬度地区,采用三角形网格覆盖。基本面片每边都是 90°,位于两极地区四边的周长正好是 360°,极点为同心正方形的中心。这种方式可以充分利用两者的优势,避免在高纬度地区使用矩形网格带来的变形。

混合式球面网格剖分方案将全球分为两部分,这就需要在两部分的接边地区处理得非常连续,即基本面片之间的无缝拼接。在剖分方案中,全球被分成了六个基本面片,每个基本面片在每边都是 90°,这在处理接边时起到了很大的作用。因为每一基本面片与相邻基本面片的重合边都为 90°,所以只要各个基本面片采用相同的经纬度间隔来剖分，便可保持两部分之间的无缝拼接。

由于第 0 层每个基本面片都是基于 90°划分的，所以可将每一个基本面片以 6°为间隔剖分为 15×15 的网格。这样既与传统的地图分幅兼容，又有利于四叉树索引调度数据，并且使两极和近赤道地区的相邻基本面片可以光滑过渡。

2. 球面正多面体网格剖分

20 世纪 80 年代末，为了有效管理全球多分辨率数据，满足不同的应用需求，许多学者研究了基于正多面体剖分地球的方法。Sahr 等(2003)指出，基于正多面体剖分的全球格网系统由理想正多面体、正多面体表面的层次剖分、平面与球面对应关系等五个相互独立的要素唯一确定。只有五种正多面体(正四面体、正六面体、正八面体、正十二面体、正二十面体)投影到球面能产生形状相同的球面多边形且顶点所在多边形的数目相等，因此称为理想正多面体。

1) 球面六边形网格剖分

基于不同的正多面体得到的球面网格特点有所不同。其中，正六面体具备将球体表面方便地剖分为矩形四叉树结构的能力；正八面体的顶点能够定位在南北极点、赤道上经度 0°、东西经 90°、东西经 180°四个点上。给定任意点的地理坐标，就能准确计算出它落在正八面体的哪个面上。但是一般而言，正多面体的面越小，在与球面转换过程中的变形就越小。由于正四面体、正六面体和正八面体的面较大，其形状与球体的差异也较大。相比较而言，正二十面体的面最小，所以在此基础上剖分的全球格网变形也最小(图 3.7)。

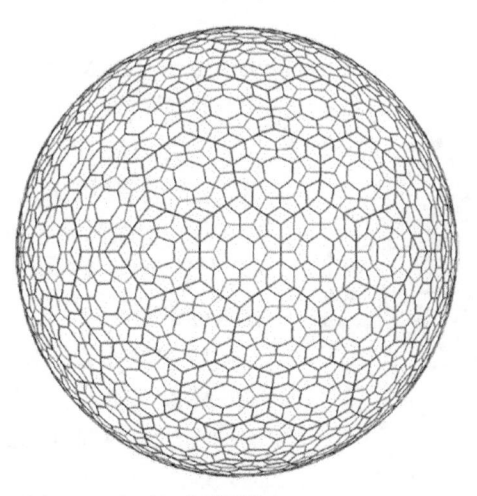

图 3.7　球面六边形网格(Sahr et al., 2003)

在矩形、三角形和六边形三种能够剖分平面的规则图形中，六边形是最紧凑的，它具有以下特点。

(1) 以最小的平均误差量化平面，具有最大的角分辨率。
(2) 与矩形格网和三角形格网不同，六边形格元拥有一致的邻域。
(3) 六边形格网的 6 个离散的速度向量足以描述连续的各向同性的流体。
(4) 在表达相同信息量的情况下，六边形格网比矩形格网要节省约 14%的采样量。

六边形格网具有上述独特的性质，使得它非常适合空间数据的处理，但是六边形的聚合、分解问题将影响其优势。六边形不具备自相似性，并不能像矩形或三角形四叉树那样排列，即不可能将一个六边形分解为小一些的六边形(或将较小的六边形组合成一个大六边形)，导致多分辨率六边形格网系统的应用受到限制。

基于正二十面体建立球面六边形网格系统一般可以分为以下步骤。
(1) 建立球面与正二十面体表面的对应关系。
(2) 在正二十面体的展开面上构建平面网格。
(3) 通过球面与正二十面体表面对应关系的逆变换将平面网格映射到球面上。
(4) 利用网格的拓扑关系建立格元的表示与互操作方法。

在确定理想正多面体之后，要给出它与地球的相对位置。对于正二十面体，最常见的一种定位是在南北极点上各放一个顶点，然后使过北极的一条边与本初子午线重合，并保证正二十面体基于赤道对称。由正二十面体的几何性质可知，仅采用六边形无法完全覆盖正二十面体表面，在顶点处会出现 12 个五边形。因此，顶点处的六边形中包含无效部分，必须将其剔除。

2) 球面四元三角网剖分

球面四元三角网(quaternary triangular mesh，QTM)剖分选取球内接正八面体作为球面格网划分的基础，其顶点占据球面主要点(包括两极)，而边的投影则与赤道、主子午线和 90°、180°、270°子午线重合，每一个面都是正球面三角形。若对正球面三角形进一步细化，即根据顶点的经纬度坐标进行平均，产生三条边的中点，其中点连线的球面投影即把球面三角形分为 4 个小球面三角形。依此类推，可完成整个球面的近似均匀划分(Dutton，1996)，如图 3.8 所示。

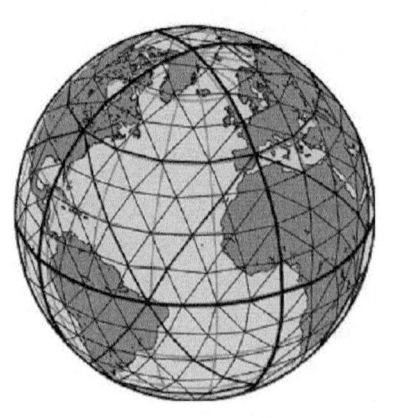

图 3.8 球面四元三角网(Dutton，1996)

由于其剖分格网的规则性及近似均匀性，格网点的坐标及它们之间的空间关系可以根据层数和位置隐含求出。在球面四元三角网层次数据结构中，点的位置由球面四元三角网格元的中心点确定，随着剖分层次的增加，点位精度越来越高。任意一对经纬度坐标有且只有一个三角形地址码与之对应；反之，对于任意一个球面四元三角网地址码，就一定有一对经纬度坐标在相应的精度范围内与之对应。

一个球面四元三角网位置码是由八分数(0~7)和最多 30 位叶节点四分数(0~3)组成。在第 k 个剖分层次，三角形 A 的地址码表示为 $L_k=a_0, a_1, a_2, a_3, \cdots, a_k$。其中，$a_1 \sim a_k$ 是 k 个四分码，a_0 是八分码，表达最初在 0 层次的球面正八面体剖分。由于地球被剖分为 8 个等球面三角形，所以 a_0 用 0~7 这 8 个数字来表达每个三角形面的地址码。

对于以下递归划分的三角四叉树码 $a_1, a_2, a_3, \cdots, a_k$，中心三角面的地址码为 0，上三角面或下三角面的地址码为 1，左三角面的地址码为 2，右三角面的地址码为 3。这样进行的地址码具有固定的上、下、左、右方向性(图 3.9)，有利于三角形网格的邻近查询。

3) 球面退化四叉树网格剖分

为有效解决经纬度格网与球面四元三角网在全球空间数据管理和操作中存在的不足，崔马军等(2007)提出球面退化四叉树网格(degenerate quadtree grid，DQG)。

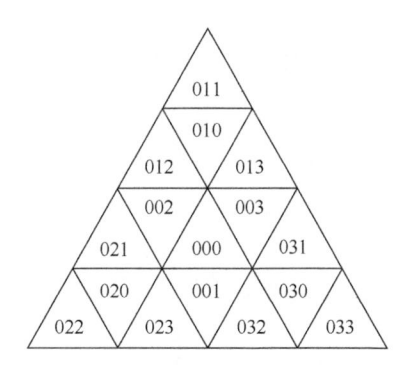

图 3.9 球面四元三角网格元编码(0 号八分体的第二层剖分)

首先，选取球内接正八面体作为球面网格划分的基础。这是由于按正八面体投影划分时，其顶点占据球面主要点(包括两极)，而边的投影与赤道、主子午线和 90°、180°、270°子午线重合。这样很容易确定球面上的一个点在八面体的哪个投影面上，有利于球面网格与常用的球面经纬度网格转换，并且每个投影面都是正球面三角形。经过首次剖分，将球面划分成 8 个等正球面三角形，亦称八分体。

其次，应用球面退化四叉树网格剖分方法对每个八分体进行递归细分，即对八分体三角形顶点的经纬度进行两两平分，得到 3 个新点(其位于球面上)，将三角形两腰上的 2 个新点连成一条纬线，再将该纬线的中点与另一新点连成一条经线，形成 1 个新的子三角形和 2 个子四边形；在第二层次，对子三角形按第一次剖分的方法进行剖分，而对子四边形剖分，将四边形 4 个顶点的经纬度进行两两平分，得到 4 个新点，将两对边上的新点连成经纬线，得到 4 个新四边形，这样就产生了 1 个新的子三角形和 10 个子四边形，实现对球面更高分辨率的逼近，如此递归直到满足一定的分辨率要求。

上述递归剖分称为球面退化四叉树剖分，每次剖分后连接成的网格称为球面退化四叉树网格(图 3.10)。

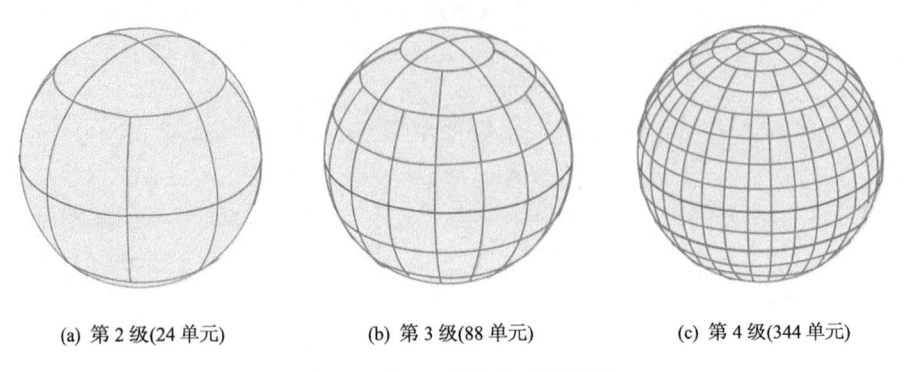

(a) 第 2 级(24 单元)　　　(b) 第 3 级(88 单元)　　　(c) 第 4 级(344 单元)

图 3.10　球面退化四叉树网格(崔马军等，2007)

经首次剖分后得到的八分体，根据其所在位置由一个八分码(0~7)来标识。每个八分体可用一棵退化四叉树来表达，存储时只需记录其叶节点的位置即可。当八分体递归剖分成较小的格元时，其叶节点的位置可用一个四进制 Morton 码来标识。

具体编码规则如下：对于八分体初始剖分单元，顶三角形编码为 0，左下角、右下角两个四边形的编码为 2 和 3；对于二次剖分单元，三角形剖分编码与八分体初始剖分单元的编码方法相同，四边形剖分编码左上编码、右上编码分别为 0、1，左下编码、右下编码分别为 2、3，这样生成的编码具有固定的方向性，有利于格元的邻近搜索及坐标转换；其他层次依此类推。Morton 码的每位数字都是不大于 3 的四进制数，并且每经过一次剖分，增加一位数字，剖分的次数越多，所得子区域越小，相应的 Morton 码位数越多(图 3.11)。

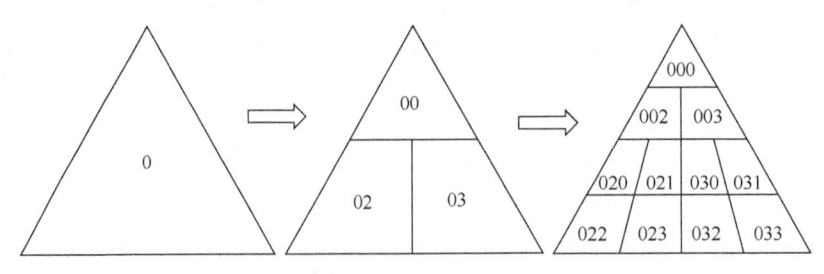

图 3.11　球面退化四叉树网格格元 Morton 码

在球面退化四叉树网格中，除两极外，其几何形状基本类似经纬度网格剖分，但是剖分单元的最大、最小边长比与最大、最小面积比都收敛到 2.22 左右。因此，与经纬度网格相比，球面退化四叉树网格又具有近似均匀的特性，这有利于减少高纬度地区在全球表达时的冗余数据。

3.2.3 球体网格剖分方法

球体空间网格将地球空间抽象为球体空间，按照一定的规则对球体空间进行剖分，将地球球体离散化为一系列球体格元，以球体格元为数据组织和空间建模的基本单位，将全球空间中的各种研究对象的数据模型和运动模型分散到众多球体格元中进行计算分析。

1. 球体经纬网格剖分

球体经纬网格是最早使用的一种立体空间网格。其具体剖分思路为，首先沿经度方向按一定的间距对球体进行切割；然后沿纬度方向按一定的间距对上述切割后的球体进行切割；最后沿径向按一定的间距以球面形式对上述切割后的球体再次进行切割。一般地，经度方向间距与纬度方向间距保持一致，而径向的间距则可以与上述间距不同。

球体经纬网格是将地球球体划分为一系列同心的球面，在每个球面上建立经纬网格，将相邻球面上对应的经纬网格沿地球径向连接起来，形成以地心为顶点的类似层叠累积起来的球体格元(图 3.12)。

在球体经纬网格中，大部分格元是由六个面封闭形成的球体空间区域，越靠近南极点、北极点和地心，格元的几何指标(边长、面积、体积)变化越大，极点和地心的格元出现形状的收缩退化，格元粒度不均匀。这些变化特征与球面经纬网格是一致的。

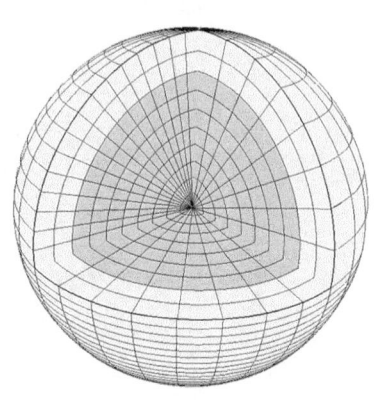

图 3.12 球体经纬网格

球体经纬网格具有经纬一致性及正交性等特点。经纬一致性，又称地理一致性，是指网格的球面边均为经纬弧，符合地球系统空间的经纬分布特征，同时可使现有大量基于经纬坐标系的数据及算法很容易地向其转换。正交性，即网格的各面相互垂直，可提高数值模拟的计算效率。同时，球体经纬网格也存在较为明显的缺点：一方面，与球面经纬网格特点相似，在两极不断收敛，网格大小悬殊；另一方面，球体本身在球心处的收缩及球体经纬网格在径向上未做特殊处理，造成网格在球心附近收敛，同样存在网格大小悬殊的问题。网格大小悬殊将导致数据冗余，增加计算开销。

球体经纬网格的剖分过程简单，与经纬坐标系一致，但是存在上述缺陷，造成基于格元的数据组织存在严重冗余，建模计算会出现精度不稳定等问题。

2. 球体阴阳网格剖分

从数值计算模拟的需要出发，网格模型应具有正交性质、张量度量简单、网格间距近似均匀等特点。在低纬度地区，经纬网格基本符合需求，但在高纬度地区，存在坐标奇异性和靠近极点的网格收敛问题。坐标奇异性并不是一个真正物理函数的奇异点，因此可以将洛必达法则应用在极点的网格以求解极点处的方程，其中的计算消耗可以忽略。但是，网格收敛的问题是十分严重的。针对地幔对流模拟问题，Kageyama 等(2004)提出球体阴阳网格，在保持经纬网格正交性的同时，避免两极的网格收敛和坐标奇异性。

球体阴阳网格将地球球体分割为两个对称的部分，二者几何上等价(形状和大小是相同的)，分别称为阴网格和阳网格，二者组合在一起可覆盖球体，在边界区域存在部分重叠。阴网格实际上就是中低纬度的球体经纬网格，而阳网格则是由阴网格旋转、镜像变换得到的(图 3.13)。

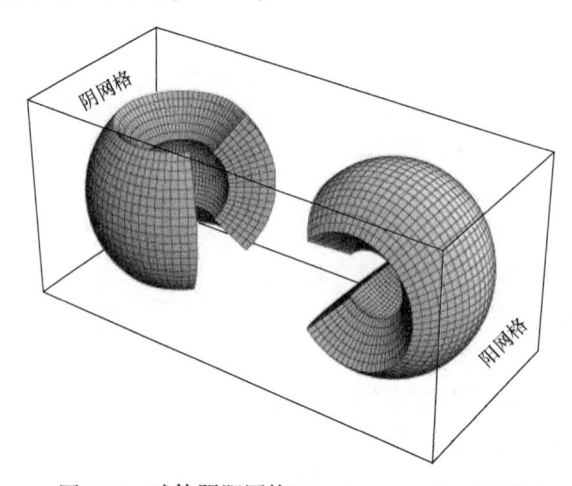

图 3.13　球体阴阳网格(Kageyama et al.，2004)

球体阴阳网格既保持了球体经纬网格的简洁性，又避免了两极地区的收敛问题，并且格元粒度变化不是太大。但是，阴网格、阳网格两部分存在交叉区域，格元出现重叠，导致交叉区域的网格剖分与编码不具有唯一性。因此，需要对重叠的格元进行单独处理，使格元的组织和计算更加复杂、费时。此外，同一剖分等级的格元，越靠近地心其粒度越小，越远离地心其粒度越大，不利于全球范围大规模数据的组织管理和高精度的空间建模计算。

3. 球体立方体网格剖分

球体立方体网格也是一种应用较为广泛的球体空间网格。其基本思想是，首先将正方体内嵌至球体中,然后将正方体的 6 个面按照不同的投影方式投影至球面,得到 6 个完全等同的块,最后对每个块进行递归四叉树细分,得到任意粒度的球面四边形网格,将球面四边形网格进行径向扩展(图 3.14)。径向扩展的方式有两种:一是自然延伸;二是采用缝合技术,即不同径向位置采用不同的球面分辨率,在不同球面分辨率交接的地方采用梯形进行过渡。

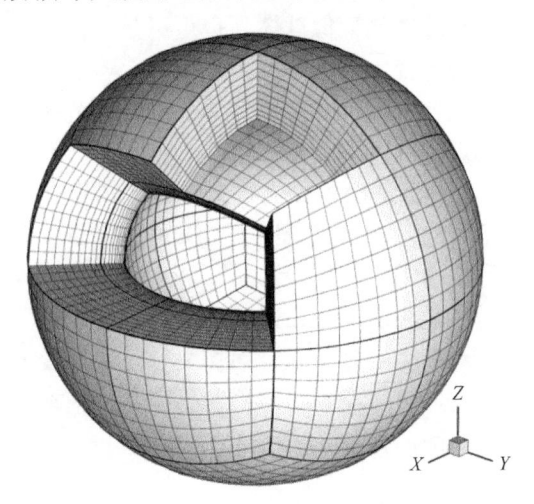

图 3.14　球体立方体网格(Stemmer et al.,2006)

球体立方体网格形状较为简单,均由球面六面体构成,但网格的边长不是经纬弧线,丧失了地理一致性及地理正交性。此外,大部分球体立方体网格剖分在径向上均未进行特殊处理,导致网格沿球心方向不断收敛。虽然在不同半径位置处采用不同球面层次的网格,能有效避免网格沿球心方向的收敛问题,但在边界处使用了非球面的缝合技术,使得网格在边界处不正交,同时也使得其几何形状较为复杂。

球体立方体网格具有粒度比较均匀、无缝覆盖整个地球球体、剖分编码形式简单、适于超级计算机并行计算等特点,在地球系统科学研究中应用较多(Stemmer et al.,2006)。但是,由于格元与地理坐标系统不一致,格元边界的地理意义模糊,不利于全球地理空间数据组织管理、建模分析及表达。

4. 球体退化八叉树网格剖分

球体经纬网格、球体阴阳网格存在网格粒度变化太大、两极地区收敛等问题,球体立方体网格适合数值计算模拟,但地理意义不明确。针对这些问题,吴立新等(2009)提出球体退化八叉树网格(sphere degenerated octree grid,SDOG)。

SDOG 的空间剖分原理是,以地心坐标系为参照,按经纬向和球体径向分别等分的方法对全球空间进行多层次八叉树剖分。若某单元的前后纬线退化为一点,则剖分后将纬线退化为一点且属于同一球面层的两个子单元合并为同一单元；若某单元的下表面退化为一点，则剖分后将下表面为一点的 4 个子单元合并为同一单元。一个单元经过一次 SDOG 剖分将产生 8 个、6 个或 4 个子单元。球体退化八叉树网格的具体剖分步骤如下。

首先，选择一个参考球体。该参考球体是一个虚拟的球体，既可以是国际大地测量协会推荐的参考椭球体的近似球体，也可以是半径大于或小于该近似球体的虚拟球体。参考球体的半径大小视研究范围而定，若研究范围为大气层及以下区域，则选择的球体为包含大气层的虚拟球体；若研究范围为地表及以下区域，则可选取参考椭球体的近似球体。

然后，以 0°、90°经面和赤道面为界面将参考球体剖分成 8 个八分体(图 3.15)，以球体八分体为空间剖分的基础，进行以下 SDOG 剖分。

(1) 对八分体进行第 1 层次剖分。首先，对径线剖分，以半径为原半径 1/2 的球面切割八分体；然后，对经线剖分，以圆锥面切割径线等分后八分体的外层，内层保持不变；最后，对纬线剖分，以平面切割径线及经线等分后八分体外层的下部，上部保持不变。上述 3 次切割的结果产生了 3 种基本单元，分别称为完全单元、纬线退化单元和球面退化单元(图 3.16)。

(a) 八分体　　　　(b) 径线剖分　　　　(c) 经线剖分　　　　(d) 纬线剖分

图 3.15　八分体的剖分过程(吴立新等，2009)

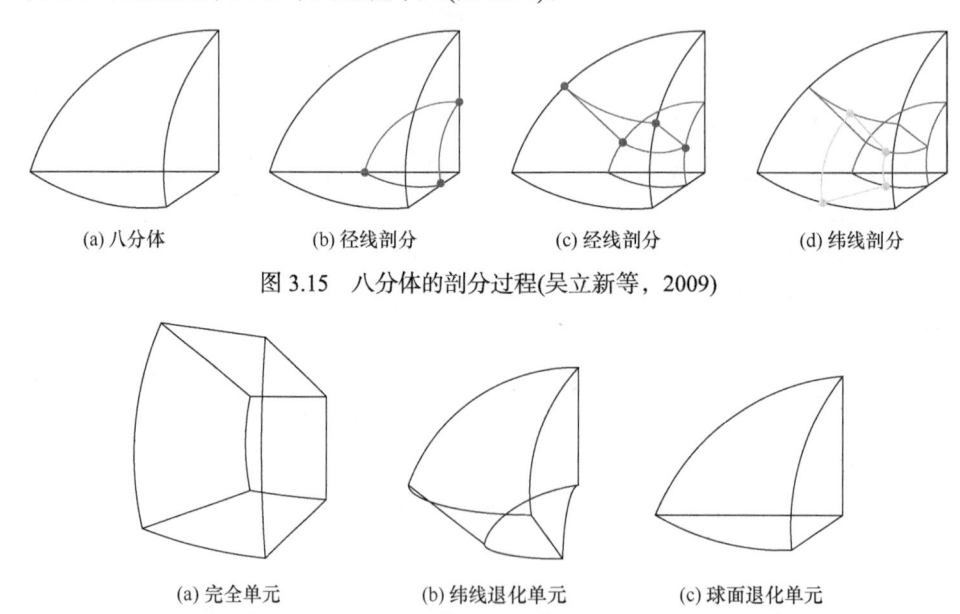

(a) 完全单元　　　　(b) 纬线退化单元　　　　(c) 球面退化单元

图 3.16　八分体剖分生成的 3 种基本单元(吴立新等，2009)

(2) 对上述基本单元进行下一层次剖分。对于完全单元，采用经纬线和径线均完全等分的方法进行下一层次的剖分(图 3.17(a))；对于纬线退化单元，先等分径线和经线，再对外层、内层的下部等分纬线，其余部分保持不变(图 3.17(b))；球面退化单元实质上是更小的八分体,可按八分体剖分方法进行(图 3.15)。

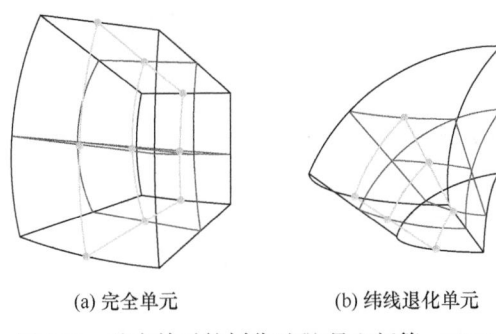

(a) 完全单元　　　(b) 纬线退化单元

图 3.17　基本单元的剖分过程(吴立新等,2009)

(3) 重复步骤(2),依次进行递归剖分,直至子单元大小满足剖分层次和单元粒度要求。

针对全球变化和地球系统科学研究的需要,吴立新等(2012)基于球体退化八叉树网格,提出了地球系统空间格网的框架结构,并分析了球体退化八叉树网格在空间数据集成、多尺度表达、对象变化表达、过程模拟、空间环境安全等方面的应用。球体退化八叉树网格剖分在经向、纬向、径向上同步进行,生成的格元粒度与现有的各种空间数据存在较大差异。余接情等(2012)对球体退化八叉树网格进行了改进,提出适应性球体退化八叉树,即沿某一方向进行独立递归细分,以适应不同空间分辨率的数据。

从网格构建过程看,球体退化八叉树网格剖分可以实现地球球体的稳定剖分。相比前述其他球体空间网格,球体退化八叉树格元的形状、粒度、分布更加均匀,更适合地球空间信息的集成组织,并已在地壳板块可视化、卫星轨道运行安全管理等方面得到应用。

球体退化八叉树网格是球面退化四叉树网格的三维扩展,而球面退化四叉树网格是一种球面变间隔经纬网格,因此球体退化八叉树网格仍然存在格元粒度变化较大的问题。另外,球体退化八叉树网格的剖分模型将地球空间作为内部均一的球体,没有体现地球圈层的结构特征。虽然适应性球体退化八叉树网格通过调整剖分顺序来尽量接近地球圈层空间数据的特征,但是这样的改进只能在一定程度上改善球体退化八叉树网格的性能。

5. 球体 GeoSOT-3D 网格剖分

胡晓光等(2015)在 GeoSOT 球面网格的基础上,将度分秒进制扩展思路从球面向球体扩展,提出 GeoSOT-3D 网格。在 GeoSOT-3D 网格剖分中,将第 0 级体块定义为:在基于经纬度坐标的地球立体空间中,与其原点重合的 512°方格,第

0级体块的编码为G，含义为Globe，对应于整个地球立体空间。

GeoSOT-3D网格剖分的第1级体块定义为：在第0级体块的基础上平均分为8份，每个1级体块的大小为256°，第1级体块的编码为Gd，其中d为0~7的八进制数。

GeoSOT-3D网格剖分的第2级体块定义为：在第1级体块的基础上平均分为8份，每个体块大小为128°，第2级体块的编码为Gdd，其中d为0~7的八进制数。从第2级体块开始，出现完全落在地理范围之外而没有实际地理意义的体块，与GeoSOT二维剖分方案类似，无意义的体块不再进入下一级的剖分，之后的每级体块由上级体块八等分得到。

从GeoSOT-3D网格的第6级体块开始添加剖分约束：立体格网在参考椭球面上对应的范围为−88°~88°，极地区域另做处理。由此，第6级体块在高度上分为64层，每层在−88°~88°的范围内对应1012个GeoSOT-3D网格剖分体块，因此第6级共有64768个剖分体块。

后续的剖分与GeoSOT二维剖分方案类似，剔除没有实际地理意义的网格后，将本层级的网格八等分得到下一层级的网格。区别在于GeoSOT-3D网格剖分中网格的形态较GeoSOT二维剖分更为复杂，判断算法稍有不同，此处不再赘述。

按照上述方法剖分至GeoSOT-3D网格的第9级体块，类比GeoSOT二维剖分方案，为了维持剖分的一致性，在第9级体块上进行一次扩展，将体块大小从60′扩展到64′。扩展延伸的方向基于以下原则：在高度维上向上扩展，在参考椭球面的两个维度上与二维剖分网格一致。

GeoSOT-3D网格的第10~15级为分级体块，在第15级体块上做第二次扩展，即将网格从60″扩展为64″。以此为基础划分出第16~21级的秒级体块，以及第22~32级的秒级以下体块。

除了没有实际地理意义的体块以及涉及两次扩展的体块，GeoSOT-3D网格各层级体块严格按照八叉树进行划分，形成下至地心，上至地表以上50000km的高空，大至整个地球空间，小至厘米级体块的多分辨率剖分框架，为三维空间的标识与组织提供了一套标准。

GeoSOT-3D网格剖分编码的思路是：为GeoSOT-3D网格每一层级的每个体块都赋予唯一的编码，实现整个地球立体空间的无缝填充以及多尺度空间区域位置的统一标识。为了兼顾存储、索引、计算、表达等多方面的要求，GeoSOT-3D网格以二进制一维编码为基础，同时设计相应的八进制一维编码、二进制三维编码以及十进制三维编码，根据不同的应用快速转换。

6. 地球圈层立体网格剖分

圈层立体网格模型由曹雪峰(2012)提出，其中圈层空间是对地球系统圈层结构特征的数学抽象，即将地球立体空间抽象为一组圈层空间。数学上，圈层空间包括圈层面和圈层体。圈层面是一个球面，球心为地心，大小由半径确定。圈层体是两个圈层面构成的球层，大小由内外圈层面的半径之差确定。

地球圈层立体网格的构建思路是：首先，基于地心直角坐标系，将地球抽象为圈层空间；其次，沿地球径向，在地球内部和外部按一定规则设置径向间距，形成一系列同心球面，这些同心球面统称为基准圈层面，地球参考球面为起始面，编号为 0，由起始面向地球内部的基准圈层面依次负数编号，由起始面向地球外部的基准圈层面依次正数编号；再次，将相邻基准圈层面封闭的球壳状立体空间称为基准圈层体，对基准圈层体进行层次网格剖分，得到的格元即圈体(图 3.18 和图 3.19)。圈体的形式化描述为 $V=\{S, E, P\}$，V 为圈体，S 为圈体的表面，E 为圈体的边，P 为圈体的顶点。

地球圈层立体网格剖分与编码的基础是扩展八叉树(extended octree，e-octree)。其层次细分机制分为规则八叉树细分(regular octree subdivision，ROS)、退化八叉树细分(degraded octree subdivision，DOS)和适应性八叉树细分(adaptive octree subdivision，AOS)。

ROS 剖分以八叉树规则为基础进行层次剖分，构建地球圈层空间的网格模型。首先，建立符合地球圈层结构特征的基准圈层划分，再进行圈层三维空间的八叉树层次嵌套细分。其中，每个圈层的细分都是在圈层表面和圈层径向上同时进行的，而圈层表面上的细分结果就是混合式球面网格。

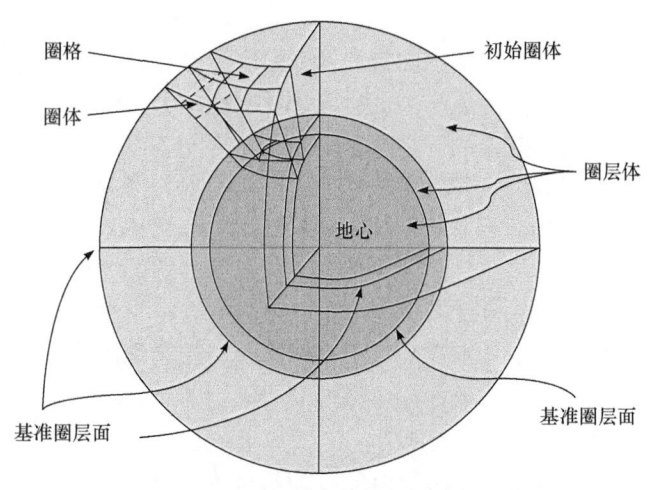

图 3.18 地球圈层立体网格的构建思路

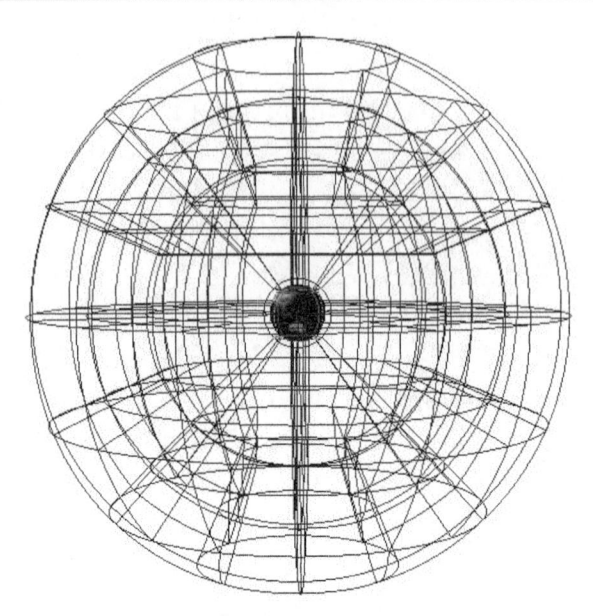

图 3.19　地球圈层立体网格(曹雪峰，2012)

地球圈层空间不是欧氏空间，沿用欧氏立体空间中均匀剖分的思路，将面临格元粒度变化悬殊的问题，即越靠近地心，格元体积越小、空间分布越密集，越远离地心，格元体积越大、空间分布越稀疏。DOS 剖分是为了避免这种格元在空间分布上的球心收敛效应，考虑了格元的退化处理，即在地球圈层空间的层次细分中，由同一个圈体细分得到的子圈体中，靠近地心的多个子圈体将被合并，从而退化为一个子圈体。圈层立体网格退化剖分的结果是圈层立体格元的粒度和在地球空间中的分布更加均匀。

考虑到地球上空间实体和空间现象在空间分布上往往是不规则的，人们对地球上空间实体和空间现象的观测一般也不是空间均匀的，即所获取的空间对象的观测数据在各个空间维度上的分辨率不同。AOS 剖分考虑到网格剖分的适应性，即网格剖分规则和剖分参数具有可调整性，经空间剖分得到的格元在空间粒度上与空间数据采样粒度接近。适应性剖分是对圈层立体网格基本剖分规则的扩展，增强了圈层立体网格的灵活性。适应性剖分包括基准圈层体划分、径向与表面剖分两个层次的调整。在基准圈层体划分中，可以依据常用的地球圈层空间参数进行划分，也可以根据需要添加自定义的基准圈层。在规则剖分中，圈层立体网格的空间剖分操作是在径向和表面两个方面同步进行的。在适应性剖分中，径向剖分操作和表面剖分操作将独立进行。

从构建思路看，圈层立体网格模型与 SDOG 模型有相似之处，也存在重要的区别。二者的网格结构都呈现同心球层状特征，均以八叉树为基础设计网格剖分规则，但是二者的领域背景不同，因而在网格构建上又各具特点。SDOG 的剖分过程可以形象地比喻成"切西瓜"，把地球看作一个"西瓜"，采用经纬径等分退化的切法，将其切分成不同等级的小块。从这个形象的网格剖分思路看，SDOG 首先将地球抽象为一个固定大小的球体，然后沿经线、纬线将球体细分成各个剖分等级的立体格元。与 SDOG "切西瓜"的思路不同，圈层立体网格模型对地球空间的剖分过程像是在"切洋葱"。洋葱本身具有球层状结构，每切一刀都将把洋葱多个层同时切开，然后可将每一层上的小块继续细分。"切洋葱"与"切西瓜"的最大区别在于：洋葱内部天然具有多个分层，而西瓜内部为一个整体。圈层立体网格模型已经在全球虚拟地理环境表达、空间轨道目标监测等方面得到应用。

3.3 地理空间信息网格的编码计算方法

格元的编码运算是地理空间信息网格系统的核心，它支撑着整个系统空间数据的快速索引及应用分析的高效计算。目前，学术界针对不同网格系统的特点，结合实际应用需求设计了多种编码运算方案。按照编码原理可大致划分为层次编码计算方法、填充曲线编码计算方法和整数坐标编码计算方法三类(Amiri et al., 2015；赵学胜等，2016)。

3.3.1 层次编码计算方法

层次编码采用平面、球(参考椭球)面上递归剖分产生的层次结构标识单元。若在低层次(低分辨率)单元集合 C 上进行层次剖分，得到高层次(高分辨率)单元集合 F，则对于单元 $f \in F$ 有唯一的单元 $c \in C$ 与之对应，即 f 是 c 的子单元。

给定初始层次单元的码元，后续层次的单元用后缀(前缀)码元表示，从而完成编码过程。若单元 c 的编码记为 α，其子单元 f_i 的编码为 α_i，i 是添加到 α 后面的后缀整数码元。i 的取值范围由该编码方案的基底 b 决定，因此有 $i \in [0, b-1]$。基底一般与编码运算(如邻近操作、编码转换、频率域处理等)相关。

叠合剖分产生的父单元、子单元边界完全重合，层次关系简单明确，最适合采用层次编码建立标识。例如，在谷歌地图、World Wind 数据组织中应用的四孔矩形网格，采用四叉树层次编码方案。其他叠合剖分网格系统也可采用类似的编码方案，如 QTM(Dutton, 1999)、SCENZ-Grid(Gibb, 2016)、椭球四叉树(Ottoson et al., 2002)等。

非叠合六边形剖分产生的父单元、子单元边界不完全重合，层次关系比较复杂，在一定条件下才能采用层次编码建立标识。三孔六边形网格系统编码方案 PYXIS 将子单元划分为中心子单元和顶点子单元两类，中心子单元的中心与其父单元的中心重合，而顶点子单元则有 3 个不同的父单元(Vince et al., 2009)。类似的方案还有正二十面体的改进平衡三进制(Sahr,2005)、中心位置索引(Sahr,2016)。六边形四元平衡结构(hexagonal quaternary balanced structure, HQBS)(Tong et al., 2013)作为四孔六边形网格系统编码方案，将同一层次上的单元中心与顶点组合构建四叉树结构并进行编码，通过特定规则剔除顶点编码，剩下的即单元编码。若当前单元的编码为 α，则 $\alpha_i(0 \leqslant i \leqslant 3)$ 不一定是其子单元的编码，需要进一步判断。HQBS 设计了一套针对性的数学模型，无须考虑单元类型，且四叉树编码可以减少码元数量。

层次编码的码元记录了到达当前单元经过的父单元，因此编码方案本质上描述了网格系统不同层次单元之间隶属关系的树状结构。定义码元之间的运算，通过其运算规则可计算出与给定编码单元在空间上相互关联的邻近父单元、子单元。一般而言，层次编码运算均需通过查找表实现。叠合剖分网格系统层次关系明确，对应的查找表比较简单，因而编码运算效率较高，特别是四叉树层次编码运算可直接转换为二进制操作，无须查找表辅助，执行效率极高，在诸多领域应用广泛。非叠合剖分网格系统层次关系不明确，对应的查找表比较复杂，因而编码运算效率受到影响。PYXIS 针对自身的七叉树编码运算设计了规模较大的查找表，码元运算无法直接转换为二进制操作且在运算过程中需要检查编码的唯一性，导致运算效率无法达到四叉树编码的水平。HQBS 虽然在六边形网格系统上成功建立了四叉树编码结构，但是在运算过程中需要判断是否为有效格点并检查编码的唯一性(正则化)，导致运算效率不高。

总之，层次编码运算较好地顾及了单元层次隶属关系的表达需求，在执行层次相关操作(如查找上层父单元、下层子单元)时效率极高。相比之下，利用层次编码运算进行邻域处理的效率较低，尤其对于非叠合剖分网格，邻近单元搜索必须借助查找表实现，对效率的影响较大。另外，层次编码方案仅考虑单元空间的分布特点，没有关注单元数据存储和快速访问的需求，因此在数据随机访问量较大的情况下，效率不具优势。

3.3.2 填充曲线编码计算方法

填充曲线编码是根据空间填充曲线设计的编码方案，而空间填充曲线是一种能够通过递归覆盖指定区域的一维曲线。对于 $t \in T(T \subset R)$，空间填充曲线 $f(t)$ 建立了 T 到 $Q(Q \subset R^2)$ 的映射。根据能够访问 Q 中每个单元的填充曲线，通过 T 中连续排列单元的阶段，可以定义 Q 中单元的编码。Q 中单元的一维编码 α 在 T 中均有定义(即 T 中增加单位步长，α 增长)。借助映射函数 $f(f(\alpha) \in Q)$，可计算出编码 α 在 Q 唯一对应的单元。给定从 T 到 Q 的映射，其逆映射 f^{-1}(从 Q 中单元到 T 的唯一编码)也可确定。

根据函数 f 的性质，可以设计出不同的空间填充曲线，如 Hilbert 曲线、Peano

曲线、Sierpinski 曲线和 Morton(Z)曲线等。这些曲线一般在最小定义域上都有自己的基本填充图形，对这些基本填充图形的重复变换可实现更大区域的填充。一般情况下，若基本图形覆盖 n 个单元，采用 n 孔剖分可获得下一层的填充区域。通过这种方式，可建立填充曲线与网格层次递归剖分的关联。

由于填充曲线中并未直接包含网格层次的任何信息，因此需要基于整数基底来建立编码标识。对于 n 孔剖分，通常选择 n 或 n 的平方根作为编码的基底。若选择 n 为基底，则编码长度为 n；若选择 n 的平方根为基底，则编码长度为 2n。采用这些基底，剖分产生的所有单元都能通过编码 00…0 到(b−1)(b−1)…(b−1)唯一标识，不需要其他冗余位。

填充曲线具有空间聚合特性，即二维空间中位置相邻或相近的单元映射到填充曲线上仍然保持原来的邻近关系。因此，借助基于填充曲线的编码运算可有效提高网格数据的磁盘访问效率。White(2000)、白建军等(2005)在正二十面体和正八面体上采用 Morton 码对四孔菱形网格进行编码。Bartholdi 等(2001)应用 Sierpinski 空间填充曲线索引三角形单元。袁文等(2004)利用 L 空间填充曲线构造球面三角区域四叉树，并给出了面片节点的生成、访问及寻址算法等。余接情等(2012)提出耦合退化 Z(coupling degradation Z，CDZ)填充曲线，并将其应用于球体退化八叉树网格的编码。程承旗等(2012)提出的 GeoSOT 网格使用了 Z 填充曲线的一维四位码元、二维两位码元编码方案，并设计了编码代数算法。而在地形绘制中，空间填充曲线可提供三角条带和顶点的一维排序，适用于图形处理单元(graphics processing unit，GPU)和外存算法。

总体而言，填充曲线编码较好地顾及了单元邻近关系表达的需求，在执行邻域操作时效率较高。如果单元数据能在物理上按照填充曲线存储，可大大提高数据访问效率。在某些特殊情况下，填充曲线编码与层次编码等效。

3.3.3 整数坐标编码计算方法

整数坐标编码是最简单、最直接的单元编码方案，基本思想是在网格空间中定义 m 个坐标轴 $A_1, A_2, …, A_m$。单元的 m 维整数坐标 $(i_1, i_2, …, i_m)$ 即编码，其中 i_j 是沿着坐标轴 A_j 前进的步长数。对于单元递归剖分，添加下标 r 表示分辨率(Mahdavi et al.，2015)，对于绝大多数网格系统，通常 m 取 2 或 3。为了将二维编码扩展到多面体上，可将多面体展开到平面并在每个面上分别定义自己的局部坐标系统。为了区别每个面上的单元，可在索引上添加面的标识。这样，索引$[f_r(a, b)_r]$表示面 f 上层次为 r 的单元(a, b)。

总体而言，整数坐标编码计算的优势体现在单元邻域处理非常高效，层次关系计算的复杂度与网格自身结构有关。与层次编码类似，整数坐标编码也仅考虑单元空间上的分布特点，没有顾及单元数据存储和快速访问的需求。

第 4 章　DEM 建模

数字地形建模是对地表自然起伏形态，以及地面固定物体外观、空间分布及关系建立数字化描述的过程，是地理环境建模的重要组成部分。其建模成果为 DTM。DTM 是地形表面形态特征的数字化表达，是带有空间位置信息和地形属性信息的数字描述，包括地理空间中各类实体的数据，如地表高程数据、各类地物数据。数字地形建模主要包括两个方面内容：一是 DEM 建模，即在已有的描述地表起伏采样数据的基础上，按照特定分辨率、特定数据结构建立 DEM 的过程，是地形建模中最为重要的建模活动；二是地物建模，即建立描述地表各类自然和人工固定物体外观及属性的地物模型的过程。当 DTM 中地形属性表现为高程时，称其为 DEM，DEM 是建立 DTM 的基础。本章将介绍 DEM 建模的相关内容，地物建模的内容将在第 5 章介绍。

4.1　DEM 的基本概念

DEM 作为重要的数字测绘基础产品，已成为描述地表高低起伏的主要方式，在不同行业、不同部门得到广泛应用，而不同行业、不同部门对 DEM 概念的认识与理解有一定的差异。

4.1.1　DEM 的定义

DEM 是指通过有限的地形高程数据实现对地形曲面的数字化模拟或地形表面形态的数字化表示。

自 DEM 概念提出以来，许多学者在不同时期都对 DEM 进行了定义，而不同机构和地区所采用的术语也不太一致(表 4.1)。在术语的表达上，虽然词义比较接近，如 elevation 和 height 为同义词，ground 和 terrain 为近义词，但含义不太一样，代表着不同特色的地形数字化产品。各种定义在表述上虽有差异，但基本观点都是一致的，即从模型和结果呈现形式的角度出发讨论 DEM 的概念。

表 4.1　DEM 有关术语

术语	英文全称(译名)	特点及含义
DEM	digital elevation model (数字高程模型)	以绝对高程或海拔表示的地形模型

续表

术语	英文全称(译名)	特点及含义
DTM	digital terrain model (数字地形模型)	泛指地形表面的自然、人文、社会景观模型
DHM	digital height model (数字高度模型)	以任意高程表示的地形模型，包括绝对高程和相对高程
DGM	digital ground model (数字地面模型)	具有连续变化特征的地表实体模型
	digital geomorphology model (数字地貌模型)	表达地貌形态的数字模型，如坡度、坡向等
DTED	digital terrain elevation model (数字地形高程模型)	以格网结构组织的地形高程模型，为美国国家地理空间情报局标准数据产品
DSM	digital surface model (数字表面模型)	包含了地表建筑物、桥梁和树木等高度的地面高程模型

数学意义上的 DEM 是指定义在二维空间上的连续函数 $H=f(x,y)$。由于连续函数的无限性，DEM 通常是将有限的采样点按某种规则连接成一系列的曲面或平面片来逼近原始曲面(汤国安等，2005)。因此，可将 DEM 定义为区域 D 的采样点或内插点 P_j 按某种连接规则 ξ 连接成的面片 M 的集合，即

$$\text{DEM} = \{M_i = \xi(P_j) \mid P_j(x_j, y_j, H_j) \in D, \ j=1,2,\cdots,n; i=1,2,\cdots,m\} \quad (4.1)$$

连接规则 ξ 构成 DEM 的数据结构，可以是规则分布的格网，也可以是不规则分布的格网。

当 ξ 为正方形格网时，DEM 称为 RSG DEM(图 4.1(a))。由于正方形格网的规则性，格网点的平面位置(x, y)隐含在格网的行列号中而不再记录，此时 DEM 相当于一个 $m \times n$ 的高程矩阵。由于采样点分布的不规则性，RSG DEM 一般通过内插方式得到，而每个格元的曲面函数往往是格元四个顶点高程值的函数。

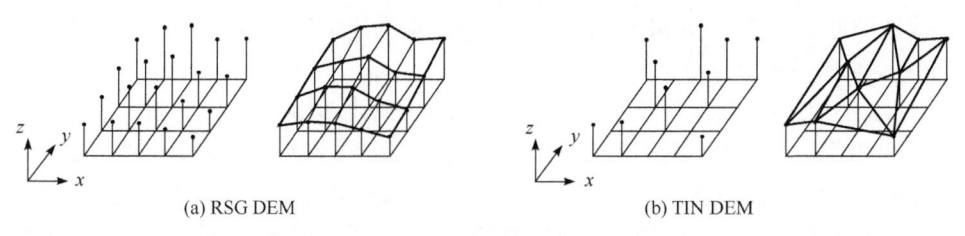

(a) RSG DEM　　(b) TIN DEM

图 4.1　常见 DEM 形式

当 ξ 为三角形格网时，DEM 称为 TIN DEM(图 4.1(b))。其实质是用互不交叉、互不重叠地连接在一起的三角形格元逼近地形表面。TIN DEM 可表示为三角形 T_i 的集合。三角形的顶点即原始采样点，每个三角形格元的曲面函数是格元三个顶

点高程值的线性函数。

地形表面是一个三维空间表面,但人们往往通过投影将三维现象描述在二维平面上,如等高线对地形起伏的表示。DEM 也不例外,它在二维平面上对采样点集进行格网划分(规则或不规则),然后与第三维的高程值组合来模拟空间曲面,也就是说,在建立 DEM 格网时并不考虑格网在空间上的分布状态。因此,DEM 的实质是二维空间上的定位和数值描述,DEM 只能表达在同一平面位置上仅有一个高程值的单值地理对象,如果地形上存在悬崖等,则需要进行特殊处理。在这一意义上,DEM 是 2.5 维而非真三维。

4.1.2 DEM 的分类

DEM 可按不同的分类标准进行分类,如模型的覆盖范围、模型的连续性、模型的数据结构等(汤国安等,2005)。

1. 按模型的覆盖范围进行分类

按模型的覆盖范围,DEM 可分为局部 DEM、全局 DEM 和地区 DEM 三类。

(1) 局部 DEM。局部 DEM 是针对某一工程所建立的小范围 DEM,或者因为研究区域曲面变化比较复杂而将曲面划分成具有单一结构的一个个曲面块,并在该曲面块上建立的 DEM。

(2) 全局 DEM。全局 DEM 一般包含大量的数据并覆盖一个很大的区域,该区域通常具有简单、规则的特征结构,或者为了某种特殊的目的(如侦察),只使用地形表面最一般的信息。

(3) 地区 DEM。地区 DEM 是介于局部 DEM 和全局 DEM 之间的 DEM。

2. 按模型的连续性进行分类

连续性分类是从数学角度通过考察 DEM 模型的连续性、DEM 一阶导数及高阶导数的连续性来对 DEM 进行的分类。按模型的连续性,DEM 可分为不连续型 DEM、连续不光滑型 DEM 和光滑型 DEM 三类。

(1) 不连续型 DEM。不连续型 DEM 常常用来模拟地形表面分布不具备渐变特征的地理对象,如土壤、植被、土地利用等。DEM 单元内部是同质的,变化只发生在单元边界。不连续型 DEM 的典型特征是 DEM 呈台阶状分布,如图 4.2(a) 所示。对于格网 DEM 的理解,常常有两种情况,即格网栅格和点栅格,格网栅格认为格元的数值是格元中所有点的数值,基于这种观点的 DEM 是不连续的,而后者是连续的。

(2) 连续不光滑型 DEM。连续型 DEM 认为 DEM 中的数据点仅代表连续表面上的一个采样值,整个曲面通过相互连接在一起的曲面片(格元)来逼近,格元虽然在内部是连续光滑的，格网整体上呈连续分布，但其导数不连续。例如，点栅格 DEM 和 TIN DEM，就是连续不光滑型 DEM，如图 4.2(b)所示。

面栅格 DEM　　　　　点栅格 DEM　　　　　TIN DEM

(a) 不连续型DEM　　　　　(b) 连续不光滑型DEM

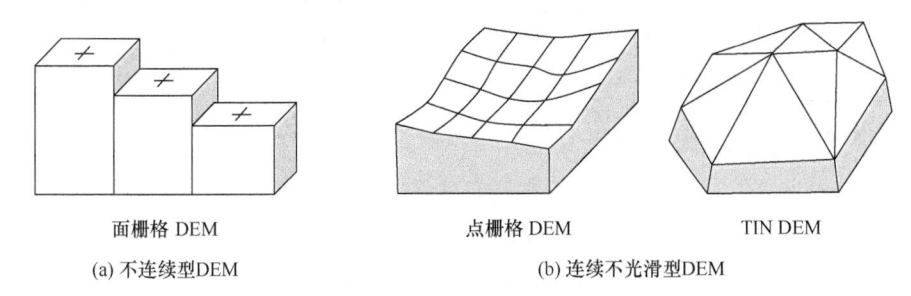

图 4.2　不连续型 DEM 和连续不光滑型 DEM

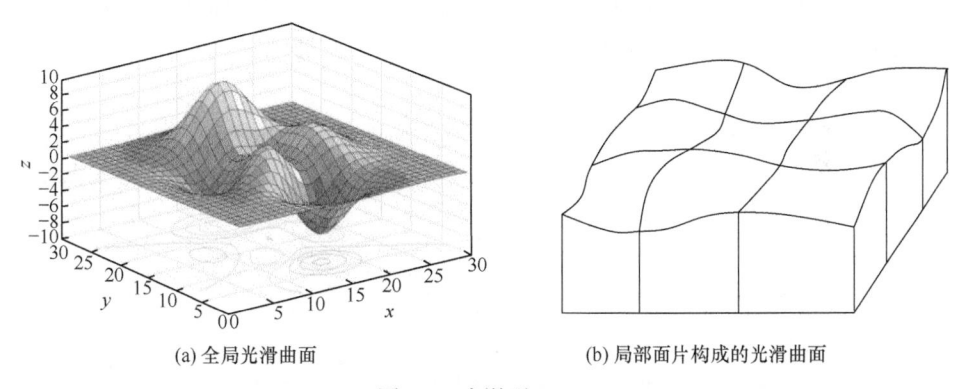

(3) 光滑型 DEM。光滑型 DEM 是指一阶导数或高阶导数连续的表面，一般在区域或全局尺度上实现。光滑型 DEM 可以是用数学函数表达的地形曲面，或是在整个区域上通过全局内插函数形成的 DEM，如通过趋势面拟合内插所建立的 DEM，也可以是通过分块内插并建立各个块之间的光滑条件形成的 DEM，如分块的三次样条等函数。光滑型 DEM 所模拟的表面比原始表面更平滑，如图 4.3 所示。

(a) 全局光滑曲面　　　　　(b) 局部面片构成的光滑曲面

图 4.3　光滑型 DEM

3. 按模型的数据结构进行分类

按模型的数据结构，DEM 可分为基于面单元的 DEM、基于线单元的 DEM、基于点的 DEM，如图 4.4 所示。

(1) 基于面单元的 DEM。基于面单元的 DEM 是指将采样点按某种规则剖分成一系列规则的或不规则的格元，并用这些格元组成的格网逼近原始曲面。规则格元如正方形 DEM、正六边形 DEM 等，分别如图 4.4(a)、图 4.4(b)所示；不规则格元如 TIN DEM、四边形 DEM 等，分别如图 4.4(c)、图 4.4(d)所示。RSG DEM 和 TIN DEM 是当前广泛采用的基于面单元的 DEM。

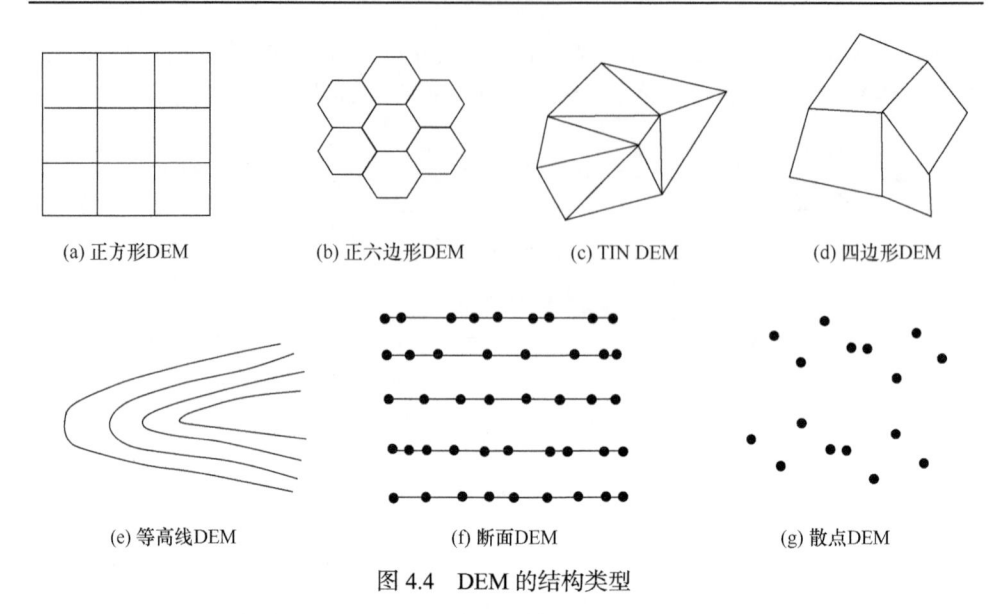

(a) 正方形DEM (b) 正六边形DEM (c) TIN DEM (d) 四边形DEM

(e) 等高线DEM (f) 断面DEM (g) 散点DEM

图 4.4　DEM 的结构类型

(2) 基于线单元的 DEM。基于线单元的 DEM 是将采样点按线串组织在一起的 DEM，如图 4.4(e)、图 4.4(f)所示。基于线单元的 DEM 与数据采样方式联系在一起，如沿等高线采样的数据可组织成基于等高线的 DEM。另一种常用的形式是断面 DEM。

(3) 基于点的 DEM。基于点的 DEM 实际上就是采样点的集合。点之间没有建立任何关系，称为散点 DEM，如图 4.4(g)所示。这种结构的 DEM 由于点之间没有任何关系而应用得不多。

4.2　DEM 的获取

在传统的测绘生产作业中，航空摄影测量和地形图数字化是大规模生产 DEM 最有效的两种方式，也是普遍采用的方式。随着高分辨率航天遥感、卫星测绘、干涉式合成孔径雷达遥感、激光雷达、全球导航卫星系统(global navigation satellite system, GNSS)、倾斜摄影测量等现代测绘技术的快速发展，航天卫星、激光雷达等已成为高精度 DEM 数据快速采集与建模的主要手段(李志林等，2018；陈刚等，2019)。

4.2.1　立体光学影像

航空和航天摄影测量一直是地形图测绘和更新最有效、最主要的手段之一。其获取的高分辨率影像是生产大范围高精度 DEM 最有价值的数据源。以航空、航天摄影所获得的立体像对作为数据源，依据立体摄影测量的基本原理，在数字摄影测量工作站上经过内定向、相对定向和绝对定向等过程，采用自动或半自动的方式，按一定的采样间隔可采样出 DEM 数据。

利用该数据源，通过摄影测量处理可以快速获取或更新大范围的 DEM 数据，从而满足对数据现势性的要求。特别是大幅面数字航空相机的影像质量显著改善和高精度定位定姿系统(position and orientation system，POS)的普遍应用，使得全数字摄影测量的实时化、自动化和智能化正逐步成为现实。近年来，在国际上发展出了引人注目的倾斜摄影技术，其通过在同一飞行平台上搭载多台传感器，同时从垂直、倾斜等不同的角度采集影像，获取地面更为完整准确的信息。由于倾斜摄影技术能同时获得多角度的甚高分辨率影像，因此为亚米级甚至厘米级分辨率的高精度 DEM 获取提供了新的途径。此外，由于无人机航测技术机动灵活，具有工程响应快、勘测成本低等特点，近几年得到快速发展，并在灾害应急测绘中发挥着独特的作用。

长期以来，卫星影像摄影距离很远，影像的解析能力和分辨率限制了其在大比例尺 DEM 生产中的应用。随着卫星遥感技术的迅猛发展，高分辨率卫星影像已成为快速获取大范围、现势性强的 DEM 的主要数据源之一。例如，ASTER(advanced spaceborne thermal emission and reflection radiometer，先进星载热辐射和反辐射仪)DEM 就是基于新一代对地观测卫星 Terra 搭载的 ASTER 传感器所采集的 130 万对立体影像生产的，DEM 格网间距达到 30m，高程精度达到 20m。我国第一颗民用三线阵立体测图卫星"资源三号测绘卫星"可以获得优于 2.1m 分辨率的全色影像，带控制点的高程精度优于 3m，平面精度优于 4m，完全可以满足 1∶5 万测图的要求，并可用于 1∶2.5 万甚至更大比例尺地图的修测与更新。国际上也有众多具有亚米级分辨率的测图卫星，如美国的 GEOEYE-1 可以获得 0.41m 分辨率的全色影像，带控制点的平面精度达到 0.1m，高程精度为 0.25m；美国 Digital Globe 公司的 WorldView-3 卫星影像分辨率达到 0.3m，从该立体影像可生成 0.5m 分辨率的 DEM，其高程精度可以达到 0.15m。

4.2.2 合成孔径雷达图像

雷达遥感是一种主动式遥感技术，具有全天候、抗干扰性强、不受天气影响和穿透能力强等优势，是卫星地形测绘的重要技术平台。其中，干涉合成孔径雷达(interferometric synthetic aperture radar，InSAR)是合成孔径雷达(synthetic aperture radar，SAR)与干涉测量技术的结合，它通过安装两条天线飞行一次(单轨双天线)或安装一条天线飞行两次(双轨单天线)的模式对同一地区进行成像，获取具有一定相干性的 SAR 影像对，再利用两幅影像中相同目标的相位差和成像时 SAR 与目标之间的几何关系，获取二维 SAR 影像不能提供的目标三维信息。

20世纪70年代以来，干涉雷达技术作为获取地面三维信息的新技术而逐步发展起来。20世纪90年代，ERS-1/2(欧空局)、ENVISAT ASAR(欧空局)、JERS-1(日本)、RadarSat-1(加拿大)SAR卫星相继发射，开辟了卫星雷达遥感的新时代，使得星载InSAR技术与数据得到了广泛应用。2000年2月，NIMA与NASA利用奋进号航天飞机，联合执行了全球雷达测图计划(shuttle radar topography mission, SRTM)，利用C/X波段雷达，使用单轨双天线测图模式，在11天时间内采集了全球80%区域的雷达地形数据(覆盖范围为北纬60°至南纬57°)，生成了地面分辨率为1″(30m)的DEM。2010年，我国利用自主研制的机载多波段多极化干涉SAR数据获取系统，成功获取了横断山脉地区近11km^{2}的SAR影像，并提取了现势性好、翔实精确的1∶5万DEM数据，有力推动了我国西部测图工程的实施。2015年，德国航空航天中心研制的雷达卫星TerraSAR-x和TanDEM-x，组成了世界上第一套基于卫星的高精度雷达干涉测量仪，获得了覆盖全球、分辨率达12m的DEM数据。

4.2.3 机载激光扫描点云数据

激光雷达(light detection and ranging, LiDAR)又称激光雷达扫描系统，是20世纪后期发展起来的一种全新的航空测量技术，是一种集激光测距、卫星定位导航和惯性导航等三种技术于一体的主动式三维空间信息获取系统。其可获取地面及地物表面的高精度三维点云数据，成为高精度地形测绘与DEM生产的先进技术手段之一。LiDAR技术不断成熟，投入产出效益持续上升，由于其数据采集与处理的快速、高效、高精度的特点，采用LiDAR数据生产DEM已逐渐代替传统摄影测量方法，成为高精度DEM生产，特别是城市区域数字表面建模的主要手段之一。

机载LiDAR系统以飞机为载体，由激光发射器、光电接收器、光电扫描仪以及控制处理系统构成。激光发射器和光电接收器构成了激光测距单元。激光发射器发射激光脉冲，打在物体上并反射回来，被光电接收器接收。光电接收器准确地测量光脉冲从发射到被反射回来的传播时间。因为光速是已知的，所以传播时间可以被转换为对距离的测量。结合激光发射器的高度、激光扫描角度，从GNSS和惯性导航系统(inertial navigation system, INS)得到的激光发射器位置和激光发射方向，便可准确计算出每个地面点的三维坐标数据，对这些数据进行滤波处理，便可生成DEM。由于LiDAR具有植被穿透力强、可直接获得三维空间坐标等特点，在诸如应急响应、植被覆盖等特殊场合，LiDAR较摄影测量更具优势。

机载LiDAR测量是一种盲目的、随机的、无差别的测量方式，凡是在其覆盖区域内的地面目标都进行测量，这些地面目标包括建筑物、植被以及地形表面等。因此，要想从机载LiDAR系统中获得的一系列随机分布的空间三维离散点云中提取 DEM，必须进行点云数据预处理、点云滤波和点云内插。点云数据预处理主要是剔除异常高程点等粗差；点云滤波主要是剔除建筑物、植被等非地形表面点；点云内插则是将随机离散的地形表面点插值成 RSG DEM。图 4.5 是利用机载 LiDAR 获取的地面点云数据。图 4.6 是进行点云数据预处理、点云滤波和点云内插后得到的 DEM 数据。

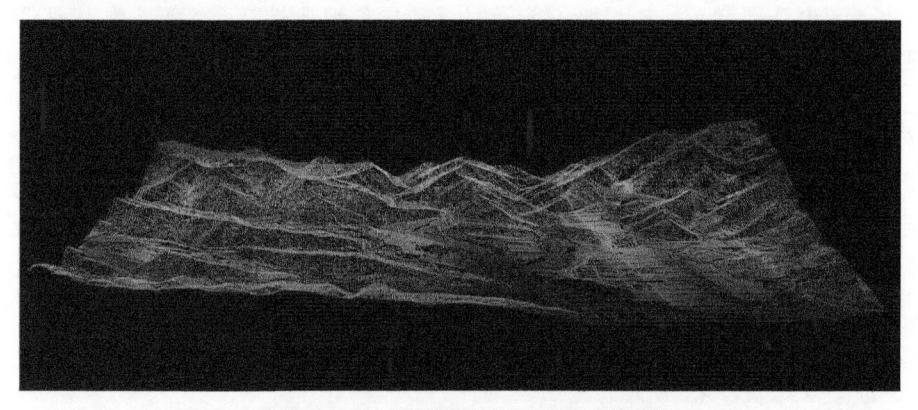

图 4.5　机载 LiDAR 获取的地面点云数据(周杨等，2013)

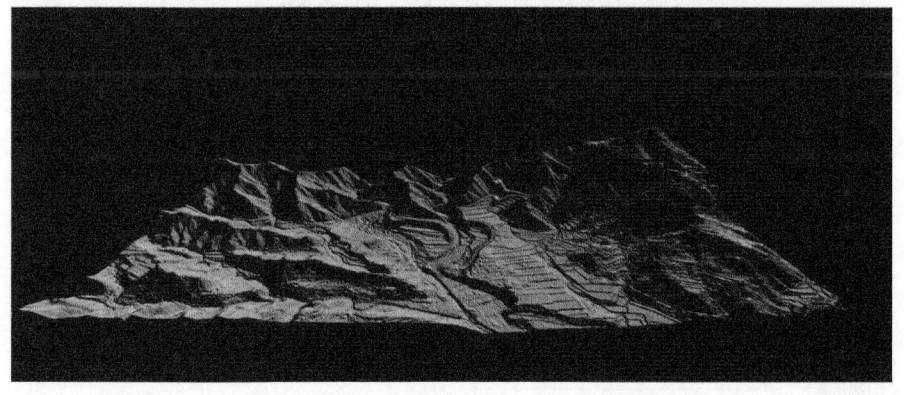

图 4.6　地面点云数据处理后生成的 DEM 数据(周杨等，2013)

4.2.4　现有地形图

地形图是表现地貌形态的传统方式，主要是通过等高线来表达地形起伏和地物高度。目前，世界上几乎所有国家和地区都拥有各种比例尺的地形图。这些地形图覆盖范围广、比例尺系列齐全、获取较为经济，成为多尺度 DEM 建模的数据源之一。

我国覆盖全国陆地范围的 1∶100 万、1∶25 万、1∶5 万 DEM 数据库就是利用已有地形图制作而成的。1∶100 万 DEM 数据库建成于 1994 年，格网间隔为

600m；1∶25万DEM数据库建成于1998年，格网间隔为100m；1∶5万DEM数据库建成于2002年，格网间隔为25m。

一般地，利用地形图生产DEM数据主要使用国家基本比例尺地形图，这涉及以下两个问题。

(1) 地形图现势性的问题。由于纸质地图制作工艺复杂，且国家基本比例尺地形图更新周期较长，一般不能及时反映局部地形的变化情况。尤其是经济发达地区，土地开发利用使得地形变化剧烈且迅速，既有地形图往往无法反映这些变化，但对于其他地形变化小的地区，既有地形图无疑是DEM合适的数据源。

(2) 地形图精度的问题。地形图精度决定着地形图对实际地形表达的可信度，其与地图比例尺、等高距、成图方法密切相关。不同比例尺的地形图表示的地形的几何精度和内容详细程度有很大的差别。地形图比例尺越小，对地形的综合程度越高，所表示的地形越概略和近似，反之亦然。我国地形图系列按照比例尺可分为大比例尺、中比例尺和小比例尺三类。各个比例尺所对应的等高距、综合程度、成图方式如表4.2所示。

表4.2　我国地形图比例尺系列及其特征

类型	比例尺	等高距/m	综合程度	成图方式
大比例尺	>1∶5000	<1	综合程度很低，能较真实地反映地形特征	实地测量
	1∶5000	1		航测成图
	1∶1万	2.5		
	1∶2.5万	5		
	1∶5万	10		
	1∶10万	20		编绘成图
中比例尺	1∶25万	50	一定程度的综合，近似地反映地形特征	编绘成图
	1∶50万	100		
小比例尺	≤1∶100万	—	较高程度的综合，仅反映地形的大致特征	编绘成图

4.2.5　实地测量

立体光学影像、合成孔径雷达图像、机载激光扫描点云数据、现有地形图等方法一般适合于大区域DEM的数据获取与建模。针对小区域、大比例尺的DEM测量任务，特别是面向土木工程领域(如道路、桥梁选线、隧道测量等)，对DEM数据的精度要求高，基于地形图建模很难满足精度和现势性要求，而基于立体光学影像、合成孔径雷达图像、激光扫描点云数据等方法获取 DEM 存在成本高、时间周期长等缺点，也很难满足要求。这时，可借助实地精密测量方式获取 DEM 数据。

在实地开展地面数据采集，数据采集设备主要是车载激光扫描系统、全站仪、GNSS(如全球定位系统、北斗卫星导航系统等)，以及具有相应接口的便携式计算机或微型计算机。其基本过程是根据测量学原理，利用上述实地测量仪器和设备测定控制点和采样点的空间位置及高程，并将采集得到的离散采样点构网建立 DEM。为了确保 DEM 数据的精度，总是选择地形特征点、线进行采样。该方法的优点是可以获取高精度的 DEM 数据，缺点是劳动强度较大、效率较低，仅适用于小范围内的作业。

4.2.6 各种 DEM 获取方式比较

可以从性能、成本、时间、精度等方面对 DEM 获取方式进行评价。应当指出的是，各种 DEM 获取方式都有各自的优缺点，因此选择 DEM 获取方式要从目的需求、精度要求、设备条件、经费支撑等方面进行综合考虑。表 4.3 是 DEM 获取方式及各自特性比较。

表 4.3 DEM 获取方式及各自特性比较

获取方式	DEM 精度	获取速度	成本	更新程度	应用范围
实地测量	非常高(厘米级)	慢	很高	很困难	小范围，工程项目
GNSS	比较高(厘米级~米级)	慢	比较高	容易	小范围，特殊项目
摄影测量	比较高(厘米级~米级)	快	比较低	周期性	大工程项目，大范围
激光扫描	非常高(厘米级)	快	非常高	容易	高分辨率，各种范围
航天摄影测量	低(米级)	很快	低	很容易	国家乃至全球范围
InSAR	低(米级)	很快	低	很容易	国家乃至全球范围
地形图	低(图上精度 0.1~0.4mm)	快	比较低	周期性	国家范围及军事用途，大中比例尺地形图

实地测量的观测数据精度是最高的，通过实地测量设备获取的数据精度非常高，相应的误差非常小，同时它采样的都是表现地形特征的点，这对地形建模而言也是非常有意义的。但是，这种方法数据获取的作业量大，一般适用于工程中的大比例尺测图作业。

精度较高的数据源是航空影像与机载激光扫描点云。影像和 LiDAR 点云是

DEM 重要的数据源，而两者的集成运用对于新一代高精度 DEM 的获取具有十分重要的价值。LiDAR 具有植被穿透能力，获取的 DEM 能有效弥补影像由于遮挡而产生的空洞；影像密集匹配得到的 DEM 能弥补 LiDAR 点云对于线状起伏特征的不敏感缺陷，并且随着无人机技术在飞行平台、飞行控制与导航、数据传输存储等方面的快速发展，无人机影像与无人机 LiDAR 以其成本低、机动灵活的特点为传统航空数据源提供了有效的补充手段。

航天遥感也是获取大范围 DEM 的主要手段。其中，卫星影像地面分辨率不断提升，目前已达到米级与亚米级，已作为中等精度 DEM 生产的重要数据源。而 InSAR 对云雾和冰雪覆盖具有穿透力，但 InSAR 直接获得的主要是 DSM，加之雷达热噪声、斑点噪声和解缠等因素的共同影响，在陡峭地形和水面等特殊地区容易产生空洞，需要进一步处理才能得到 DEM。

现有地形图是 DEM 的另一个重要数据源。大量的生产实践表明，基于地形图中的等高线生产 DEM 的方法已经相当成熟，可以广泛应用于生产，也是我国大中比例尺 DEM 数据产品的主要数据源。

4.3 格网 DEM 的建立

格网 DEM 的建立是指在高程离散采样点的基础上，通过一定的方法构建 RSG DEM 或 TIN DEM 的过程。

4.3.1 RSG DEM 的建立

1. 基本思路

RSG DEM 的构建是根据若干相邻采样点的高程求出待定格网点高程值的过程，在数学上属于插值问题。按照内插点的分布范围，RSG DEM 内插可分为整体内插、分块内插和逐点内插三类 (李志林等, 2003)。按照内插的方法分类，又可分为内插和拟合两大类。内插要求曲面通过内插范围的全部采样点，拟合则不要求曲面严格通过采样点，但要求拟合面相对于已知数据点高差的平方和最小，即遵从最小二乘法则。RSG DEM 内插法如图 4.7 所示。

RSG DEM 内插
- 整体内插——高次多项式
- 分块内插
  - 线性内插
  - 双线性内插
  - 多项式内插
  - 样条函数内插
  - 多层曲面叠加法
- 逐点内插
  - 加权平均值法
  - 多项式内插
  - 移动拟合法
  - 有限元内插
  - 最小二乘配置法

图 4.7　RSG DEM 内插法

2. 内插数学模型

1) 整体内插

整体内插是基于建模区域内所有采样点的观测值建立的，即整个建模区域用一个数学函数来表达地形曲面，如图 4.8 所示。整体内插函数通常是高次多项式，要求地形采样点的个数大于或等于多项式系数的个数。当地形采样点的个数与多项式系数的个数相等时，能得到唯一解，多项式通过所有的地形采样点，属于纯二维插值；而当采样点的个数多于多项式系数的个数时，没有唯一解，一般采用最小二乘法求解，即要求多项式曲面与地形采样点之间差值的平方和最小，属于曲面拟合插值或趋势面插值。

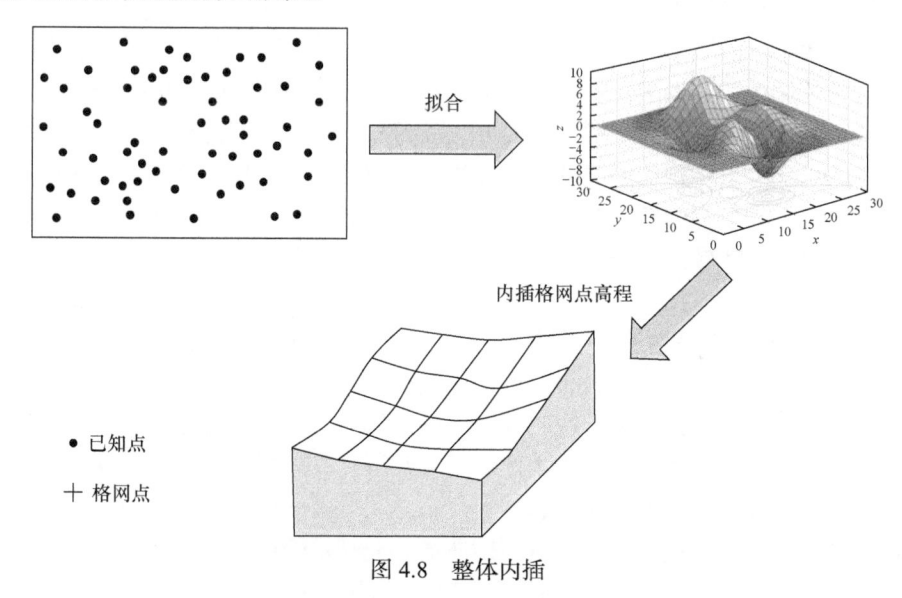

图 4.8 整体内插

假设描述建模区域的曲面形式为下列二元多项式：

$$P(x,y) = \sum_{i=0}^{m}\sum_{j=0}^{m} c_{ij} x^i y^j \tag{4.2}$$

式中，有 n 个待定系数 $c_{ij}(i,j=0,1,2,\cdots,m)$。为了求解这些系数，可采集建模区域内不同平面位置的 n 个采样点的三维坐标：$P_1(x_1,y_1,z_1)$，$P_2(x_2,y_2,z_2)$，$P_3(x_3,y_3,z_3)$，$\cdots$，$P_n(x_n,y_n,z_n)$，将其代入方程使该多项式有唯一解。将待插值点的坐标代入式(4.2)，可得到该点的高程值。

整体内插方法的优点是易于理解，且整个建模区域采用一个数学函数来表示，能得到全局连续光滑型 DEM，充分反映宏观地形特征。针对没有异常点或者在空间上有很好相关性的地形表面，特别是对于较为简单的地形特征，可采用低次多项式来求解和描述整个地形表面。但当地形复杂时，需要增加采样点的个数。选择高次多项式固然能使函数曲面与实际地面有更多的重合点，但多项式是自变量幂函数的和的形式，采样点的增减或移位都需要对多项式的所有参数进行全面调整，使得采样点间出现难以控制的振荡现象，从而造成函数极不稳定。另外，整体内插中需要求解高次的线性方程组，采样点测量误差的微小扰动都可能引起高次多项式参数的很大变化，使高次多项式很难得到稳定解，且高次多项式的系数求解需要每个采样点值参与计算，求解速度慢。

由于整体内插的上述缺点，实际工作中很少将其直接用于内插。有时，在基于某种局部内插对建模区域进行内插前，可基于整体内插从数据中剔除一些不符合总体趋势的采样点。

2) 分块内插

由于整体内插的局限性，在实际地形拟合过程中往往不能仅用一个多项式来表示整个复杂地形。解决这类问题的办法就是分而治之，即将复杂的地形分解为一系列的局部分块，这些局部分块内部往往具有较简单的地形特征，对这些分块进行曲面拟合和高程内插。地形分块后，建模范围的缩小和地形表面特征的简化，使得用简单曲面能较好地描述地形表面。

将地形建模区域按一定的方法进行分块，对每一分块根据其地形曲面特征单独进行曲面拟合和高程内插，称为分块内插，如图 4.9 所示。区域分块可以简化地形的曲面形态，使得每一分块都可用不同的曲面进行表达，但随之而来的是如何进行分块和如何保证各个分块之间曲面的连续性。一般可按地形结构线或规则区域进行分块，而分块大小取决于地形的复杂程度、地形采样点的密度和分布；为保证相邻分块之间的平滑连接，相邻分块之间要有一定宽度的重叠；另外一种保证分块之间平滑连接的方法是对内插曲面补充一定的连续性条件。

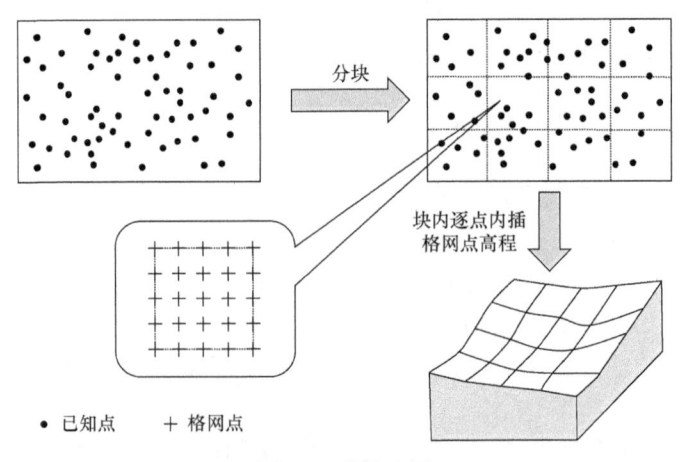

图 4.9 分块内插

不同的分块单元可以根据分块地形特征采用不同的内插函数，常用的内插法有线性内插、双线性内插、曲面拟合、多项式内插、样条函数内插、克里格内插、有限元内插、最小二乘拟合、多层曲面叠加法等。

3) 逐点内插

逐点内插以内插点为中心确定一个邻域范围，用落在邻域范围内的采样点计算内插点的高程值，如图 4.10 所示。逐点内插法本质上是分块内插，但与分块内插有所不同，分块内插中的分块范围一经确定，在整个内插过程中其大小、形状和位置是不变的，凡是落在该块中的内插点，都用该块的内插函数进行计算，而逐点内插的邻域范围大小、形状、位置乃至采样点个数会随内插点位置的变化而变化，一套数据只用来进行一个内插点的计算。与分块内插相比，逐点内插具有方法简便、精度可控、计算效率高等优点，因此应用更为广泛。

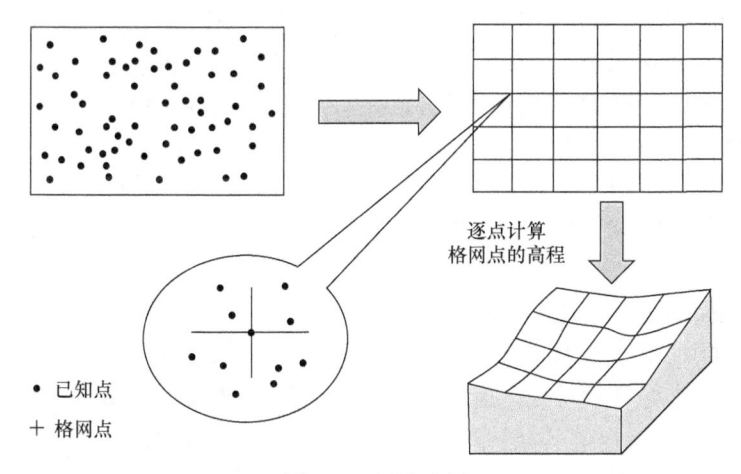

图 4.10 逐点内插

逐点内插的基本步骤如下。

(1) 定义内插点的邻域范围。

(2) 确定落在邻域内的采样点。

(3) 选定内插数学模型。

(4) 通过邻域内的采样点和内插数学模型计算内插点的高程。

为实现上述步骤，逐点内插需要解决以下几个问题(汤国安等，2005)。

(1) 内插函数。逐点内插的内插函数决定着 DEM 精度、连续性、内插点邻域的最小采样点个数和内插计算效率。内插函数常常与采样点的分布有关，目前常用的内插函数有：适合于离散分布采样点的拟合曲面、反距离加权内插；适合于 TIN 的线性内插，以及适合于规则格网分布的双线性内插等。

(2) 邻域大小和形状。在逐点内插中，邻域的作用是确定参加内插的采样点。

逐点内插的邻域相当于局部内插的分块，但其形状和位置随内插点位置的变化而变化，常用的邻域形状有圆形、方形等。

(3) 邻域内数据点的个数。邻域内数据点全部参加内插计算，因此用来进行内插计算的采样点既不能太多，也不能太少，太多影响计算精度(对内插计算的贡献程度太小)和处理效率，太少则不能满足内插函数的要求。邻域内数据点的确定一般与具体的内插函数有关，通常认为4~10个数据点是比较合适的。邻域内数据点的个数常常决定着邻域范围的大小。邻域内数据点的个数也与采样点的分布密度有关，如果采样点的分布比较均匀，则邻域内数据点的选择不必考虑方向性，如果采样点的分布不均匀，则邻域内数据点的确定要考虑方向性。

(4) 采样点的权重。采样点的权重是指采样点对内插点的贡献程度，现今常用的定权方法是按距离进行定权，即反距离加权。

(5) 采样点的分布。采样点的分布有离散分布、规则分布和等高线分布几种，理论上内插函数对采样点的分布没有特别要求。例如，双线性内插也可适合不规则分布的采样点(任意四边形)，但以规则分布的采样点计算最为简单。

(6) 附加信息的考虑。DEM内插过程中各种地形附加信息的考虑是保证DEM真实模拟地形的基础，如地形结构线信息、地物信息等。如何在顾及地形附加信息条件下进行DEM内插，是必须要解决的问题。

一般来说，大范围内的地形比较复杂，采用整体内插法，若选取的采样点较少，则不足以描述整个地形，而若选取的采样点较多，则内插函数易出现振荡现象，很难获得稳定解。因此，在DEM内插中通常不采用整体内插。相对于整体内插，分块内插能够较好地保留地形细节，并通过块间在一定重叠范围内保持内插曲面的连续性。分块内插的一个主要问题是分块大小的确定。对目前的技术而言，还没有一种通用的能进行地貌形态自动识别、自动确定分块大小，并进行高程内插的方法。分块内插的另一个问题是要求解复杂的方程组，应用起来较为不便。逐点内插计算简单，应用比较灵活，是较为常用的一类DEM内插法。逐点内插的主要问题是内插点邻域的确定，它不仅影响DEM的内插精度，也影响DEM的内插速度。

各种内插法在不同的地貌区域和采样点方式下有不同的误差，在具体选择时，不仅要考虑每种方法的适用前提及优缺点，同时要考虑应用的特点，从内插精度、内插速度、计算量等方面进行合理选取。

3. 基于等高线分布采样点的RSG DEM建立

基于等高线分布采样点，如通过数字摄影测量、地形图矢量化等获取的数据，在建立RSG DEM时应顾及等高线特性。一般有三种方法实现RSG DEM的建立，即等高线离散化法、等高线内插法、等高线构建TIN法(李志林等，2003)。

1) 等高线离散化法

等高线离散化法实际上就是将按等高线分布的数据看作不规则分布的数据，并不考虑等高线特性，整体内插、分块内插、逐点内插等均可用来内插生成 RSG DEM。这种方法虽然比较简单，但是当内插中没有考虑采样点的等高线分布特性时，生成的 DEM 格网可能会出现一些异常情况，如格网点的高程值偏离实际地形。

2) 等高线内插法

等高线内插法类似于在地形图等高线上手动内插点的高程，内插原理非常简单。计算机化的等高线数据远没有纸质地形图等高线直观，因此实现起来比较麻烦。Leberl 等(1982)给出了一个基于等高线数据进行 DEM 的最陡坡度内插法，以图 4.11 为例，其基本步骤如下。

(1) 过内插点 P 作四条直线，分别为东西(HH')、南北(VV')、东北-西南(GG')和西北-东南(UU')。

(2) 计算每条直线与最近等高线的交点，如图 4.11 中的 1~8 点。

(3) 计算每条直线上两交点之间的距离和高差，求交点之间的坡度。

(4) 在四条直线中选出坡度最大的直线，如图 4.11 中的 GG'。

(5) 在最大坡度线上，按线性内插求取内插点的高程，内插公式为

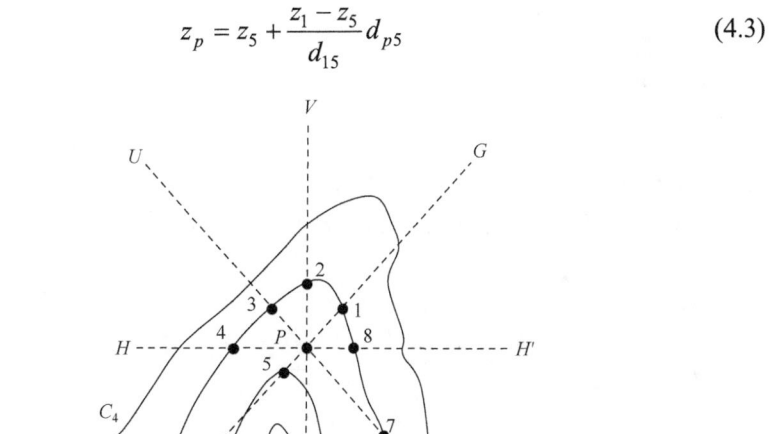

$$z_p = z_5 + \frac{z_1 - z_5}{d_{15}} d_{p5} \tag{4.3}$$

图 4.11 等高线内插法

等高线内插法虽然原理简单，计算过程也不复杂，但实现起来存在一些问题。首先是等高线的数据组织问题，按最陡坡度内插需要找出内插点周围的等高线，

而等高线常常存在同高程异等高线现象，解决这一问题的最好办法是建立等高线之间的拓扑关系，如等高线树，但这比较麻烦。其次，等高线内插法完全基于等高线信息，这需要等高线必须完整，而等高线常常由于地物等的存在而不连续，这可能导致所选直线与另外等高线相交，引起内插失真。再次，直线方向的选取问题，所选直线应与实际最陡坡度方向一致，但直线一般不可能过多，通过有限的直线所选的最陡坡度方向不一定正好与实际方向一致。最后，存在计算效率问题，当要计算大量的规则格网时，该方法的效率比较低。

3) 等高线构建 TIN 法

等高线构建 TIN 法首先建立 TIN DEM，然后通过内插 TIN DEM 形成 RSG DEM。关于 TIN DEM 的构建参见 4.3.2 节。与等高线内插法、等高线离散化法相比，等高线构建 TIN 法无论是在效率还是内插精度上都是最优的。由于采样点沿等高线分布的特性，当利用等高线数据构建 TIN DEM 时，要注意两个问题：一是将等高线作为 TIN DEM 的特征约束条件，从而形成约束 TIN DEM；二是 TIN DEM 中平坦三角形的处理，平坦三角形是指三角形的三个顶点高程相等，虽然平坦三角形也是一种实际地形现象，但更多的是由保持良好的三角形几何形状引起的，平坦三角形的存在可能导致填平较低的地势，这是基于等高线构建 TIN DEM 时必须引起重视的问题。

4.3.2 TIN DEM 的建立

1. 基本概念

在 DEM 建模中，TIN DEM 是指通过从不规则分布的数据点生成一系列互不交叉、互不重叠、连接在一起的三角形来逼近地形表面(图 4.12)。TIN DEM 是 DEM 的另一种主要数据模型，TIN 的特点在其字面意思中表露无遗。

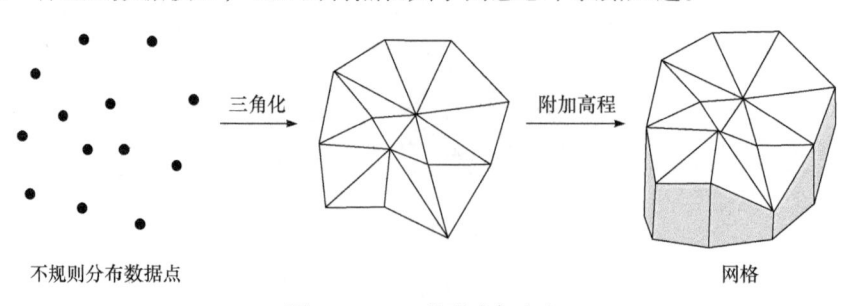

图 4.12 TIN 的形成与含义

(1) T，即三角化或三角剖分(triangulated)，是离散数据的三角剖分过程，也是 TIN DEM 的建立过程。三角形是最简单的几何形状，由于空间三点能唯一地确定一个三角形，三角形单元是表达局部地形表面的最佳形式。目前，三角剖分都是在二维平面上进行的，然后在三角形的顶点上赋予所对应的高程值，从而形成空间三角形平面。位于三角形内部的任何一点高程值可通过三角形方程唯一确定。

(2) I，即不规则(irregular)，是指用来构建 TIN 采样点的分布形式。与 RSG DEM 相比，TIN DEM 具有可变分辨率，也就是说在地形变化复杂的地方，数据点分布密集，三角形较小且密集，而在地形变化平缓的地方，数据点分布稀疏，三角形较大且稀疏，因此 TIN DEM 比 RSG DEM 能更好地反映地形起伏特征。

(3) N，即网络(network)，表达了整个区域中三角形的分布状态，即三角形之间不能交叉和重叠，但又有机地联系在一起，三角形之间的拓扑关系隐含其中。三角形的网络结构在 TIN DEM 上能够进行较为复杂的表面分析。

2. TIN 的基本元素

用来描述 TIN 的基本元素有 3 个(图 4.13)。

(1) 节点，是相邻三角形的公共顶点，也是用来构建 TIN 的采样点。

(2) 边，是 2 个相邻三角形的公共边界，是 TIN 不光滑性的具体反映。边可以是地形特征线、断裂线以及区域边界。

(3) 面，是最近的 3 个节点组成的三角形面，是 TIN 描述地形表面的基本单元。TIN 中的每一个三角形都反映局部地形的倾斜状态，具有唯一的坡度值。三角形在公共节点和边上是无缝的，或者说三角形不能交叉和重叠。

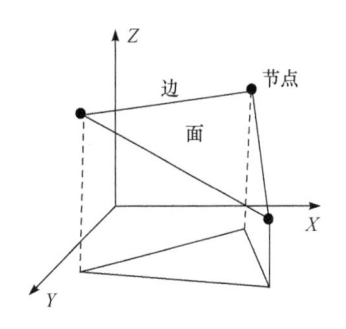

图 4.13 TIN 的基本元素

节点、边和面之间存在关联、邻接等拓扑关系，它们在数量上符合欧拉定理。

3. TIN 的三角剖分准则

TIN 的三角剖分准则是指 TIN 中三角形的形成法则，决定着三角形的几何形状和 TIN 的质量。目前，在地理信息系统(geographic information system，GIS)、计算几何和计算机图形学领域，常用的三角剖分准则有以下几种(刘学军等，2001)。

(1) 空外接圆准则，即三角网中任意三角形的外接圆内不会包含点集中的任何其他点(图 4.14(a))。

(2) 最大最小角准则，即在两个相邻三角形构成的凸四边形中，这两个三角形中的最小内角一定大于交换凸四边形对角线后所形成的两个三角形的最小内角(图 4.14(b))。这一性质说明，三角形具有最佳形状特征。

(3) 最短距离和准则，即点到基边两端的距离和最小(图 4.14(c))。

(4) 张角最大准则，即点到基边的张角最大(图 4.14(d))。

(5) 面积比准则，即三角形内切圆面积与三角形面积或三角形面积与周长平方之比最小(图 4.14(e))。

(a) 空外接圆准则　　　　　　　　(b) 最大最小角准则

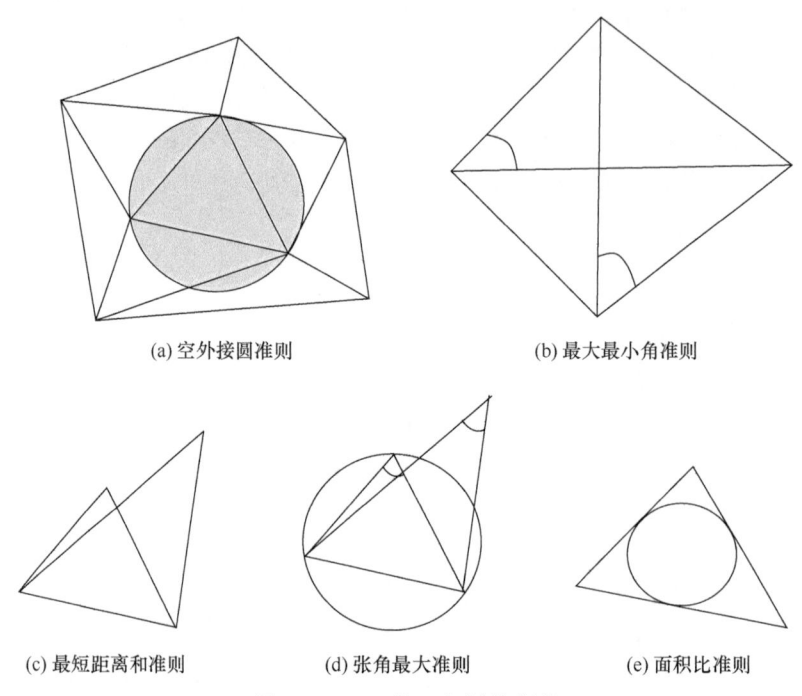

(c) 最短距离和准则　　(d) 张角最大准则　　(e) 面积比准则

图 4.14　TIN 的三角剖分准则

理论上可以证明：张角最大准则、空外接圆准则及最大最小角准则是等价的，其余的则不然。三角剖分准则是建立三角网的基本原则，应用不同的准则会得到不同的三角网。一般而言，应尽量保持三角网的唯一性，即在同一准则下由不同的位置开始建立三角网，其最终的形状和结构应当是相同的。

4. Delaunay 三角网

通常将在空外接圆准则、最大最小角准则下进行的三角剖分，称为 Delaunay 三角剖分。基于 Delaunay 三角剖分得到的三角网称为 Delaunay 三角网。在所有可能的三角形中，Delaunay 三角网在地形拟合方面表现最为出色，因此常用于 TIN DEM 的生成。

1908 年，俄国数学家 Voronoi 首先在数学上限定了每个离散点数据的有效作用范围，即其有效反映区域信息的范围，并定义了二维平面上的 Voronoi 图。1911年，荷兰气象学家 Thiessen 应用 Voronoi 图进行了大区域内平均降水量的研究，他在研究随机分布气象观测站时，对每个观测站建立了封闭多边形范围，这种多边形范围称为 Thiessen 多边形。1934 年，俄国数学家 Delaunay 由 Voronoi 图演化出了更易于分析应用的 Delaunay 三角网(图 4.15)。Delaunay 三角网是 Voronoi 图的对偶图，即将 Voronoi 图中各多边形单元的中点连接后得到的三角网。Voronoi 图在空间剖分上的等分性，使得该三角网的布网结构非常匀称。从此，Voronoi 图和 Delaunay 三角网成为分析研究区域离散数据的有力工具，非常适合 DEM 的建模。

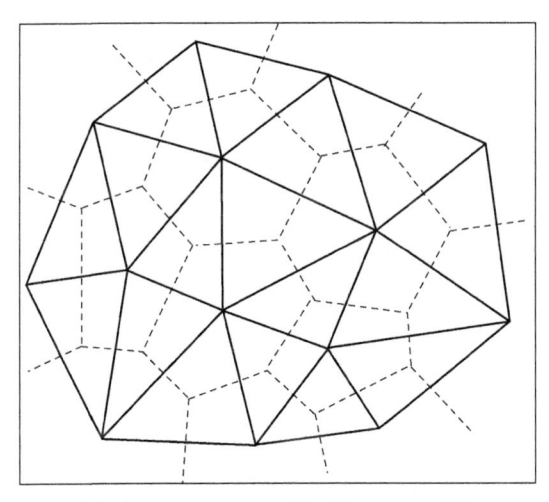

图 4.15　Delaunay 三角网与 Voronoi 图

上述特性决定了 Delaunay 三角网具有极大的应用价值。Delaunay 三角剖分是目前应用最为广泛的三角剖分方法，其特性是可以最大限度地避免狭长三角形的出现，并且保持三角形格网的唯一性(这一点在实际应用中相当重要)。实际上，在任何三角剖分准则下得到的 TIN，只要用局部优化过程(local optimization procedure, LOP)算法对其进行优化处理，就能得到唯一的 Delaunay 三角网。Lawson 于 1977 年提出 LOP 算法(Tsai，1993)，其基本思想是运用 Delaunay 三角网的空外接圆准则对由两个有公共边的三角形组成的四边形进行判断，如果其中一个三角形的外接圆中含有第四个顶点，则交换四边形的对角线。

5. 无约束散点数据集的 TIN DEM 建模

目前，无约束散点数据集的 TIN DEM 建模使用最为广泛的方法是 Delaunay 直接三角剖分方法。Tsai(1993)根据实现过程，提出把 Delaunay 三角剖分方法分成三类，即三角网生长算法、分治算法和逐点插入算法。表 4.4 是这三类算法的实现方法和复杂度比较。本节简要介绍这三类算法实现的基本思想和流程，其余算法可参见相应的文献资料。

表 4.4 Delaunay 三角剖分方法(Tsai，1993)

算法	算法提出者	算法复杂度 (一般情况)	算法复杂度 (最坏情况)
三角网生长算法	Green 和 Sibson(1978)	$O(N^{3/2})$	$O(N^2)$
	Brassel 和 Reif(1979)	$O(N^{3/2})$	$O(N^2)$
	MaCullagh 和 Ross(1980)	$O(N^{3/2})$	$O(N^2)$
	Mirante 和 Weigarten(1982)	$O(N^{3/2})$	$O(N^2)$
分治算法	Lewis 和 Robinson(1978)	$O(N\lg N)$	$O(N^2)$
	Lee 和 Schachlter(1980)	$O(N\lg N)$	$O(N\lg N)$
	Dwyer(1987)	$O(N\lg\lg N)$	$O(N\lg N)$
	Chew(1989)	$O(N\lg N)$	$O(N\lg N)$
逐点插入算法	Lawson(1977)	$O(N^{4/3})$	$O(N^2)$
	Bowyer(1981)	$O(N^{3/2})$	$O(N^2)$
	Sloan(1987)	$O(N^{5/4})$	$O(N^2)$
	Watson(1982)	$O(N^{3/2})$	$O(N^2)$
	Lee 和 Schachlter(1980)	$O(N^{3/2})$	$O(N^2)$
	Macedonio 和 Pareschi(1991)	$O(N^{3/2})$	$O(N^2)$

注：N 为数据点数，$O(\cdot)$ 表示算法的时间复杂度。

1) 三角网生长算法

顾名思义，三角网生长算法就是从一个"源"开始，逐步形成覆盖整个数据区域的三角网。基于三角网的生长过程，三角网生长算法分为收缩生长算法和扩张生长算法两种。收缩生长算法是先形成整个数据集的数据边界(凸壳)，并以此作为源头，逐步缩小以形成整个三角网。收缩生长算法与数据点的分布密度有关，实际情况往往比较复杂，例如，边界收缩后一个完整的区域可能会分解成若干相互独立的子区域，这就增加了三角剖分的复杂性。扩张生长算法与收缩生长算法的过程刚好相反。该算法是从一个三角形开始向外层扩展，最终形成覆盖整个区域的三角网，其主要步骤如下。

(1) 生成初始三角形。在数据点中任取一点 A(该点一般是位于数据点的几何中心附近)，寻找距离此点最近的点 B，两者相连形成初始基线 AB(图 4.16)。利用三角剖分准则(空外接圆准则或最大最小角准则)，在数据集中寻找第三点 C，从而形成

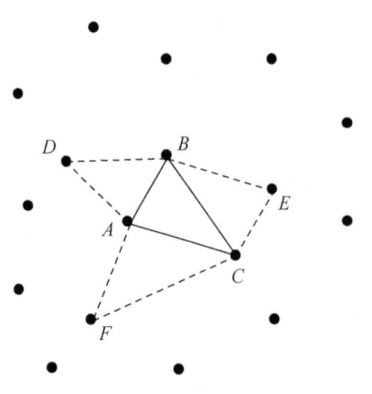

图 4.16 三角网生长算法
(ABC 为初始三角形，D、E、F 为扩展点)

第一个 Delaunay 三角形 ABC。

(2) 扩展形成三角网。以初始三角形的三条边为初始基线，利用空外接圆准则或最大最小角准则，寻找能与该三条初始基线形成 Delaunay 三角形的 D、E、F 点。

(3) 重复步骤(2)，直到所有的数据点处理完毕。

三角网生长算法思路清晰，算法简单，但实现效率不高。在该算法基础上的许多改进算法的改进点主要集中在"第三点"的搜索和三角形全等的判定上。

2) 分治算法

分治算法的思路较为简单，就是将复杂问题简单化，首先将数据点分割成易于进行三角剖分的子集，使得每个子集包括较少的采样点，然后对每个子集进行三角剖分，并采用 LOP 算法进行优化，保证三角剖分为 Delaunay 三角网。在每个子集剖分完成后，对每个子集的三角网进行合并，形成最终的整体三角网。不同的实现方法可有不同的点集划分方法、子三角网生成方法及合并方法等。

分治算法的基本步骤如下(图 4.17)。

(1) 把数据点集 V 以横坐标为主、纵坐标为辅按升序进行排序。

(2) 如果数据集中的数据点数大于给定的阈值，则把数据集 V 划分为点数近似相等的左右两个子集 V_L 和 V_R，并对每个子集做如下的工作：计算每个子集的凸壳；以凸壳为数据边界，对每个子集进行三角剖分，并采用 LOP 算法进行优化，使之成为 Delaunay 三角网；找出连接左右子集两个凸壳的底线和顶线；由底线到顶线合并两个子三角网。

(3) 如果数据集中的数据点数少于给定的阈值，则直接输出三角剖分结果。

3) 逐点插入算法

从构网过程来看，三角网生长算法和分治算法属于静态构网过程，也就是说，在整个三角网形成过程中，已形成的三角网并不会因为新点的插入而被破坏。逐点插入算法则不然，它是一个动态构网过程，新点的插入会导致已有三角网的改变。逐点插入算法的过程也较为简单，基本步骤如下。

(1) 定义包含所有数据点的初始包容盒，并对该包容盒进行初始三角剖分。

(2) 对所有数据点进行循环处理(设当前处理的数据点为 P)，在已存在的三角网中查找包含 P 的三角形 t；P 与 t 的三个顶点相连，形成 t 的三个初始三角剖分；利用 LOP 算法对初始三角剖分进行优化处理。

(3) 处理外围三角形。步骤(1)中包含所有数据点的包容盒一般有三种形式：一是通过边界搜索算法提取数据集的凸壳；二是利用数据点的极值坐标形成初始矩形包容盒；三是包含所有数据点的超级三角形。其中，第一种包容盒(凸壳形式)应用较多。

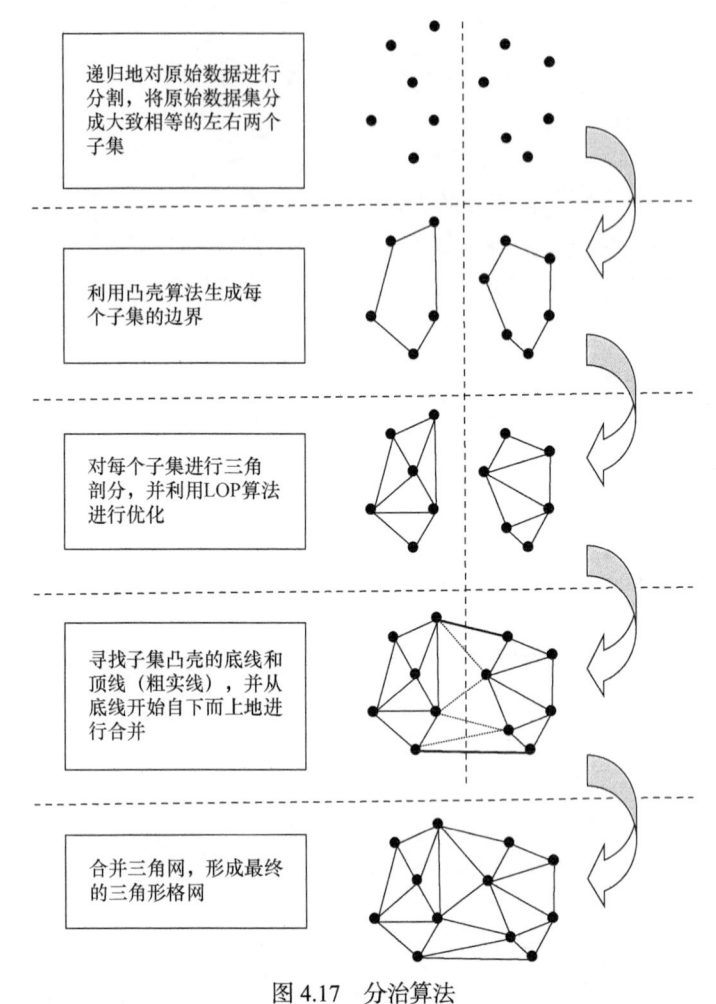

递归地对原始数据进行分割，将原始数据集分成大致相等的左右两个子集	
利用凸壳算法生成每个子集的边界	
对每个子集进行三角剖分，并利用LOP算法进行优化	
寻找子集凸壳的底线和顶线（粗实线），并从底线开始自下而上地进行合并	
合并三角网，形成最终的三角形格网	

图 4.17 分治算法

6. 约束散点数据集的 TIN DEM 建模

1) 带约束条件 Delaunay 三角网的定义

带约束条件 Delaunay 三角网是标准 Delaunay 三角网的扩展，它允许事先给定的、相互不相交(端点除外)的线段(约束条件)成为三角网的边。严格地讲，带约束条件的三角网不是 Delaunay 三角网，这是因为在约束条件区域打破了 Delaunay 构网法则，而其他大部分区域仍然满足 Delaunay 构网法则。带约束条件 Delaunay 三角网的这种特有的性质，使其对于描述地形特征及地表现象具有重要意义。

2) 数据结构

有关 TIN 的建模方法，主要在于研究其构网算法，而所采用的数据结构直接影响数据检索和构网速度,因此数据结构和检索算法是构网的核心问题。为了提高相关三角形的查询速度和拓扑结构分析与构网速度,在研究算法之前,应首先设计用来记录原始数据和剖分三角形的数据结构(图 4.18)。

```
// 离散点结构
typedef struct{
    double      x,y,z;          // 点坐标
}Vertex;

// 边结构
typedef struct{
    int         sv,ev;          // 起点和末点号
    int         lt,rt;          // 边左右侧的三角形号
}Edge;

// 三角形结构
typedef struct{
    int         p1,p2,p3;       // 三角形的三个顶点号
    int         e1,e2,e3;       // 三角形的三条边号
    int         t1,t2,t3;       // 相邻三角形号
    double      cs;             // 三角形外接圆面积
    double      cx,cy,cr;       // 三角形外接圆圆心、半径
    double      cpx,cpy;        // 三角形重心坐标
}Triangle;
```

图 4.18　点、边、三角形的数据结构

所有的三角形顶点均按顺时针方向记录,相邻两个顶点之间可以定义一条有向边。相对三角形的三条边,三角形始终处于左侧。对同一条边而言,在两个相邻三角形中有不同的方向。通常进行如下约定:若边的方向与三角形顶点的排列方向相同,则该边在三角形记录中的索引号为正,反之为负。这样,对于一个三角形,可以快速查询到其相邻的三角形。

3) 带约束条件 Delaunay 三角网的生成

若要生成带约束条件 Delaunay 三角网,首先需要构建标准 Delaunay 三角网,然后在标准 Delaunay 三角网中插入限制边,生成带约束条件 Delaunay 三角网。

以快速凸壳内插 Delaunay 三角网算法为例,介绍标准 Delaunay 三角网的构建。该算法最大的特点是通过采用数据分块的方法,提高构建 Delaunay 三角网过程中的查询速度,即对 n 个点构网,最复杂的情况下时间复杂度为 $O(n^2)$,一般情况下时间复杂度为 $O(n^a)$,$a \in [1, 2]$。

基于快速凸壳内插 Delaunay 三角网算法生成带约束条件 Delaunay 三角网的基本步骤如下:

(1) 点集分块。

在处理二维平面上分布不规则的离散点数据时，通常要查询有效点。对于 n 个点，如果每查询一个有效点，需要对 n 个点逐个进行计算、检索，显然查询的效率是很低的。在查询过程中，往往查询一个有效点只需要对局部进行检索即可。因此，出现了点集分块的算法，使不规则分布的离散点分布规则化，从而加快了查询的速度。对平面上点集 V 的分块过程如下。

① 分别计算点集 V 中 n 个点的平面坐标极值(最大值、最小值)。为了使数据分块包含所有的点，往往附加一个余量 ε，即

$$\begin{cases} x_{\min} = x_{\min} - \varepsilon, & x_{\max} = x_{\max} + \varepsilon \\ y_{\min} = y_{\min} - \varepsilon, & y_{\max} = y_{\max} + \varepsilon \end{cases} \quad (4.4)$$

式中，$x_{\min}$、$y_{\min}$ 分别为 x 方向、y 方向的最小值；$x_{\max}$、$y_{\max}$ 分别为 x 方向、y 方向的最大值；ε 为分块外扩的余量。

② 计算格元尺寸和格元数。如果格元尺寸过大，则一个格元中的点数可能过多；反之，如果格元尺寸过小，则会增加格元数，部分格元中可能会没有点，这些都会增加查询次数。因此，选择适当的格元数可以提高查询效率。必须指出的是，查询效率主要与点集内的点分布有关，通常点集的分布密度较均匀，会大大提高查询效率。

$$\begin{cases} \text{size} = \dfrac{4}{3}\sqrt{\dfrac{(x_{\max} - x_{\min})(y_{\max} - y_{\min})}{n}} \\ x_{\text{res}} = (\text{int})\left(\dfrac{x_{\max} - x_{\min}}{\text{size}}\right) + 1 \\ y_{\text{res}} = (\text{int})\left(\dfrac{y_{\max} - y_{\min}}{\text{size}}\right) + 1 \end{cases} \quad (4.5)$$

式中，size 为格元的尺寸大小；n 为点集的采样点数量；x_{res}、y_{res} 分别为 x 方向、y 方向的行列数。

③ 建立每个格元的查询链表。首先在点的结构中设置一个变量 nextpoint，表示位于该点所在格元中下一个点的编号，如果没有下一个点，则记为-1；然后利用一个一维数组，存储每个格元中第一个点的点号，没有点的格元记为-1。对所有的点依次计算得到它所在的格元，并将该点所在格元中下一个点的点号赋予为该点设置的变量 nextpoint，具体过程参见图 4.19。

利用点集分块可以大大提高查询效率。在边查询和三角形查询中，也可利用点集分块的思想加快查询速度。三角网中的每条边都是唯一的,它的中点也是唯一的,

第 4 章　DEM 建模

格网结构		点结构	
格元	第一点	点号	下一点
0	1	0	-1
1	8	1	6
2	-1	2	9
3	-1	3	5
4	0	4	-1
5	4	5	7
6	2	6	-1
7	-1	7	-1
8	3	8	-1
		9	-1

图 4.19　数据分块的数据结构(格元为左图从左至右，从上至下对应的分块)

可以用边的中点建立三角形边查询的分块，同样可加快边查询的速度。同理，三角形的重心是唯一的，也可用三角形的重心建立三角形查询的分块。实验证明，以上几种分区查询算法都可以大大提高查询速度。

(2) 建立凸壳。

凸壳是由二维平面上给定点集内的点构成的，包含给定点集所有点的凸多边形。有关凸壳的计算已经有非常成熟的算法，算法的关键是提高速度。改进方法仍是采用数据分块来提高查询效率。该算法的基本步骤如下(图 4.20)。

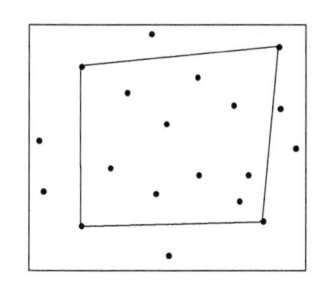

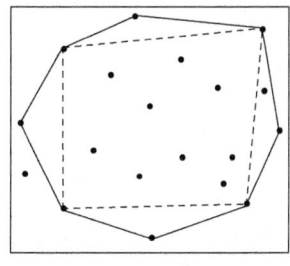

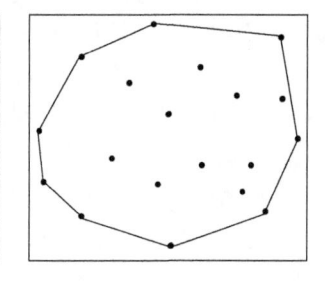

图 4.20　凸壳的建立过程

① 对点集 V 内的 n 个点，计算每个点的 $x+y$ 和 $x-y$ 值，分别求得相应的最大值、最小值，并将对应的四个点按照逆时针方向以循环链表的形式存储起来(注：特殊情况凸壳可能为三角形)。

② 对链表中的每个点 v_i 及其相邻的下一个点 v_{i+1}(逆时针)构成的有向线段 $v_i v_{i+1}$，查询位于其右侧的距离最大的点 v_{right}(计算三角形 $v_i v_{i+1} v_{right}$ 的面积即可，面

积为正，则位于右侧)。如果存在点 v_{right} 或最大距离为 0，且点在线段 $v_i v_{i+1}$ 之间，则将该点插入链表中的 v_i 和 v_{i+1} 之间；否则，不插入。重复上述过程，直到对链表中的每条边判断一次。

③ 统计每次没有插入点的操作次数，如果等于链表中顶点的总数，则终止判断，凸壳构建完毕。

在整个凸壳计算过程中，关键是查询到有向边距离最大的点。采用点集分块的方法，无须对所有的点进行查询，只需要查询有向边右侧相关区域，即在以有向边为对角线的矩形区域的右侧进行查询，对相关格元内的点进行计算，求得距离最大的点，这样可大大减小计算量。

(3) 构建凸壳的初始 Delaunay 三角网。

在快速凸壳内插 Delaunay 三角网算法中，需要建立凸壳的初始 Delaunay 三角网，然后插入凸壳内的点。对凸壳建立 Delaunay 三角网的基本步骤如下。

① 将表示凸壳的链表以三角形边的形式写入一个边的链表中。

② 从链表中任意选择一条未参与构网的边，然后在凸壳上查询得到一个点，使其与该边构成的三角形满足 Delaunay 三角形的空外接圆准则或最大最小角准则，将该边标识为使用过的边。

③ 比较新得到的边在边的链表中是否存在，如果不存在，则将新形成的边写入边的链表，并将新得到的三角形的相关数据写入有关三角形的数据结构中。

④ 重复上述第②、③步，直到边的链表中所有的边都已使用过，则终止构网。

(4) 顶点插入。

顶点插入是一个比较复杂的过程，在一个新的顶点插入后，需要改变相应的复杂的几何拓扑关系，这也是该算法速度比较慢的原因。为提高顶点插入效率，对三角形进行分区以提高三角形的查询速度，主要步骤如下。

① 对初始三角网进行分块。每个三角形的重心都在三角形内部，而且是唯一的，因此可以对初始三角网按照其重心的分布进行分块，分块时每个单元的间距与前面的点集分块一样。

② 查询包含插入顶点 v 的三角形 t。根据顶点 v 的平面坐标计算它在三角网分块中对应的格元 g，判断它是否位于对应格元中的三角形内，如果没有找到该三角形，则以格元 g 为中心，外扩一圈查询，直至找到包含顶点 v 的三角形 t。判断顶点是否在三角形内，可计算顶点 v 分别与三角形三条边构成的三角形的面积，如果都大于 0(或在其中一条边上)，则 v 在三角形内部。

③ 根据三角形 t 的几何拓扑关系，查询所有外接圆包含顶点 v 的三角形。由于在构建三角网时，每个三角形相邻的三个三角形编号都有记录，对于三角形 t 的三条边，分别判断它另一侧的三角形所在外接圆是否包含顶点 v；如果包含，则继续判断该三角形另外两条边各自另一侧的三角形外接圆是否包含顶点 v，直

到不包含顶点 v。记录每个外接圆包含 t 的三角形编号。

④ 插入顶点后，改变边与三角形之间的几何拓扑关系，并修改有关变量(图 4.21)。

⑤ 重复第②、③、④步，直到所有的顶点插入完毕。

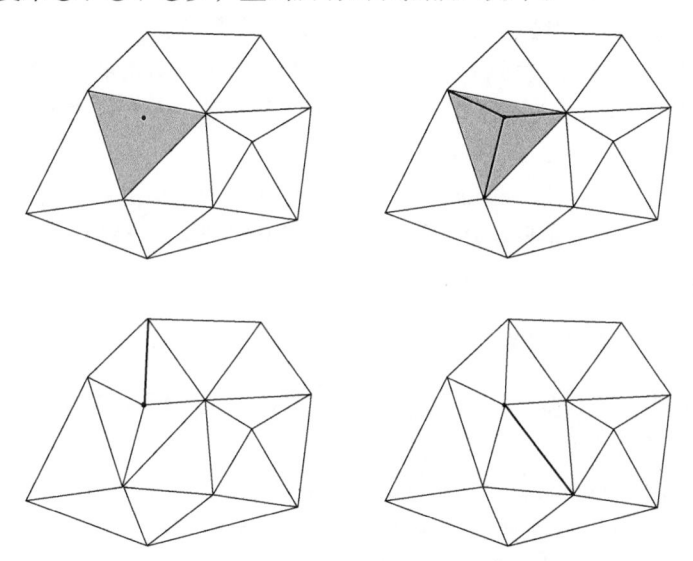

图 4.21 顶点插入 Delaunay 三角网改变拓扑关系的过程
(第二幅图中灰色三角形为外接圆包含顶点的所有三角形)

(5) 插入限制边，生成带约束条件 Delaunay 三角网。

在生成全部顶点的 Delaunay 三角网后，需要插入约束特征来获得关于顶点集合 V 和全部约束条件(限制边)的带约束条件 Delaunay 三角网。

在插入约束特征之前，可以先进行一个预处理，即在 Delaunay 三角网的记录中，检查约束特征及凸壳上每条限制边，如果限制边已经包含在 Delaunay 三角网中，则将该边从约束条件中删除。

在关于顶点集合 V 的 Delaunay 三角网中插入约束边 $p_ip_j(p_i, p_j \in V)$ 时，所有与 p_ip_j 相交的三角形 $t_i(i=1,2,\cdots,n)$ 构成的区域 G 称为约束边 p_ip_j 的影响域。

可以证明，在 Delaunay 三角网中插入约束边时，除组成约束边 p_ip_j 的影响域的三角形外，Delaunay 三角网中其他三角形的形态不会发生变化。

约束边影响域的搜索并不复杂，利用图 4.18 所示数据结构保存的相关信息，可以实现高速查询。影响域的搜索可以分为以下几步。

① 查找一个以 p_i 为顶点的三角形 t。
② 检查三角形 t 中不包含 p_i 的边 e 是否与 p_ip_j 相交。
③ 如果不相交，则根据拓扑结构查找通过包含 p_i 的边与三角形 t 相邻的另一

个三角形 t_1，重复步骤②，否则执行步骤④。

④ 将 t 加入影响域，然后查找通过 e 与 t 相邻的三角形 t_2，检查 t_2 的顶点中是否包括顶点 p_j，若是，则将 t_2 加入影响域并结束搜索，否则查找 t_2 与 p_ip_j 相交的边 e_1，然后重复本步骤。

约束边 p_ip_j 将影响域 G 分割为 G_R 和 G_L 两个部分，G_R 和 G_L 均为简单多边形。约束边的插入不涉及影响域以外的三角形，因此约束边的插入实际上转换为简单多边形剖分问题。关于多边形的最优化剖分问题，在许多文献中都有详细描述，在此不再赘述。

通过对 G_R 和 G_L 按 Delaunay 三角网特性优化的三角剖分，可以得到约束边 p_ip_j 插入后形成的新三角形。从三角形格网中删除组成影响域的三角形，并加入新三角形，从而完成约束边 p_ip_j 的插入。

4.3.3 RSG DEM 与 TIN DEM 的比较

RSG DEM 与 TIN DEM 是两种主要的 DEM 形式，面元结构简单，是目前应用比较广泛的 DEM 模型，同时各有各的特点。

RSG DEM 的主要优点在于：高程细节信息丰富；数据存储结构简单，便于存取、处理；建模方法比较直接；具有良好的表面分析功能。RSG DEM 的缺点在于：存在一定的数据冗余，在地势起伏不大的地区，特别是平坦地区冗余量较大；在不改变格元尺寸的情况下，难以表达复杂地形的结构特征，如地形特征线、特征点等；计算效率较低。

TIN DEM 的主要优点在于：随地形起伏变化的复杂性而改变采样点的密度和决定采样点的位置，因此能够充分反映点的分布密度和地形的复杂程度，并能够避免平坦地区的数据冗余；能够较为简单地表达地形的结构特征；便于地形模型的简化。TIN DEM 的缺点在于：数据存储方式比 RSG DEM 复杂，不仅要存储每个点的高程，还要存储其平面坐标、节点连接的拓扑关系、三角形及邻接三角形的关系；构建模型比较费时；难以对 TIN DEM 进行地形分析等相关处理。

综上，国内外在 DEM 研究方面，对这两种模型优劣问题的基本结论是：没有一种能够完全适应各种需求的模型；选择哪一种模型主要根据对模型的需求而定；如何建立各种 DEM，在不同的模型之间进行转换，对模型进行修改，以满足应用的需要，是 DEM 建模的关键所在。

4.4 格网 DEM 的数据组织

DEM 需要依靠计算机进行存储、管理、分析和显示。而计算机系统的运行效率在很大程度上取决于数据组织的形式。为了真实反映地表形态，DEM 的数据量较大，且精度越高，数据量越大，因此采用高效的 DEM 数据组织形式显得尤为重要。

4.4.1 RSG DEM 的数据组织

1. 栅格数据结构

栅格数据结构是一种简单的规则格网数据结构。它将 DEM 建模区域的最小外接矩形在纵横方向上进行等间隔划分，可划分为若干间隔相等、形状相似的格元。按规定顺序(如逐行或逐列)记录每个格网点(格元)的高程值，而格网点(格元)的平面坐标信息可通过格网行列号求解得到。为了实现格网行列号和平面坐标之间的转换，还需要记录建模区域最小外接矩形的起始点坐标值(一般为西南角点的坐标值)、格网间距等。因此，栅格数据结构除了记录每个格网点(格元)的高程值以外，还需要记录建模区域起始点的平面坐标和格网间隔。另外，计算机存储时整数型数值比浮点型数值字节数少，为了进一步减少数据存储容量，往往将格网点(格元)高程值转换为整数型数值，例如，将高程值放大一定倍率(100 倍或 1000 倍)后取整，使用时将整数型数值除以放大倍率即可。同时，由于 DEM 的建模区域往往是不规则的，而建模区域的边界范围是规则矩形，所以还应考虑不在建模区域(无效数据区域)内的 DEM 高程值的表示方法，一般可给出一个特殊的常数值，如–9999 等。

栅格数据结构的 DEM 数据文件一般包含对 DEM 数据进行说明的数据头和数据体两部分。

(1) 数据头，一般包括建模区域起始点的平面坐标、格网间距、行列数、格网高程值类型、高程放大倍率、坐标类型等内容。

(2) 数据体，按行或列分布记录的高程值阵列。

图 4.22 为我国国家标准 GB/T 17798—2007《地理空间数据交换格式》(全国地理信息标准化技术委员会，2007)中定义的格网数据交换格式(.grd)记录 DEM 的数据格式(有简化)。

由于栅格数据结构存储数据量小、结构简单、操作方便，所以非常适合大规模 DEM 数据的存储和管理。对于地形平坦地区，栅格数据结构记录了大量相同高程值的冗余数据，可采用数据压缩方法进行处理，如行程编码法、块状编码法、四叉树法等(陈刚等，2019)。

2. 行程编码结构

在基于栅格数据结构存储的 DEM 数据中，如果同一行(列)上存在若干个相

```
<格网数据交换格式> ::= <文件头><数据体>
<文件头> ::= DataMark: CNSDTF-RAS|CNSDTF-DEM<CR>
Version: <GB/T 17798—2007><CR>
Alpha: <浮点><CR>
Compress: 0|1<CR>
X0: <浮点><CR>
Y0: <浮点><CR>
DX: <浮点><CR>
DY: <浮点><CR>
Row: <整数><CR>
Col: <整数><CR>
ValueType: Char|Integer<CR>
HZoom: <整数><CR>
……
<数据体> ::= {<格网值>{,<格网值>}₀⁹<CR>} | {<格网值><整数>{,<格网值><整数>}₀⁹<CR>}₀^∞
```

图 4.22 我国格网数据交换格式

同的高程值，则可以采用行程编码结构对高程值数据进行压缩，即在存储时记录相邻同高程的数值及重复个数，应用时可利用重复个数恢复为栅格数据结构的 DEM 数据。具体实现思路为：将栅格数据结构每一行(列)的格网点(格元)高程数值序列变换为数对(V_n, L_n)的一维序列。其中，V_n 是格网点(格元)的高程数值，L_n 是行程长度，即相同高程值的重复个数。图 4.23 为行程编码结构示例。

V_1	V_1	V_2	V_2	V_3
V_1	V_2	V_2	V_2	V_2
V_1	V_1	V_1	V_2	V_2
V_1	V_1	V_2	V_2	V_2
V_1	V_2	V_2	V_3	V_3

→

(V_1, 2)	(V_2, 2)	(V_3, 1)
(V_1, 1)	(V_2, 4)	
(V_1, 3)	(V_2, 2)	
(V_1, 2)	(V_2, 3)	
(V_1, 1)	(V_2, 2)	(V_3, 2)

图 4.23 行程编码结构示例

一般来说，行程编码结构对 DEM 数据的压缩率与建模区域地形复杂程度有关。地形越复杂多变，邻近格网点(格元)高程值相同的情况越少，行程长度越短，压缩比越小；地形越简单，邻近格网点(格元)高程值相同的情况越多，行程长度越长，压缩比越大。

3. 块状编码结构

块状编码结构是把行程编码结构中的行程由一维扩展到二维。它把栅格数据结构存储的 DEM 数据划分为若干具有相同高程值的矩形区域，然后对矩形区域进行编码。块状编码结构 DEM 的数据体由块的初始位置(行号，列号)、块的高程值、块的大小(矩形区域的边长，采用格网间距倍数表示)三部分组成，可表示为(行号，列号，块的高程值，块的行数，块的列数)。在应用时，可根据块的初始位置、块的高程值和块的大小恢复为栅格数据结构的 DEM 数据。

以图 4.23 的 DEM 数据体为例，采用块状编码结构(假设左上角为起始点)可表示为$(1, 1, V_1, 1, 2)$、$(1, 3, V_2, 2, 2)$、$(1, 5, V_3, 1, 1)$、$(2, 1, V_1, 4, 1)$、$(2, 2, V_2, 1, 1)$、$(2, 5, V_2, 3, 1)$、$(3, 2, V_1, 1, 2)$、$(3, 4, V_2, 2, 1)$、$(4, 2, V_1, 1, 1)$、$(4, 3, V_2, 2, 1)$、$(5, 2, V_2, 1, 1)$、$(5, 4, V_3, 1, 2)$。

块状编码结构的压缩特点与行程编码结构相似，对于地形较为平坦的区域，压缩率就高；对于地形复杂的区域，压缩率就低，极端情况下会出现数据量变大的情况。

4. 四叉树数据结构

四叉树是一种广受关注、得到大量研究的数据结构，早在 20 世纪 60 年代中期就被应用到加拿大地理信息系统中。绝大多数图形操作和运算都能直接在四叉树结构上实现。基于四叉树结构组织数据，既可以压缩数据量，又可以提高图形操作的效率。

基于四叉树结构组织 DEM 数据的基本思路是：首先将建模区域等分为四部分(四个分块)，逐块检查其高程值，如果某个分块的高程值都相同，则该分块不再往下分割，否则，再把该分块细分成四等份，如此递归分割，直到每个分块只含相同的高程值(图 4.24)。

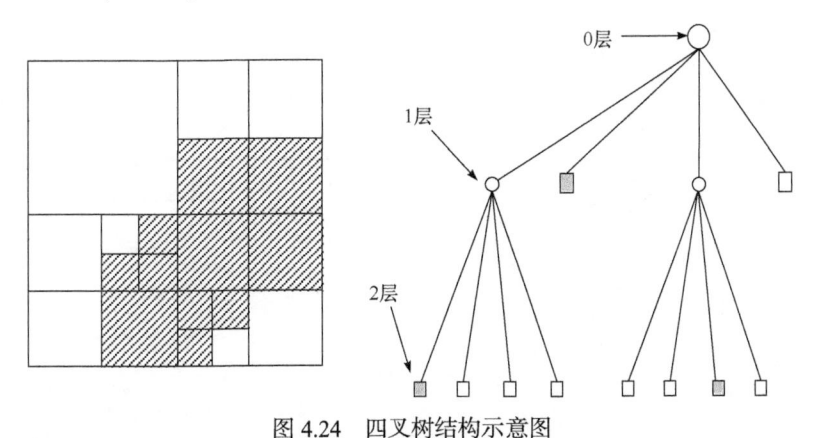

图 4.24 四叉树结构示意图

四叉树的编码可以采用基于四进制的 Morton 码、基于十进制的 Morton 码以及二维行程编码等。采用不同的编码方式，四叉树的建立过程也有所不同，但基本过程不外乎自上而下的分解和自下而上的合并。

四叉树中不同层次节点所表示的数据尺寸是不一样的。位于越高层次的节点，其分割的次数越少，尺寸越大，数据深度越小，结构越简单；位于越低层次的节点，其分割的次数越多，尺寸越小，数据深度越大，结构越复杂。四叉树结构能够自动根据地形变化特点来调整格元尺寸，因此具有很高的压缩效率。

4.4.2 TIN DEM 的数据组织

TIN DEM 是重要的 DEM 数据类型之一，具有存储量少、数据可压缩、保留采样点坐标及高程值的特点，特别适合地形表面及其切割剖面的三维表达。

与 RSG DEM 的数据结构相比，TIN DEM 的数据结构要复杂得多。TIN DEM 是基于点、边、三角形之间的拓扑关系来表示 DEM 的，它不但要存储每个顶点的高程，而且要存储三角形顶点的平面坐标、顶点之间的连接关系和邻接三角形等拓扑关系。

在 TIN DEM 数据结构中，基本的数据元素为顶点(采样点)、边和三角形(面)。它们之间存在着点与边、点与面、边与面、面与面等拓扑关系。理论上，通过组成三角形的三个顶点可完整地表达三角形的构成以及三角形顶点、三角形边、三角形之间的拓扑关系，只需要两种数据结构即可表达这些拓扑关系，即三角形顶点坐标结构体、三角形结构体。TIN 数据结构示例如图 4.25 所示。

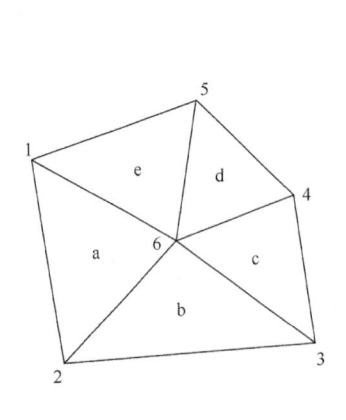

点号	X坐标	Y坐标	高程值
1	…	…	…
2	…	…	…
3	…	…	…
4	…	…	…
5	…	…	…
6	…	…	…

三角形号	点1	点2	点3
a	1	2	6
b	2	3	6
c	3	4	6
d	4	5	6
e	5	1	6

图 4.25 TIN 数据结构示例

图 4.25 所示的 TIN 数据结构虽然简单,三角形结构元素的拓扑关系却是隐含的,不利于 TIN DEM 的检索与应用。因此,围绕三角形的拓扑关系描述产生了多种 TIN 的数据结构,如 TIN 的点结构、边结构、面结构、点面结构、边面结构。

4.5 DEM 的精度评估

DEM 是在采样数据的基础上实现连续地形曲面离散化表达的,因此数据获取方式、数据误差、内插法等将影响 DEM 对地形的表达,而且这些误差在 DEM 的各种应用中会被传播和扩大。因此,DEM 误差分析和精度研究一直是人们关注的话题,对 DEM 误差和精度的分析研究也贯穿于各个环节。

4.5.1 概述

对 DEM 精度的研究,一直是地理信息领域的重要研究议题。DEM 的精度研究以 1988 年为界分成两个阶段(汤国安等,2005)。

从 1958 年 DEM 概念的提出到 1988 年是第一个研究阶段。该阶段对 DEM 精度研究的基本特征是内插技术分析和数据采样策略研究。DEM 发展早期,由于技术条件限制,人们试图通过内插法的改善来提高 DEM 的精度,即通过研究数学插值方法减少为建立 DEM 所必需的采样点的个数。随着技术的发展及数据采集技术的改进,人们逐渐认识到内插法对 DEM 精度的提高是有限的(而事实上后来的研究分析也证明了这一点),内插法的改进并不能降低原始数据误差对 DEM 精度的影响。对 DEM 精度的研究逐步由内插分析转向原始数据质量控制与分析,先后提出多种数据采样方案,如渐进采样、选择性采样、混合采样等。但对 DEM 精度的研究还是在数据层面进行的,主要是分析采样点分布、密度和采样点误差等对 DEM 精度的影响,研究方法则有实验法和解析法。实验法对 DEM 精度的评价依赖地形类别以及实验方案,作业量大,有时甚至不能实施。解析法成本低,分析和得到的公式可用来指导数据采样,不受地形类别限制,但是由于实际地形的复杂性,数学方法将影响分析结果。

随着地理信息系统技术的日益普及,以及对空间数据质量和精度认识的逐步提高,人们发现以前的 DEM 精度模型并不能给出可靠的精度预测和评价,这也表明在 DEM 生产和应用领域,对误差元素的理论分析和精度模型研究仍然是一个比较紧迫的问题。对 DEM 的误差分析和精度研究遍及 DEM 的各个环节,如 DEM 粗差探测、DEM 质量控制、DEM 地形描述精度、DEM 误差空间分布模式、原始数据误差和地形复杂度与 DEM 精度的关系、DEM 误差可视化等,提出了各种 DEM 精度预测公式和误差修正方法,详细研究了 DEM 的误差来源和误差类型。为获取高精度的 DEM 产品,对 DEM 生产的各个阶段进行严格的质量控制。特别是,随着 DEM 应用由数据层面向地学建模和地表过程分析的转变,DEM 误差与结构特征对应用的影响分析成为研究热点。

精度是评价模型好坏的重要指标,同时 DEM 精度也是数字地形建模、数字地形分析和各种地学过程模拟最为关心的问题,进一步分析 DEM 的不确定性及其对应用的影响,研究 DEM 的数学模型在理论和实践上都是非常重要的。

4.5.2 DEM 数据质量与误差理论

1. DEM 数据质量

1) DEM 数据质量的概念

DEM 数据与工业产品一样,也必须有质量管理和质量控制。DEM 数据质量是指 DEM 数据在表达空间位置、高程和时间信息这三个基本要素时所能达到的准确性、一致性、完整性,以及三者之间统一性的程度。时间要素强调的是现势性。空间位置和高程的准确性指的是 DEM 对地形描述的真实性。

2) DEM 数据质量的度量指标

误差、精度和不确定性是 DEM 误差分析和精度研究经常使用的度量指标。

(1) 误差。

误差通常被定义为观测数据与真实值或公认的真值之间的差异。误差从性质上可分为系统误差、随机误差和粗差。

① 系统误差,是指由数据采集、获取设备引起的误差。其与物理方面的因素有关,例如在摄影测量中,系统误差可能源于测量仪器本身或摄影胶片的温度变化。另外,测量仪器在使用前缺乏必要的校正,或者观测者自身的限制(如观测立体的敏锐度或未能进行正确的绝对定向等),也有可能产生系统误差。系统误差表现出一定的系统性,或者在观测过程中按一定的规律变化,或者为一常数。其对观测结果有累积性,也可能相互抵消。在具体作业时,常采用特定的观测手段和规范来降低系统误差的影响。

② 随机误差又称偶然误差,是由数据采集、获取过程中的不确定因素引起的误差。对于同一目标的量测,由于观测误差的存在,其测量值会有所不同,而且不表现出任何必然规律。对大量随机误差,总体而言具有统计规律。

③ 粗差,即粗大误差,是指比在正常观测条件下可能出现的最大误差还要大的误差。粗差是由操作过程中的粗心或不遵守规定引起的误差,实际上是一种错误。根据统计学观点,粗差是与其他观测值不属于同一集合或采样空间的观测值,因此不能与集合中的其他观测值一起使用,必须剔除。基于这个原因,对于 DEM

数据生产流程必须统筹规划，以利于粗差的检测和剔除。

对于 DEM 误差，原始数据中的粗差被剔除后，严格检验校正数据采集仪器和遵守操作规定，系统误差将处于次要地位，因此 DEM 误差一般是指随机误差。

(2) 精度。

精度是数据准确度和精密度的统称。数据准确度是指结果、计算值、估计值与真实值或公认的真值之间的差异。数据精密度是指数据表示的精密程度，即数据表示的有效位数。

(3) 不确定性。

不确定性是指对真值的认知或肯定的程度，是更广泛意义上的误差，包含系统误差、偶然误差、粗差、可度量误差、不可度量误差、数据的不完整性、概念的模糊性等。在 GIS 中，用于进行空间分析的空间数据一般不知道其真值，空间分析模型往往是在对自然现象认识的基础上建立的，因此空间数据和空间分析一般倾向于采用不确定性来描述数据和分析结果的质量。对于 DEM，高程数据是 DEM 的基本数据，虽然不知道其真值，但其所含的随机误差可通过一定的统计方法获得，并用数值形式表示，因此可统一采用误差一词。

如前所述，误差服从统计规律，单个误差大小并无意义。统计意义上误差的量化描述一般采用中误差(又称均方根误差(root mean square error, RMSE))或精度，它是刻画误差离散程度的指标。

误差分析体系的建立是空间数据质量研究的主要内容之一。空间数据来源复杂，种类繁多，虽然传统意义上的误差分析与研究方法仍是空间数据误差分析体系的基础，但是需要根据空间数据的操作特点进行扩展和补充。对 DEM 而言，其误差分析体系应包含的主要内容有误差来源确定、误差性质鉴别、误差与精度描述、误差研究方法、误差传播模型、算法评价、地形参数生产质量控制、误差控制和减弱等。

2. DEM 误差源分析

DEM 是地形数字化的最终表达形式之一。对 DEM 误差和精度的分析研究，首先要搞清楚误差来源。DEM 误差的产生与 DEM 的生产过程密切相关。DEM 的生产一般经过原始数据的采集和内插建模两个阶段，DEM 误差也分为原始数据采集误差和高程内插误差两类(汤国安等，2005；王光霞，2005；Fisher et al., 2006；张锦明，2020)。

1) 原始数据采集误差

(1) 地形表面特征。

地形表面特征决定了地形表面表达的难度。大量研究表明，DEM 的精度随着地形破碎程度的大小而变化，最大的误差往往出现在地形起伏或水平转折处，如山脊线、山谷线、地形变化线等部位，并且它们之间的关系呈明显的线性关联特征。

(2) 数据源误差。

用于构建 DEM 的数据来源多样，如实地测量、摄影测量与遥感、地形图数字化等。不同来源的数据各自对应不同的数据源误差，如野外数据质量、航空相片误差、卫星影像误差、地形图误差等。其中，航空相片误差主要是指摄影测量中各种误差的综合、定向点误差等，地形图误差是指量测误差、地图综合引起的点位误差(坐标移位)、纸张或材料变形引起的误差等。

(3) 采点设备误差。

地形图数字化的采点设备误差包括地形图数字化时数字化仪的设备误差或扫描时扫描仪的设备误差；摄影测量的采点设备误差包括测图仪的误差和计算机计算的有效位数。

(4) 人为误差。

对于利用数字化地形图的等高线和高程点的方法所采集的 DEM 数据，人为误差包括数字化对点误差、高程赋值误差和控制点转换误差。控制点转换误差类似于航内的绝对定向误差，这种误差主要来源于控制点数字化和控制点大地坐标匹配时产生的误差。对于使用摄影测量方法采集的 DEM 数据，人为误差包括测标切地面的误差(采用数字影像相关时为影像的相关误差)、采集输出时的坐标转换和定向误差(绝对定向、相对定向)。

2) 高程内插误差

(1) 内插法。

DEM 的另一误差存在于高程内插的过程中。任意一种内插法都是基于原始地形起伏变化的连续光滑性，或者说邻近的数据点间有很大的相关性，才可能由邻近的数据点内插出待定点的高程。DEM 常采用线性内插，因为线性内插不会引起奇异性内插，但是线性内插的缺点是内插结果的边缘不光滑，不能很好地反映地形特征。另外，还有一些常用的 DEM 内插法，如多层叠加法、最小二乘配置法、有限元法、移动曲面法和三角剖分法等。可以说，不管采用哪种内插法，内插点的计算高程与实际量测高程之间总存在差值。

(2) 采样点密度和分布。

采样点密度和分布对 DEM 精度影响很大。由于任何内插法在数据贫乏区都不可能获得可靠的内插结果，采样点应该具有足够的密度且避免数据贫乏区。地形结构是地形表面的骨架线，采样点一般分布在各个地形特征点、特征线处。另外，不同的数据采样方式也影响着 DEM 精度。

(3) DEM 数据结构。

DEM 数据结构也影响着 DEM 对地形的表达。RSG DEM 的分辨率是格网 DEM 对地形描述好坏的直接因素之一，虽然较高分辨率的 DEM 能反映地形细节，但是以牺牲计算机存储量为代价，DEM 分辨率要与原始数据相匹配。TIN DEM 通过相互连接在一起的三角形平面来逼近地形表面，采样点的分布是 TIN DEM 对实际地形表达准确程度的重要指标。

3. DEM 误差分类体系

研究和分析 DEM 误差和传播规律，需要对误差进行正确的分类。目前，对 DEM 的误差进行分类有不同的分类标准(表 4.5)。

表 4.5 DEM 误差分类(汤国安等，2005)

误差理论	误差构成	系统误差、随机误差、粗差
	误差范围	全局误差、局部误差
	误差相关性	绝对误差、相对误差
	误差空间性质	周期误差、峰值误差
生产过程	数据源误差	地图数字化误差、野外测量误差、影像数据误差
	操作与计算字长误差	计算字长引起的误差、拓扑分析误差、数据分类高程内插误差

上述误差的分类体系主要还是在数据层面进行的，即研究的重点在于原始数据误差和高程内插误差。不管是 RSG DEM 还是 TIN DEM，本质上 DEM 是地形表面的一种逼近，对其误差的分析和精度进行研究，不仅要研究高程数据误差，还要研究逼近误差，因此通常可将 DEM 误差分为数据误差和描述误差。数据误差是 DEM 数据源误差和内插引起的高程数据误差，而描述误差是 DEM 对地形表达的误差(图 4.26)。

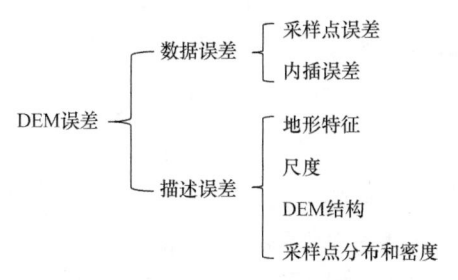

图 4.26 DEM 误差分类

地形特征、尺度、DEM 结构、采样点分布和密度等方面的误差构成 DEM 的描述误差。地形特征决定了地形表面表达的难易程度，因此在影响最终 DEM 表面精度的各种因素中扮演了重要的角色。尺度是 DEM 空间分辨率引起的，尺度越大，DEM 对地形的描述越差，误差越大。不同的 DEM 结构对相同的地形表达存在不同的描述误差，RSG DEM 对相对平坦、起伏不大区域的描述精度较高，而 TIN DEM 对地形复杂的区域有较高的描述精度。采样点分布和密度也是 DEM 描述误差中的一个影响因素，采样点的分布与地形吻合得越好，由采样点生成的 DEM 的描述误差越小，采样点的密度越大，生成的 DEM 越能精确地描述地面信息。

4.5.3 DEM 精度描述指标和精度体系

1. 误差描述模型

精度是指误差分布的密集程度或离散程度。一般情况下，如果随机采样点超过 30 个，可以认为误差符合正态分布，进而用统计学方法对精度进行评价。为了评价精度的高低，首先介绍几个与 DEM 精度有关的表达参数。

设某离散型随机变量 X 的分布规律为

$$P(X = x_i) = p_i \tag{4.6}$$

式中，x_i 为随机采样点值。

对于随机变量 X，大小与离散程度是其两个重要指标。通常用数学期望表示随机变量的大小，而用方差表示随机变量的离散度。

随机变量 X 的数学期望 $E(X)$ 定义为

$$E(X) = \sum_{i=1}^{n} x_i p_i \tag{4.7}$$

数学期望实际上是随机变量所有可能取值的平均值。随机变量的方差 $D(X)$ 定义为

$$D(X) = E((X - E(X))^2) \tag{4.8}$$

在实际应用中，取方差的算术平方根作为离散程度的特征值，称为 X 的标准差(standard deviation，SD)，并记为 δ_x，即

$$\delta_x = \sqrt{D(X)} \tag{4.9}$$

据统计，绝对值大于标准差的误差，其出现的概率为 31.7%；绝对值大于 2 倍标准差的误差，其出现的概率为 4.5%；绝对值大于 3 倍标准差的误差，其出现的概率仅为 0.3%，这是概率接近于零的不可能事件。因此，通常以 3 倍标准差作为随机误差的极限值，并称其为极限误差。如果某误差超过极限误差，则认为是粗差，是应该剔除的错误。

2. DEM 精度的数学模型

DEM 精度的数学模型比地形表面本身更加复杂，因为后者只用到(x, y, z)三个坐标参数，前者则用到许多其他参数变量。这些变量包括地形表面的粗糙度、指定的内插函数和内插方法，以及原始数据的精度、密度和分布等。因此，结合前述 DEM 误差源分析，DEM 精度的数学模型可以用以下形式(Li, 1992)表示，即

$$A_c(\text{DEM}) = f(S, M, R, A, D_s, D_n, O) \tag{4.10}$$

式中，A_c 为 DEM 的精度；S 为 DEM 表面的特征；M 为 DEM 表面建模的方法；R 为 DEM 表面自身的特性(粗糙度)；A、D_s、D_n 为 DEM 原始数据的三个属性(精度、分布和密度)；O 为其他要素。

DEM 表面上点的误差是 DEM 建模过程中所传播的各种误差的综合。其中，地形表面的特征(或地貌类型)决定了地形表面表达的难度，因此对最终 DEM 表面精度有较大影响。DEM 表面可通过两种方法来建立：一种是直接以测量数据为基础建立；另一种是通过从随机点到格网点的内插处理过程以间接方式建立。从随机点到格网点的内插处理肯定会对原始数据中表现出来的空间变化有一定的影响，因此直接建模方式可以避免内插带来的地貌表达可信度的损失导致的整个推导的复杂性。

毋庸置疑，原始数据的误差肯定会通过建模过程传递到最终的 DEM 表面。原始数据的误差可用中误差、方差和协方差的形式进行表达。如果每个格网点的测量被认为是独立的，则协方差可以忽略。实际上，摄影测量数据之间的协方差是很难确定的，因此在实践中通常不予考虑。

原始数据的分布特征(包括分布方式和密度)是影响 DEM 精度的另一个主要因素。

DEM 表面的特性是决定 DEM 表面与地形表面相互吻合程度的因素，因而也决定了 DEM 表面的精度。DEM 表面既可以是连续的，也可以是不连续的，还可以是光滑的或不光滑的。

3. 常用 DEM 精度描述指标

空间数据本身的复杂性，使误差与精度模型很难用一种简洁明了的公式来表达，一般根据应用目的和研究内容建立相应的精度模型。例如，利用某种精度指标(如中误差)来描述误差的大小，或通过局部单元之间的空间相关关系建立误差自相关精度模型，以及利用可视化的方法来描述和分析误差的空间结构、分布特征。

1) 数值精度模型

设高程数据的真值为 Z，观测值或计算值为 z，则误差定义为 $\varepsilon = Z - z$，如果误

差个数为 n，则 DEM 中常用的数值精度模型如表 4.6 所示(刘学军，2002)。

表 4.6　DEM 中的数值精度模型

名称	定义
中误差	$\text{RMSE} = \sqrt{\sum_{i=1}^{n} \varepsilon_i^2 / n}$
相对中误差	$\text{R-RMSE} = \sqrt{\sum_{i=1}^{n} (\varepsilon_i / z_i)^2 / n}$
对数中误差	$\text{L-RMSE} = \sqrt{\sum_{i=1}^{n} \left[\ln(z_i / Z_i)\right]^2 / n}$
平均误差	$\text{ME} = \sum_{i=1}^{n} \varepsilon_i / n$
标准差	$\text{SD} = \sqrt{\sum_{i=1}^{n} (\varepsilon_i - \text{ME})^2 / n}$
精度比率	$\text{AR} = \sqrt{\sum_{i=1}^{n} \varepsilon_i^2 \Big/ \sum_{i=1}^{n} (\varepsilon_i - \text{ME})^2}$

数值精度模型从统计意义上描述了 DEM 的误差大小，其计算需要知道地形参数的"真值"，各种数值精度模型均有其应用前提和特点。RMSE 由于计算简单、易于理解成为应用较为广泛的数值精度模型(如美国 USGS 的各种分辨率 DEM、英国地形测量局的 DEM，其精度都以 RMSE 衡量)。RMSE 并不反映单个误差的大小，而是从整体意义上描述地形参数与其真值的离散程度，因此 RMSE 的真正价值在于它能提供真值可能存在的范围。

误差模型的建立需要合理的误差频率分布假设，RMSE 假定误差服从均值为零的正态分布，因此 RMSE 不能揭示误差中的系统成分。Goodchild(1991)认为在误差模型中应剔除趋势偏差，Li(1988)提出了用标准差代替 RMSE 来消除系统性误差。相对中误差通过赋予误差相同的权值、对数中误差通过对数变换试图标准化误差的分布。RMSE 的大小不但与误差本身有关，而且与地形和 DEM 尺度有关，Wood(1996)提出用精度比率这一无量纲比较分析不同空间尺度、不同地形表面的 DEM 与地形参数精度。

2) 误差自相关精度模型

DEM 及 DEM 地形分析中的误差在空间上是自相关的(例如，水准测量中点的误差将会影响其余点的高程精度)，误差的自相关性对各种地形分析结果的影响往往是系统性的，将引起单一的、非空间统计模型(如 RMSE)对分析结果评价上的偏差。对用户而言，了解 DEM 误差的空间结构、空间分布也是非常重要的，因为实际地形分析总是在具体的空间位置上进行的，只有充分认识 DEM 误差的空间分布和结构，才能对分析结果的精度做出正确的预测和判断。

基于 DEM 的地形分析一般是在局部窗口(如 3×3 窗口)中进行的，DEM 误差的自相关性对地形参数有较大的影响。Goodchild(1991)给出了坡度中误差 σ_{slope}、DEM 中误差 σ_e 及 DEM 误差相关系数 r 之间的关系，即

$$\sigma_{\text{slope}}^2 = 2\sigma_e^2 \frac{1-r}{g^2} \tag{4.11}$$

式中，g 为格网分辨率。

对于 USGS 30m 分辨率的 DEM，其标称精度为 σ_e=7m，当误差相互独立(r=0)时，坡度误差可达 33%，远大于通过计算值和实测值对坡度误差的估计；当局部窗口 DEM 误差高度相关(r=1)时，坡度估计几乎是无误差的。实际情况也的确如此，r 非常接近于 1，坡度估计具有较高的可信度。Heuvelink(1998)采用指数自相关函数来计算相关系数，通过实验证实了上述结论。由上述分析可见，DEM 的精度描述不仅应包括 RMSE 或 SD 等精度指标，还应包含高程误差的自相关系数。

3) 误差与精度可视化模型

空间数据误差与精度的数值模型、自相关模型定量地描述误差大小，但无法表示误差和精度的空间分布，而且数值指标与空间尺度有关。可视化技术为描述空间数据不确定性提供了有力手段。可视化技术可使抽象单调的数据变成具体的、生动的图形图像，有利于分析空间数据不确定性的分布规律和特点，揭示统计模型无法反映的误差空间分布模式。

(1) 频率分布图。

高程、坡度等地形属性的频率和频率分布图，是分析地形属性分布特征和表示这种特征的一种统计分析方法。地形属性在不同地形区域和分辨率的 DEM 上表现出的频率往往是有差异的。这种差异是地形属性的数量表现，在频率与频率分布曲线上可以直观地反映出来，通过对比可分析这种差异的特征。因此，频率分布图常用来统计和分析内插法对 DEM 精度的影响，以及 DEM 分辨率、解译算法、DEM 结构对地形参数的影响。另外，误差频率分布图也可以辅助研究与分析误差的某些性质和所服从的分布规律。

(2) 等值(高)线图。

通过 DEM 追踪等高线图并与原始地形图进行套合检查，是检测和剔除原始高程数据误差的有效手段。地形结构线的位置(如山脊、山谷等)依赖 DEM 中的高程、坡向与平面曲率，它对高程数据误差非常敏感，特别是单点高程误差，而单点高程误差在 DEM 晕渲图中很难发现。部分单要素地形参数，如坡度、单位汇水面积等的等值线与相应的理论等值线对比检查，或直接产生误差等值线图，可

直观地再现误差的空间分布结构和分布规律。

(3) 误差图。

灰度图、晕渲图、三维立体图等计算机可视化技术是空间数据不确定性研究的又一重要工具。在 DEM 表示的平面位置上，叠加各种地形参数如高程、坡度、坡向等的误差值或精度值，可得到地形参数的误差(精度)模型，通过可视化技术，以不同的灰度级别或颜色表示误差大小，可观察统计模型无法反映的误差的空间分布模式、格网分辨率影响、边界匹配误差等。因此，很多应用领域常采用误差图来分析和研究 DEM 的误差空间分布和结构特征。利用误差图研究和表现空间数据的不确定性问题，关键是解决内插问题。

4.5.4 DEM 精度评定和精度模型

DEM 精度评定在内容上可通过两种不同的方式进行：一种是平面精度和高程精度分开评定；另一种是两种精度同时评定。在实际应用中，由于平面精度比较容易控制，一般只讨论DEM 的高程精度评定问题，并用高程数据精度表达DEM精度。

1. DEM 高程精度评定途径

DEM 高程精度的评定通常有实验分析和理论分析两种途径(汤国安等，2005)。

(1) 实验分析是从数据源随机抽取样区或通过专家经验选取典型的地貌样区，考虑各种采样方式(包括所使用的仪器、采样点密度、采样点分布位置、作业员水平等因素)，并直接依据地形情况选用高程内插数学模型，估算所建立 DEM 的精度。由于影响 DEM 的因素比较多，许多参数也不可量化，加之实验结果依赖具体的地形以及实际实验方案，通过实验分析得到的 DEM 精度和结论往往差别较大，有时甚至相互矛盾。

(2) 理论分析试图通过数学方法来寻求对地表起伏复杂变化的统一量度，以及各种内插数学模型的通用表达方式，使评定方法、评定所得的精度和某些规律性的结论有比较普遍的理论意义。应该注意到，这种方法仍然要借助大量的实验数据或专家经验，以及对地表形态的理解，而且由于实际地形曲面的复杂性，用于分析的某些基本假设未必符合实际情况。

影响 DEM 的因素是多种多样的，因此无论采用哪种途径都不能很好地解决所有的问题。

2. DEM 精度模型

通过实验分析和理论分析可获得 DEM 的精度模型，用于评价 DEM 质量和预测 DEM 精度。目前，对于 DEM 精度模型还存在争议，例如有学者认为 DEM 内插是数值逼近的一个实际应用，对其使用"中误差"的概念和方法显然是不科学的，应该使用更为科学的逼近误差来建立 DEM 精度。本质上中误差模型是 DEM 建立过程中各种误差的综合体现，这些误差的直接结果是对高程数据产生影响，而 DEM 结构(如分辨率大小)导致 DEM 对实际地形曲面的逼近误差。本节主要讨论数值精度问题，表 4.7 从所采用的方法角度对 DEM 精度模型进行了简要归纳。

表 4.7 DEM 精度模型

数学方法	误差模型	
	经验模型	理论模型
统计观点：检查点法、传统函数法、协方差函数		基于格网数据建立 DEM 的表面精度模型
解析观点：逼近误差	DEM 精度与格网间距的关系模型	基于三角网数据建立 DEM 的表面精度模型
几何观点：回放等高线套合分析		基于傅里叶分析的模型
		基于协方差和变差的模型
		基于高频谱分析的模型

1) 检查点法和 DEM 中误差模型

检查点法，即事先将检查点按格网或任意形式进行分布，对生成的 DEM 在这些点进行检查。将这些点的内插高程和实际高程逐一进行比较得到各个点的误差，然后计算中误差。该方法简单易行，是 DEM 建模精度评估最常用的一种方法，目前我国不同尺度 DEM、美国 USGS DEM 等都是采用检查点法来获取 DEM 数据精度的。

设检查点的高程为 $Z_k(k=1,2,\cdots,n)$，在建立 DEM 之后，由 DEM 内插出这些点的高程为 R_k，则 DEM 的精度为

$$\sigma_{\text{DEM}} = \frac{1}{n}\sum_{k=1}^{n}(R_k - Z_k)^2 \tag{4.12}$$

在我国，国家测绘局 1∶1 万和 1∶5 万 DEM 生产技术规定对 DEM 格网点附近实地控制点的高程中误差的要求分别进行了界定，其具体规定见表 4.8 及表 4.9。以 1∶1 万技术规定为例，规定采用检查点的方式对精度进行检测，用 28 个检查点对图幅内和图幅边缘进行检测，这种检测可以反映出 DEM 的大体精度。当然，检查点的布设方式对最终 DEM 精度的估算结果有很大影响。

表 4.8　1∶1 万 DEM 精度标准(国家测绘局, 2010)

地形类别	地形图基本等高距/m	地面坡度/(°)	DEM 格网尺寸/m	格网点高程中误差/m 一级	二级	三级
平地	1	2 以下	5	0.5	0.7	1.0
丘陵地	2.5	2～6	5	1.2	1.7	2.5
山地	5	6～25	5	2.5	3.3	5.0
高山地	10	25 以上	5	5.0	6.7	10.0

表 4.9　1∶5 万 DEM 精度标准(国家测绘局, 2010)

地形类别	地形图基本等高距/m	地面坡度/(°)	DEM 格网尺寸/m	格网点高程中误差/m 一级	二级	三级
平地	10(5)	2 以下	25	3	4	6
丘陵地	10	2～6	25	5	7	10
山地	20	6～25	25	8	11	16
高山地	20	25 以上	25	14	19	28

2) 逼近误差和地形描述误差

逼近误差是指用简单函数 $f_1(x)$ 近似地代替原函数 $f(x)$ 时两者的差,即 $E=f(x)-f_1(x)$。逼近误差是由原函数 $f(x)$ 和逼近函数 $f_1(x)$ 决定的,是函数误差而非随机误差。DEM 内插的前提是将地球表面视为定义在椭球面或平面上的复杂曲面 $z=f(x,y)$,它是确定的几何面,而不是随机曲面。通过测量得到某些地表点的三维坐标 $\{x_i, y_i, z_i\}$, DEM 内插就是利用已知点依据各种模型构造内插或外插曲面去逼近原曲面。显然,其误差为逼近误差。$z=f(x,y)$ 无法精确确定,通常可以用 DEM 描述误差来度量。

3) 等高线套合分析和 DEM 定性评价模型

等高线套合分析是指将已经获得的 DEM 数据追踪生成等高线,并将刚生成的等高线与原始等高线或其他图形产品(如正射影像图、立体模型等)叠加,目视检查等高线是否有异常情况,若有,则意味着有粗差(错误),需重测、编辑,直至 DEM 合格。在实际应用中,DEM 内插本身具有明确的理论背景,但运用何种 DEM 内插缺乏明确的理论基础,难以从理论上进行估计。显然,只要方法正确,尽管回放的等高线有差异,但是应该具有与原等高线大致相同的形态。上述差异,即是 DEM 误差的全面表示,能较全面地评价 DEM 精度的总体状况和 DEM 与实际地形吻合的情况。虽然等高线套合分析简单易行,但本质上是一种定性精度分析模型，不利于 DEM 的后续应用分析，一般常用作 DEM 粗差检测和 DEM 质量判断。

4) 实验方法和 DEM 经验模型

通过实验建立 DEM 精度模型是目前 DEM 精度评定广为采用的一种方式，涉及 DEM 建立的各个技术处理过程，也是 DEM 应用研究领域成果最为丰富的一个部分。DEM 经验模型的建立包括两个基本环节，即原始数据精确度评价和 DEM 精度评定，原始数据精确度评价主要是对数据源、数据获取方式、所采用的仪器设备、环境因素、操作员的作业水平等方面的原始数据的质量进行评价，目的是尽量减少原始数据的系统性误差和消除粗差；DEM 精度评定重点是研究 DEM 内插、数据点分布和密度、是否顾及地形特征、建模方法等因素对 DEM 精度的影响。

通过实验方式所获得的 DEM 经验模型与地形类别、数据处理流程等因素有关，精度模型的通用性不强，但实验方式可涉及 DEM 建立的各个技术环节和因子，因此有助于理解各个因素对 DEM 的影响规律，从而能有效地指导 DEM 生产的各个过程。

5) 理论分析与理论模型

DEM 精度的经验模型具有较强的地区依赖性，模型建立费时、费力，因此通过数学工具获取在一般意义上的 DEM 精度模型(即获取 DEM 精度的理论模型)有重要的研究意义。DEM 精度的理论模型研究有两方面意义：一是预测 DEM 的内插精度；二是能为数据采样提供指导。从数学角度研究 DEM 精度模型，需要对地形表面的数学机理进行分析，曾先后出现了基于随机场理论的协方差精度模型、基于功率谱理论的传递函数法等。20 世纪 90 年代后，随着数据采集方式的改进和 Delaunay 三角网理论的完善，基于数据建模过程的 DEM 精度模型应运而生。

第 5 章 地 物 建 模

地物建模，是指通过对地理空间中的地物实体进行特征提取和抽象，来建立描述其空间位置、几何形态、属性特征和外观效果的数字化模型的过程，是地理环境建模的重要内容之一。地物建模的成果为地物模型。地物实体形态各异、结构复杂，且数量巨大，如何快速、经济地获取地物数据，以及逼真、准确地建立地物模型，已成为地理环境三维可视化乃至虚拟地理环境建设的瓶颈。

5.1 基于二维平面图的三维建模

基于二维平面图建立地物模型是应用较早的地物建模方法。早期的地物模型主要用于地物分布示意和简单的空间分析，对地物模型的精细程度和表面纹理的清晰度要求不高。因此，常用数字地图数据大面积地批量自动挤出模型，然后贴上简单示意纹理。随着使用需求的不断提高，原来简单的示意模型已不能满足高精度应用和高真实感可视化要求。基于数字地图提供建模的基础地理信息，结合三维建模软件交互式建模，提供了新的解决方法。通过三维建模软件精确建立地物模型的细节结构，在实地采集地物外观的真实照片并对其进行编辑用于贴图，可建立精确逼真的三维地物模型。目前，基于三维建模软件的交互式建模仍是高精度地物模型构建的常用方法之一。

5.1.1 基于 CAD 的三维建模

基于 CAD 的建模方法是一种最原始、用途最广的建模方法，能够达到较高水平的建模精细程度，不但能表示建模实体外部的精细几何结构和材质特征，而且能展现建模实体的复杂内部构造，达到"真三维"效果(周杨等，2013)。CAD 系统在图形处理与真三维建模方面具有独特的技术优势，因此三维 CAD 模型已经成为数字城市、虚拟地理环境等建设的一个重要数据源。

在实际建模时，通常有两类建模方法(宁振伟等，2013)。一类是，使用 AutoCAD 等平面设计软件，构建大区域规划设计场景。传统的规划设计图通常是二维平面图，将其导入 AutoCAD 等平面设计软件中，参照平面图中的地物高度属性对地物实体进行拉伸，获得地物的三维盒状模型，最后以 dxf 或 dwg 格式导出。显然，利用这种方法构建模型比较简便，但无法得到较高精度的几何结构和细节特征，而且这种模型通常为线框模型，没有可用的拓扑关系。另一类是，利用 3ds Max 等三维建模软件，构建单体或较少数量的地物模型。在 3ds Max 等三维建模软件中，可根据建模底图(如建模区域影像、地图、照片)或规划设计图，直接在软件的三维操作界面对地物进行建模、调整、修饰、赋材质、贴纹理、加光照等操作(图 5.1)。建模完成后可保存为 max、3ds 或 OpenFlight 等三维模型数据格式，且可在一个模型文件中保存一个或多个地物模型。基于三维建模软件构建的模型具有很精确的细节特征，能够逼真地表达现存或规划设计意图，并且多为实体模型，具有一定的拓扑信息，无论是场景的可视化还是空间分析，都具有较高的价值。商用建模软件有很多(如 3ds Max、SketchUp、Maya、MultiGen 等)，所以该方法在建筑、规划设计、工业制造、娱乐以及艺术等诸多领域运用广泛。其缺点是手工操作多、工作量大、成本高、生产周期长、建模效率低。该方法比较适合小范围精细化三维模型的制作。

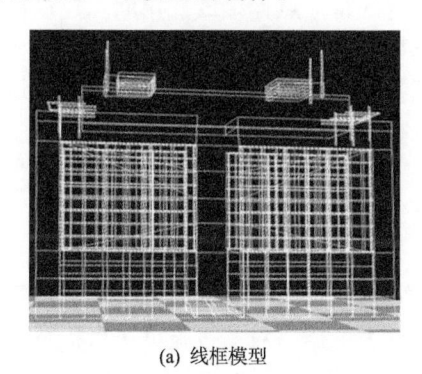

(a) 线框模型　　　　　　　　　　　(b) 实体模型

图 5.1　使用三维建模软件构建的建筑物模型

5.1.2 基于数字地图的三维建模

大比例尺数字地图描述了地表的各类地物要素，如居民地、道路及其附属设施、水系及其附属设施、植被、独立地物等。大比例尺数字地图既描述了地物要素精确的几何特征，又描述了地物要素完备的属性特征，可为地物要素的三维建模提供数学基础。因此，基于大比例尺数字地图构建地物模型是一条经济、快捷的建模途径(宁振伟等，2013)。

三维地物模型的构建需要三维的空间数据(包括平面位置、地面高程和地物高度数据)和真实的纹理数据(如建筑物的顶面纹理和侧面纹理)。大比例尺数字地图除了描述地物要素的二维空间数据，并不具备直接的、完整的第三维信息和纹理数据。因此，需通过一定的技术手段获取和补充地物要素的三维信息和纹理数据。

1. 建筑物的建模

使用数字地图数据进行建筑物的三维建模，通常是利用矢量数据确定建筑物的平面位置和轮廓，通过属性数据确定其高度。此外，建筑物的侧面纹理可在现场通过数码相机拍摄获取，顶面纹理则可从高分辨率遥感影像中提取。

建筑物结构一般可分为底面、侧面和顶面三个部分。建筑物底面由若干个脚点连接而成。脚点的平面位置可从数字地图中获得，高程一般通过 DEM 内插得到。地表面起伏不平，有时会造成建筑物底面不平整，需要在建模时将底面置平，通常以底面脚点中最低点的高程作为修正后的建筑物底面高程。建筑物的侧面通常为四边形，每个四边形由相邻的两个底面脚点和两个顶面节点组成。对于没有高度属性或楼层属性的建筑物，可以对其按使用类型进行分类，建模时每类赋予不同的高度，也可以在建模时手工输入各建筑物的高度信息。建筑物的顶面通常为不规则形状，需要在建模时将顶面节点和内部特征点连接成三角面。建筑物的外形轮廓构建完毕后会形成不带纹理的建筑物白模，将实地拍摄获得的建筑物侧面纹理、从高分辨率遥感影像中提取的建筑物顶面纹理，通过纹理映射对建筑物白模进行纹理贴图，最终生成带纹理的建筑物三维模型。

2. 道路、水系的建模

1) 道路、河流等线状地物的建模

对于道路、河流等线状地物，可采用三维建模法构建模型(图 5.2)。三维建模法的基本思路是：以道路、河流的中心线数据为依据，对其按宽度进行扩宽，再构建三角网，并覆盖在地表之上(游雄等，2012)。地貌和地物是各自独立建模的，有可能出现道路或河流高于地表或低于地表而不可见的问题。解决这一问题的方法是实现道路、河流与地貌的融合。

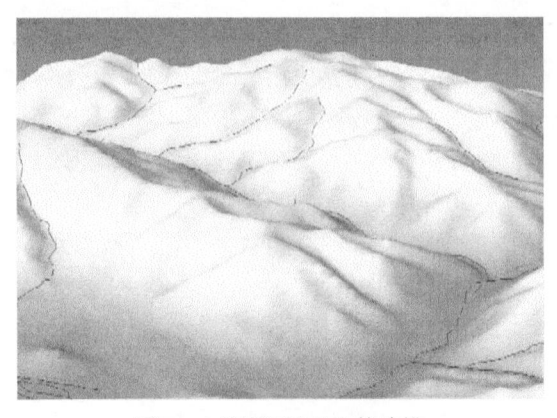

图 5.2 单线河流的实体建模

2) 湖泊、水库、海洋等面状地物的建模

对于湖泊、水库、海洋等面状地物，可采用纹理贴图映射法或三维建模法构建其模型。

纹理贴图映射法直接将含有湖泊、水库、海洋等面状地物的纹理图像映射到地形表面，可取得较好的视觉效果。当视点接近地面时，其轮廓会变得模糊不清，也无法进行查询与分析。

三维建模法通过二维矢量数据获得湖泊、水库、海洋等面状地物的表面轮廓，且假设其水面近似水平，通过边界多边形的三角剖分来建立三角网，并对其进行纹理映射，可获得较好的视觉效果(图 5.3)。另外，对于面状水体，为了增加真实感，还可以对面状地物表面轮廓内的点施加随机扰动，以产生水面波动的效果。

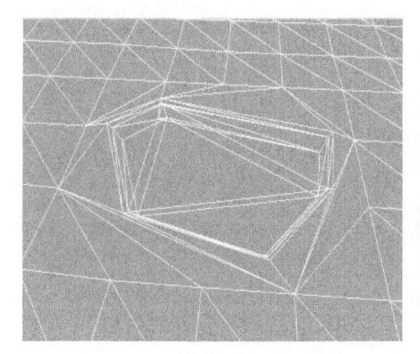

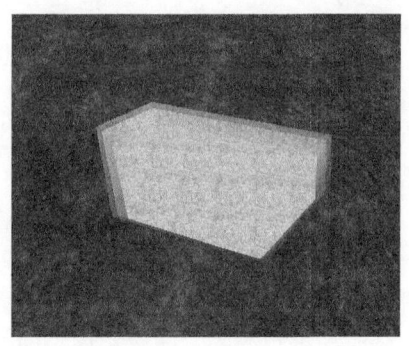

图 5.3　通过地面 TIN 结构重组与地面高程模型融合

3. 植被的建模

1) 面状植被的建模

对于呈面状分布的植被，其在数字地图中具有明确的边界范围，因此可根据边界点坐标从 DEM 中内插得到其高程值，并与处于边界范围内的 DEM 格网点通过三角剖分建立三角网模型，对其进行纹理映射。

2) 行道树、独立树的建模

对于大比例尺数字地图中明确标示出来的行道树或独立树，可以将其转换为三维点对象，并对三维点对象关联一种树木的示意模型。

独立树的建模主要有三种方法：具有纹理贴图的"公告牌"法、几何生成法、LOD 法。

公告牌指一个始终面向视点的几何多边形。公告牌法实施过程中需要应用透明纹理映射技术和各向同性技术。人们通常有这样的常识，即透过树叶间的空隙可以看到树木后面的场景，所以在构建树木模型时需要采用透明纹理映射技术，保持它的这种性质以获得逼真的效果。透明纹理是通过纹理图像融合技术实现的，融合技术是指指定源和目的的颜色值相结合的融合函数，使得部分场景表现为半透明。另外，树木不同于桥梁的侧面、车站牌等(本身的厚度可以近似为零，即从它们的侧面视点观察，只是一个单面)，其本身的厚度不可忽略，从任何角度的视点观察，都应类似于一个锥体或柱体的形状，这就是各向同性。

在忽略树木各个侧面外观不同的前提下，可以采用两种方法实现各向同性。

(1) 运用透明纹理映射技术将相同的树木纹理分别映射到两个相互垂直的平面上，形成两个相互垂直的透明单面，如图 5.4 所示。根据人眼在视觉上的差异，尽管两个单面的角度间隔为 90°，但是在不同角度总可以看到相同的树木图像。这种方法也存在一些缺点：在加入光照时，遮挡产生的阴影会导致光照效果不均匀，出现由亮到暗的跳跃性变化现象；树木的包围盒大于树木的实际边界，当用户视点从树底下通过时，会发生碰撞；如果视点距离树木很近，则会看出破绽。

图 5.4 透明纹理映射技术

(2) 只采用一个平面来描述树木对象，该平面称为 Billboard 多边形。运用透明纹理映射技术将树木的图像映射到平面上，在显示时赋予该平面各向同性的特性，即随时根据视线的方向设定该平面的旋转角度，使其法向量始终指向视线。这种方法的建模过程非常简单。与前一种方法相比，该方法的计算量大为减少。该方法最大的缺点是在实时漫游时，计算隐藏面和阴影的同时还要进行旋转运算，计算量较大，因此场景中不宜过多使用 Billboard 多边形。

几何生成法是指采用分形技术等方法，通过参数的设定来生成不同的树木。基于几何生成法构建树木模型，有大量学者对其进行了研究，并形成不同的建模方法，主要有树木的分形建模(图 5.5)、A-系统、L-系统和树木的分步生长建模等。

图 5.5 树木的分形建模

树木的 LOD 法是采用几何建模方式生成树木的多个细节层次模型(图 5.6)。当视点较近时，采用较为细致的多面体模型，当视点较远时，使用简单的几何体模型。

(a) 1340 个面　　　　　(b) 233 个面　　　　　(c) 27 个面

图 5.6　树木的 LOD 法

5.2　基于摄影测量的三维建模

从二维影像自动重建地物几何模型一直是摄影测量与遥感的主要目标之一。摄影测量方法使得自动化获取大量复杂地物的几何信息和表面纹理成为可能。特别是随着高分辨率遥感技术和计算机图形图像处理技术的飞速发展，数字摄影测量已成为构建大范围、高精度三维地物模型的主要技术手段之一。

5.2.1　基于数字摄影测量技术的三维建模

数字摄影测量技术通过航空摄影或航天、卫星遥感方式获取地物的原始影像。这些影像不仅具有丰富的地物几何及纹理信息，而且通过解译还可获得地物的属性及关系信息，为地物三维建模提供丰富的数据基础。基于数字摄影测量技术的地物三维建模流程(以建筑物为例)如图 5.7 所示。

(1) 通过航空摄影或航天、卫星遥感方式获取地表高分辨率影像，并对原始地表影像进行影像处理，主要包括图像增强、边缘检测、影像分割等。

(2) 结合野外控制点对影像进行空中三角测量加密，得到加密点的平面位置及高程信息，以及每幅影像对应的外方位元素。

(3) 在数字摄影测量系统中，利用上述得到的空中三角测量加密成果对建筑物进行立体量测，自动或半自动采集建筑物的平面位置及高程信息，构建形成不带表面纹理的建筑物三维模型(即白模)。

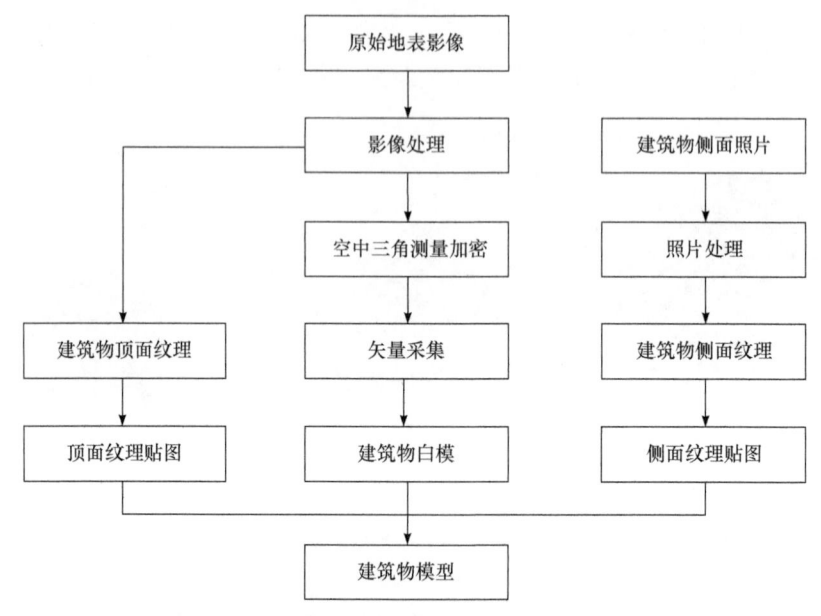

图 5.7 基于数字摄影测量技术的地物三维建模流程(以建筑物为例)

(4) 结合构建的建筑物白模数据，从影像中自动提取建筑物顶面纹理，并将其映射到建筑物白模顶部。

(5) 对外业采集得到的建筑物侧面纹理图像进行尺寸、形状、颜色等方面的处理，将处理后的图像映射到建筑物白模的对应侧面上，最终形成带表面纹理的建筑物三维模型(图 5.8)。

图 5.8 基于数字摄影测量技术的建筑物三维模型

数字摄影测量技术因数据获取范围大、模型精度高等特点，已成为大场景地物建模的重要手段。但航空摄影或航天、卫星遥感是以垂直视角获取影像，存在地物侧面纹理信息不足、遮挡严重等问题。另外，基于影像进行自动化建模还有诸多技术问题有待解决。因此，对于小范围的单一地物三维建模或是对地物三维模型有较高要求的，不宜采用该方法。

5.2.2 基于倾斜摄影测量技术的三维建模

传统的数字摄影测量技术主要是从空中进行垂直摄影，获取的是地物顶部信息，对地物侧面纹理和三维几何结构等信息的获取比较有限。倾斜摄影测量技术是一项新型的航空摄影测量技术。它突破了正射影像只能从垂直方向获取的限制，在同一飞行平台上搭载多台高精度数字传感器，同时从一个垂直角度、两个以上(通常为 4 个)不同倾斜角度来获取地表影像，从而可全方位地获取地物丰富的细节特征，满足人们对真实三维信息的需求(图 5.9 和图 5.10)。

图 5.9 倾斜摄影角度示意图　　图 5.10 倾斜摄影成像方式

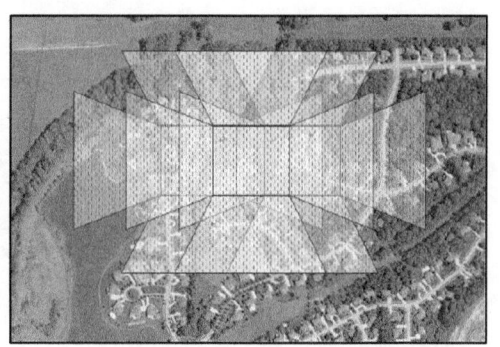

1. 建模流程

对倾斜摄影测量技术获得的地表影像，结合 GNSS 和 INS 获取相机曝光时的位置和姿态信息，通过相关软件进行数据处理和三维建模，可得到地表三维模型。基于倾斜摄影测量技术的地物三维建模流程(以建筑物为例)如图 5.11 所示。

(1) 通过倾斜摄影获得地表建筑物的多视影像，对获取的原始影像进行匀色、匀光、几何纠正等处理，排除数据的先天缺陷，确保建模所需影像数据的可靠性。

(2) 对多视影像进行空中三角测量计算，包括相对定向、控制点量测、绝对定向、区域网平差等，通过空中三角测量计算获得高精度影像外方位元素和经过畸变纠正后的影像，为后续的三维模型构建和纹理提取打下基础。

(3) 采用多视影像密集匹配技术，获得地表建筑物高密度三维点云，构建形成三角网模型，在此基础上生成不带表面纹理的建筑物三维模型(白模)。

(4) 将带有精确坐标信息的纹理影像与建筑物白模进行配准，实现纹理自动映射，生成带表面纹理的建筑物三维模型。

```
┌─────────┐      ┌─────────┐      ┌───────────┐
│ POS数据 │      │ 多视影像│      │控制点数据 │
└────┬────┘      └────┬────┘      └─────┬─────┘
     │                │                  │
     │           ┌────▼─────┐            │
     │           │影像预处理│            │
     │           └────┬─────┘            │
     │                │                  │
     │         ┌──────▼───────┐          │
     └────────►│多视影像联合平差│◄─────────┘
               └──────┬───────┘
                      │
               ┌──────▼───────┐
               │多视影像密集匹配│
               └──────┬───────┘
                      │
                 ┌────▼────┐
                 │ DSM生成 │
                 └────┬────┘
                      │
                 ┌────▼────┐
                 │ 纹理映射│
                 └────┬────┘
                      │
               ┌──────▼──────┐
               │ 建筑物模型  │
               └─────────────┘
```

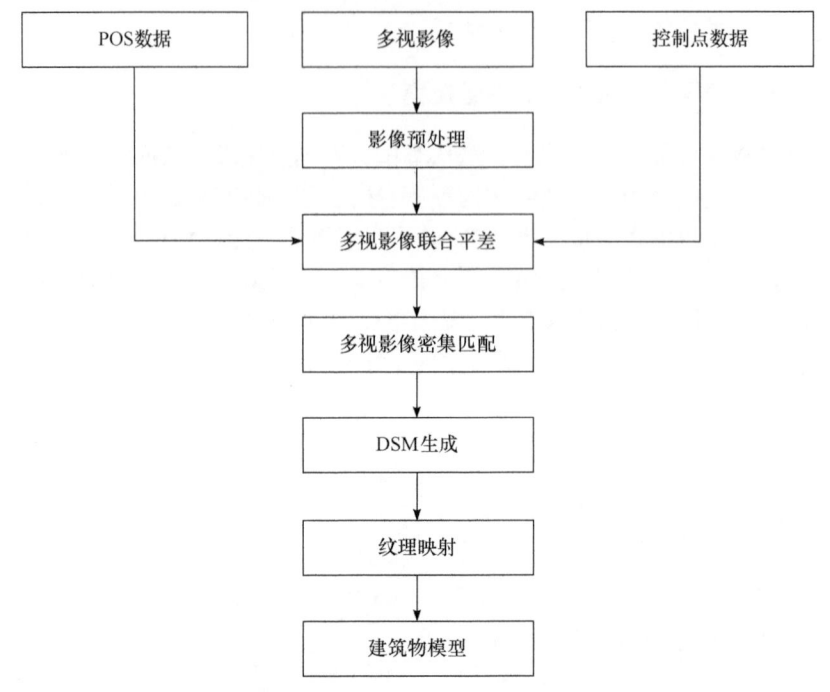

图 5.11　基于倾斜摄影测量技术的地物三维建模流程(以建筑物为例)

2. 关键技术

由图 5.11 可知，基于倾斜摄影测量技术构建三维模型涉及影像预处理、多视影像联合平差、多视影像密集匹配、DSM 生成、纹理映射等关键步骤和技术(朱庆等，2012；周杰，2017；麻金继等，2018；王壮壮，2021)。

1) 影像预处理

通过倾斜摄影测量技术获得地表建筑物的多视影像后，需对原始影像进行畸变校正和匀光、匀色等处理。受相机系统安装误差和镜头畸变的影响，拍摄得到的影像会存在像主点偏移以及影像边缘发生畸变的情况，因此飞行前需要在地面检校场对相机开展检校标定工作，解算出相机的内方位元素和畸变参数。获取原始影像后，可利用解算得到的检校参数结合相应软件完成影像的畸变校正。另外，受光照条件、相机电荷耦合器件特性、光学透镜成像不均匀的影响，获取的原始影像往往存在色相、亮度、饱和度等方面的差别，这会对后期影像特征点提取和影像拼接造成影响。为了提高影像后期处理的精度，还需对原始影像进行匀光、匀色处理。

2) 多视影像联合平差

倾斜摄影测量技术获得的多视影像不仅包含垂直影像，还包括大量的倾斜影像。传统的空中三角测量系统多适用于近似垂直影像的处理，无法较好地处理倾斜影像。在进行多视影像联合平差时，需着重考虑大视角变化引起的几何变形和相互遮挡问题。将POS(由前述的GNSS与INS组成)在相机曝光时刻获取的初始值作为倾斜影像的6个外方位元素。通过构建影像金字塔,采用影像金字塔由粗到细的匹配策略,提取各个等级影像上的特征点,再采用光束法对区域网内的特征点进行平差,可获得较好的匹配效果。同时加入POS辅助数据、像控点坐标,可建立多视影像之间的平差方程,通过联合解算确保平差结果满足精度要求。

3) 多视影像密集匹配

影像匹配对影像的解读具有重要作用,是摄影测量的基本问题之一。影像匹配结果直接影响到空中三角测量的质量。传统影像匹配方法通常单独使用一种匹配基元或匹配策略,往往难以获得建模需要的同名点,使匹配的精度和可靠性降低。多视影像具有覆盖范围广、分辨率高的特点,而且同一地物会在多幅不同视角的影像中出现。在影像匹配的过程中,可充分利用这些冗余信息,采用多视影像密集匹配模型快速准确地提取多视影像上的特征点坐标,并实现多视影像之间特征点的自动匹配,进而获取地物的三维信息。随着计算机视觉技术的飞速发展,基于多基元、多视角的影像匹配已成为广大学者研究的热点,并且在实际生产中得到了广泛应用。

4) DSM生成

经过多视影像密集匹配后,可以构建得到高精度、高分辨率的DSM。该模型能够直观反映地表起伏特征,是空间基础框架数据的重要组成部分。多视影像经过联合平差后,可自动解算出每幅影像精确的外方位元素,在此基础上选取一幅质量高的影像作为基准匹配单元,对影像进行逐像素的密集匹配,进而获得成像区域高密度的三维点云,对三维点云构网形成不规则三角网,即可得到高精度、高分辨率的DSM。

5) 纹理映射

高精度DSM是不带地物表面纹理的,为了使构建的地物模型更加真实,可基于多视影像对DSM进行纹理映射,最终生成带表面纹理的地物模型。纹理映射的实质是地物表面的参数化问题,即建立二维图像空间到三维地物模型的映射关系。前述构建的建筑物白模是多视影像经过联合平差、密集匹配、空中三角测量加密等处理后生成的,二维图像空间到三维地物模型的映射关系已经确立。考虑同一建筑物会在多幅影像中重复出现,而且每幅影像包含的纹理信息不尽相同,因此选择最佳纹理影像显得尤为重要。

在影像数据中选择最佳纹理影像时,往往可通过遮挡、可见性等指标来筛选纹理映射源图像。筛选处理后,可使建筑物模型的每个面有唯一对应的纹理影像。通过建筑物模型三角面与纹理影像对应区域之间的几何映射关系,实现纹理影像与建筑物模型的配准。经过纹理映射,可将纹理贴图至建筑物模型表面,最终形成带表面纹理的建筑物三维模型。

3. 特点分析

倾斜摄影测量技术可以获取多角度的影像信息，从而构建更加逼真的三维场景。基于倾斜摄影测量技术的三维建模还具有建模效率高及自动化程度高等特点，可有效降低建模成本。构建的三维模型可以进行高度、长度、面积、角度、坡度等测量。但这种建模方法存在数据量大、数据处理对硬件配置要求高等缺点，且构建的模型多是连续三角网模型(不是单体化模型)，若需要构建单体化模型，还需要通过独特的处理流程。当前，基于倾斜摄影测量技术的三维建模已成为城市三维建模的主要方法，是国家新型基础测绘与实景三维建设的重要手段。

5.3 基于激光点云的三维建模

三维激光扫描技术是一种全自动、高精度的立体扫描技术。三维激光扫描技术作为一种主动的非接触测量手段，可以连续、自动、快速地采集目标物体表面的三维点云数据(即点云)，然后基于点云数据构建出目标物体的三维模型(麻金继等，2018)。利用激光点云数据建模与传统航空摄影测量方法建模相比，数据获取速度更快，建立的三维模型更精确(王志勇等，2012)。这种三维模型在古建筑重建、地形测绘、数字城市等诸多领域有广阔的应用前景，同时也是三维激光扫描技术发展的一个重要方向。

5.3.1 激光点云的特征提取

滤波、分类是激光点云信息提取的重要工作，已成为点云应用的必经步骤和基础性工作。滤波通常是指区分点云中的地面点和地物点(非地面点)的过程。点云分类有狭义与广义之分。狭义的点云分类是将地物点进一步区分为植被、建筑物、水体等更精细类别；广义的点云分类同时包含滤波和狭义点云分类的内容(杨必胜等，2019)。

点云信息提取中使用的基本处理单元，称为基元。按照基元的类型，可以分为点基元、剖面基元、体素基元、对象基元、多基元融合 5 类。

1. 点基元

点云本质上是点的集合，点是点云信息提取中最原始的基元。在滤波方面，基于点基元的滤波方法比较常见的有渐进加密不规则三角网法、分层稳健线性内插法、坡度法、渐进窗口形态学法、Top-Hat 形态学变换法、布料拟合滤波法等。在分类方面，已有大量基于点基元的分类方法。例如，以点为基元计算特征，进行电力线路走廊机载 LiDAR 点云分类。商业软件 TerraSolid 和 LAStools 中的分类模块也使用了点基元。在分类过程中，基于点基元的分类方法通常使用 3 种邻近关系确定任意一点的特征。这 3 种邻近关系包括球半径邻近、圆柱体邻近、K 最邻近，而且这 3 种邻近关系的查询均可以借助 kd-tree 实现。另外，最优邻域的选择也是基于点基元的分类方法关注的焦点之一。但是，最优邻域的选择一般计算复杂度高且特别耗时。利用点基元的点云信息提取方法较多，但该类方法存在可利用特征不足、特征计算耗时、难以确定最优邻域等问题。

2. 剖面基元

扫描线是多数机载 LiDAR 系统获取和组织点云数据的常见方式。可以将一条扫描线看作一个剖面，按照扫描线建立点云索引。在滤波方面，出现了基于剖面基元的双向标号机载 LiDAR 点云滤波方法、基于剖面基元的并行滤波方法。在分类方面，把机载 LiDAR 点云表示为正交剖面的数据结构，然后进行点云分割和分类。目前，使用剖面基元的点云信息提取方法较少，这主要是由于剖面能顾及的邻域有限、可利用的上下文特征和知识不足。

3. 体素基元

体素基元将原始激光点云数据划分到具有一定体积的长方体中，每个长方体内的点集称为一个体素基元。在滤波方面，基于体素基元的滤波方法将点云数据划分为不同分辨率等级的体素基元，以体素基元为单位，通过与邻域体素基元的高程加权均值比较，剔除植被点并保留地面点，从而获取森林地区的 DEM。在分类方面，鲜见体素基元在机载 LiDAR 和摄影测量点云分类中的应用。但体素基元在车载 LiDAR 点云信息提取中有相应的应用，例如，使用体素基元组织点云数据来提取点云中的树木、建筑物。鉴于体素基元能很好地判断局部点云的共线、共面或球状分布的状态，可用体素基元识别点云中的电力线点云。目前，体素基元对机载 LiDAR 和摄影测量点云信息提取的适用性有限，比较适合作为车载 LiDAR 点云信息提取的基元。

4. 对象基元

鉴于点云分割获取的对象可以提高信息提取精度、降低信息提取不确定性的优势，面向对象基元的点云分析方法以点云分割的对象为基元进行信息提取。在滤波方面，已经有较多的面向对象基元的点云滤波方法，且多数是对基于点基元滤波方法的改进，如渐进加密不规则三角网法、分层稳健线性内插法等。已有实验表明，在滤波原理相似的情况下，面向对象基元的点云滤波方法比基于点基元的滤波方法精度高，但面向对象基元的点云滤波方法更耗时。在分类方面，面向对象基元的点云分类方法已经出现很多重要进展，例如，出现了面向对象基元的点云分析概念，并应用于点云分类中；面向对象基元的点云分析方法已经用于车辆提取；使用对象基元的多回波比例特征区分建筑物和植被等。另外，面向对象基元的点云分析、面向对象基元的影像分析两种理论的发展也促进了面向对象基元的多源数据融合的信息提取。例如，融合 LiDAR 点云和影像进行基于方位图的建筑物提取和三维重建，集成机载 LiDAR 点云和影像进行地表覆盖制图。目前，基于对象基元的点云信息提取方法方兴未艾。但该类方法的信息提取效果严重依赖点云分割的质量，并且十分耗时。

5. 多基元融合

多基元融合的点云信息提取是指在信息提取的不同阶段使用不同类型的基元，或者采用多种基元实现更优的提取效果。在滤波方面，基于多基元融合的三角网渐进加密滤波方法包括点云分割、对象关键点提取、基于关键点的对象类别判别三个阶段，并且三个阶段的基元分别为点基元、对象基元、关键点。因此，可将原始的点云划定为两个子集：对象子集、孤立点子集，然后综合采用对象基元和点基元开展滤波和地形结构线提取。

在分类方面，多基元融合分类方法开始涌现。例如，先采用体素组织点云，再基于若干规则将体素合并为超级体素，最后对超级体素进行分类。在多基元融合的点云分类方面，出现了基于多实体的点云分类方法，在分类的不同阶段使用不同的实体(点对象、平面对象、均值漂移对象)，以实现更优的分类效果。基于指数的多层次点集结构表达多层次点集特征，可以得到较好的分类效果。

目前，多基元融合的点云分析方法崭露头角。多尺度的多基元结构能够充分顾及不同尺度空间的特性，采用多基元结构有利于改善分类识别的效果。但是，该类方法缺乏相关理论框架的探讨，尤其是多数点云分割方法还无法实现点云的多尺度分割和多基元获取，这阻碍了多基元融合的点云信息提取的深入发展(朱庆等，2018)。

5.3.2 建筑物外观的三维建模

三维激光扫描仪得到的点云是由不规则的离散点构成的，点云之间并没有直接构成建筑物的实际表面。要得到带拓扑关系的建筑物真实表面，需要恢复建筑物表面的这种拓扑关系，即构建三维建筑物模型。三维建筑物模型构建的主要流程包括特征线提取、三维几何模型构建、纹理映射等(李峰等，2015)。

1. 特征线提取

特征线提取可采用多种方法，如自动提取剖面、等值线，根据点云自动拟合线段、圆柱、圆锥、多边形等基本几何形状(图 5.12)。

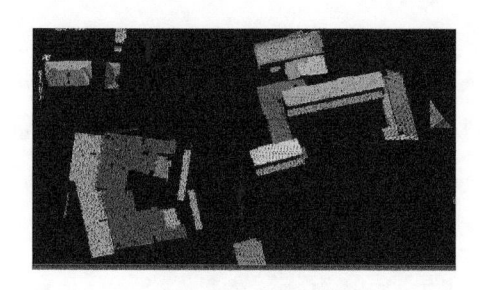

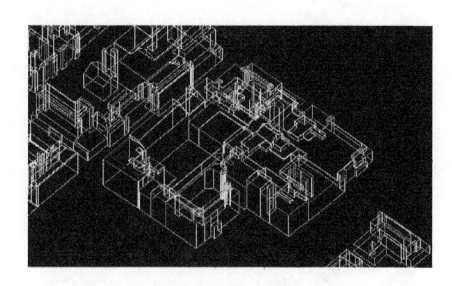

(a) 建筑物点云分割结果　　　　　　(b) 建筑物特征线提取结果

图 5.12　从建筑物点云中提取特征线(中煤航测遥感，2020)

目标物所在场景存在遮挡和建筑物本身的遮挡，以及建筑物外墙或窗户玻璃等材料表面对激光的不同反射特性，导致激光点云数据在激光无法到达的区域出现许多空洞，因此在建模过程中要对空洞进行修补，一般由人工交互完成。例如，在提取特征线时先绘制三维结构线，再统一投影到二维平面，以保证结构线的平面精度。

2. 三维几何模型构建

基于线划图构建三维模型的基本思路是由线成面，可将线划图导入三维建模软件中。基于点云每个方向构建的线划图之间具有准确的位置关系，将前、后、左、右、上、下六个立面图一同导入，可合成完整的建筑结构图。

考虑大型建筑物一般比较复杂，对建筑物的整体构件进行识别并全部自动建模，目前还没有很好的解决方法。通常，建模时把建筑物的每个构件进行分离，可分为规则的建筑物构件和不规则的建筑物构件。规则的建筑物构件的建模方法有多种，如线性回归和分段线性拟合等。不规则的建筑物构件的建模则要复杂得多，主要是曲面特征点和特征线的提取，然后利用旋转、放样等方法构建模型。对于需要保留现状或者使用上述方法较难建模的建筑物构件，可构建三角网模型。因为三角网模型损失的精度最少，所以能保留建筑物的原始面貌。

利用上述方法将建筑物构件分别建模，可把这些建筑物构件放置于同一个场景中。由于之前进行了整体测量控制，所以这些建筑物构件都有统一的坐标系，只要把它们放置在一起就可组成一个完整的建筑物。但是，由于各个建筑物构件是分开建模的，所以建筑物构件之间会有一定的缝隙和交叉，需要对建筑物构件之间的误差进行修正，最终形成完整的建筑物实体模型(杜建丽等，2019)。

3. 纹理映射

纹理映射是实现三维模型真实感的关键。可利用激光扫描仪自带摄像头或数码相机获取纹理信息，进行建筑物模型表面的纹理映射(图 5.13)。为使建筑物看起来真实、美观，需要利用图像处理软件对所获取的纹理图像进行纠正、缩放和匹配处理。

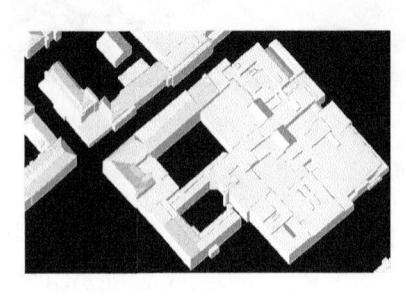

(a) 建筑物几何表面　　　　　　　　　(b) 建筑物纹理提取

图 5.13　建筑物几何表面与纹理提取(中煤航测遥感，2020)

在纹理映射中经常使用透明纹理映射、不透明单面纹理映射和纹理拼接等技术。纹理映射可以大大提高模型的逼真度，一方面可通过纹理图像模拟出丰富的建筑物细节，降低模型的复杂程度；另一方面可赋予模型丰富的色彩、贴图特征，从而生成三维景观。

5.3.3　树木的三维建模

通过激光点云进行森林树木的三维建模，主要利用 LiDAR 的多回波特性，也就是通常所说的激光雷达穿透性。这里所说的穿透性不是指激光脉冲可以击穿植被，而是指激光雷达发出的海量激光脉冲和多回波的特性通过植被缝隙达到原来被遮挡的地表。LiDAR 发射出来的是激光脉冲，也可以理解为发射出来的是光斑。光斑具有发散度，即光斑随着距离的增加直径增大。激光雷达设备不同，激光发散度也不同。例如，某激光雷达的激光发散度为 0.35mrad，这意味着，距离每增加 100m，光斑直径增大 35mm，当相对距离为 1000m 时，该光斑直径达到 35cm。LiDAR 发射的光斑到地面是有直径的，在植被覆盖区域，光斑第一次打在树叶或树干之后会返回一个回波信号。由于这个光斑比较大，其中没有被遮挡反射的部分会透过缝隙继续向下传播，直到全部被反射。在这个传播过程中，可能产生多个回波信号。多次回波信息被系统记录下来，就产生了激光雷达测量的多回波数据。

1. 单木点云分割

单木点云分割是对密集植被区域的单棵树木点云进行分割,从而提取单棵树木的位置坐标、树高、冠幅面积等参数的过程。单棵树木信息的准确获取是森林场景三维重建的关键。单木分割方法按照所采用的数据形式可分为两类,即基于冠层高度模型(canopy height model, CHM)的单木分割方法和基于点云数据的单木分割方法。层堆叠算法以 1m 的高度间隔分割整个森林点云,将每一层点云分割开来,然后合并所有层产生的典型剖面。利用层堆叠算法识别局部最大值作为种子点,然后基于种子点识别的结果,采用点云分割方法进行分割。分割参数包含最小树高、高斯平滑因子和平滑半径等。平滑半径与平均冠幅直径大小相当。

2. 单木建模方法

利用激光三维扫描技术获取的树木点云,可高精度、多尺度地重建三维树木模型。当前点云树木建模主要有以下几种分类方法:①基于数据源类别,分为LiDAR 点云建模和图像点云建模;②基于建模方法对数据的依赖程度,分为数据驱动建模和模型驱动建模;③基于模型抽象粒度,分为树冠建模和骨架建模。在树木建模方法方面,当前常见的以点云为基础数据的树木建模方法可分为聚类思想建模、图论方法建模、先验假设建模、拉普拉斯算子建模和轻量化表达建模等(曹伟等,2021)。

1) 聚类思想建模

聚类思想建模的关键是根据点的邻域信息形成按距离划分的聚类点集,对各点集利用聚类算法得到对应的树木骨架点,根据近邻关系维护骨架点拓扑,并生成树木骨架结构。聚类思想建模的实质是依据点到根节点之间的距离规则,通过聚类算法划分树木点云,得到若干点集,进而聚类骨架点,维护骨架点拓扑。

2) 图论方法建模

图论方法建模是在模型重建过程中,利用图论知识实现点云的数据组织、骨架点提取、枝条拓扑连接等,力求构建的树木模型与原始点云数据有较高的吻合度,降低对点云噪声和数据完整性的敏感程度,增强方法的鲁棒性。图论方法建模策略可以增强方法抗点云缺失与抗噪能力,为空间点云的组织管理与骨架点拓扑连接提供新思路,对多源点云具有良好的适用性。对于图论方法建模策略,不论是体素规格大小的选择还是最小生成树等图论方法的优化,一直是模型重建过程中需要重点研究的问题。图论知识在增强方法鲁棒性的同时,也存在难以处理特殊树木结构、时间复杂度偏高等一系列缺陷。

3) 先验假设建模

先验假设建模一般事先假设树木枝干为圆柱体或枝干截面为椭圆面,然后维护骨架拓扑，构建遵循上述先验条件约束的三维树木模型。先验假设建模增强了模型的规则程度，能够应对少量点云缺失，建模方法的时间复杂度较低。但先验假设建模对点云噪声敏感，在点云获取过程中，自然风等因素必然会在树叶部位产生噪声，因此需要着重考虑噪声和自然风等因素。另外在现实环境中，树木的趋光性会造成树木结构并非理想状态下的规则圆柱体或椭圆面，严格的先验假设建模会损失树木模型的精度。

4) 拉普拉斯算子建模

拉普拉斯算子建模一般基于点云邻域信息计算拉普拉斯矩阵，并通过迭代求解拉普拉斯方程，更新矩阵收缩权与各点的约束权，实现树木点云收缩，重构几何结构逼真的树木曲线骨架。拉普拉斯算子建模在提取曲线骨架的同时，能够保持骨架表面的局部细节信息，适应自然树枝的生长，适用于可形变而非刚性的树木建模需求。拉普拉斯算子建模的关键是将三维点云通过算子提取出一维骨架形状，进而细化拓扑，优化骨架模型。该策略可以降低骨架提取过程的复杂度，对点云噪声不敏感，鲁棒性较好，能够处理少量的数据缺失，但算子平滑过程的时间复杂度高，且对点云密度比较敏感。与聚类建模方法相似，拉普拉斯算子建模也是基于树木整体骨架的建模，对点云完整性要求较高。

5) 轻量化表达建模

轻量化表达建模是基于降维建模策略，投影三维或 2.5 维点云至二维平面，将三维点云树木建模问题转换为二维投影空间的骨架点提取与拓扑连接问题，将三维空间树冠信息的表达转换到二维平面，基于树冠特征面重建模型，实现模型的降维表达。轻量化表达建模的实质是在维持一定模型精度的基础上，尽可能简化算法，同时顾及模型的轻量化表达，增强模型表达的灵活性，匹配大范围场景快速高效的树木建模应用需求。轻量化表达建模策略下构建的树木模型可以规避冠层细枝点云缺失造成的模型细节损失，将三维建模问题通过二维表达、树冠模拟等来解决。但轻量化表达建模会削弱点云三维空间信息的完整性与全面性。不考虑骨架特别是冠层细枝骨架，必然会造成枝条拓扑连接的不准确与细枝模型的缺失，从而损失部分细节信息。

3. 森林场景三维建模

基于激光扫描点云构建森林场景，一般先对激光点云数据进行去噪、滤波处理，将分离得到的地面点通过空间内插法生成地形模型。然后，对植被点云进行单木分割并提取多个单木参数(平面位置、树高、冠幅等)，结合树木的剖面轮廓和单木参数生成相应的单木模型，改变随机因子来调整树木形态，批量生成不同树种类型的树木。最后，将地形模型和单木模型依次分层导入场景中，在地形模型上根据单木的空间坐标调整单木模型的位置，对森林场景进行渲染，从而实现森林场景的三维建模(王国利等，2021)。

5.4 建筑物室内空间建模

传统的三维地形模型更多表达的是地表或室外对象。随着室内位置服务、应急安全等应用需求的日益增长，以及室内空间数据获取和表达技术的快速发展，建筑物室内三维模型的数据组织和建模方法引起相关领域学者的重视，成为近年的研究热点。

5.4.1 建筑物室内空间的特点

建筑物室内空间是指人类活动的建筑环境(如房间、会议室)，是典型的人造空间，隐含了人对空间位置和格局的理性思考与认知结果。在空间尺度、空间组成、空间约束等多个方面与室外空间有所不同(林雕等，2014；林雕，2015)，室内空间的特点具体表现在以下几个方面。

1. 空间尺度

室内空间整体与室外空间相比是微观的空间，室内空间通常被认为是小尺度的感知空间。在不同空间尺度上，人类对于空间有不同的理解能力和表达方式。因此，室内空间建模需充分考虑室内的认知特点。例如，室内空间通常使用更加符合用户认知习惯的符号化位置描述(如 302 房间)。又如，室内空间的定向更加困难，常用的东南西北的定向方式在室内已不再适用，复杂的室内空间构造容易使用户转向，特别是在跨楼层移动的情况下。

2. 空间组成

室内空间没有自然要素，都是人工设施，各类构件繁多且功能各异。建筑物一般由不同的楼层组成，楼层之间通过上下楼设施连通，楼层内部包括墙、门、房间、柱子、通道等组成要素，房间内部包括家具、设施、设备等实体。因此，室内外空间模型所需要表达的要素有所不同，各要素的表示方法也存在一定的差异。室内空间建模需要比室外空间更高粒度(至少是房间级)的建模，具体实现上要确定所需描述的最小尺度的室内对象，以及不同对象在模型中描述的详略程度。

3. 空间约束

室内空间没有类似于室外路网那样明确的路径信息，用户在室内的移动具有更大的自由性和随意性。与自由空间相比，室内空间是受限空间。人员在室内的移动受到门(如开关时间、方向等)、走廊(如宽度)、楼梯(如台阶数)等建筑物组件的限制。因此,用户的室内外移动习惯有所不同,在建模过程中应将其纳入考虑。

4. 空间布局

相对于室外的路网空间而言,室内空间的布局更加灵活多变。建筑物内部一般呈多楼层的三维布局,每一楼层的布局又有可能存在差异,有时各个房间的形状和大小也存在很大的不同。同时,室内空间在布局上具有更多的可变性。例如,商场通常会根据销售情况对各商铺的布局进行不定期的调整。因此,室内空间建模既要可以表示空间的三维特性,又要能够针对布局的动态变换做出及时更新。

5. 空间定位

目前,室外基本采用卫星定位技术,但是对于室内空间,建筑物对信号的遮挡会导致卫星定位信号的失效。通常采用 Wi-Fi、蓝牙、无线射频识别(radio frequency identification,RFID)等定位技术来获取室内位置信息,这类感知型的仪器无法获取用户的精确位置,通常采用符号化的相对坐标来表示,例如,3 楼 302 房间的(11,5)位置,其中 3 楼、302 房间是符号表示,(11,5)则是相对坐标。因此,室内外空间位置在信息描述上也有所不同,实际应用时需建立符号坐标和实地坐标的转换。

综上,室内外空间在空间尺度、组成要素、空间约束、空间结构、定位方式等方面存在差异。这些差异决定着室内外空间在模型表达上的不同,因此有必要对室内应用构建特定的空间数据模型。

5.4.2 建筑物室内空间数据模型

1. 室内空间数据模型类型

目前,国内外提出众多的室内空间数据模型,研究者从不同的角度提出了多种分类方式。不同分类方式各有优缺点,侧重点也有所不同(林雕等,2014;张寅宝等,2014a;林雕等,2015;曾桂香,2018)。

1) 几何空间模型

几何空间模型通常是对室内实体进行几何描述,以坐标的形式为模型提供精准的几何信息,其采用的坐标系为世界坐标系或局部坐标系,并且能够实现两种坐标系之间的转换。依据表示形式的不同,几何空间模型可分为基于边界的矢量模型和栅格模型(图 5.14)。

(1) 基于边界的矢量模型。

基于边界的矢量模型将室内空间实体通过欧氏空间的点、线、面、体等方式

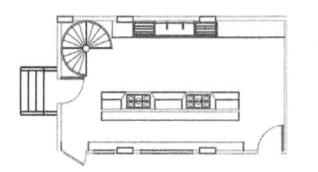

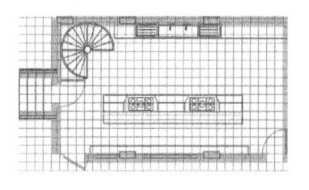

(a) 基于边界的矢量模型　　　　(b) 基于正四边形的栅格模型

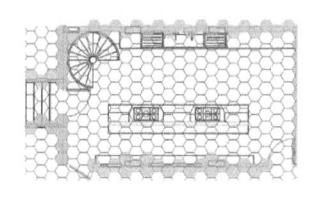

(c) 基于正六边形的栅格模型　　(d) 基于Voronoi图的栅格模型

图 5.14　基于几何空间模型的室内空间表示

进行描述，每个空间实体表示为一个坐标集。二维矢量室内地图是一种最为常见的矢量模型，通常情况下二维室内地图将空间对象抽象表示为点、线、面三类要素，并对其进行符号化处理。传统的 CAD 室内平面图是目前最常见的一类室内几何模型，一般用于建筑工程领域，包含诸多室内构件的几何信息。由国际协同联盟(International Alliance for Interoperability，IAI)提出的工业基础类(industry foundation class，IFC)模型，是目前建筑信息模型(building information model，BIM)的主要数据交换标准，采用实体模型的表达机制描述室内构件的几何信息，主要用于建筑工程管理。城市地理标记语言(city geography markup language，CityGML)的 LOD4 则是由开放地理空间信息联盟(Open Geospatial Consortium，OGC)提出的建筑物三维空间数据模型。相比 IFC 模型更加接近 GIS 的应用，采用表面模型的三维几何模型表达机制，主要用于对室内空间的可视化。

　　基于边界的矢量模型主要用于空间可视化，并能支持简单的空间量算(量测与计算)和分析，但缺乏对室内空间对象语义信息的表达，无法支持室内空间应用中对实体关系更深层次的知识挖掘，也不能直接支持导航、范围查询等位置服务应用。因此，可将其作为室内空间表达的基础模型，并在其基础上进一步进行拓扑信息提取、语义信息叠加等处理，以用于支持深层次的室内空间应用。

　　(2) 栅格模型。

　　栅格模型通过某种方式将室内空间划分为若干个非重叠、带几何信息的三维空间子区域。基于子区域的集合表示室内空间元素，并通过子区域之间的邻接关系表示室内空间的拓扑关系。依据子区域形状和大小的不同，栅格模型可分为规则栅格模型和不规则栅格模型两类。规则栅格模型是将室内空间用形状和大小相同的几何图形进行分割，常见的几何图形有正方形和正六边形。规则栅格模型广泛应用于机器人导航领域，可根据传感器中获取的信息，得到每个三维栅格的占用情况。不规则栅格模型是将室内空间用形状和大小各异的几何图形进行分割，常见的几何图形有三角形和 Voronoi 多边形。不规则栅格模型常用于室内的避障导航。

一般来说，室内空间分割越细，模型的几何精度越高，缺点是栅格越多，所占用的内存越大，查询和服务效率会相对降低。另外，栅格模型无法对空间对象进行有效的实体级别的区分，导致其缺乏有效的语义信息表达，难以支持基于语义的导航。

2) 符号空间模型

符号空间模型是将室内空间中的所有对象表示为由名字表示(由特定 ID 标记)的符号元素，利用符号元素间的抽象关联(如邻接、连通、包含、重叠等)表达室内空间对象间的拓扑关系，可表现室内单元之间的连通性和可达性。按照表示方法的不同，符号空间模型可分为基于集合的模型和基于图的模型(图 5.15)。

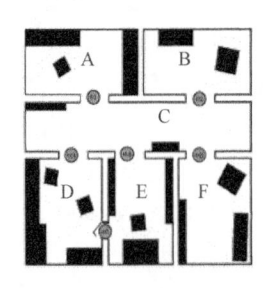

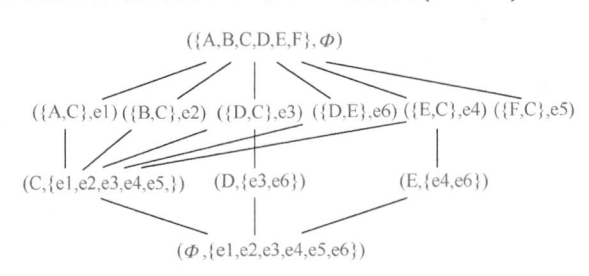

(a) 基于集合的模型

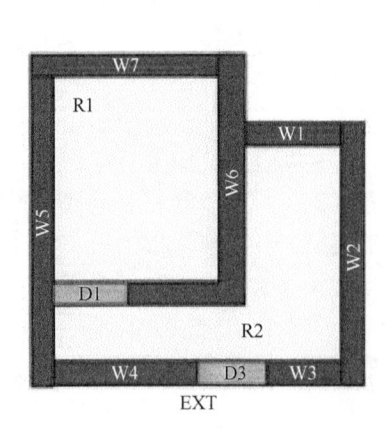

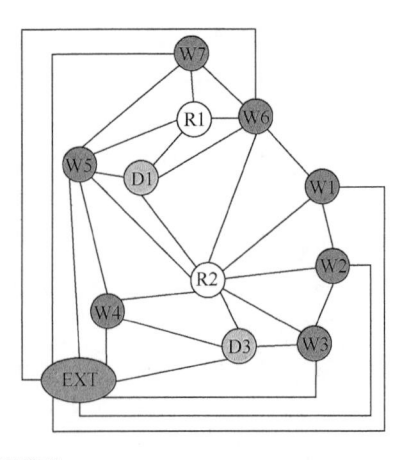

(b) 基于图的模型

图 5.15 基于符号空间模型的室内空间表示

(1) 基于集合的模型。

基于集合的模型首先给空间或实体一个符号标识，然后依据空间对象之间的包含关系将不同空间标识组成集合和子集，建立一个树状或概念格结构的空间模型。例如，一个超市被定义为一个楼层编号的集合，每一楼层都有一个与之关联的子集，每个子集都包括该楼层内所有房间的编号。树状结构模型是依据包含关系建立的，它不允许一个元素同时继承多个父类。现实中不可避免地会出现空间重叠的情况，例如，一个房间可包含在某个楼层中，也可以包含在建筑物的一个侧翼中，此时可以采用基于概念格的建模方法解决子类空间的多元继承问题。

基于集合的模型可用于支持室内范围查询、邻近查询、路径导航等位置服务，但通常情况下该模型只是对空间进行定性描述，缺少坐标、距离等定量信息，难以满足高精度的位置查询、路径导航等位置服务需求。

(2) 基于图的模型。

基于图的模型是根据图论的方法，从室内空间自动抽取或人工抽取已定义位置的节点(如某个场所或兴趣点)，然后通过空间对象的连通关系确定两个节点是否相连。基于图的模型对室内空间实体连通性的表达具有明显的结构优势，广泛用于室内空间拓扑关系的表达。根据空间抽象方式的不同，可进一步将其分为房间-房间图模型和门-门图模型两类。房间-房间图模型将房间抽象表示为节点，房间之间的拓扑关系表示为边。门-门图模型则将门表示为节点，门之间的连通关系表示为边。相对于房间-房间图模型，门-门图模型支持非绕行的室内寻路，还可通过增加可视点的方式确保节点之间的通视。

基于图的模型在空间拓扑关系，特别是邻接、连通关系的描述上明显优于其他模型，还可通过分级组织对空间进行不同层次的描述，以实现对空间包含关系的建模和表达。就单纯的基于图的模型而言，其无法满足多范围的室内空间应用需求，因此需要在基于图的模型的基础结构上，对其进行几何信息扩展、语义信息叠加等处理，从而使模型具有更好的适用性。

3) 语义空间模型

语义空间模型采用本体论思想，从语义层面对室内空间进行划分，往往根据室内空间对象的属性、操作以及相互之间的关系，将其划分为不同类型的室内空间对象。例如，朱欣焰等(2015)从功能和结构两个方面对室内空间进行了语义划分(图5.16)。在室内空间功能层面，结合人们对室内空间的认知，将室内空间语义划分为入口、容器、连接和障碍物。在室内空间结构层面，对上述室内空间进行具体分类和定义。

语义空间模型可以用于支持室内的空间推理，常用于个性化的室内导航服务，也可以在一定程度上支持位置查询、范围查询、最邻近查询等位置服务，通常将其与基于图的模型相结合来实现更加精细化的室内位置服务。

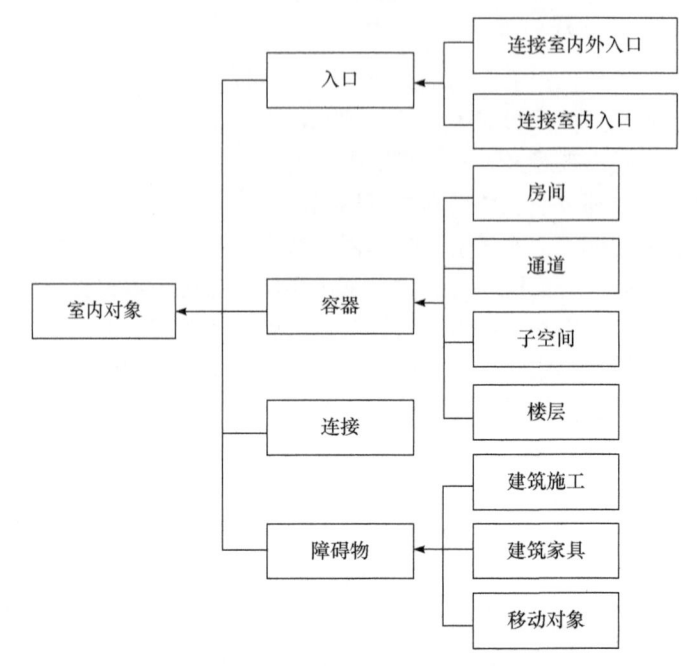

图 5.16　室内空间语义划分(朱欣焰等，2015)

2. 典型室内空间数据模型

1) BIM

BIM 是在 IFC 基础之上，面向建筑领域建立的数据模型，涵盖建筑设计、施工、管理和使用等整个生命周期，具有丰富的几何信息和语义信息。IFC 是用于 BIM 领域信息共享与交换的通用数据模型，已被国际标准化组织(International Organization for Standardization，ISO)收录为国际标准(ISO 16739-1：2018)，最新发布的版本为 IFC4.1。下面介绍 IFC 的模型层次、几何表达和语义表达。

(1) 模型层次。

IFC 定义了四个不同的模型层次，自下而上分别为资源层(resource layer)、核心层(core layer)、交互层(interoperability layer)和领域层(domain layer)。资源层描述建设项目中可重复使用的基本数据，主要包括几何资源、属性资源、材料资源等，如建筑材料、计量单位、尺寸、时间、价格等。这些信息可与上层(核心层、交互层和领域层)实体连接，用于定义上层实体的特性。核心层主要定义 IFC 的基本结构、基础关系和公用概念等。交互层定义适用于建筑项目各领域(如建筑设计、施工管理、设备管理等)的通用概念和实体，以实现不同领域间的信息交换。领域层定义具体建设项目中不同领域(如建筑领域、电气领域、暖通领域、建筑控制领域、施工管理领域等)特有的概念和信息实体，如结构元素领域中的桩、基础、支座等，暖通领域中的锅炉、冷却器等，施工管理领域中的工人、施工设备、承包商等(图 5.17)。其中，交互层的共享建筑元素定义墙体、门窗、立柱、横梁、楼板、楼梯、屋顶等与室内空间结构紧密相关的构件。在该模型框架中，上层实体可引用下层实体，但下层实体不能引用上层实体。

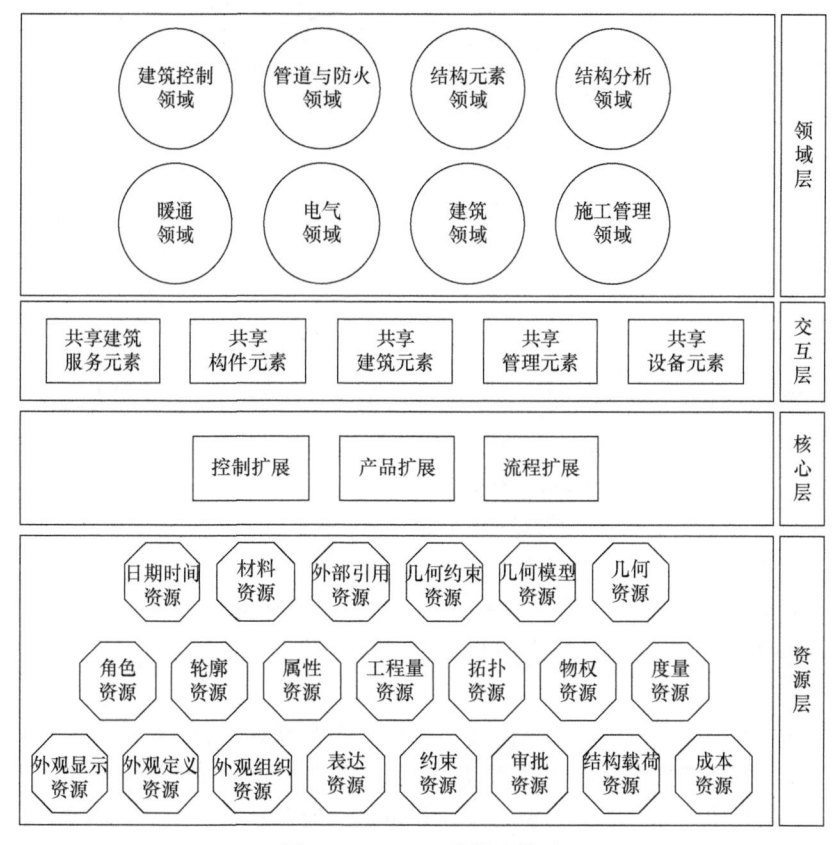

图 5.17 IFC4.1 的模型体系

(2) 几何表达。

在空间对象组织上，IFC 采用层次空间构成方法组织空间对象(图 5.18)，从上往下分别为工程(IfcProject)、场地(IfcSite)、建筑(IfcBuilding)、楼层(IfcBuildingStorey)和建筑部件(IfcBuildingElement)等层次。一个工程往往包含若干场地，一个场地包含若干栋建筑，一栋建筑包含若干楼层，而每一楼层由墙体、楼板、门窗等各种建筑物构件构成。在实际应用中，工程可以直接包含建筑，建筑也可以直接包含建筑物构件，这种表达方法适合大多数专业和工程任务。可以说，IFC 的空间对象组织方法更符合建筑施工和人类认知过程，是一种过程重构式的空间对象组织。

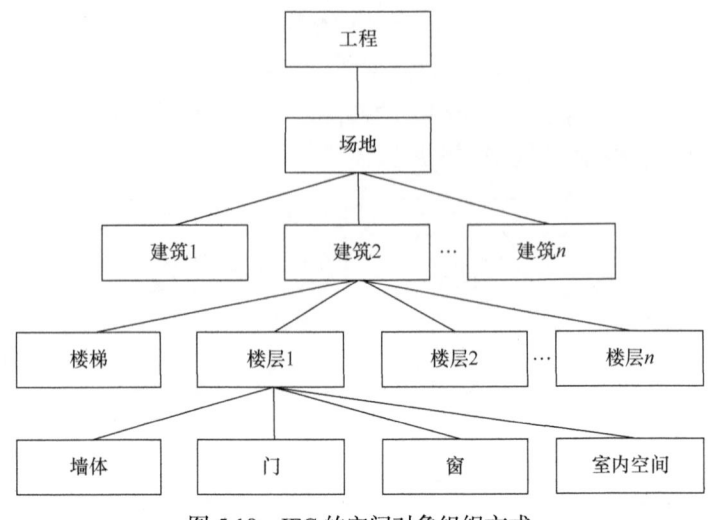

图 5.18　IFC 的空间对象组织方式

在 IFC 标准中，一个空间对象主要以三种方式进行表示，分别为结构实体几何(constructive solid geometry，CSG)模型、边界表示(boundary representation，B-Rep)模型和拉伸实体(swept solid)模型。

CSG 模型：预先定义具有规则形状的基本形体(如长方体、立方体、圆柱体、球体、金字塔、锥体等)，通过对基本形体进行几何变换(缩放、平移、旋转)和正则布尔运算(并、交、差)，组合形成的空间物体。通常将 CSG 模型表示成一棵布尔树，布尔树的叶节点为基本形体与参数，树的根节点和中间节点为正则布尔运算符。

B-Rep 模型：空间中任何物体的位置和形状均可以采用点、边、面等基本元素定义，即每个物体由有限个面(平面或曲面)组成，每个面由有限条边围成的区域定义，每条边又由两个端点来定义。例如，一个长方体由 6 个面围成，每个面由 4 条边界定，每条边由两个端点定义。

拉伸实体模型：通过定义一个二维多边形平面(如可包含孔的圆或任意平面多边形)，将该平面沿着一个指定方向(路径)推移一定的距离得到的三维物体模型。

(3) 语义表达。

IFC 是一个标准化的开放数据模型，包含大量的语义信息，可用于管理建筑物整个生命周期中的各类信息。因此，IFC 定义了实体(entities)、类型(types)以及属性集(property sets)等数据结构。其中，IFC4.1 定义了 801 个实体、400 个类型、413 个属性集，囊括建筑、结构、暖通、电气和施工管理等多个专业领域。IFC4.1 使用实体类描述建筑物构件组成、构件之间的关系，使用类中的属性描述建筑物的构件属性信息，包括建筑物的墙体材料、颜色纹理、所有者、与建筑物相关的历史信息，以及其他与建筑物维护相关的语义信息等。这些数据结构的定义反映了 IFC 标准在建筑信息表达方面具有丰富的语义信息。在实际应用中，用户可根据需要调用 IFC 模型中不同类型的数据结构。图 5.19 描述了 IFC 标准中与室内空间描述相关的实体类及实体类间的关系。

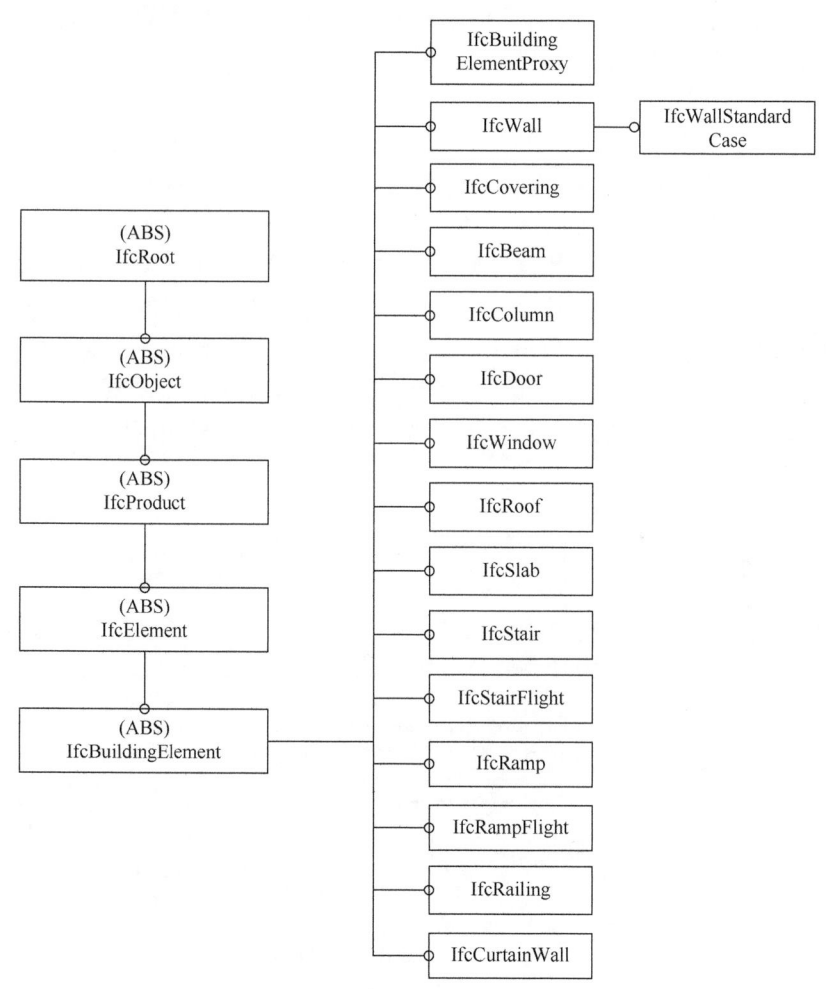

图 5.19　IFC 标准中与室内空间描述相关的实体类及实体类间的关系

2) CityGML

(1) 简介。

CityGML 是一种用于虚拟城市三维模型交换和存储的数据格式，是用以表达城市三维模型的通用数据模型(Gröger et al., 2012)。它定义了城市和区域中大部分地理对象的类型及其相互关系，并考虑了地理对象的几何、拓扑、语义、外观等属性，包括主题类型之间的层次、聚合、对象间的关系，以及空间属性等。

CityGML 是一种开放数据模型。它以 GML3 为基础，可实现虚拟城市三维模型的数据存储和交换。GML3 是 OGC 和 ISO TC211 联合制定的可扩展的空间信息交换国际标准。2012 年发布的 CityGML 2.0，在 GML3 的几何表达基础上，融合了拓扑、语义、纹理等多方面信息，并采用 5 级 LOD 模型进行多尺度城市三维表达(陈祥葱等，2015)。在三维几何建模上，CityGML 采用面模型，通过 B-Rep 模型表现三维空间对象。

(2) 模块组成。

CityGML 是以模块化形式进行模型组织管理的。总体来说，CityGML 主要由核心模块和专题扩展模块组成(图 5.20)。核心模块为 CityGML core，它定义了 CityGML 数据模型的基本概念和基本组件，是整个数据模型的底层部分，是专题扩展模块和扩展 CityGML 数据模型的基础，所有的专题扩展模块都需要依附核心模块而存在；专题扩展模块是针对具体领域的主题进行表达的，主要包括建筑物、城市附属设施、城市对象组、一般对象、土地利用、地形、交通、植被、水体、表面纹理等专题。其中，建筑物模块是用于表达建筑物的专题，涉及建筑外观、建筑部件、建筑详细内部结构等细节层次。专题扩展模块可以任意组合，并与核心模块联合使用。

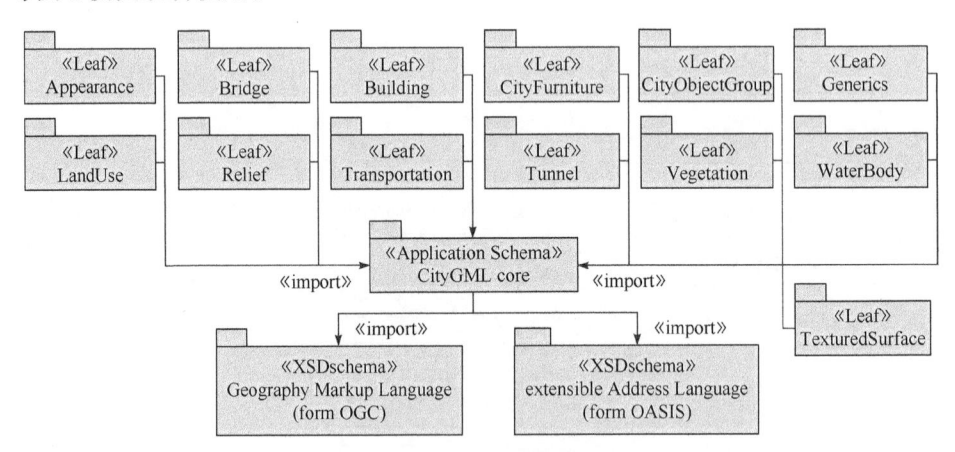

图 5.20 CityGML 模块组成

(3) 空间表达尺度。

CityGML 模型定义了 LOD0~LOD4 这 5 个细节层次，随着细节层次级别的升高，在几何和外观上对物体的描述差异更加明显，可以实现不同尺度下物体的几何和语义信息表示。在具体表示时，CityGML 可以(但不是必须)同时包含每个对象多个细节层次的描述。基于 CityGML 的 LOD 描述可以对某一类关注对象进行同一等级的描述，以便用户根据自己的需求对模型的描述程度进行选择。

CityGML 具有如下 5 个细节层次模型。

LOD0 为地域/景观模型(regional/landscape model)，是细节层次最低的模型，仅描述建筑物在水平面上的占地范围，通常用来表示整个城市的 DTM。

LOD1 为城市/城区模型(city/regional model)，是比地域/景观模型细节层次略为详细的一类模型，可以反映建筑物外壳的几何形状，表现为没有屋顶结构的棱柱形楼块模型。

LOD2 为城市街区/场地模型(site model)，是比城市/城区模型更为详细的模型，可以表现建筑物的外立面贴图和详细屋顶结构。

LOD3 为建筑结构模型(architectural model)，是比城市街区/场地模型更为详细的模型，专注于某个独立建筑物，可以详细描述建筑物的外围特征，以及建筑物的门窗等开口要素。

LOD4 为室内模型(interior model)，是细节层次最高的模型，可以描述室内空间结构以及家具、家电等室内设施，通常被认为是可漫游的室内空间模型。

作为 CityGML 的专题扩展模块之一，建筑物模型可以在 LOD0～LOD4 这 5 个细节层次上进行主题和空间信息方面的表达，该部分由 CityGML 中的专题扩展模块 Building 定义。对室内空间的描述主要包含在建筑物模型中，共分为 4 个细节层次，图 5.21 为 LOD1～LOD4 细节层次下建筑物的表达。

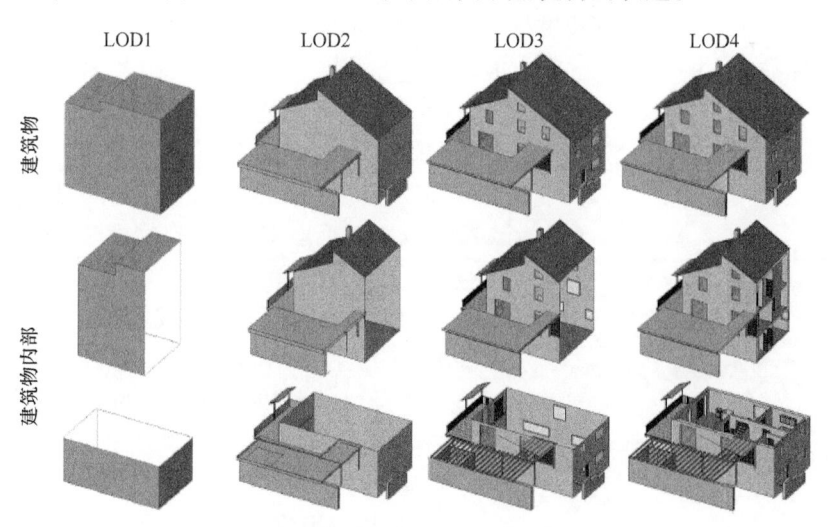

图 5.21　不同细节层次下建筑物的表达

(4) 语义表达。

语义和几何/拓扑的协同建模是 CityGML 中最重要的设计原则。所构建的模型包含语义信息和几何信息两个层次，其中语义信息表述属性特征，几何信息表述地理位置，两者相互独立，分别表述地理对象不同层面的细节信息，最终这两个层面通过关系进行互联。

在语义层面，现实世界的实体通过要素(如建筑物、墙面、窗户、房间等)进行描述。这种描述包括要素的属性、关系和聚合层次结构(如部分和整体的关系)。因此，要素之间的关系可以从语义级别进行描述。在几何层面，几何对象都具有其坐标位置，构件实体都采用 B-Rep 模型。

CityGML 从语义层面与几何层面分别对地理对象进行描述，要求双方具有一致性，即定义的对象间的几何和语义关系应是一一对应的，这样才能完整表达一个三维实体。例如，一个建筑物的墙面在语义层面包含两个窗户和一个门，则在几何层面，该墙面也必须包含两个窗户和一个门。

3) IndoorGML

(1) 简介。

室内地理标记语言(indoor geography markup language, IndoorGML)是一种表示和交换室内导航网络模型的标准，涵盖与室内空间描述和导航应用相关的几何属性和语义属性，可以建立导航网络所需的室内空间拓扑和语义模型(Lee et al., 2014)。与 CityGML 一样，IndoorGML 也是由 OGC 提出的数据模型，是 OGC GML3.2.1 的一种应用模式。该模型侧重于表达建筑物室内空间的拓扑结构和语义信息，主要面向室内导航应用。

IndoorGML 标准与其他进行空间描述的标准不同，它并不是独立的，而是作为补充标准存在的，因此 IndoorGML 只包含少数必要构建信息，以避免与其他标准(如 CityGML 和 IFC)中的几何信息重复。不同于描述建筑物构件的 CityGML 和 IFC 文件，IndoorGML 主要侧重于以单元空间(cell)为基本单元的室内空间表达。在 IndoorGML 标准中，室内空间由一系列的单元空间组成，简称单元。这些单元互不重叠，是建筑物室内空间的最小构成单位，并且具有一些重要的属性。房间、走廊、楼梯都可以视作单元，且要求各单元有唯一的标识和公共边界。空间之间的连接和约束表达为单元间的相互关系。

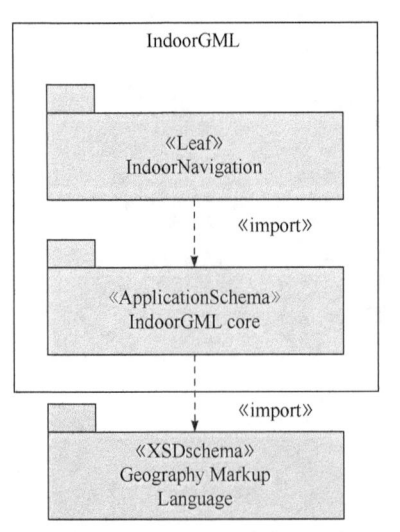

图 5.22 IndoorGML 组成

(2) 模块组成。

IndoorGML 由核心模块(core module)和主题扩展模块(thematic extension module)组成(图 5.22)。核心模块定义了 IndoorGML 的基本概念和组成部分。基于核心模块，主题扩展模块对特定的主题领域进行表达，可根据具体应用需求在主题扩展模块中进行模型自定义，目前 IndoorGML 只包含室内导航(IndoorNavigation)扩展模块。每个 IndoorGML 模块均由一个独立且全局唯一标识的可扩展标记语言模式定义说明。根据模块之间的依赖关系，每个模块还可以导入与 IndoorGML 相关联的命名空间。

IndoorNavigation 导航模块基于 IndoorGML 核心模块的单元空间(CellSpace)和单元空间边界(CellSpaceBoundary)基本概念进行语义分类。单元空间划分为可导航空间(NavigableSpace)和不可导航空间(NonNavigableSpace)，可导航空间可划分为一般空间(GeneralSpace)和转换空间(TransferSpace)。一般空间和转换空间作为可导航空间的子类，继承可导航空间的所有属性。其中，一般空间对应于房间语义类，而转换空间包括过渡空间(TransitionSpace)、连接空间(ConnectionSpace)和锚空间(AnchorSpace)三类，过渡空间如走廊、楼梯等，连接空间如门等，锚空间是指出入口。图 5.23 和图 5.24 分别描述了 IndoorGML 导航模块 UML(unified modeling language，统一建模语言)图和室内空间到 IndoorGML 导航模块类的映射关系。

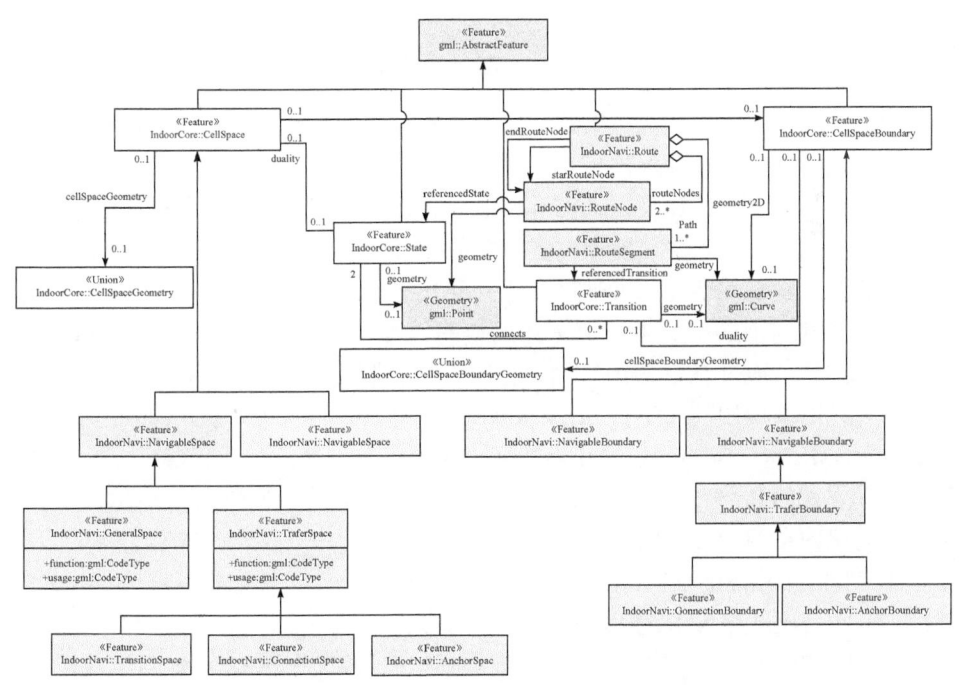

图 5.23 IndoorGML 导航模块 UML 图

(3) 几何表达。

IndoorGML 将室内空间细分为单元(如房间、走廊等)，单元的形状、位置可通过几何信息来表达。IndoorGML 可以以多种方式描述几何信息。为了描述单元

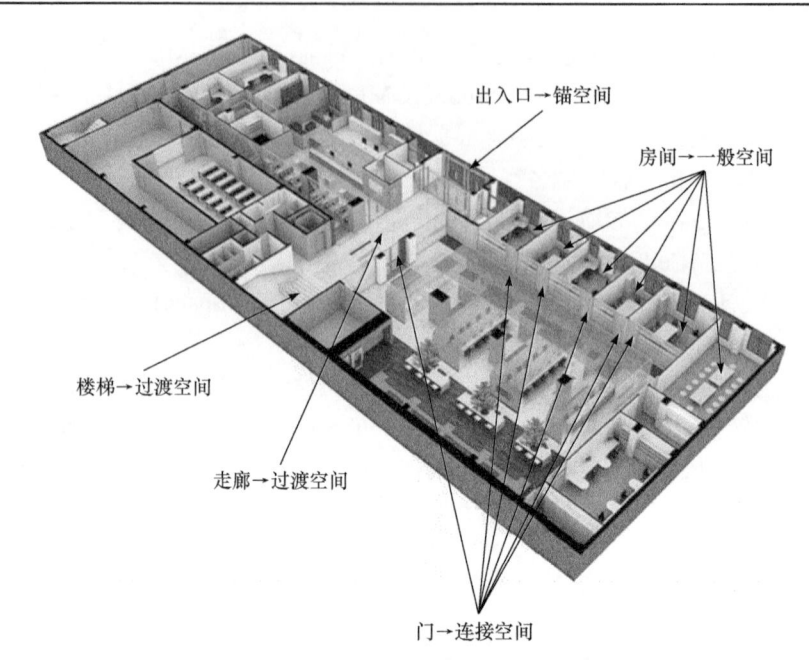

图 5.24 室内空间到 IndoorGML 导航模块类的映射关系

的几何形状,可设定二维或三维欧几里得空间,利用欧几里得空间的概念来说明单元的空间特性,该空间提供了对于其特性的定量描述。

ISO 19107 为描述和模拟真实世界地理要素的空间特征提供了概念框架,将真实世界中的对象抽象为与地理位置相关的地理要素,而室内空间的单元也可作为一种微观尺度下的地理要素进行表达。其几何包部分提供了多种类型以精确描述 IndoorGML 中的几何形状。其采用的空间位置坐标参考系(coordinate reference system,CRS)可通过 ISO 19107 几何包中的各种坐标几何类进行定义。

另外,ISO 19107、CityGML 和 IFC 标准中丰富的空间要素几何表达方式也为 IndoorGML 室内空间要素的几何特征描述提供了详细的参考链接,因此室内空间中空间要素的几何表达不是 IndoorGML 的主要关注点。如图 5.25 所示,可用 3 种方式对室内空间的几何信息进行描述。

① 外部引用(external reference)。不在 IndoorGML 文件中明确表达单元的几何信息,而是通过与其他数据集中已定义对象的链接来表达,如 CityGML 模型。IndoorGML 中的单元和与之相关的其他数据集中的对象映射关系应为 $1:1$ 或 $n:1$。

② IndoorGML 中的几何(geometry in IndoorGML)表达。根据 ISO 19107 规范,采用三维空间实体 GM_Solid 或二维空间表面 GM_Surface 等形式对单元进行几何表达。

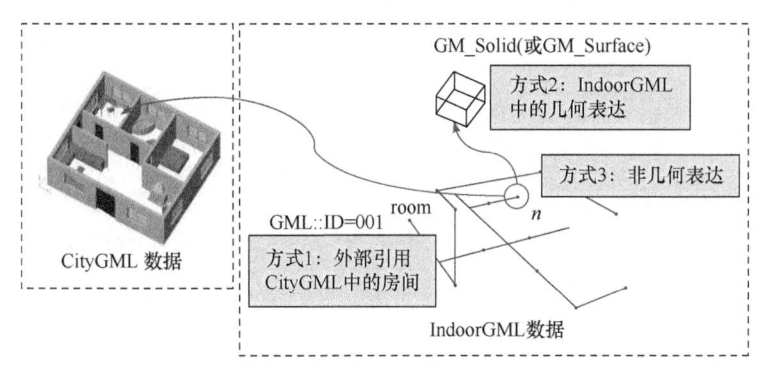

图 5.25　IndoorGML 室内空间几何信息的三种描述方式

③ 非几何(no geometry)表达。IndoorGML 文档中不包含任何室内空间单元的几何信息。

(4) 拓扑表达。

拓扑是单元空间和 IndoorGML 的重要组成部分。基于欧几里得空间推理可以得到单元空间的邻接、包含、相离等拓扑关系。然而，拓扑关系并不隐含在单元空间中。为此，需要在 IndoorGML 中明确描述单元空间的拓扑关系。

IndoorGML 采用节点-关系图(node-relation graph，NRG)表示单元空间的拓扑关系，如邻接和连通性。NRG 允许抽象、简化和表示室内环境(如建筑物内的房间)中三维空间对象之间的拓扑关系，可以表示为没有任何几何特性的室内空间对象之间的连接关系图，能够有效实现室内导航和路由系统的复杂计算问题。

IndoorGML 基于庞加莱二元性理论实现室内空间(原始空间)到拓扑空间(基于庞加莱对偶变换后的空间可称为对偶空间)的 NRG 映射，该方法能通过逻辑拓扑网络模型简化三维对象之间复杂的空间关系。原始室内空间的三维对象被映射为对偶空间的节点(零维对象)，如建筑物中的房间；由两个实体共享的二维表面转换为对偶空间中连接两个节点的边(一维对象)；节点和边构成对偶空间中的 NRG，其中对偶空间的节点和边表示原始空间中单元之间的邻接关系。在图 5.26 中，原始空间的单元空间被定义为节点，门和墙被定义为单元之间的边界，通过庞加莱对偶变换映射为对偶空间中 NRG 的边，通过给边增加附加属性可表现节点之间的通达性。

(5) 语义表达。

语义是室内空间单元的重要特征。IndoorGML 可以基于不同的语义规则将室内空间分解为不同的单元。细分的单元能够代表建筑物的结构空间、Wi-Fi 覆盖区域、安全区域、公共/办公区域等。每个单元会依据其空间划分方式的不同而被赋予相关的语义信息。例如，在建筑物结构空间中，单元的语义赋值可以是房间、门、窗户等；在 Wi-Fi 分布空间中，单元的语义可赋值为热点 A、热点 B 等；

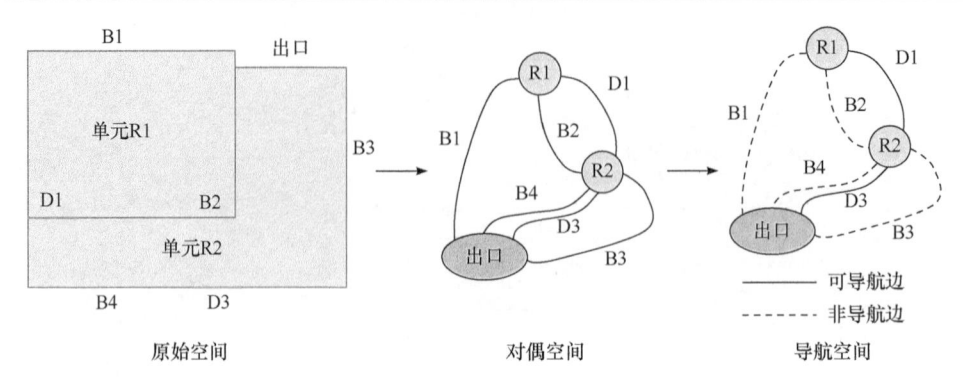

图 5.26　从原始空间到对偶空间再到导航空间的变换

在机场安全区域内，则可以表示值机区域、登机区域和机组人员区域等。

在 IndoorGML 中，空间语义表达主要用于两个方面：①对室内空间进行分类；②标识单元空间，建立单元空间之间的连接关系。例如，基于语义信息可将建筑物结构空间分为可导航单元和不可导航单元。可导航单元包括房间、走廊、楼梯、门等，不可导航单元包括墙体、障碍物等。

连通关系用于描述各个单元之间的通行性，可从这些单元的语义中获取。例如，为了获得房间之间的路线，需要知道至少一个共同的出入口单元，如门、窗户。单元的语义属性对于连通性的获取有很大的影响，例如，某些门可能仅提供特定方向的进出(如紧急出口)，或者禁止特定群体进入某一区域(如安全区域)，或者只允许特定的时间段进入(如商场、超市等)。

三种建筑物室内空间数据模型的比较如表 5.1 所示。在主要用途方面，BIM(IFC)主要面向建筑设计及其过程中的各种信息管理，CityGML 主要用于数字城市建设中的三维可视化与简单空间分析，IndoorGML 侧重于室内不同主体的路径导航。在几何形态方面，BIM(IFC)混合使用了边界表示和实体表示等形式，CityGML 使用了边界表示，IndoorGML 虽然未对模型的几何形态进行定义，但可以引用外部的 CityGML 模型、三维实体或二维面。在拓扑结构方面，BIM(IFC)、CityGML 均使用面向对象的方法描述相互之间的关系，但信息量不同，CityGML 相对丰富，BIM(IFC)则很少。在语义信息方面，BIM(IFC)着重关注的是建筑物的材质、价格、来源等，CityGML 重点对外观、功能等进行描述，IndoorGML 侧重描述空间单元分类和连通性。

表 5.1　三种建筑物室内空间数据模型的比较(张寅宝等，2014b)

比较项	BIM(IFC)	CityGML	IndoorGML
主要用途	建筑设计、信息管理	三维可视化、简单分析	室内导航
几何形态	边界表示、实体表示	边界表示	边界表示、实体、面

续表

比较项	BIM(IFC)	CityGML	IndoorGML
拓扑结构	对象之间的关系	对象之间的关系	节点结构图
语义信息	材质、价格、来源等	外观、功能等	空间单元分类、连通性

5.4.3 建筑物室内空间建模方法

室内空间建模是开展各种室内应用的基础和前提。目前，常用的室内空间建模方法依据技术原理可分为手工建模方法、基于图像的建模方法和基于激光扫描的建模方法(张寅宝等，2014b)。

1. 手工建模方法

手工建模方法是借助 3ds Max、SketchUp、AutoCAD、ArcGIS 等工具软件对室内空间的结构轮廓、内部设施进行几何建模，并附加各种属性和外观信息。该方法建立的模型精细程度可灵活控制，通过转换插件可实现模型资源共享。

根据建模工具的类型通常分为三维造型类软件、CAD 类软件和 GIS 类软件，不同软件的绘图元素、功能特点存在差异，得到的模型也略有不同。三维造型类软件中包含大量规则绘图元素，通常使用几何坐标系，具有强大的可视化渲染与动画制作功能，主要用于建筑物室内空间规划、设计等。CAD 类软件三维图形表达能力强，属性赋值功能较弱，拓扑关系较为简单，一般使用几何坐标系，绘图元素相对规则，包含水平线段、垂直线段，目标之间没有拓扑关系，建模时旋转、复制、映射使用频繁。GIS 类软件表达的物体属性结构复杂，图形属性交互使用频繁，一般使用地理坐标系，没有圆弧和曲线等绘图元素。总体而言，无论采用哪种手工建模方法，都存在效率较低、规范性不易控制等缺点。

2. 基于图像的建模方法

基于图像的建模方法是根据计算机视觉原理，将相机自由移动所拍摄的一组图像序列，经过计算求得相机内部参数并重建所拍摄景物的三维坐标。所获得的模型是室内空间各实体的几何轮廓，需要进一步添加各类属性信息。建模过程可部分自动化完成，效率相对较高，但是需要借助专用的硬件设备和软件平台。

根据使用的相机数目，基于图像的建模方法可分为单目视觉法、双目视觉法、三目视觉法或多目视觉法。单目视觉法使用一台相机进行三维重建，所使用的图像可以是单视点的单幅或多幅图像，或者是多视点的多幅图像。前者通过图像的二维特征(明暗度、纹理、焦点、轮廓等)推导深度信息,由于要求的条件比较理想化,所以实际重建效果一般;后者通过匹配不同图像中的相同特征点,利用这些匹配约束求取空间三维点的坐标信息,能够满足大规模场景三维重建的需求。双目视觉法使用两台相机从两个视点观测同一物体,获取物体在不同视角下的图像,通过三角测量的方法将匹配点的视差信息转换为深度,重建效果较好,但运算量偏大。三目视觉法可以避免双目视觉法中难以解决的假目标、边缘模糊及误匹配等问题,重建效果优于双目视觉法,但由于增加了一台相机,设备结构更加复杂,成本更高,控制上也更难以实现。

3. 基于激光扫描的建模方法

基于激光扫描的建模方法是以一定的规律发出受控制的激光照射室内环境中的目标,通过接收由目标反射回来的激光获得物体的距离信息,经过处理获得物体的边界轮廓及特征信息,建模结果可用特征地图、几何地图或栅格地图来描述。

(1) 特征地图存储的是检测到的环境特征集合,典型的特征是线、面和角。对于每个特征,特征地图存储了坐标和最终的不确定性度量,可以通过特征列表或高效的数据结构来实现。该方法的优点是数据存储量和运算量相对较小。

(2) 几何地图是将检测到的所有障碍物表示成几何对象,如圆或多边形。这种表示方法相对紧凑,占用内存资源较少。

(3) 栅格地图将室内空间离散成栅格单元,每个栅格存储所覆盖区域的信息。最常用的是占用栅格地图,每个单元存储其被障碍物占用的概率值。该方法的优势在于不需要预先定义从传感器数据中提取到的特征,缺点是存在离散误差,并且需要占用大量的内存资源。

不同室内空间建模方法的特点比较如表 5.2 所示。在建模效率方面,由于基于图像的建模方法和基于激光扫描的建模方法均可部分自动化处理,所以建模效率相对较高。在建模质量方面,手工建模方法完全依赖建模人员的经验和熟练程度,不易控制;基于图像的建模方法技术还不够成熟,实际建模质量一般;基于激光扫描的建模方法最大的问题是数据冗余高。在几何信息方面,手工建模方法既可以使用边界轮廓,也可以使用实体模型;基于图像的建模方法大多通过表面点形成边界轮廓来表示;基于激光扫描的建模方法则通过障碍物边界轮廓或特征来描述。在建模成本方面,手工建模方法不需要专用的硬件平台和软件处理包,成本相对较低。在建模场地方面,基于图像的建模方法和基于激光扫描的建模方法都必须到实地进行数据获取,而手工建模方法只需事先准备好建筑物室内平面图,其他建模工作均可在非实地完成。

表 5.2 不同室内空间建模方法的特点比较

比较项	手工建模方法	基于图像的建模方法	基于激光扫描的建模方法
建模效率	低	较高	较高
建模质量	不易规范	一般	冗余高
几何信息	边界轮廓或实体	边界轮廓	边界轮廓、特征
建模成本	较低	较高	较高
建模场地	非实地	实地	实地

第6章　全景图像建模

全景图像是以数字全景图像技术为支撑，通过拍摄摄像装置周围大场景(直至360°)的影像(视频)，将其无缝拼合在一起，并以某种方式展现出来的数字化产品。近年来，随着测绘技术的不断发展，数据的获取手段、成果的表现形式正朝着多元化、专业化方向发展。全景图像实景照片可对现实世界进行更为全面、直接的表达，近几年得到了迅猛发展，广泛运用于各个领域。在民用领域，全景图像可用于场馆介绍、景点展示、物品浏览、地图街景、摄影作品展览等；在军事领域，全景图像可将战场环境实景呈现给各级指挥员，以辅助勘察战场环境。全景图像建模是全景图像形成的关键内容，也是全景图像应用于各个领域的前提。

6.1　全景图像的基本概念

全景图像是一种广角图像，以绘画、相片、视频、三维模型等形式尽可能多地表现出视点周围的环境。全景图像最早由爱尔兰画家罗伯特·巴克提出，用以描述由其创作的爱丁堡全景画(1792年创作，图6.1)，我国传世画作清明上河图是广为流传的经典全景图像之一(图6.2)。

图6.1　爱丁堡全景画

现在所指的全景图像，又称为三维全景图像、全景环视图，通常是用相机多角度环视拍摄并在计算机上用专业全景拼接软件加工而成。对专业相机捕捉到的整个场景图像或者使用建模软件渲染后的图像使用软件进行图像拼接，并用专门的播放器进行播放，即将平面图像或者计算机建模图像变为大视野全景，用于虚拟现实浏览，把二维平面图模拟成真实的三维空间，呈现给观赏者。在实际应用中，使用者可以根据实际需求设定显示范围，一般为180°～360°。相较于传统的二维地图、三维地图，全景图像具有三大特点：①能够显示大范围甚至是360°范围内的图像信息；②全景图像经过序列实景图像处理得来，在保证信息丰富的同时还能保证图像的真实性；③给人以三维立体和身临其境的感觉。例如，空中全景是利用旋翼无人机在空中悬停获取实景图像，制作全方位全视角实景地图，可以将勘察视角从地面转移到空中，实现从地平线到地平线的360°全景观察，可获得空中俯视、遨游天空的体验感，便于获得战场环境的整体信息。

图 6.2 清明上河图

全景图像建模技术是构建虚拟场景的常用手段之一。与三维建模相比，全景图像建模技术通过图像处理可直接得到高分辨率、宽视野范围的高清图像，提供虚拟场景所需的沉浸感，而无须构建场景中的几何体。

6.1.1 全景图像的分类

按照不同的分类标准，全景图像可以进行不同的类别划分，当前主要有以下几种分类方式。

1. 按视角范围分类

按照全景图像的视角范围，全景图像可以分为以下三种类型。
1) 宽景全景图像

宽景全景图像指全景图像涵盖的水平视角范围比人眼正常水平视角大，但没有达到360°，如图6.3所示。

2) 柱形全景图像

柱形全景图像指全景图像涵盖的水平视角达到360°，但是垂直视角无法达到−90°～90°，即不包括头顶和地面部分，如图6.4所示。

3) 球形全景图像

球形全景图像指全景图像涵盖的水平视角达到 360°，垂直视角达到−90°～

90°，即包括头顶和地面部分。通过特定设备展现的球形全景图像可使观众仿佛置身于立体的、真实的场景之中，如图 6.5 所示。

图 6.3　宽景全景图像

图 6.4　柱形全景图像

图 6.5　球形全景图像

2. 按表现形式分类

按表现形式，全景图像可以分为以下七种类型。

1) 等矩形全景图像

等矩形全景图像是指纵横比为 1∶2 的全景图像，即全景图像的宽度必须是高度的 2 倍，如图 6.6 所示。

图 6.6　等矩形全景图像

2) 立方体全景图像

立方体全景图像使用立方体的六个面来完整表示视点周围的整个区域，图像被映射到无缝适合的立方体上，如图 6.7 所示。

图 6.7　立方体全景图像

3) 圆柱形全景图像

圆柱形全景图像可以沿地平线或其中一部分显示整圆，非常受景观全景的欢迎，是目前最常用的全景图像表现形式之一，如图 6.8 所示。

图 6.8　圆柱形全景图像

4) 弧形全景图像

弧形全景图像采用了一种特殊形式的圆柱投影，形成的全景图像都在同一个定向面板上向外拱起，如图 6.9 所示。

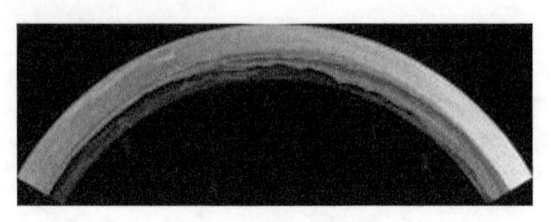

图 6.9　弧形全景图像

5) 直线全景图像

直线全景图像和普通(非鱼眼)镜头一样显示视场主体，水平和垂直视场限制在 120°左右。在直线全景图像中，直线保持笔直，如果视野太大，会在边缘处出现不自然的扭曲，如图 6.10 所示。

6) 小行星全景图像

小行星全景图像是一种不同于一般格式的全景图像，可以重新映射整个球体，使地面看起来像一个小星球，如图 6.11 所示。

图 6.10　直线全景图像　　　　图 6.11　小行星全景图像

7) 局部全景图像

局部全景图像显示全景图像的局部内容，其短边视角一般不超过 120°。局部全景图像有多种显示形式，主要形式是圆柱形和直线形，也有部分是局部球形全景图像，如图 6.12 所示。

3. 按相机位置分类

根据原始图像获取时相机位置的不同，全景图像可以分为以下四种类型。

图 6.12　局部球形全景图像

1) 普通视平线全景图像

普通视平线全景图像是指在普通人于地面视水平线以下拍摄照片生成的全景图像，主要有站、坐和低视平线三种。由于全景图像底部离镜头较近，所以有较为夸张的透视变形。

2) 高杆全景图像

高杆全景图像是指视平线在 2m 以上拍摄照片生成的全景图像。其特征是底部的透视变形变小，视平线越高，变形越小。由于视平线高于普通人所习惯的高度，高杆全景图像适合比较空旷的场景展现。

3) 悬空全景图像

悬空全景图像指机位位于悬空的位置，但是位置不一定高，如利用横杆将相机伸出窗外拍摄的全景图像，可以达到较特殊的视觉效果。

4) 空中全景图像

空中全景图像是指在热气球或飞机上拍摄照片生成的全景图像。空中全景图像的视觉效果比其他全景图像更强烈。

6.1.2　全景原始图像数据的获取

全景图像主要由相机拍摄的图像拼接而成，数据获取目前主要包括普通相机拍摄、特殊镜头相机拍摄和专业全景相机拍摄三种方式(何鼎乾，2013)。

1. 普通相机拍摄

使用普通相机进行全景图像建模是以普通相机作为拍摄相机，使用转动和平移的方式采集具有重叠内容的序列图像，在室内利用图像处理软件对序列图像进行处理，拼接融合得到全景图像。此方法的优点是对设备要求不高，成本较低；缺点是拍摄要求较高，需要后期处理。使用普通相机拍摄全景图像主要有以下三种方式。

1) 旋转相机拍摄

旋转相机拍摄是把相机固定在脚架上，拍摄时保持脚架固定不动而相机绕固定的轴线旋转，每旋转一定的角度拍摄一幅图像，这样连续旋转一周拍摄得到一组相邻两幅有一定重叠区域的图像(图 6.13)。如果拍摄时控制得当，相机不发生绕轴旋转和倾斜的情况，图像的变化就比较简单，需要求解的变换参数少，图像的拼接会比较容易。重叠区域的大小对图像拼接质量的影响较大，通常相邻图像之间的重叠比例在 30%~50%，重叠区域的比例越大，正确匹配的特征就越多，图像的配准越准确，但是需要的图像数量也越多，会增加需要处理的数据量。

2) 平移相机拍摄

平移相机拍摄是把相机固定在一个水平滑轨上，保持直线向前运动来拍摄一组相邻两幅有一定重叠区域的图像(图 6.14)。这种方法获取的图像都在一个平面上，如果保持焦距不变，图像间只存在平移变化，比较容易实现图像的拼接，但拍摄时视点发生了改变，不易生成 360°全景图像。

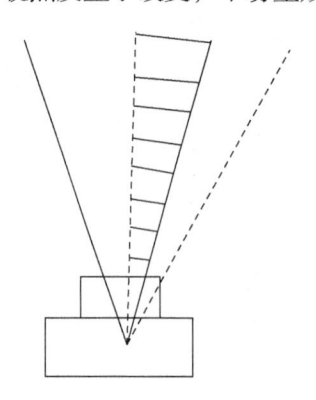

图 6.13　旋转相机拍摄示意图 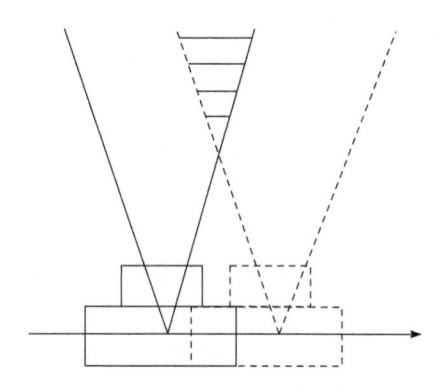　　　图 6.14　平移相机拍摄示意图

3) 手持相机拍摄

手持相机拍摄是直接用手拿着相机在某一视点旋转一周拍摄或按某一路线保持直线向前运动拍摄。这种拍摄方式对拍摄器材的要求不高，只需一台相机即可，容易实现。在手持相机拍摄过程中，相机的运动非常复杂，如拍摄时会出现相机的抖动、倾斜、旋转，原地旋转拍摄的旋转角度、平移拍摄的间距都难以精确控制，拍摄得到的图像变化情况复杂，拼接难度较大。

利用普通相机制作全景图像的方法已经发展到较为成熟的阶段，成为获取全景图像的主要手段之一。

2. 特殊镜头相机拍摄

19 世纪末，视角比较大的广角镜头问世，焦距一般在 35~38mm，具有视角大、焦距短的特点，一般用于大场景图像的拍摄，且能够强调前景和突出远近对比。其中，鱼眼镜头的拍摄范围可达到 180°，在很大程度上方便全景图像的制作。

当前，鱼眼镜头相机往往是由鱼眼镜头、高清相机、图像处理软件构成的"三合一"系统(图 6.15)。常见的鱼眼式全景相机的产品形态包括单鱼眼镜头式相机、多鱼眼镜头式相机和混合式相机三种。

1) 单鱼眼镜头式相机

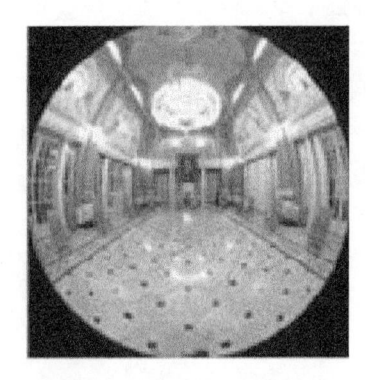

图 6.15 鱼眼镜头成像效果图

单鱼眼镜头式相机采用枪形相机或半球形相机加鱼眼镜头的形式。采用此类相机是实现大范围拍摄的一种最简单且最经济的方式。这种方式的关键在于相机本身具有对鱼眼"畸变"的矫正能力，或者可以结合特殊的处理软件校正因鱼眼镜头而变形的图像。此类全景相机的代表厂家有 Mobotix、奇偶、腾龙和海康威视等。

2) 多鱼眼镜头式相机

多鱼眼镜头式相机采用多个鱼眼镜头的形式，可实现多镜头多角度拍摄，图像拼接后可得到 360°全景图像。这种方式实现技术十分复杂，成本比较高，但避免了单鱼眼镜头式相机带来的鱼眼畸变问题。此类全景相机的代表厂家有 Arecont Vision 和 AVIGILON 等。

3) 混合式相机

混合式相机采用球机加鱼眼镜头的形式。相机在转动时可当作球机使用，当球机镜头和鱼眼镜头重合时，可当作全景相机使用，这种方式较为少见。此类全景相机的代表厂家有 Axis 等。

3. 专业全景相机拍摄

专业全景相机一般由多个镜头组成，不需要后期人工处理就可得到全景图像。例如，Ladybug5 全景相机配备 6 个 500 万像素的高灵敏度 SONY 镜头，其中 5 个镜头环状分布在相机侧面，负责拍摄相机侧面 360°范围的图像，顶部 1 个镜头负责拍摄垂直方向的图像(图 6.16)。每个镜头成像范围为 120°，相邻镜头拍摄图像的内容重叠度为 30%，获取除垂直方向下部 30°范围以外的图像。除了采集图像功能外，Ladybug5 全景相机能够自动完成图像

图 6.16 Ladybug5 全景相机

处理工作，自动生成球形全景图像。NCTech公司研发的iSTAR全景相机，可以拍摄分辨率高达10000×5000像素的球面全景图像，并且能自动处理光线条件，提高全景图像的质量。

2015年，诺基亚公司提出OZO相机的研发计划。该相机装备8个同步摄像头以及8个麦克风，既能一键拍摄全景图像，还可以拍摄全景视频，提供更加真实的虚拟体验(图6.17)。

图 6.17　诺基亚公司OZO相机

更为专业的全景相机还可以集采集、处理等功能于一体，如谷歌街景采集车(图6.18(a))。该系统主要由GPS模块、激光测距模块、专业全景相机模块等组成，可搭载在三轮车、汽车、手推车等载体上，其全景相机由多个镜头组成，相邻镜头所拍摄的图像能够保证30%的重叠度，且这些图像可以自动拼接为全景图像。国内的高德实景采集车(图6.18(b))，与谷歌街景采集车相似，由POS、激光扫描仪、全景相机、工业相机以及计算机系统组成。专业全景设备的优点是，能够实时完成图像拍摄以及图像拼接处理工作，同时得到全景图像的三维坐标，工作效率高，缺点是造价高。

(a) 谷歌街景采集车　　　　　　　(b) 高德实景采集车

图 6.18　谷歌街景采集车和高德实景采集车

为满足人们从空中获取全景图像的需求，许多能够自动生成全景图像的专业相机开始出现。例如，德国 Panono 公司开发了一款手抛式球形全景相机 Panono（图 6.19），分辨率可达 1 亿零 800 万像素。Panono 在球状外壳中内置了 36 个摄像头模块和 1 个加速度传感器，会在升至最高点的时候拍摄全景照片。

图 6.19　Panono 球形全景相机

6.2　全景图像的投影方式

获取全景原始图像，得到的是有重叠区域的序列图像，且每幅原始图像的坐标不尽相同。为符合全景图像建模的要求，需要把不同坐标的图像统一到同一个坐标系下，即进行全景图像的投影变换。全景图像投影分为正投影和反投影两种类型。全景图像的正投影是指相机拍摄后获得的全景原始图像，由于各图像坐标系不同，在拼接配准之前需要对其统一坐标系，把它们置入同一个坐标系中进行投影变换的过程。全景图像的反投影是指全景原始图像拼接融合成全景图像后，需要对全景图像进行显示输出，把拼接合成后的图像统一坐标系，投影到屏幕的过程。常用的全景图像投影有圆柱面全景投影、立方体全景投影和球面全景投影三种方式。

6.2.1　圆柱面全景投影

圆柱面全景投影是指将拍摄得到的多幅原始图像，按照图像像素点与视点空间中方位信息的映射关系，投影到圆柱体表面的过程（葛永新，2006；陈令羽等，2014）。

如图 6.20 所示，$P(x, y)$ 是图像上任意一个像素点，圆柱体中心为相机坐标系原点。w 和 h 是图像的宽度和高度，f 为相机焦距，P 在相机坐标系下的坐标为 $(x_1, y_1, -f)$，$x_1 = x - w/2$，$y_1 = y - h/2$。

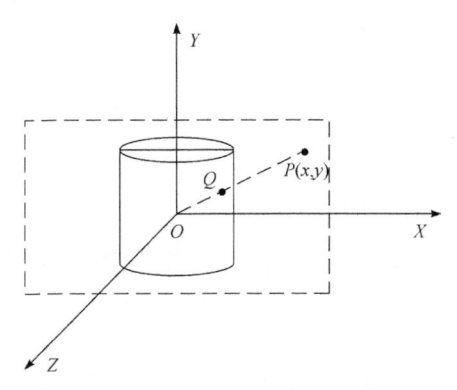

图 6.20　圆柱面全景投影

$Q(x', y')$是像素点 P 在圆柱面全景图像上的投影点，过相机原点与点直线的参数方程为

$$\begin{cases} u = tx_1 \\ v = ty_1 \\ w = -tf \end{cases} \quad (6.1)$$

式中，(u, v, w)为像素点 $P(x, y)$在圆柱面上投影点 Q 的参数坐标，圆柱面的方程可以表示为

$$u^2 + v^2 = f^2 \quad (6.2)$$

联立式(6.1)和式(6.2)可得

$$\begin{cases} t = \dfrac{f}{\sqrt{x_1^2 + f^2}} \\ u = \dfrac{fx_1}{\sqrt{x_1^2 + f^2}} \\ v = \dfrac{fy_1}{\sqrt{x_1^2 + f^2}} \\ w = -\dfrac{f^2}{\sqrt{x_1^2 + f^2}} \end{cases} \quad (6.3)$$

令 $\theta = \arctan \dfrac{w}{2f}$，$Q(x', y')$可以表示为

$$\begin{cases} x' = f \times \arctan \dfrac{u}{w} + f \times \theta \\ y' = v + \dfrac{h}{2} \end{cases} \quad (6.4)$$

联立式(6.3)和式(6.4)可得

$$\begin{cases} x' = f \times \arctan \dfrac{x_1}{-f} + f \times \arctan \dfrac{u}{2f} \\ y' = \dfrac{f \times y_1}{\sqrt{x_1^2 + f^2}} + \dfrac{h}{2} \end{cases} \quad (6.5)$$

式(6.5)即原始图像上任意一个像素点投影到圆柱面全景图像上的投影公式。

6.2.2 立方体全景投影

立方体全景投影是以实景中心为视点，拍摄实景周围图像，根据图像与方位

第 6 章　全景图像建模

信息的映射关系，投影到立方体表面的过程(黄海明等，2005)。

设以立方体中心点为原点建立坐标系 XYZ，立方体边长为 a，建立宽和高分别为 w、h 的视平面，视平面的水平视场角为 α，垂直视场角为 β(图 6.21)，则立方体各面方程如下。

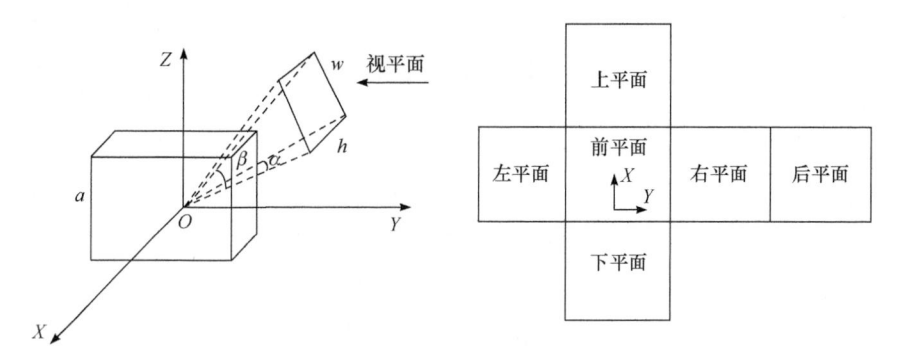

图 6.21　立方体全景投影

前平面：

$$\left\{x=\frac{a}{2},\left(-\frac{a}{2}\leqslant y,\ z\leqslant\frac{a}{2}\right)\right\}$$

后平面：

$$\left\{x=-\frac{a}{2},\left(-\frac{a}{2}\leqslant y,\ z\leqslant\frac{a}{2}\right)\right\}$$

左平面：

$$\left\{y=\frac{a}{2},\left(-\frac{a}{2}\leqslant x,\ z\leqslant\frac{a}{2}\right)\right\}$$

右平面：

$$\left\{y=-\frac{a}{2},\left(-\frac{a}{2}\leqslant x,\ z\leqslant\frac{a}{2}\right)\right\}$$

上平面：

$$\left\{z=\frac{a}{2},\left(-\frac{a}{2}\leqslant x,\ y\leqslant\frac{a}{2}\right)\right\}$$

下平面：

$$\left\{z=-\frac{a}{2},\left(-\frac{a}{2}\leqslant x,\ y\leqslant\frac{a}{2}\right)\right\}$$

设某视线方向上，视平面上点为 $P(x_0, y_0, z_0)$，视点与 P 满足方程 $\dfrac{x}{x_0} = \dfrac{y}{y_0} = \dfrac{z}{z_0}$，那么视平面上 P 点在立方体各表面对应的点坐标如下。

前平面：

$$\left(\frac{a}{2}, \frac{ay_0}{2x_0}, \frac{az_0}{2x_0}\right)$$

后平面：

$$\left(-\frac{a}{2}, -\frac{ay_0}{2x_0}, \frac{az_0}{2x_0}\right)$$

左平面：

$$\left(-\frac{ax_0}{2y_0}, -\frac{a}{2}, -\frac{az_0}{2y_0}\right)$$

右平面：

$$\left(\frac{ax_0}{2y_0}, \frac{a}{2}, \frac{az_0}{2y_0}\right)$$

上平面：

$$\left(\frac{ax_0}{2z_0}, \frac{ay_0}{2z_0}, \frac{a}{2}\right)$$

下平面：

$$\left(-\frac{ax_0}{2z_0}, -\frac{ay_0}{2z_0}, -\frac{a}{2}\right)$$

6.2.3 球面全景投影

球面全景投影是将图像投影到以相机为球心的虚拟球面上，显示视点所有方向上的信息，建立水平方向视角为 360°、垂直方向视角为 180°全景图的过程(于丽莉，2010；李松，2012)。

设球面坐标系为 XYZ，相机坐标系为 xyz，相机的拍摄方向为 (α, β)，相机的焦距为 f(图 6.22)。全景图像上某像素点 $P(x, y)$ 在球面全景图像上的对应点为 $P'(x', y')$。点 P 在相机坐标系中的坐标为 (x, y, f)，在球面坐标系中的坐标为 (x_p, y_p, z_p)，则有

$$\begin{bmatrix} x_p \\ y_p \\ z_p \end{bmatrix} = \begin{bmatrix} \cos\beta & 0 & \sin\beta \\ 0 & 1 & 0 \\ -\sin\beta & 0 & \cos\beta \end{bmatrix} \begin{bmatrix} 1 & 0 & 0 \\ 0 & \cos\alpha & -\sin\alpha \\ 0 & \sin\alpha & \cos\alpha \end{bmatrix} \begin{bmatrix} x \\ y \\ f \end{bmatrix} \tag{6.6}$$

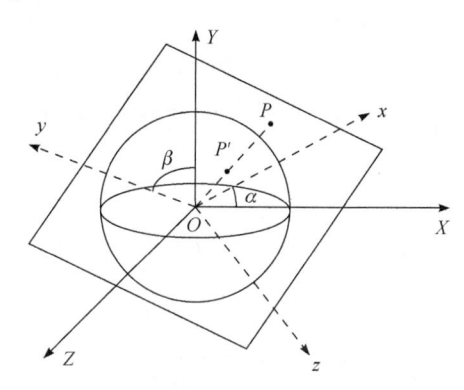

图 6.22 球面全景投影

在过原点与 P 的直线上，满足参数方程，即

$$\begin{cases} x'_p = t \times x_p \\ y'_p = t \times y_p \\ z'_p = t \times z_p \end{cases} \tag{6.7}$$

且满足球面方程式，即

$$x'^2_p + y'^2_p + z'^2_p = f^2 \tag{6.8}$$

联立式(6.7)和式(6.8)，可得出参数 t，即

$$t = \frac{f}{\sqrt{x_p^2 + y_p^2 + z_p^2}} \tag{6.9}$$

球面上投影点 P' 的参数坐标为 (x_p', y_p', z_p')，需转换为二维坐标，即把球面展开成平面。

当 $z'_p \geq 0$ 时，令

$$\begin{cases} x' = f \times \arccos\left(\dfrac{x'_p}{\sqrt{x'^2_p + y'^2_p}}\right) \\ y' = f \times \arccos\left(\dfrac{y'_p}{\sqrt{x'^2_p + y'^2_p}}\right) \end{cases} \tag{6.10}$$

当 $z'_p < 0$ 时,令

$$\begin{cases} x' = f \times \left[2\pi - \arccos\left(\dfrac{x'_p}{\sqrt{x'^2_p + y'^2_p}} \right) \right] \\ y' = f \times \left[\dfrac{\pi}{2} - \arccos\left(\dfrac{y'_p}{\sqrt{x'^2_p + y'^2_p}} \right) \right] \end{cases} \qquad (6.11)$$

推导出 P 和 P' 的关系,即

$$\Delta = y\sin\alpha\cos\beta - x\sin\beta - f\cos\alpha\cos\beta$$

当 $\Delta \geqslant 0$ 时,有

$$\begin{cases} x' = f \times \arccos\left[\dfrac{x\cos\beta + y\sin\alpha\sin\beta + f\sin\beta\cos\alpha}{\sqrt{x^2 + (y\sin\alpha + f\cos\alpha)^2}} \right] \\ y' = f \times \arccos\left[\dfrac{\pi}{2} + \arctan\dfrac{y\cos\alpha - f\sin\alpha}{\sqrt{x^2 + (y\sin\alpha + f\cos\alpha)^2}} \right] \end{cases} \qquad (6.12)$$

当 $\Delta < 0$ 时,有

$$\begin{cases} x' = f \times \arccos\left[2\pi - \dfrac{x\cos\beta + y\sin\alpha\sin\beta + f\sin\beta\cos\alpha}{\sqrt{x^2 + (y\sin\alpha + f\cos\alpha)^2}} \right] \\ y' = f \times \arccos\left[\dfrac{\pi}{2} + \arctan\dfrac{y\cos\alpha - f\sin\alpha}{\sqrt{x^2 + (y\sin\alpha + f\cos\alpha)^2}} \right] \end{cases} \qquad (6.13)$$

以上三种投影方法各有优缺点:立方体全景投影过于简单,实现的全景图像往往存在明显的边缘痕迹,多用于特定物体的展示,无法大范围显示实景;圆柱面全景投影实现的全景图像质量均匀,多用于浏览器显示,但垂直方向的浏览受限;球面全景投影最符合人眼结构特点,实现的全景图可给人以较强的沉浸感,但计算方法比较复杂。一般情况下,需要结合实际需求选用合适的全景投影方法,全景反投影可以根据其相应的正投影反算得出。

6.3 图像配准

图像配准(image registration)是指将不同时间、不同传感器(成像设备)或不同条件下(天候、照度、摄像位置和角度等)获取的两幅或多幅图像进行匹配、叠加的

过程。配准的目的是根据几何运动模型,将图像注册到同一个坐标系中。在全景图像建模中,图像配准是进行图像拼接融合的前提。因为全彩图像配准是在灰度图像配准的基础上进行的,所以本节主要介绍灰度图像的配准方法。

6.3.1 图像配准的基本概念

假设给定尺寸的二维矩阵图像 $I_1(x,y)$ 和 $I_2(x,y)$ 分别表示相对应位置 (x,y) 上的灰度值,则图像配准的关键问题是图像之间的空间变换和几何变换。$I_1(x,y)$ 作为参考图像,而 $I_2(x,y)$ 作为待配准图像。令 f 表示一个二维空间的坐标变换,设变换后图像为 $I_f(x,y)$,则参考图像 $I_1(x,y)$ 与变换配准后的图像 $I_f(x,y)$ 之间的关系为

$$I_f(x,y) = f[I_1(x,y)] \tag{6.14}$$

根据配准的定义,配准的目的是令变换后的图像 $I_f(x,y)$ 与待配准图像 $I_2(x,y)$ 的对齐度最高,此时变换 f 是一个二维空间域坐标的几何变换,即

$$(x',y') = f(x,y) \tag{6.15}$$

通常,根据配准基准的特性,图像配准可分为基于外部基准的配准和基于内部基准的配准。外部基准是指强加于待配准图像的各种人造标记,这些标记必须在各种配准模式中清晰可见且能准确检测到。内部基准则是指由图像本身得到的位置相对固定、图像特征明晰的各种配准标识。

对不同时间或不同条件下获取的两幅图像 $A(x)$ 和 $B(x)$ 进行配准,首先需要定义一个相似性测度,并寻找一个空间变换关系,使得经过该空间变换后,两幅图像的相似性达到最大(或者差异性最小)。也就是使图像 A 上的每个点在图像 B 上都有唯一的点与之对应,并且这两个点对应同一位置,表示为

$$S(T) = S[A(x), B(T_b(x))] \tag{6.16}$$

式中,S 为相似性测度;T_b 为空间变换矩阵。

$$T^* = \arg\{\max S(T_b)\} \tag{6.17}$$

如式(6.17)所示,配准的过程可归结为寻求最佳空间变换 T_b,从而使 S 达到最佳。空间变换矩阵包含多个参数,因此配准就是一个多参数最优化问题求解的过程。

通常,图像配准涉及五个方面的技术问题,即变换模型、特征空间、相似性测度、搜索空间和搜索策略。图像配准一般分为以下五个步骤。

(1) 根据实际应用场合选取适当的变换模型。

(2) 选取合适的特征空间,主要包括基于特征和基于灰度两种类型。

(3) 根据变换模型的参数配置以及所选用的特征空间,确定参数可能变化的范围,并选用最优的搜索策略。

(4) 应用相似性测度在搜索空间中按照优化准则进行搜索,寻找最大相关点,

从而求解出变换模型中的未知参数。

(5) 将待配准图像按照变换模型对应到参考图像中,实现图像间的匹配。

其中,如何选取合适的特征进行匹配是配准的关键。图像配准方法分类的标准很多,从配准工作的过程对配准方法进行分类更能反映配准问题的本质。基于这个思路,图像配准方法分为两大类,即基于特征的方法(feature based)和基于灰度的方法(intensity based)。在进行图像配准之前,一般需要先进行图像变换。

6.3.2 图像变换

1. 图像变换模型

由于制造、安装、工艺等因素的影响,相机镜头往往存在各种畸变。为了提高图像拼接的精度,在进行图像拼接时必须考虑相机镜头的畸变。畸变一般分为内部畸变和外部畸变。内部畸变是由相机本身构造引起的畸变,外部畸变则是由投影方式引起的畸变。

图像变换模型是指根据参考图像和待配准图像之间产生的几何畸变情况,选择可以拟合两个图像之间变化情况的最优几何模型。常用的图像变换模型及相关比较如表 6.1 所示。

表 6.1 常用的图像变换模型及相关比较(√表示满足)

变换模型	平移	反转	旋转	缩放	投影	扭曲
刚体变换	√	√	√			
仿射变换	√	√	√	√		√
投影变换	√	√	√	√	√	
非线性变换	√	√	√		√	√

常用图像变换模型的图像变换效果如图 6.23 所示。非线性变换在表现形式上与其他三种变换模型有共同之处。

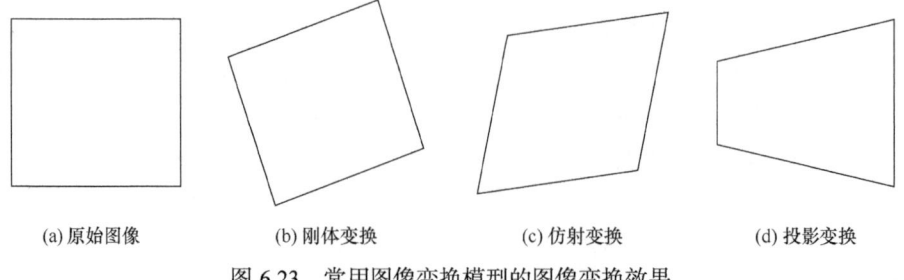

(a) 原始图像　　(b) 刚体变换　　(c) 仿射变换　　(d) 投影变换

图 6.23 常用图像变换模型的图像变换效果

如果图像中两点之间的距离变换后仍保持不变，则称为刚体变换(rigid transform)。刚体变换有 3 种方式，分别为平移、旋转和反转(镜像)。在二维空间中，点(x, y)经刚体变换到点(x', y')的变换公式为

$$\begin{bmatrix} x' \\ y' \\ 1 \end{bmatrix} = \begin{bmatrix} \cos\varphi & \pm\sin\varphi & t_x \\ \sin\varphi & \pm\cos\varphi & t_y \\ 0 & 0 & 1 \end{bmatrix} \begin{bmatrix} x \\ y \\ 1 \end{bmatrix} \tag{6.18}$$

式中，φ 为旋转角度；(t_x, t_y)为平移量。

如果一幅图像中的直线映射到另一幅图像后仍为直线，并且保持平行关系，则称为仿射变换(affine transform)。仿射变换适用于平移、旋转、缩放和反转(镜像)情况。在二维空间中，点(x, y)经仿射变换到点(x', y')的变换公式为

$$\begin{bmatrix} x' \\ y' \\ 1 \end{bmatrix} = \begin{bmatrix} a_1 & a_2 & t_x \\ a_3 & a_4 & t_y \\ 0 & 0 & 1 \end{bmatrix} \begin{bmatrix} x \\ y \\ 1 \end{bmatrix} \tag{6.19}$$

式中，(t_x, t_y)为平移量；参数 $a_i(i = 1, 2, 3, 4)$则反映图像旋转、缩放等变化。

如果一幅图像中的直线映射到另一幅图像后仍为直线，但不再保持平行关系，则称为投影变换(projective transform)。二维平面投影变换是关于齐次三维矢量的线性变换。在齐次坐标系下，二维平面上的投影变换可用下面的非奇异 3×3 矩阵形式来描述，即

$$\begin{bmatrix} x' \\ y' \\ w' \end{bmatrix} = \begin{bmatrix} m_0 & m_1 & m_2 \\ m_3 & m_4 & m_5 \\ m_6 & m_7 & m_8 \end{bmatrix} \begin{bmatrix} x \\ y \\ w \end{bmatrix} \tag{6.20}$$

二维投影变换按照式(6.20)将像素坐标点(x, y)映射为(x', y')，变换结果为

$$\begin{cases} x' = \dfrac{m_0 x + m_1 y + m_2}{m_6 x + m_7 y + m_8} \\ y' = \dfrac{m_3 x + m_4 y + m_5}{m_6 x + m_7 y + m_8} \end{cases} \tag{6.21}$$

式中，变换参数 $m_i(i = 0, 2, \cdots, 8)$是依赖场景和图像的常数。

非线性变换又称为弯曲变换(curved transform)。经过非线性变换，一幅图像上的直线映射到另一幅图像上不一定保持直线形状。在二维空间中，可以用式(6.22)表示，即

$$(x', y') = F(x, y) \tag{6.22}$$

式中，F 为把一幅图像映射到另一幅图像上的任意一种函数形式。

多项式变换是典型的非线性变换，如二次函数、三次函数等，有时也使用指数函数。多项式函数可以用式(6.23)表示，即

$$\begin{cases} x' = a_{00} + a_{10}x + a_{01}y + a_{20}x^2 + a_{11}xy + a_{02}y^2 + \cdots \\ y' = b_{00} + b_{10}x + b_{01}y + b_{20}x^2 + b_{11}xy + b_{02}y^2 + \cdots \end{cases} \tag{6.23}$$

在得到两幅图像间的变换模型参数后，输入图像进行相应参数的变换，使之与参考图像处于同一坐标系下，就可以实现目标图像与背景图像的匹配。这里目标图像变换后所得的点坐标不一定为整像素数，此时应进行插值处理。

2. 坐标插值

在进行图像的缩放、旋转和复合变换时，原始图像的像素坐标为整数，而变换后图像的坐标不一定是整数，反之亦然。因此，在图像变换中，除了要进行几何变换运算外，还要进行插值处理。常用的插值方法有最近邻插值法、双线性插值法和三次内插法。

1) 最近邻插值法

最近邻插值法是将与点(x_0, y_0)最邻近的整数坐标点(x, y)的灰度值作为点(x_0, y_0)的灰度值。在点(x_0, y_0)各个相邻像素间灰度变化较小时，最近邻插值法是一种简单快捷的方法，但当点(x_0, y_0)相邻像素间灰度变化很大时，最近邻插值法会产生较大的误差。

2) 双线性插值法

双线性插值法是对最近邻插值法的改进，即用线性内插的方法，根据点(x_0, y_0)的四个相邻灰度值插值计算灰度值$f(x_0, y_0)$。此方法考虑点(x_0, y_0)的直接邻点对它的影响，因此一般可以得到令人满意的插值效果。但这种方法具有低通滤波性质，使高频分量受到损失，图像轮廓模糊。在某些应用中，双线性插值的斜率不连续，可能会产生一些不理想的结果。

3) 三次内插法

三次内插法不仅要考虑点(x_0, y_0)的直接邻点对它的影响，还要考虑该点周围16个邻点的灰度值对它的影响。由连续信号采样定理可得，若采样值用插值函数$S(x)=\sin(\pi x)/(\pi x)$进行插值，当采样频率不低于信号谱最高频率的2倍时，可以准确地恢复原信号，并可以准确得到采样点间任意点的值。此方法计算量很大，但更为精确，能保证较好的图像边缘。$S(x)=\sin(\pi x)/(\pi x)$可以采用以下三次多项式近似计算，即

$$S(x)=\begin{cases} 1-2|x|^2+|x|^3, & |x|>1 \\ 4-8|x|+5|x|^2-|x|^3, & 2>|x|\geq 1 \\ 0, & |x|\geq 2 \end{cases} \quad (6.24)$$

6.3.3 基于特征的配准方法

基于特征的配准方法首先对待配准图像进行图像分割和特征提取，再利用提取得到的特征完成两幅图像特征之间的匹配，通过特征的匹配关系建立图像之间的配准映射关系。图像中有多种可以利用的特征，会产生多种基于特征的配准方法。基于特征的配准方法主要包括如下步骤。

(1) 特征检测。特征检测是图像配准过程中的一项重要任务。根据问题的复杂性，通常分为手动检测或自动检测，但是通常优先选择自动检测。封闭边界、边缘、轮廓、线交点、角点，以及它们的代表点如重心或线末端(统称为控制点)可以作为特征。由特殊对象组成的这些特征必须易于检测，即特征是物理上可解释和可识别的。参考图像必须与待配准图像拥有足够多的共同特征集合，而不受到任何未知遮挡或意外改变的影响。用于检测的算法应该足够稳健，以便在场景的各种投影中检测相同的特征而不受任何特定图像变形或退化的影响。

(2) 特征匹配。特征匹配建立在待配准图像与参考图像中检测到的特征之间的对应关系上。除了特征之间的空间关系之外，还采用不同的特征描述符(feature descriptor)和相似性度量来确定配准的准确性。必须合理配置特征描述符，使得它们在任何退化时仍保持不变。与此同时，它们需要不受噪声影响且能适当区分不同的特征。

(3) 图像变换模型的评估。为配准参考图像与待配准图像，需要估计映射函数的参数，可使用从步骤(2)获得的对应特征来计算这些参数。映射函数的选择取决于图像采集过程和预期图像变形的先验知识。在没有任何先验知识的情况下，必须确保模型的灵活性。

(4) 图像变换。对待配准图像利用映射进行图像变换，得到最终的配准结果。

根据特征类型的不同，基于特征的配准方法主要有基于特征点的配准方法和基于特征块的配准方法两种。

1. 基于特征点的配准方法

特征点是指图像灰度值发生剧烈变化或者在图像边缘上曲率较大的点，一般是图像内物体的角点、边缘点，可以反映物体特征，标定图像目标物体。基于特征点的配准方法较容易处理图像之间旋转、仿射、透视等变换关系，因此应用广泛。

局部特征点应有下列性质(Yang et al.，2012)。

(1) 可重复性，相同的内容能够在不同的图像中被找到。

(2) 独特性，每一个特征点应是独特的，尽可能降低特征点间的相似性。

(3) 局部性，特征应该是局部的，能够体现图像的局部特征。

(4) 数量性，能够检测到的特征点数目要尽可能多，且分布最好能反映整个图像的内容，包括一些较小但十分重要的物体。

(5) 准确性，特征点能够被精确定位，不仅能得到特征点在图像内的坐标，还能得到特征尺度等信息。

常用的特征点检测算子有 Harris 算子(Harris et al., 1998)、尺度不变特征变换(scale-invariant feature transform, SIFT)算子(Lowe, 2004; Mikolajczyk et al., 2005)、加速稳健特征(speed-up robust features, SURF)算子(Bay et al., 2006)。其中，Harris 算子具有较高的检测数量，且对旋转和灰度变化具有不变性。SIFT 算子具有局部不变性，对于影像尺度变化、旋转、仿射变换和视角变化都具有较好的不变性。SURF 算子的加速稳健特征可以进一步提高特征提取的速度。

1) Harris 算子

Harris 算子检测特征点的基础是在某个小图像区域内移动小窗口，如果各个方向的灰度都发生变化，则认为在窗口内遇到了特征点。如果小窗口在各个方向上移动都不存在灰度变化，则窗口内不存在特征点。对于图像 $I(x, y)$，在点(x, y)处平移$(\Delta x, \Delta y)$后的自相似性用自相关函数表示为

$$c(x,y,\Delta x,\Delta y) = \sum_{(u,v)\in W(x,y)} w(u,v)\left[I(u,v) - I(u+\Delta x, v+\Delta y)\right]^2 \quad (6.25)$$

式中，$W(x, y)$为窗口；$w(u, v)$为加权函数，既可以是常数，也可以是高斯加权函数 $e^{\frac{-(u-x)^2-(v-y)^2}{2\sigma^2}}$。根据泰勒公式展开，对图像 $I(x, y)$ 在平移$(\Delta x, \Delta y)$后进行一阶近似，即

$$I(u+\Delta x, v+\Delta y) \approx I(u,v) + I_x(u,v)\Delta x + I_y(u,v)\Delta y$$
$$= I(u,v) + [I_x(u,v) \quad I_y(u,v)]\begin{bmatrix} \Delta x \\ \Delta y \end{bmatrix} \quad (6.26)$$

式中，I_x、I_y 为图像 $I(x, y)$ 的偏导数。

以 $\sum_w$ 表示 $\sum_{(u,v)\in W(x,y)} w(u,v)$，则有

$$c(x,y,\Delta x,\Delta y) = \sum_w \left[I(u,v) - I(u+\Delta x, v+\Delta y)\right]^2$$
$$\approx \sum_w \left([I_x(u,v) \quad I_y(u,v)]\begin{bmatrix} \Delta x \\ \Delta y \end{bmatrix}\right)^2 \quad (6.27)$$
$$= [\Delta x \quad \Delta y]M(x,y)\begin{bmatrix} \Delta x \\ \Delta y \end{bmatrix}$$

式中

$$M(x,y) = \begin{bmatrix} \sum_w I_x(x,y)^2 & \sum_w I_x(x,y)I_y(x,y) \\ \sum_w I_x(x,y)I_y(x,y) & \sum_w I_y(x,y)^2 \end{bmatrix} \quad (6.28)$$

式(6.27)为图像 $I(x,y)$ 在点 (x,y) 处平移 $(\Delta x, \Delta y)$ 后近似的自相关函数，可看作椭圆函数，其大小、离心率由椭圆特征值确定，方向由特征矢量决定。M 是图像的自相关矩阵，表征图像在点 (x,y) 的灰度分布情况。用椭圆方程表示为

$$[\Delta x \quad \Delta y] M(x,y) \begin{bmatrix} \Delta x \\ \Delta y \end{bmatrix} = 1 \quad (6.29)$$

当 $M(x,y)$ 的两个特征值都大且近似相等时，自相关函数在所有方向上都增大，可把该点作为待选点。根据式(6.28)可以计算 $M(x,y)$ 的特征值。Harris 算子巧妙地通过计算角点响应值 R 来判断角点，避免了特征值的计算：

$$R = \det M - \varepsilon (\operatorname{trace} M)^2 \quad (6.30)$$

式中，$\det M$ 为矩阵 $M = \begin{bmatrix} A & B \\ B & C \end{bmatrix}$ 的行列式；$\operatorname{trace} M$ 为 M 的迹；ε 为经验常数，取值范围为 $0.01 \sim 0.10$。

对小于阈值 t 的 R 置为 0，即

$$R = \{R : \det M - \varepsilon (\operatorname{trace} M)^2 < t\} \quad (6.31)$$

把 5×5 邻域中的局部极大值点作为图像特征点。

经验常数 ε 对特征提取效果影响较大，决定了 R 的大小，进而影响特征点数量。当然，提取的特征点数越多，不可靠点的比例也会越大。

2) SIFT 算子

SIFT 特征是在图像尺度空间中提取的，对图像平移、旋转、尺度变化具有不变性，能在一定程度上克服视角旋转和尺度变化，实现有效匹配。基于 SIFT 算子的图像配准的主要步骤如下。

(1) 建立高斯差分(difference of Gaussian, DOG)尺度空间，确定待选点位置。

(2) 确定特征点主方向。

(3) 提取特征描述符。

(4) 特征匹配。

构建 DOG 尺度空间的步骤是利用一组连续变化的高斯卷积核对原始图像进行卷积运算，得到高斯尺度空间图像，相邻层相减即可得到一组 DOG 尺度空间图像。将图像降采样 2 倍后重复上述步骤，得到影像金字塔数据结构。如图 6.24 所示，左边为高斯尺度空间图像，右边是 DOG 尺度空间图像 $D(x,y,\sigma)$，高斯尺度空间图像相减得到的 DOG 尺度空间图像为

$$D(x,y,\sigma) = (G(x,y,k\sigma) - G(x,y,\sigma)) * I(x,y) = L(x,y,k\sigma) - L(x,y,\sigma) \quad (6.32)$$

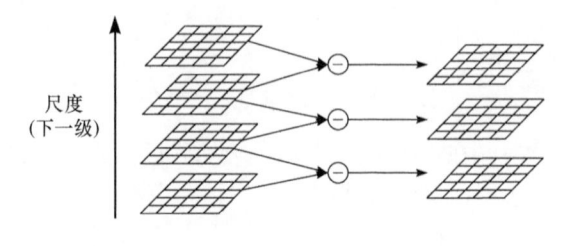

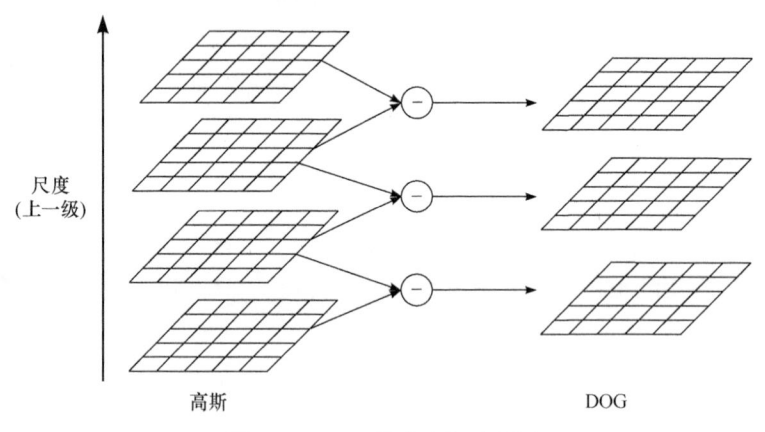

图 6.24　SIFT 尺度空间示意图

在 DOG 尺度空间中检测待选点时，每个像素点与本层邻域 8 个相邻点和上下层 2×9 个点比较，把局部极大且大于阈值的点作为待选点。确定特征点主方向的目的是使特征描述符具有旋转不变性。如图 6.25 所示，在生成特征描述符之前，先将坐标轴旋转到特征主方向，再在特征点周围选取 16×16 的矩形格网，计算每格内 8 个梯度方向的叠加值。这样得到的 128 维特征描述符经过归一化即具有尺度、旋转不变性的 SIFT 特征描述符。

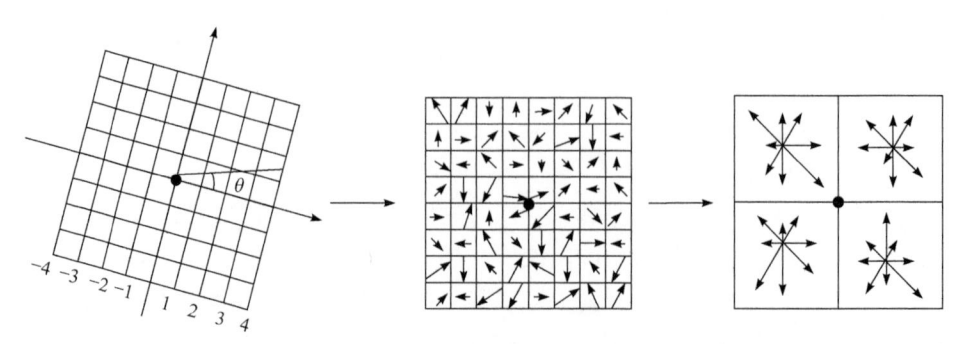

图 6.25　SIFT 特征描述符生成过程

3) SURF 算子

SURF 算子是一种快速的特征检测算法，使用 Hessian 矩阵检测特征点的位置，使用积分图像进行卷积运算。积分图像中点 $X(x,y)$ 的 $I_\Sigma(X)$ 值为原点和 X 之间确定的矩形内所有像点的灰度值之和，即

$$I_\Sigma(X) = \sum_{i=0}^{i\leqslant x}\sum_{j=0}^{j\leqslant y} I(i,j) \tag{6.33}$$

SURF 算子的特征点位置是由 Hessian 矩阵行列式的局部极大值确定的。点 $X(x,y)$ 的 Hessian 矩阵 $H(X,\sigma)$ 为

$$H(X,\sigma) = \begin{bmatrix} L_{xx}(X,\sigma) & L_{xy}(X,\sigma) \\ L_{xy}(X,\sigma) & L_{yy}(X,\sigma) \end{bmatrix} \tag{6.34}$$

式中，σ 为尺度；$L_{xx}(X,\sigma)$ 为图像与高斯二阶偏导数在 X 处的卷积，即

$$L_{xx}(X,\sigma) = \frac{\partial^2}{\partial x^2} g(\sigma) * I(X) \tag{6.35}$$

SURF 算子利用图 6.26 所示的盒式滤波器近似求解高阶二次偏导，这种卷积近似同样可以提高算法效率。

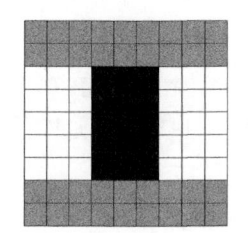

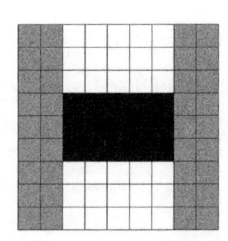

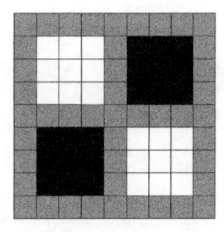

图 6.26　SURF 滤波器结构

通过采用不同尺寸的盒式滤波器与图像进行卷积，得到 Hessian-Laplacian 尺度空间。在该尺度空间中，与 SIFT 算法类似，把每个像点与周围 26 个像点进行比较，若局部极值点大于阈值，则该点为 SURF 点。以该点为中心，建立半径为 6σ 的圆形区域，求 x 方向和 y 方向的 Harr 小波响应值，并根据离特征点(圆心)的距离对其赋予权重。如图 6.27 所示，用圆心角为 60°的扇形绕特征点旋转一周，该扇形内所有的 Harr 小波响应值组成向量，向量模最大的方向即特征点主方向。为了生成 SURF 描述符，首先把特征点主方向旋转到 y 方向，建立边长为 20σ 的正方形。把该正方形划分为 4×4 个子区域，在每个子区域内计算水平方向和垂直方向的 Harr 小波响应值 dx 和 dy，在每个子区域内对 dx、dy、|dx|、|dy|求和，可以得到四维向量 v，即

$$v = \left[\sum \mathrm{d}x, \ \sum \mathrm{d}y, \ \sum |\mathrm{d}x|, \ \sum |\mathrm{d}y|\right] \tag{6.36}$$

对 16×4 共 64 个小波响应值进行归一化，可以得到 64 维的 SURF 描述符。64 维的 SURF 描述符比 128 维的 SIFT 特征描述符在特征匹配阶段更加高效。

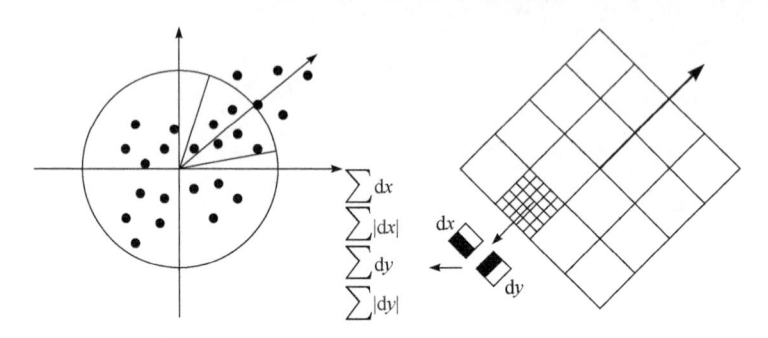

图 6.27 SURF 特征描述符的构成

无论是 SIFT 还是 SURF，得到具有可重复性的特征点集后，需要在左右两幅图像的点集间建立"一对一"的关系，确定同名点的对应情况。特征匹配的关键问题是确定左右图像上任意两个特征描述符之间的相似度(测度)，通常可采用欧氏距离测度，即

$$S^2 = |X - Y|^2 = (x_1 - y_1)^2 + (x_2 - y_2)^2 \tag{6.37}$$

欧氏距离测度实际就是差平方和测度。Lowe(2004)提出的 SIFT 匹配的最终判定原则是两个特征描述符的欧氏距离 S 小于阈值 t，并且最邻近欧氏距离与次邻近欧氏距离之差小于 90%。

2. 基于特征块的配准方法

基于特征块的配准方法首先将拍摄的序列图像投影到相应的坐标系下，然后以一幅图像为基准图像，选择基准图像中边缘信息丰富的特征块作为基准特征块，在待匹配图像中找出与基准特征块匹配的配准块，进而实现两幅图像的配准(纪松，2012；张振超，2015)。

1) 基准特征块的选取

利用特征块匹配进行图像配准的关键步骤是选取基准特征块，基准特征块选取不当往往会造成配准算法不能适应待配准图像的变化。通常基于边缘信息进行基准特征块的选取，主要包括以下步骤。

(1) 对待配准图像进行边缘(图像属性发生突变的地方)检测，获得原始图像的边缘图 $E(i,j)$，以图像中每个像素点的邻域边缘量(neighborhood edge amount，NEA)定义此位置的边缘信息，即

$$\text{NEA}(i,j) = \sum_{m=-A}^{A} \sum_{n=-A}^{A} E(i+m, j+n) \qquad (6.38)$$

式中，A 为点 $E(i,j)$ 处所取邻域边长的 1/2。

(2) 以 NEA(i,j) 最大值对应的点(i,j)为基准点，然后以此点为中心点，选择大小适中的块，就可以找到基准特征块。基准特征块的行数 T_r 和列数 T_c 分别取

$$\begin{cases} T_r = R_{\text{input}}/8 \\ T_c = C_{\text{input}}/8 \end{cases} \qquad (6.39)$$

如图 6.28 所示，input 为待配准图像，R_{input} 为图像的行数，C_{input} 为图像的列数，T(图中阴影部分)为所选的基准特征块。

2) 配准准则

图像配准就是通过一定的配准准则找出两幅待配准图像的重叠区域，是整个图像建模的核心。一般以两幅图像重叠部分灰度差的平方和为标准来衡量此区域是否配准。设两幅待配准图像分别为 $I_1(i,j)$ 和 $I_2(i,j)$，模板为 T，大小为 $m_1 \times n_1$，则配准公式为

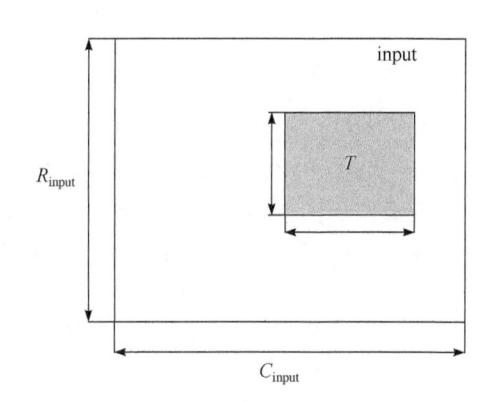

图 6.28 特征块选取示意图

$$D(i,j) = \sum_{x=0}^{m_1} \sum_{y=0}^{n_1} \left[S_{i,j}(x,y) - T(x,y) \right]^2 \qquad (6.40)$$

式中，T 为图像 $I_2(i,j)$ 中的基准特征块(模板图像块)；模板图像块 T 叠放在图像 $I_1(i,j)$ 上平移，模板图像块下覆盖的搜索块称为子图 $S_{i,j}$，(i,j) 是子图 $S_{i,j}$ 左上角在图像 $I_1(i,j)$ 中的坐标。最佳匹配块为 D 取最小值时对应的 $I_1(i,j)$ 中的搜索块。

将式(6.40)展开可得

$$D(i,j) = \sum_{x=0}^{m_1} \sum_{y=0}^{n_1} \left[S_{i,j}^2(x,y) - 2S_{i,j}(x,y)T(x,y) + T^2(x,y) \right] \qquad (6.41)$$

式中，中括号内的第一项是模板图像块 T 覆盖下图像 $I_1(i,j)$ 子图 $S_{i,j}$ 的能量，其值与 T 无关；第三项是基准特征块 T 的总能量，当模板图像块 T 选定后它就是一个常数；第二项可以看成衡量 $S_{i,j}$ 与 T 相似度的量，由不等式的性质可知，当 $S_{i,j}$ 与 T 完全匹配时，此项的绝对值最大，因此可以选取以下配准准则，即

$$R(i,j) = \sum_{x=0}^{m_1} \sum_{y=0}^{n_1} S_{i,j}(x,y) T(x-i, y-j) \qquad (6.42)$$

对式(6.42)归一化可得

$$\hat{R}(i,j) = \frac{\sum_{x=0}^{m_1}\sum_{y=0}^{n_1}\left\{\left[S_{i,j}(x,y)-\overline{S}\right]\left[T(x-i,y-j)-\overline{T}\right]\right\}}{\sqrt{\sum_{x=0}^{m_1}\sum_{y=0}^{n_1}\left[S_{i,j}(x,y)-\overline{S}\right]^2 \sum_{x=0}^{m_1}\sum_{y=0}^{n_1}\left[T(x-i,y-j)-\overline{T}\right]^2}} \quad (6.43)$$

式中，$\overline{S}$ 为图像 $I_1(i,j)$ 中对应搜索块 $S_{i,j}$ 的灰度平均值；$\overline{T}$ 为基准特征块的灰度平均值。

计算对应重叠区 $S_{i,j}$ 与 T 的 $\hat{R}(i,j)$，其最大值对应的位置 (i_0,j_0) 为最佳匹配位置。

6.3.4 基于灰度的配准方法

基于灰度的配准方法直接利用两幅图像之间灰度度量的相似性，以图像内部的信息为依据，采用搜索方法寻找相似度最大点或者最小点，确定参考图像和待配准图像之间的变换参数。这种方法的优点是实现简单，不需要对参考图像和待配准图像进行复杂的预处理；缺点是计算量大，不能直接用于矫正图像的非线性变换(Kanchan et al., 2013)。

基于灰度的配准方法主要通过在空间域和变换域上处理灰度信息来实现图像配准。基于空间域的配准方法主要有互相关法、互信息法、序列相似度配准法。基于变换域的配准方法主要是相位相关法(赵鹏图, 2019)。

1. 互相关法

互相关法是一种匹配度量，通过计算模板图像块和搜索窗口之间的互相关值确定匹配的程度。互相关值最大时的搜索窗口位置决定了模板图像块在待配准图像中的位置，通常用于模板匹配和模式识别。

设 $I(x,y)$ 为基准图像，$T(x,y)$ 为模板图像，大小为 $m_1 \times n_1$，令模板图像在基准图像中移动，并计算两者之间的相似度，峰值出现的地方即所求的配准位置，在每一个位移点 (i,j) 上，两者的相似度为

$$D(i,j) = \frac{\sum_{x=0}^{m_1}\sum_{y=0}^{n_1} T(x,y)I(x-i,y-j)}{\sqrt{\sum_{x=0}^{m_1}\sum_{y=0}^{n_1} I^2(x-i,y-j)}} \quad (6.44)$$

也可以通过相关系数度量图像的相似度，相关系数定义为

$$R(I,T)=\frac{\sum_{x=0}^{m_1}\sum_{y=0}^{n_1}[T(x,y)-\mu_T][I(x,y)-\mu_I]}{\sqrt{\sum_{x=0}^{m_1}\sum_{y=0}^{n_1}[T(x,y)-\mu_T]^2\sum_{x=0}^{m_1}\sum_{y=0}^{n_1}[I(x,y)-\mu_I]^2}} \tag{6.45}$$

式中，μ_I 和 μ_T 为基准图像和模板图像的均值。

此方法从理论上能更准确地描述两幅图像的相似度，可以采用快速傅里叶变换，大大提高计算效率。

2. 互信息法

将图像的灰度值认为是具有独立样本的空间随机过程，用统计特征及概率密度函数来描述图像的统计特性，互信息定义为

$$I(X,Y)=\sum_{x\in X}\sum_{y\in Y}\rho(x,y)\log\frac{\rho(x,y)}{f(x)g(y)} \tag{6.46}$$

式中，$\rho(x,y)$ 为随机变量 x、y 的联合概率密度函数；$f(x)$、$g(y)$ 为随机变量 x、y 的概率密度函数。

如果两幅图像达到匹配，则它们的互信息将达到最大值。在图像配准应用中，联合概率密度和边缘概率密度通常可以通过两幅图像重叠区域联合概率的直方图和边缘概率的直方图来估计，或者通过 Parzen 窗概率密度来估计。

3. 序列相似度配准法

序列相似度配准法先选择一个阈值 T_m，在某点计算两幅图像残差和的过程中，若残差和大于阈值 T_m，就认为当前点不是匹配点，从而终止当前残差和的计算，用其他点来计算残差和，最后认为残差和增长最慢的点就是匹配点。

对于大部分非匹配点，只需要计算模板中的前几个像素点，只有匹配点附近的点需要计算整个模板，设 $I(x,y)$ 为基准图像，$T(x,y)$ 为待配准图像，大小为 $m_1\times n_1$，其相似函数为

$$E(i,j)=\sum_{x=0}^{m_1}\sum_{y=0}^{n_1}\left|T(x,y)-I(x-i,y-j)\right| \tag{6.47}$$

归一化可得

$$E(i,j)=\sum_{x=0}^{m_1}\sum_{y=0}^{n_1}\left|T(x,y)-\mu_T-I(x-i,y-j)+\mu_{I(x,y)}\right| \tag{6.48}$$

式中，μ_T 为模板图像的均值，表示在移位点 (i,j) 时窗口内基准图像的均值。

4. 相位相关法

在待配准图像与参考图像存在偏移的情况下，相位相关法是一种有效的配准

方法。其本质是基于傅里叶的平移定理，通过求得图像在频域上的相位相关特征点找到特征位置，从而进行图像配准。

假设$f(x, y)$表示尺寸为$M \times N$的图像，该函数的二维离散傅里叶变换为

$$F(u,v) = \frac{1}{MN} \sum_{u=0}^{M-1} \sum_{v=0}^{N-1} f(x,y) \, \mathrm{e}^{-2\pi \mathrm{j}(ux/M + vy/N)} \tag{6.49}$$

式中，$F(u, v)$为复变函数；u、v为频率变量，$u = 0, 1, \cdots, M-1$；$v = 0, 1, \cdots, N-1$；x、y为空间变量或图像变量。

二维离散傅里叶逆变换为

$$F(x,y) = \sum_{x=0}^{M-1} \sum_{y=0}^{N-1} f(u,v) \, \mathrm{e}^{-2\pi \mathrm{j}(ux/M + vy/N)} \tag{6.50}$$

式中，$x = 0, 1, \cdots, M-1$；$y = 0, 1, \cdots, N-1$。

设两幅图像I_1、I_2的重叠位置为(x_0, y_0)，则图像I_1、I_2的互功率谱为

$$\frac{I_1(\xi,\eta) \times I_2^*(\xi,\eta)}{\left| I_1(\xi,\eta) \times I_2(\xi,\eta) \right|} = \mathrm{e}^{-2\pi \mathrm{j}(x_0 \xi + y_0 \eta)} \tag{6.51}$$

式中，*为共轭符号，对式(6.51)两边进行傅里叶逆变换，将在(x_0, y_0)处产生一个δ函数，因此只要检测式(6.51)傅里叶逆变换结果最大值的位置，就可以获得两幅图像间的平移量(x_0, y_0)。

算法的具体步骤如下。

(1) 读入两幅图像I_1、I_2(函数输入)，并转换为灰度图像。

(2) 分别对I_1、I_2进行二维傅里叶变换，即

$$A = \mathrm{fft}_2(I_1), \quad B = \mathrm{fft}_2(I_2) \tag{6.52}$$

对A、B进行简单的矩阵运算得到另一矩阵C_3，即

$$C_3 = \frac{B^* \mathrm{conj}(A)}{\mathrm{norm}(B^* \mathrm{conj}(A), 1)} \tag{6.53}$$

(3) 由式(6.53)可知，C_3的二维傅里叶逆变换矩阵C在(x_0, y_0)处取得最大值，通过遍历比较$C(i, j)$即可找到该位置，并作为函数返回值。

实际上，相位相关法是对图像进行参数转换，利用转换后的参数进行运算，图像由参数变换转换到频域，利用相应变换得到平移后的结果，再在频域实现图像的配准。在傅里叶变换后，图像的平移成分转换到相位，计算相位的最大匹配位置就可以得到原始图像的平移量，这就是相位相关。

6.4 图像融合

两幅相邻图像的匹配过程完成后，图像就完成了定位。如果只根据求得的平

移参数将两幅图像简单地叠加起来，则会发现拼接而成的图像中含有清晰的边界，图像拼接的痕迹非常明显，整体图像比较模糊。这与期望的无缝拼接效果有相当大的差距。出现这种现象主要有以下几方面的原因：一方面是用于拼接的相邻图像间存在亮度的差异。在理想情况下，两相邻图像重叠部分的亮度值应该是相同的，但是拍摄角度及拍摄时间不同会导致光照条件等拍摄环境发生一定的改变，虽然拍摄实景图像时会尽可能地做到亮度和色彩的一致，但实际拍摄时对光照的把握仍然存在不可避免的差异。如果采用普通相机拍摄后再扫描图像到计算机，这种因素的影响将更加明显。另一方面则有可能是在获取图像时，采集到的图像本身会出现边缘失真现象，而图像拼接恰恰要用到图像的边缘部分。另外，虽然通常会采用三脚架固定相机进行拍摄，但是相邻图像间仍不可能是完全精确的平移关系，旋转的影响虽然很小但仍然存在。为消除这些影响，实现图像的无缝拼接，就有必要在拼接的过程中对图像的重叠部分进行平滑处理，以使生成的全景图像质量尽可能高，图像的无缝拼接即图像融合。图像融合是利用算法对图像间的重叠部分进行处理，以使拼接后的全景图像真实自然。

为保证拼接图像的质量，图像融合一般应满足以下条件。

(1) 图像之间的色彩过渡自然，尽量做到无缝拼接。

(2) 保证图像信息的完整性，尽量减少信息损失。

为消除拼接缝，图像融合必须调整输入图像像素的亮度值。对受影响的输入图像像素范围而言，图像融合可分为两类：一类是调整局部区域亮度的图像融合，即只调整拼接缝邻接区域内的像素亮度；另一类是整体调整图像的亮度，不仅重叠区域的像素亮度需要调整，重叠区域以外的像素亮度也需要调整。目前，图像融合的方法主要有直接平均法、加权平均法、重叠区线性过渡法、多段融合法、中值滤波法等(黄立勤等，2014；彭凤婷，2017；史敏红，2019；王金宝，2019)。

6.4.1 直接平均法

直接平均法是将两幅图像重叠区域像素值直接进行相加取均值的融合方法，实现原理见式(6.54)，即

$$f(x,y) = \begin{cases} f_1(x,y), & (x,y) \in f_1 \\ [f_1(x,y) + f_2(x,y)]/2, & (x,y) \in f_1 \cap f_2 \\ f_2(x,y), & (x,y) \in f_2 \end{cases} \quad (6.54)$$

式中，$f(x,y)$为融合后的图像；$f_1(x,y)$、$f_2(x,y)$为相邻的两幅拼接图像。

直接平均法具有简单快速的优点，但是融合后的图像过渡不平滑，具有带状痕迹。

6.4.2 加权平均法

加权平均法是在直接平均法的基础上，引入加权因子 ω_1 和 ω_2，实现原理见式 (6.55)，即

$$f(x,y) = \begin{cases} f_1(x,y), & (x,y) \in f_1 \\ [\omega_1(x,y)f_1(x,y) + \omega_2(x,y)f_2(x,y)]/2, & (x,y) \in f_1 \cap f_2 \\ f_2(x,y), & (x,y) \in f_2 \end{cases} \quad (6.55)$$

式中，$f(x,y)$ 为融合后的图像；$f_1(x,y)$、$f_2(x,y)$ 为相邻的两幅拼接图像。

引入加权因子后，适当调整该值能够使图像过渡更加平滑自然，是目前比较常用的一种方法。

6.4.3 重叠区线性过渡法

设两幅图像重叠区域的宽度为 L，$x_{\max}$、$x_{\min}$ 分别对应 x 轴上的最大值和最小值，则渐变系数 d 可由式(6.56)求解，即

$$d = \frac{x_{\max} - x}{x_{\max} - x_{\min}} \quad (6.56)$$

令 $f_1(x,y)$、$f_2(x,y)$ 分别表示图像 A 和图像 B 在重叠区域的像素值，当沿着 x 轴的渐变系数从 1 慢慢过渡到 0 时，重叠区域从图像 A 缓缓变化到图像 B。重叠区线性过渡法简单直观，效果明显，融合后图像平滑性较好。

6.4.4 多段融合法

多段融合法先构建图像的金字塔，将输入图像分解成一系列不同频段的带通层，然后对不同频率的带通层在边界处分别进行拼接，得到拼接图像的带通层，由拼接图像的带通层组合得到最终的拼接图像。因为是在不同频段进行的图像拼接，所以能避免图像的叠影。由于图像的分解和组合是无损互逆过程，即原始图像分解能得到带通层，带通层组合能得到原始图像，所以用这种方法拼接得到的图像能保证正确性。多段融合法的具体实现过程如下。

(1) 获取每个图像的低通层 $G_0, G_1, \cdots, G_n$（G_0 为原始图像），即

$$G_L = \sum_{m=-2}^{2} \sum_{n=-2}^{2} w(m,n) G_{L-1}(2i+m, 2j+n) \quad (6.57)$$

式中，$w(m,n) = w(m) \times w(n)$，为 5×5 窗口的加权函数。

(2) 分解得到每一层的带通层 $L_0, L_1, \cdots, L_{n-1}$，即

$$L_i(x,y) = G_i(x,y) - 4 \sum_{m=-2}^{2} \sum_{n=-2}^{2} G_{L+1}\left(\frac{2i+m}{2}, \frac{2j+n}{2}\right) \quad (6.58)$$

(3) 在带通层空间中进行图像融合，针对当前层，即

$$L_{kout}(x,y) = \sum_{i=0}^{i=n-1}(L_{k_{ij}}(x',y')w(x')w(y')) \bigg/ \sum_{i=0}^{i=n-1}(w(x')w(y')) \qquad (6.59)$$

获得输出图像对应的带通空间 $L_{0out}, L_{1out}, \cdots, L_{(n-1)out}$。

(4) 组合得到融合后的图像，即

$$G_{out} = \sum_{i=0}^{k=n-1} L_{out} \qquad (6.60)$$

多段融合法是效果比较好的融合方法，融合后的图像既清晰又光滑无缝，能避免缝隙问题和叠影现象。

6.4.5 中值滤波法

中值滤波法和其他融合方法不太一样。该方法基于滤波器，主要围绕消除重叠区域过渡时的像素突变问题展开。该方法基于一个 3×3 模板，用中心像素值和周边 8 个像素均值进行比较。当比较结果大于某个特定阈值时，用相邻 8 个像素值的平均值代替中心像素值。当比较结果小于某个特定阈值时，保持中心像素值不变，以此来过滤某个像素点值的突变，保证整幅图像的平滑。中值滤波法具有画面整体平滑、去除拼接缝的优点，同时对于光照强度和图像明暗度的一致性保持也十分有效。但该方法本质上是基于平均的思想，像素值平均会导致高频部分丢失，图像的锐化程度降低，会出现图像模糊现象，影响图像质量。

6.4.6 其他方法

1. 基于 PCA 的图像融合方法

基于 PCA 的图像融合方法首先用待融合图像的三个或三个以上波段数据求图像间的相关系数矩阵，由相关系数矩阵计算特征值和特征向量，再求各主分量图像；然后将高分辨率图像进行对比度拉伸，使之与第一主分量图像具有相同的均值和方差；最后用拉伸后的高分辨率图像代替第一主分量图像，将它与其他主分量经 PCA 逆变换得到融合图像。

基于 PCA 的图像融合方法的优点是适用于多光谱图像的所有波段；缺点是在基于 PCA 的图像融合方法中只用高分辨率图像来简单替换低分辨率图像的第一主分量，因此会损失低分辨率图像第一主分量中的一些反映光谱特性的信息，使融合图像的光谱畸变严重。根据统计的思想，不考虑图像各波段的特点是基于 PCA 的图像融合方法的致命缺点。

2. 基于调制的图像融合方法

借助通信技术的思想，调制技术在图像融合领域也得到一定的应用，并在某些方面具有较好的效果。用于图像融合的调制技术一般适用于两幅图像的融合处理，具体操作是对一幅图像进行归一化处理，然后将归一化处理的结果与另一图像相乘，最后重新量化后进行显示。用于图像融合的调制技术一般可分为对比度调制技术和灰度调制技术。

3. 逻辑滤波方法

逻辑滤波方法是一种利用逻辑运算将两个像素的数据合成一个像素的直观方法。例如，当两个像素的值都大于某一阈值时，"与"滤波器输出为"1"（为"真"），图像通过"与"滤波器获得的特征可认为是图像中十分显著的成分。

4. 颜色空间融合法

颜色空间融合法的原理是，利用图像数据表示成不同的颜色通道。简单的做法是将来自不同传感器的每幅原始图像分别映射到一个专门的颜色通道，合并这些颜色通道得到一幅假彩色融合图像。该方法的关键是，如何使产生的融合图像更符合人眼的视觉特性，获得更多的有用信息。

5. 人工神经网络方法

受生物界多传感器融合的启发，人工神经网络也被用于图像融合技术。人工神经网络的输入向量经过一个非线性变换可得到一个输出向量，这样的变换能够产生从输入数据到输出数据的映射模型，从而使人工神经网络能够把多个传感器数据变换为一个数据进行表示。由此可见，人工神经网络以其特有的并行性和学习方式，提供了一种完全不同的数据融合方法。然而，要将人工神经网络方法应用到实际的融合系统中，无论是网络结构设计还是算法规则方面都有许多基础问题有待解决，如网络模型、网络的层次和每一层的节点数、网络学习策略、神经网络方法与传统分类方法的关系和综合应用等。

6. 基于拉普拉斯金字塔变换的图像融合方法

基于拉普拉斯金字塔变换的图像融合方法使用拉普拉斯金字塔和基于像素最大值的融合规则进行人眼立体视觉的双目融合。基于拉普拉斯金字塔变换的图像融合方法的优点是，可以在不同空间分辨率上有针对性地突出各图像的重要特征和细节信息。相对于简单的图像融合方法，融合效果得到明显改善。其缺点是，图像的金字塔分解均是图像的冗余分解，即分解后各层间数据有冗余；同时图像融合中的高频信息损失较大，在金字塔重建时可能出现模糊、不稳定等现象。

7. 基于小波变换的图像融合方法

小波变换具有许多其他时(空)频域所不具有的优良特性，如方向选择性、正交性、可变的时频域分辨率、可调整的局部支持，以及分析数据量小等。这些优良特性使小波变换成为图像融合的一种强有力的工具，而且小波变换的多尺度变换特性更加符合人类的视觉机制，与计算机视觉中由粗到细的认知过程更加相似，更适合图像融合。

第 7 章 地理环境分析模型建模

地理环境分析模型建模是指建立可应用于地理要素基本量测与计算、空间分析、基于 DEM 的计算与分析的各种数学模型的过程。本章主要介绍地理要素的量测与计算模型、空间叠置分析模型及基于 DEM 的计算与分析模型，其他类型的量算与分析模型可参考阅读相关文献。

7.1 地理要素的量测与计算模型

地理要素的量测与计算是指对各种地理要素的基本参数进行量算与分析(刘湘南等，2008)，如地理要素的坐标、距离、周长、面积、体积、曲率、空间形态等。不同维度地理要素量测的内容有如下不同。

(1) 点状要素(零维)：坐标(位置)。
(2) 线状要素(一维)：长度、曲率。
(3) 面状要素(二维)：周长、面积、形状、曲率等。
(4) 体状要素(三维)：表面积、体积等。

7.1.1 位置量测

研究和分析地理要素首先需要确定地理要素的空间位置。空间位置可基于空间坐标系来传递地理要素的定位信息，包括绝对位置和相对位置。在空间分析中，需要的位置信息是关于点状、线状、面状、体状要素的绝对位置信息和相对位置信息。

地理要素的空间位置可由其特征点的坐标来表达和存储。点状要素的位置在欧氏平面内用唯一的坐标(x, y)表示，在三维空间中用(x, y, z)坐标表示；线状要素的位置用坐标串表示，在二维欧氏空间中用一组离散化实数点对(x_1, y_1), (x_2, y_2), $\cdots$, (x_n, y_n)表示，在三维空间中用三维坐标点对(x_1, y_1, z_1), (x_2, y_2, z_2), $\cdots$, (x_n, y_n, z_n)表示，其中 n 是大于 1 的整数；面状要素的位置由组成它的线状要素的位置表示；体状要素的位置由组成它的线状要素和面状要素的位置表示。

以经纬网为参照确定的位置是一种绝对位置。通常利用角度量测系统，以赤道以北或以南的纬度，以及本初子午线以东或以西的经度表示地球上任意点的绝对位置，用这种方法比较容易描述任意地理要素的绝对位置。

地理要素的相对位置是指空间中一个地理要素相对于另一个地理要素的方位及距离关系。在空间分析中，相对位置的量测同样具有重要的实用价值。例如，要描述某城市市区外的一座机场与市区的位置关系，可以把市区看作一个参照对象，机场与市区间的相对位置关系可用方位及距离来描述。

7.1.2 质心量测

质心是描述地理要素空间分布的一个重要指标。例如，要得到全国人口分布的等值线图，而人口数据统计到县级，需在每个县域内定义一个点作为质心，在该点展现该县的人口数值，然后插值计算全国人口等值线图。质心通常定义为一个多边形或面的几何中心。在某些情况下，质心描述的是分布中心，而不是绝对几何中心。仍以全国人口分布为例，当某个县绝大部分人口集中于一侧时，可以把质心定位于分布中心上，这种质心称为平均中心或重心。如果考虑其他因素，则可以赋予权重系数，称为加权平均中心。其计算公式为

$$\begin{cases} C_x = \dfrac{\sum\limits_{i=1}^{n} W_i x_i}{\sum\limits_{i=1}^{n} W_i} \\ C_y = \dfrac{\sum\limits_{i=1}^{n} W_i y_i}{\sum\limits_{i=1}^{n} W_i} \end{cases} \quad (7.1)$$

式中，C_x、C_y 为加权平均中心的坐标；W_i 为第 i 个离散要素的权重；x_i、y_i 为第 i 个离散要素的坐标。

7.1.3 长度量测

长度是空间量测的基本参数，可以代表线状要素的长度、面状要素和体状要素的周长，也可以代表点状、线状、面状、体状等要素间的距离。长度参数在空间分析中的重要性使其成为空间量测的重要内容之一。

1. 长度

线状要素最基本的量测参数之一是长度。在矢量数据结构下，二维空间中的线状要素长度为

$$L = \sum_{i=1}^{n} l_i = \sum_{i=1}^{n} \sqrt{(x_{i+1} - x_i)^2 + (y_{i+1} - y_i)^2} \quad (7.2)$$

三维空间中的线状要素长度为

$$L = \sum_{i=1}^{n} l_i = \sum_{i=1}^{n} \sqrt{(x_{i+1} - x_i)^2 + (y_{i+1} - y_i)^2 + (z_{i+1} - z_i)^2} \quad (7.3)$$

式中，n 为线状要素的线段数。

2. 周长

面状要素的周长可以通过围绕要素相互连接的线段进行计算。其中，第一条线段的起点坐标等于最后一条线段的终点坐标。周长的量算方法与求取线状要素长度的方法一致。

3. 距离

在空间分析中，通常进行距离的定量描述，即量测两个地理要素间的实际距离。地理要素有不同的几何形态，因此其距离量测的方法也有所不同。在此，以点与点、点与线、点与面的距离求解为例，说明其数学模型建立与求解的过程。

1) 点与点的距离

对于地表任意两点 A、B，若已知其坐标 $A(x_a, y_a, z_a)$、$B(x_b, y_b, z_b)$，则求解这两点的距离有如下几种形式。

(1) 平面直线距离。

在二维空间中，获得的是投影到二维平面上的距离，其计算公式为

$$D(A, B) = \sqrt{(x_a - x_b)^2 + (y_a - y_b)^2} \quad (7.4)$$

(2) 空间直线距离。

在三维空间中，空间直线距离表达的是两个空间点之间的距离，其计算公式为

$$D(A, B) = \sqrt{(x_a - x_b)^2 + (y_a - y_b)^2 + (z_a - z_b)^2} \quad (7.5)$$

(3) 球面距离。

在航空和航海应用中，由于航行距离较远，大圆线是球面任意两点间的最短距离，航行时常按此大圆线行进，量测两点间距离多是通过大圆线方程来求解的，如图 7.1 所示。

球面上不在同一直径两端的两个已知点可且仅可作一个大圆。设球面上的两点 $A(\varphi_1, \lambda_1)$ 和 $B(\varphi_2, \lambda_2)$ 为已知点(图 7.1)，由这两个已知点确定的圆弧长 L_{AB} 为

$$L_{AB} = \arccos[\sin\varphi_1 \sin\varphi_2 + \cos\varphi_1 \cos\varphi_2 \cos(\lambda_2 - \lambda_1)] \quad (7.6)$$

第 7 章 地理环境分析模型建模

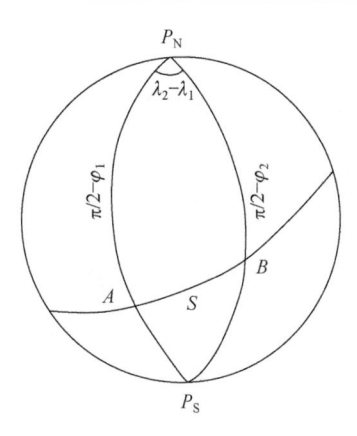

图 7.1 大圆线距离

即

$$\cos L_{AB} = \sin\varphi_1 \sin\varphi_2 + \cos\varphi_1 \cos\varphi_2 \cos(\lambda_2 - \lambda_1) \tag{7.7}$$

则大圆弧长度 L (即球面距离，单位为 km)为

$$L = R \times L_{AB} \times \frac{\pi}{180°} \tag{7.8}$$

2) 点与线的距离

点状要素与线状要素的距离求解可分为两种类型：一是点状要素与组成线状要素的其中一个线段的距离求解；二是点状要素与线状要素的距离求解。

(1) 点到线段的垂直距离。

设点状要素为 $P(x_p, y_p)$，线状要素中的一个线段端点分别为 $A(x_a, y_a)$ 和 $B(x_b, y_b)$，由 A、B 两点组成的直线 L 的方程为 $ax+by+c=0$，则点 P 到线段的垂直距离为

$$D(P, L) = |ax_p + by_p + c| / \sqrt{a^2 + b^2} \tag{7.9}$$

(2) 点到线段的最短距离。

设点状要素为 $P(x_p, y_p)$，线状要素中的一个线段端点分别为 $A(x_a, y_a)$ 和 $B(x_b, y_b)$，由 A、B 两点组成的直线 L 的方程为 $ax+by+c=0$，则点 P 到线段的最短距离为

$$D_{\min}(P, L) = \min(D(P, A), D(P, L), D(P, B)) \tag{7.10}$$

式中，$D(P, A)$、$D(P, B)$ 为点 P 到线段端点的平面直线距离，可用式(7.4)进行求解；$D(P, L)$ 为点 P 到线段的垂直距离，可用式(7.9)进行求解。

(3) 点到线段的最大距离。

设点状要素为 $P(x_p, y_p)$，线状要素中的一个线段端点分别为 $A(x_a, y_a)$ 和

$B(x_b, y_b)$，则点 P 到线段的最大距离为

$$D_{\max}(P, L) = \max(D(P, A),\ D(P, B)) \tag{7.11}$$

(4) 点到线状要素的最短距离。

设点状要素为 $P(x_p, y_p)$，线状要素 L 的端点为 $P_i(x_i, y_i)(i=1, 2, \cdots, n)$，则点 P 到线状要素的最短距离为

$$D_{\min}(P, L) = \min\{D_{\min}(P, P_i P_{i+1})\} \tag{7.12}$$

式中，$D_{\min}(P, P_i P_{i+1})$ 为点 P 到线状要素中一个线段的最短距离，可用式(7.10)进行求解。

3) 点与面的距离

设点状要素为 $P(x_p, y_p)$，面状要素 A 的端点为 $P_i(x_i, y_i)(i=1, 2, \cdots, n)$，点 P 到面状要素的距离可以看作点到面状要素特征点的距离，包括以下几种形式(图 7.2)。

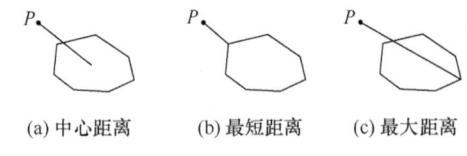

(a) 中心距离　　(b) 最短距离　　(c) 最大距离

图 7.2　点与面的距离示例

(1) 中心距离。

中心距离是指点 $P(x_p, y_p)$ 与面 A 中某一特定点 P_0(如重心)的距离(图 7.2 (a))。其求解公式为

$$D(P, A) = \sqrt{(x_p - x_0)^2 + (y_p - y_0)^2} \tag{7.13}$$

(2) 最短距离。

最短距离是指点 $P(x_p, y_p)$ 与组成面 A 所有边界线段之间的最短距离(图 7.2(b))。其求解公式为

$$D_{\min}(P, A) = \min\{D_{\min}(P, L_i)\},\ i = 1, 2, \cdots, n-1 \tag{7.14}$$

式中，L_i 为组成面的边界线段。

(3) 最大距离。

最大距离是指点 $P(x_p, y_p)$ 与组成面 A 所有边界线段之间的最大距离(图 7.2(c))。其求解公式为

$$D_{\max}(P, A) = \max\{D_{\max}(P, L_i)\},\ i = 1, 2, \cdots, n-1 \tag{7.15}$$

7.1.4 面积量测

面积是面状要素最基本的参数。在矢量数据结构下，面状要素以其轮廓边界线构成的多边形表示。对于没有空洞的简单多边形，假设其轮廓边界由 n 个点$(x_1, y_1), (x_2, y_2), \cdots, (x_n, y_n)$组成，则其面积计算公式为

$$S = \frac{1}{2} \sum_{i=1}^{n-1} \begin{vmatrix} x_i & y_i \\ x_{i+1} & y_{i+1} \end{vmatrix} \tag{7.16}$$

对于有空洞或内岛的多边形，可分别计算外多边形与内岛面积，其差值为多边形的面积。

7.1.5 形态量测

对于地理要素的量测，除了其基本几何参数，还需量测其空间形态。地理要素被抽象为点状要素、线状要素、面状要素、体状要素四大类。点状要素是零维空间体，没有任何空间形态；线状要素、面状要素、体状要素作为超零维空间体，各自具有不同的几何形态，并且随着空间维数的增加其空间形态越来越复杂。

1. 线状要素

线状要素在形态上表现为直线和曲线两种，其中曲线的形态量测更为重要。曲线的形态描述涉及曲率和弯曲度两个方面。

1) 曲率

曲率(K)反映的是曲线的局部弯曲特征。线状要素的曲率是指曲线切线方向角相对于弧长的转动率，设曲线的形式为 $y = f(x)$，则曲线上任意一点的曲率为

$$K = \frac{y''}{(1+y'^2)^{3/2}} \tag{7.17}$$

为了反映曲线的整体弯曲特征，还经常计算曲线的平均曲率。曲率的应用不限于抽象地描述曲线的弯曲程度，还具有工程和管理等方面的意义。例如，河流的弯曲程度会影响汛期河道的通畅状况；高速公路的修建有一定的曲率，曲率的大小会影响汽车的行驶速度和行程距离。

2) 弯曲度

弯曲度(C)是描述曲线弯曲程度的另一个参数，是曲线长度(L)与曲线两端点线段长度(l)之比，即

$$C = L / l \tag{7.18}$$

在实际应用中，弯曲度并不主要用来描述线状物体的弯曲程度，而是反映曲线的迂回特性。在交通运输中，这种迂回特性会加大运输成本，降低运输效率，增大运输系统的维护难度，成为企业经济研究的一个重点。另外，曲线弯曲度的

量测对于减少公路急转弯处的事故具有重要意义。

2. 面状要素

面状要素的形态描述涉及空间完整性和多边形边界特征两个方面。

1) 空间完整性

空间完整性是对空间区域内空洞数量的度量。常用的指标是欧拉函数，用来计算多边形的破碎程度和空洞数目。欧拉函数的计算结果是一个数，称为欧拉数。欧拉函数的计算公式为

$$欧拉数 = (空洞数) - (碎片数 - 1) \qquad (7.19)$$

对于图 7.3(a)，欧拉数= 4−(1−1) =4 或欧拉数= 4−0= 4；对于图 7.3(b)，欧拉数= 4−(2−1) = 3 或欧拉数= 4−1 = 3；对于图 7.3(c)，欧拉数= 5−(3−1) = 3。

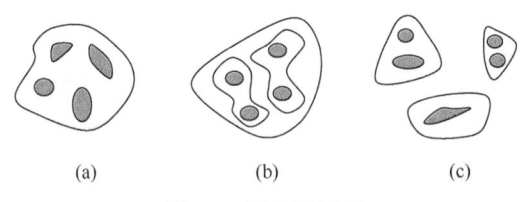

图 7.3　欧拉数示例

2) 多边形边界特征

面状要素的外观复杂多样，很难用一个合适的指标描述多边形的边界特征。常用的指标包括多边形长短轴之比、周长面积比、面积长度比等。其中，绝大部分指标是基于面积和周长的。

7.2　空间叠置分析模型

叠置分析是一种基本的空间分析方法，是指在统一的空间坐标系下，将同一地区两个或两个以上的地理要素图层进行叠加，产生具有多重属性组合的新图层，并对在结构和属性上既相互重叠，又相互联系的多种地理要素进行综合分析和评价；或者对反映不同时期同一地理要素的图形及属性进行多时相分析，从而深入揭示各种地理要素的内在联系及其发展规律(朱长青等，2006)。

7.2.1　基本概念

1. 基本思想

叠置分析是将两个或两个以上地理要素图层进行叠置，产生新的属性特征或

建立地理要素之间的空间关系。如图 7.4 所示，图 7.4(a)是一个图层的面状要素；图 7.4(b)是另一个图层的面状要素；图 7.4(c)是两个图层叠置分析的结果，可以发现叠置后形成四个面状要素。

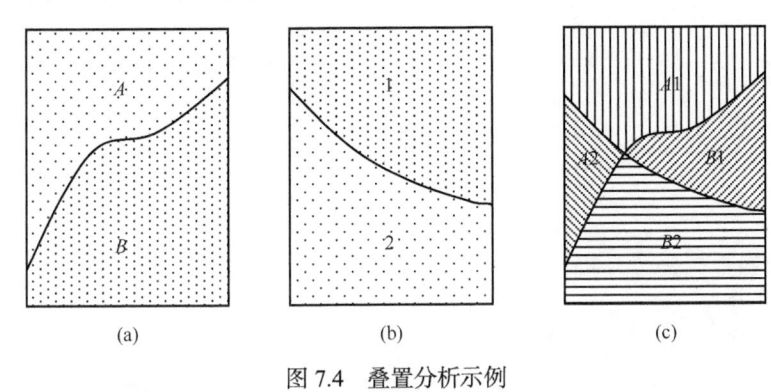

图 7.4 叠置分析示例

叠置分析能够对叠置后产生的地理要素的多重属性进行新的分类，建立地理要素之间的空间关系，提取某个区域范围内某些地理要素的数量特征。

根据存储地理要素的数据结构形式，叠置分析可分为矢量数据叠置分析和栅格数据叠置分析。矢量数据叠置分析的结果是产生新的空间特征和属性特征，而栅格数据叠置分析的结果是产生新的栅格数据。

2. 空间逻辑运算

从数学运算的角度来看，叠置分析是两个或两个以上的地理要素图层进行空间上的交、并、差运算。

假设有空间集合 A、B，其基本的空间逻辑运算定义如下。

定义 1：如果集合 B 是集合 A 的子集，则称集合 A 包含集合 B，记为 $B \subseteq A$，即假设有元素 $x \in B$，则必定有 $x \in A$。

显然

$$A \subseteq A$$
$$A \subseteq B,\ B \subseteq A \leftrightarrow A = B$$
$$A \subseteq B,\ B \subseteq C \rightarrow A \subseteq C$$

定义 2：集合 A、B 的空间逻辑交运算可定义为

$$A \cap B = \{x \mid x \in A \text{ 且 } x \in B\}$$

定义 3：集合 A、B 的空间逻辑并运算可定义为

$$A \cup B = \{x \mid x \in A \text{ 或 } x \in B\}$$

定义 4：集合 A、B 的空间逻辑差运算可定义为

$$A-B = \{x \mid x \in A \text{ 且 } x \notin B\}$$

集合的上述四种运算关系如图 7.5 所示。

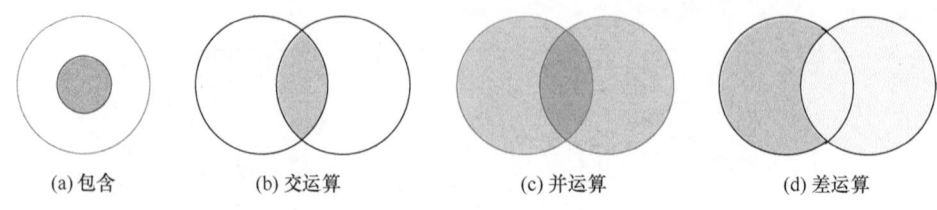

(a) 包含　　　(b) 交运算　　　(c) 并运算　　　(d) 差运算

图 7.5　集合逻辑运算示意图

7.2.2　矢量数据叠置分析

1. 矢量数据叠置分析类型

矢量数据叠置分析是叠置分析的主要研究内容。矢量数据叠置分析的对象主要有点、线、面(多边形)三种。它们之间可以产生 6 种不同的叠置分析形式，即点与点、点与线、点与面、线与线、线与面、面与面，如表 7.1 所示。

表 7.1　矢量数据叠置分析的 6 种形式示例

数据类型	点	线	面
点	学校与火车站	学校与街道	学校与行政区划
线	—	街道与街道	街道与行政区划
面	—	—	经济区划与行政区划

在矢量数据叠置分析的 6 种形式中，点与面的叠置、线与面的叠置、面与面的叠置是较为常见的叠置分析。下面对这三种叠置分析进行介绍。

2. 点与面的叠置

点与面的叠置是将一个图层上的点状要素与另一个图层的面状要素进行叠置，从而为图层内的每个点状要素建立新的属性，同时对每个面状要素内点状要素的属性进行统计分析。点与面的叠置是通过点在多边形内的判别完成的，得到一张新的属性表，属性表不仅包含原有的属性，还包含点落在哪个多边形内的标识。

图 7.6 所示为某地学校与行政区叠置分析示例。通过叠置分析可以确定每所学校所属的行政区，也可以统计出一个行政区内学校的数量及其他属性。

3. 线与面的叠置

线与面的叠置是将一个图层上的线状要素与另一个图层的面状要素叠置，从而确定线落在哪个(些)多边形内，以便为线状要素的每条线段建立新的属性。一

第 7 章 地理环境分析模型建模

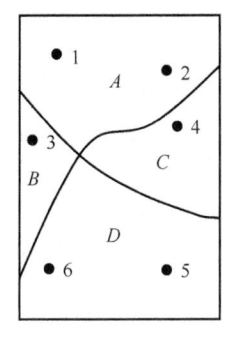

学校	所在行政区	行政区	学校数量/所
1	A	A	2
2	A	B	1
3	B	C	1
4	C	D	2
5	D		
6	D		

图 7.6 某地学校与行政区叠置分析示例

个线状要素可能跨越多个多边形，这时需要进行线与多边形的求交，在交点处截断线段，并对线段重新编号，建立线段与多边形的属性关系。新的属性表不仅包含原有的属性，还包含线落在哪些多边形内的标识。

图 7.7 所示为某地高速公路(虚线)与行政区(A、B、C)叠置分析示例，其中线目标 1 与两个多边形相关，线目标 2 与三个多边形相关。通过叠置分析，可以得到每个行政区内高速公路的分布情况。

原线号	现线号	行政区	行政区	现线号
1	1A	A	A	1A、2A
1	1B	B	B	1B、2B
2	2A	A	C	2C
2	2C	C		
2	2B	B		

图 7.7 某地高速公路与行政区叠置分析示例

4. 面与面的叠置

面与面的叠置是指将两个不同图层的面状要素叠置，产生新的面状要素。面与面的叠置首先对两个图层的多边形边界进行求交运算和裁切。然后，根据裁切的弧段重建拓扑关系。最后，判断叠置后的新多边形分别落在哪个原始多边形内，建立新多边形与原始多边形的关系，如果必要，可抽取形成新多边形的属性。

以图 7.4 为例，其表示两个面状要素图层的叠置分析，其中图 7.4(a)是上覆面状要素图层；图 7.4(b)是基本面状要素图层；图 7.4(c)是叠置分析后的结果。

7.2.3 栅格数据叠置分析

栅格数据的叠置分析只需对每个栅格单元进行逻辑运算，较为简单。设有两个栅格数据图层 $\{A_{ij}(i=1, 2, \cdots, m; j=1, 2, \cdots, n)\}$、$\{B_{ij}(i=1, 2, \cdots, m; j=1, 2, \cdots, n)\}$，经叠置分析后，得到新的栅格数据图层 $\{C_{ij}(i=1, 2, \cdots, m; j=1, 2, \cdots, n)\}$。叠置分析的目的不同，采用的逻辑运算方法也有所不同，叠置结果也不相同。

逻辑交运算为

$$C_{ij} = A_{ij} \cap B_{ij} = \begin{cases} 1, & A_{ij}=1 \text{且} B_{ij}=1 \\ 0, & A_{ij}=0 \text{且} B_{ij}=0 \end{cases} \tag{7.20}$$

逻辑并运算为

$$C_{ij} = A_{ij} \cup B_{ij} = \begin{cases} 1, & A_{ij}=1 \text{或} B_{ij}=1 \\ 0, & A_{ij}=0 \text{且} B_{ij}=0 \end{cases} \tag{7.21}$$

逻辑差运算为

$$C_{ij} = A_{ij} - B_{ij} = \begin{cases} 1, & A_{ij}=1 \text{且} B_{ij}=0 \\ 0, & A_{ij}=0 \text{或} A_{ij}=B_{ij}=1 \end{cases} \tag{7.22}$$

图 7.8 表示两个栅格数据图层 A 与 B 的叠置分析，其中图 7.8(a)、图 7.8(b)分别表示图层 A 与 B，图 7.8(c)、图 7.8(d)、图 7.8(e)分别表示图层 A 与 B 分别进行逻辑交、逻辑并、逻辑差运算的结果。

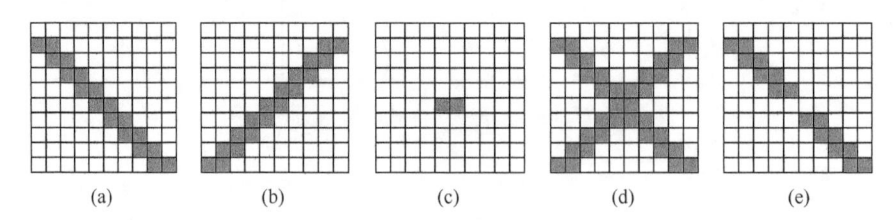

图 7.8 栅格数据叠置分析示例

7.3 基于 DEM 的计算与分析模型

数字地图的高程数据是以 DEM 的形式存储的，基于 DEM 可以进行与高程相关的计算和分析。

7.3.1 高程内插

高程内插是指利用已知点的高程，根据给定的数学模型求解未知点高程的过程。

1. 基于 RSG DEM 的高程内插

基于 RSG DEM 的高程内插的关键步骤有两个，即确定内插点所在格元、基于格元内插未知点高程(周启鸣等，2006)。

1) 确定内插点所在格元

设 DEM 格网的分辨率为 g，DEM 区域西南角点的坐标为(x_0, y_0)，则内插点 $P(x_p, y_p)$ 所在格元的行列号(i, j)为

$$\begin{cases} i = \text{int}\left(\dfrac{x_p - x_0}{g}\right) \\ j = \text{int}\left(\dfrac{y_p - y_0}{g}\right) \end{cases} \tag{7.23}$$

获取内插点 P 所在 DEM 格元的四个顶点坐标及高程，设格元四个顶点 1、2、3、4 的坐标及高程分别为(x_1, y_1, z_1)、(x_2, y_2, z_2)、(x_3, y_3, z_3)、(x_4, y_4, z_4)，如图 7.9 所示。

2) 基于格元内插未知点高程

在求取内插点 P 所在格元后，可采用线性内插、双线性内插、双三次多项式内插等方法计算内插点的高程，这里以线性内插为例进行说明。

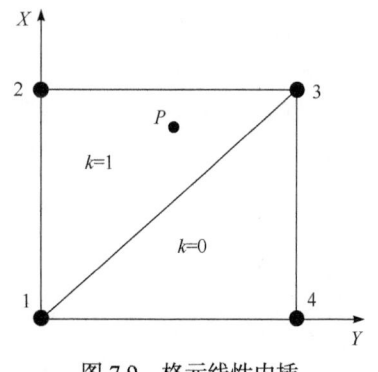

图 7.9 格元线性内插

(1) 判断内插点 P 是否与所在 DEM 格元的某个顶点重合，判断依据为式 (7.24)，即

$$\begin{cases} \dfrac{|x_p - x_k|}{g} < \varepsilon \\ \dfrac{|y_p - y_k|}{g} < \varepsilon \end{cases} \tag{7.24}$$

式中，x_k、y_k 为格元第 $k(k=1，2，3，4)$个点的坐标；ε 为限差值。

如果第 k 个点满足条件，则 $z_p = z_k$，计算结束；否则，转入步骤(2)。

(2) 对内插点 P 的坐标进行仿射变换，即

$$\begin{cases} \overline{x}_p = \dfrac{x_p - x_1}{g} \\ \overline{y}_p = \dfrac{y_p - y_1}{g} \end{cases} \quad (7.25)$$

(3) 确定内插点 P 所在的三角形，即

$$k = \begin{cases} 1, & \overline{x}_p \geq \overline{y}_p \\ 0, & \overline{x}_p < \overline{y}_p \end{cases} \quad (7.26)$$

(4) 计算内插点 P 的高程值 z_p，即

$$z_p = k[z_1 + (z_3 - z_2)\overline{y}_p + (z_2 - z_1)\overline{x}_p] + (1-k)[z_1 + z_4 - z_1 + \overline{y}_p(z_3 - z_4)\overline{x}_p] \quad (7.27)$$

2. 基于 TIN DEM 的高程内插

基于 TIN DEM 的高程内插的关键步骤也有两个，即确定内插点所在三角形、基于三角面内插未知点高程(周启鸣等，2006)。

1) 确定内插点所在三角形

给定内插点 $P(x_p, y_p)$，要基于 TIN DEM 内插出该点的高程值 z_p，首先要确定内插点 P 落在 TIN DEM 的哪个三角形内。一般的做法是通过计算距离得到离 P 最近的点，设为 Q_1，然后确定 P 所在的三角形。依次取出以 Q_1 为顶点的三角形，判断 P 是否落在该三角形内。可利用 P 是否与该三角形每个顶点均在该顶点所对边的同侧加以判断。若 P 不在以 Q_1 为顶点的任意一个三角形内，则取离 P 最近的格网点，重复上述过程，直至确定 P 所在的三角形，即检索到用于内插 P 高程的三个格网点(图 7.10)。

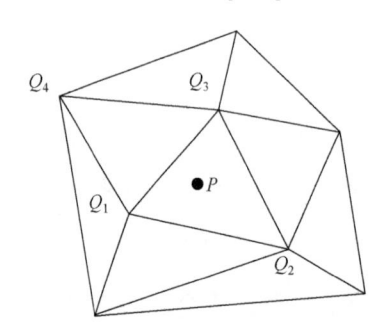

图 7.10 判断内插点所在三角形的示意图

2) 基于三角面内插未知点高程

若点 P 所在的三角形为 $Q_1Q_2Q_3$，三角形三个顶点的坐标分别为 $Q_1(x_1, y_1, z_1)$、$Q_2(x_2, y_2, z_2)$、$Q_3(x_3, y_3, z_3)$，则由 Q_1、Q_2 与 Q_3 确定的平面方程为

$$\begin{vmatrix} x & y & z & 1 \\ x_1 & y_1 & z_1 & 1 \\ x_2 & y_2 & z_2 & 1 \\ x_3 & y_3 & z_3 & 1 \end{vmatrix} = 0 \quad (7.28)$$

令

$$x_{21} = x_2 - x_1, \quad x_{31} = x_3 - x_1$$
$$y_{21} = y_2 - y_1, \quad y_{31} = y_3 - y_1$$
$$z_{21} = z_2 - z_1, \quad z_{31} = z_3 - z_1$$

则点 P 的高程 z_p 为

$$z_p = z_1 - \frac{(x_p - x_1)(y_{21}z_{31} - y_{31}z_{21}) + (y_p - y_1)(z_{21}x_{31} - z_{31}x_{21})}{x_{21}y_{31} - x_{31}y_{21}} \tag{7.29}$$

7.3.2 坡度和坡向计算

坡度和坡向是重要的地形因子。坡度反映地面的倾斜程度，而坡向反映斜坡面对的方向，它们通常与确定的点有关。

1. 坡度计算

1) 正方形格网上的坡度计算

对于正方形格网，常采用拟合曲面法求解坡度。拟合曲面法是以格网点为中心的一个窗口，拟合一个曲面。图 7.11 表示一个 3×3 窗口。

基于窗口的坡度计算公式为

$$\text{Slope} = \arctan\sqrt{\text{Slope}_{we}^2 + \text{Slope}_{sn}^2} \tag{7.30}$$

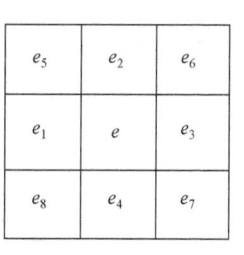

e_5	e_2	e_6
e_1	e	e_3
e_8	e_4	e_7

图 7.11　3×3 窗口

式中，Slope_{we}、Slope_{sn} 为水平方向、垂直方向上的坡度。

其可采用以下几种算法进行计算(其中 g 为格网间距，即格网分辨率)。

算法 1：

$$\begin{cases} \text{Slope}_{we} = \dfrac{e_1 - e_3}{2g} \\ \text{Slope}_{sn} = \dfrac{e_4 - e_2}{2g} \end{cases} \tag{7.31}$$

算法 2：

$$\begin{cases} \text{Slope}_{we} = \dfrac{(e_8 + 2e_1 + e_5) - (e_7 + 2e_3 + e_6)}{8g} \\ \text{Slope}_{sn} = \dfrac{(e_7 + 2e_4 + e_8) - (e_6 + 2e_2 + e_5)}{8g} \end{cases} \tag{7.32}$$

算法 3：

$$\begin{cases} \text{Slope}_{we} = \dfrac{(e_8 + \sqrt{2}e_1 + e_5) - (e_7 + \sqrt{2}e_3 + e_6)}{(4 + 2\sqrt{2})g} \\ \text{Slope}_{sn} = \dfrac{(e_7 + \sqrt{2}e_4 + e_8) - (e_6 + \sqrt{2}e_2 + e_5)}{(4 + 2\sqrt{2})g} \end{cases} \quad (7.33)$$

算法 4：

$$\begin{cases} \text{Slope}_{we} = \dfrac{(e_8 + e_1 + e_5) - (e_7 + e_3 + e_6)}{6g} \\ \text{Slope}_{sn} = \dfrac{(e_7 + e_4 + e_8) - (e_6 + e_2 + e_5)}{6g} \end{cases} \quad (7.34)$$

2) 三角形格网上的坡度计算

对于三角形格网，若某个三角形格元用线性多项式 $z = ax + by + c$（即平面）逼近，则该平面上的坡度处处相等，可由式(7.35)得出坡度值，此坡度值可作为该三角形格元的坡度值，即

$$\text{Slope} = \arccos(a^2 + b^2 + 1)^{-\frac{1}{2}} \quad (7.35)$$

2. 坡向计算

坡向定义为过格元所拟合的曲面上某点(P_0)切平面的法线正方向(N)在平面上的投影(N')与正北方向(X轴)的夹角，即法线方向水平投影向量的方位角，如图 7.12 中的 β 所示。

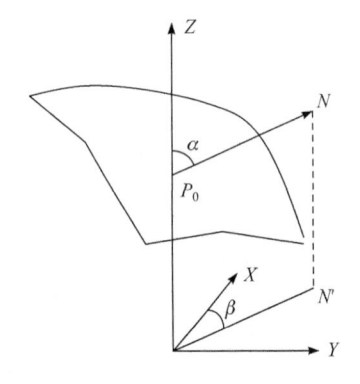

图 7.12 坡向示意图

设曲面 $z = f(x, y)$，点 $P_0(x_0, y_0, z_0)$ 处切平面方程为

$$z = ax + by + c = f_x(x_0, y_0)x + f_y(x_0, y_0)y + c \quad (7.36)$$

则该点的坡向为

$$\beta = 180° - \arctan\dfrac{f_y}{f_x} + 90°\dfrac{f_x}{|f_x|} \quad (7.37)$$

在实际计算时，坡向取值有如下规定：正北方向为 0°，按顺时针方向计算，取值范围为(0°, 360°)。式(7.36)求出的坡向有与 X 轴正向和 X 轴负向夹角之分，因此需要根据 f_x 和 f_y 的符号进一步确定坡向值(表 7.2)。

表 7.2　坡向值综合表

f_y	f_x	$\alpha = \arctan(f_x/f_y)$	β
0	>0	—	90°
	=0	—	0°
	<0	—	270°
>0	>0	0°～90°	α
	=0	0°	0°
	<0	−90°～0°	360°+ α
<0	>0	−90°～0°	180°+ α
	=0	0°	180°
	<0	0°～90°	180°+ α

7.3.3　表面积和体积计算

数字地形表面的表面积表示对应区域空间曲面的面积。体积则是指空间曲面与基准平面之间的空间容积。地形表面的表面积和体积与空间曲面拟合的方式以及数据结构(规则格网或不规则三角网)有关。在实际计算时，通常将地形表面表面积的计算转换为分块曲面表面积的计算(朱长青等，2006)。

1. 表面积计算

1) 三角形格网的表面积计算

三角形格网是由一系列三角形组成的，因此基于三角形格网的 DEM 表面积计算可以转换为单个三角形格元表面积的计算，即一个三角形格网对应的 DEM 表面积是单个三角形格元对应的表面积之和。

设任意一个三角形格元为 $P_1P_2P_3$，格元三个点的坐标分别为 $P_1(x_1, y_1, z_1)$、$P_2(x_2, y_2, z_2)$、$P_3(x_3, y_3, z_3)$，三个点的对边边长分别为 a、b、c，如图 7.13 所示。

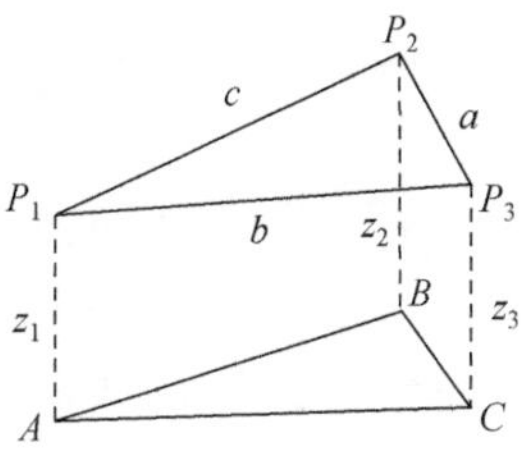

图 7.13　三角形格元的表面积计算

通常三角形格元的表面用式(7.38)所示的线性多项式表示，则对应的三角形格元上的表面是一个平面，于是对应的表面积实际上为相应的三角形平面面积，即

$$z = ax + by + c \tag{7.38}$$

由三角形面积公式可知三角形的面积为

$$S = \sqrt{P(P-a)(P-b)(P-c)} \tag{7.39}$$

式中

$$\begin{cases} P = (a+b+c)/2 \\ a = \sqrt{(x_2-x_3)^2 + (y_2-y_3)^2 + (z_2-z_3)^2} \\ b = \sqrt{(x_1-x_3)^2 + (y_1-y_3)^2 + (z_1-z_3)^2} \\ c = \sqrt{(x_2-x_1)^2 + (y_2-y_1)^2 + (z_2-z_1)^2} \end{cases}$$

因此，根据三角形格元三个点的坐标，可以计算其对应的表面积。

2) 正方形格网的表面积计算

对于正方形格网，可以将每个正方形格元按对角划分为两个三角形格元，如图7.14所示。然后，利用三角形格元的表面积计算公式计算两个三角形格元的表面积，两个三角形格元的表面积的和即该正方形格元的表面积。

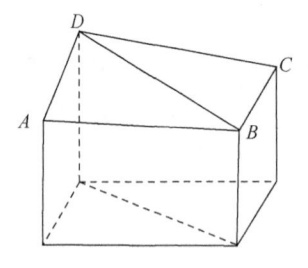

图7.14 正方形格元剖分为三角形格元

2. 体积计算

1) 三角形格网的体积计算

对于三角形格网，若某个三角形格元的表面用线性多项式 $z = ax + by + c$ 表示，则对应的三棱柱的体积为

$$V = \iint_A (ax + by + c)\mathrm{d}x\mathrm{d}y \tag{7.40}$$

式中，A 为三棱柱底面(投影面)。

在实际求解三棱柱的体积时，为计算方便，一般采用近似公式计算，为

$$V \approx S(z_1 + z_2 + z_3)/3 \tag{7.41}$$

式中，S 为三棱柱的底面(投影面)面积。

2) 正方形格网的体积计算

对于正方形格网，若某个正方形格元的表面用双线性多项式 $z = a_1 + a_2x + a_3y + a_4xy$ 表示，则对应四棱柱的体积为

$$V = \int_0^a \int_0^a (a_1 + a_2x + a_3y + a_4xy)\mathrm{d}x\mathrm{d}y \tag{7.42}$$

式中，a 为四棱柱底面正方形格元的边长。

在实际求解时，可采用如下近似公式计算，即

$$V \approx a^2(z_1 + z_2 + z_3 + z_4)/4 \tag{7.43}$$

式中，a^2 为四棱柱的底面(投影面)面积。

7.3.4 剖面分析

剖面是一个假想的垂直于海拔零平面的平面与地形表面相交,并延伸至其地表与海拔零平面之间的部分。从几何上看,剖面就是一个空间平面上的曲边梯形,如图 7.15 所示。

由于剖面线是地形表面与一个平面的交线,由起点 A 与终点 B 的位置决定。由图 7.16 可知,求剖面实际上可转换为求剖面线与 DEM 格网交点的平面和高程坐标(朱长青等,2006)。

1. 基于 RSG DEM 的剖面分析

设基于 RSG DEM 的格网坐标点为 $\{z_{i,j}\}$,格网间距为 g,DEM 表面的表达函数是如下双线性多项式,即

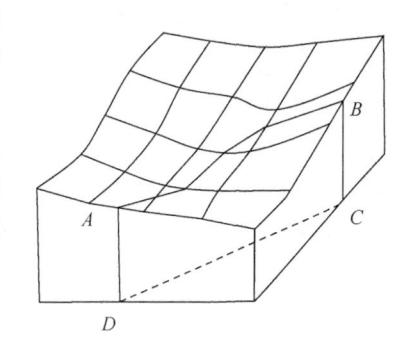

图 7.15 剖面示例

$$z = a_1 + a_2 x + a_3 y + a_4 xy \tag{7.44}$$

如图 7.16 所示,设剖面线的起点与终点的坐标分别为 (x_1, y_1, z_1)、(x_2, y_2, z_2),且 $\Delta x = x_2 - x_1$、$\Delta y = y_2 - y_1$,$\Delta x \geqslant 0$、$\Delta y \geqslant 0$。又设剖面线与格网纵轴交于 $t_l (l = 1, 2, \cdots, n)$,与格网横轴交于 $s_k (k = 1, 2, \cdots, m)$。下面分几种情况计算剖面线上点的坐标。

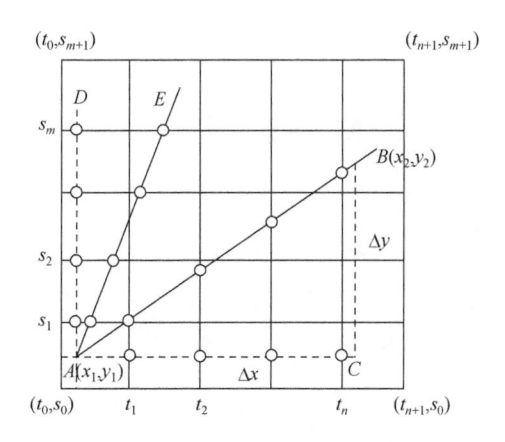

图 7.16 剖面计算示例

1) $\Delta x = 0$

此时,剖面线与格网纵轴方向一致。如图 7.16 中的线段 AD 所示,只需计算剖面线与格网横轴的交点,由于剖面线的方程为 $x = x_1$,所以剖面线交点平面坐标为

$$(x_1, s_k), \quad k = 1, 2, \cdots, m \tag{7.45}$$

(x_1, s_k)的左、右两格元点平面坐标是(t_0, s_k)、(t_1, s_k)，容易得到它们对应的高程值，分别设为z_{kl}、z_{kr}，则可得交点的高程值为

$$z_k = \frac{z_{kr} - z_{kl}}{g}(x_1 - t_0) + z_{kl} \tag{7.46}$$

2) $\Delta y = 0$

此时，剖面线与格网横轴方向一致。如图 7.16 中的线段 AC 所示，只需计算剖面线与格网纵轴的交点，由于剖面线的方程为 $y = y_1$，所以剖面线交点平面坐标为

$$(t_l, y_1), \quad l = 1, 2, \cdots, n \tag{7.47}$$

(t_l, y_1)的下、上两格元点平面坐标是(t_l, s_0)、(t_l, s_1)，容易得到它们对应的高程值，分别设为z_{td}、z_{tu}，则可得交点的高程值为

$$z_l = \frac{z_{tu} - z_{td}}{g}(y_1 - s_0) + z_{td} \tag{7.48}$$

3) $|\Delta y / \Delta x| \leqslant 1$, $\Delta x \neq 0$

如图 7.16 的线段 AB 所示，应求剖面线与格网纵轴的交点，即求线段 AB 的方程与格网纵轴方程的公共解。线段 AB 的方程可表示为

$$y = \frac{\Delta y}{\Delta x}(x - x_1) + y_1 \tag{7.49}$$

线段 AB 与格网垂直线 $x = t_l$ 的交点纵坐标为

$$y_l = \frac{\Delta y}{\Delta x}(t_l - x_1) + y_1 \tag{7.50}$$

交点平面坐标为

$$(t_l, y_l), \quad l = 1, 2, \cdots, n \tag{7.51}$$

设 $s_j \leqslant y_l < s_{j+1}$, (t_l, y_l)的下、上两格元点平面坐标是(t_l, s_j)、(t_l, s_{j+1})，容易得到它们对应的高程值，分别设为$z_{t,j}$、$z_{t,j+1}$，则可得交点的高程值为

$$z_l = \frac{z_{t,j+1} - z_{t,j}}{g}(y_l - s_j) + z_{t,j} \tag{7.52}$$

4) $|\Delta y / \Delta x| > 1$, $\Delta x \neq 0$

如图 7.16 的线段 AE 所示，应求剖面线与格网横轴的交点，即求线段 AE 的方程与格网横轴方程的公共解。线段 AE 的方程可表示为

$$y = \frac{\Delta y}{\Delta x}(x - x_1) + y_1 \tag{7.53}$$

线段 AE 与格网水平线 $y=s_k$ 的交点横坐标为

$$x_k = \frac{\Delta x}{\Delta y}(s_k - y_1) + x_1 \tag{7.54}$$

交点平面坐标为

$$(x_k, s_k), \quad k=1,2,\cdots,m \tag{7.55}$$

设 $t_j \leqslant x_k < t_{j+1}$，$(x_k, s_k)$ 的左、右两格元点平面坐标是 (t_j, s_k)、(t_{j+1}, s_k)，容易得到它们对应的高程值，分别设为 $z_{k,j}$、$z_{k,j+1}$，则可得交点的高程为

$$z_k = \frac{z_{k,j+1} - z_{k,j}}{g}(x_k - t_j) + z_{k,j} \tag{7.56}$$

2. 基于 TIN DEM 的剖面分析

TIN DEM 是由一系列空间坐标点列按三角形组成的 DEM 格网。设其坐标点列为 $\{x_i, y_i, z_i\}$ ($i=1,2,\cdots,n$)，其三角形表面可用线性多项式 $z=ax+by+c$ 表示。

基于 TIN DEM 的剖面线求解思路与基于 RSG DEM 的剖面线求解思路类似，需求解过起点与终点的垂面与 DEM 表面的交线，即计算垂面与相交三角形边的交点，如图 7.17 所示。

求基于 TIN DEM 的剖面线的基本步骤如下。

(1) 建立过起点与终点的垂面。

(2) 求垂面与 TIN DEM 表面格元交线的交点坐标。

(3) 顺序连接交点坐标，内插交点间的点，将交点与内插点顺序相连，即可得到剖面线。

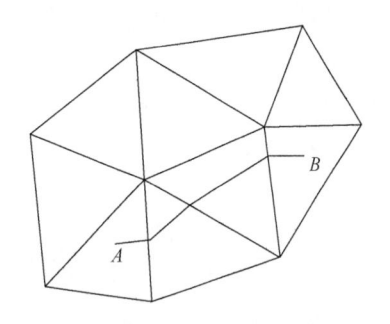

图 7.17 基于 TIN DEM 的剖面线

7.3.5 可视性分析

可视性分析又称通视分析，属于对地形分析进行最优化处理的范畴，如设置雷达站、电视台的发射站、阵地(如炮兵阵地、电子对抗阵地)、观察哨所、通信线路等。

可视性分析主要研究两个方面的问题：一个是两点之间的通视性问题，又称视线(line of sight，LOS)分析；另一个是可视域问题，即对于给定观察点所能观察到的区域。这两个问题的算法原理都是基于点与点之间的通视性判断。

判断两点间能否通视的方法主要有两种，即视线高程比较法和斜率判断法(吕品等，2015)。视线高程比较法是通过对视线上各点在空间中的高程和该点对应于

实际地形上的地形点高程进行比较,以获得点的通视性;斜率判断法是通过对该点视线的斜率和可视的临界斜率进行比较,来判断点的通视性。

下面以视线高程比较法为例,介绍其通视判定的基本原理。

如图 7.18 所示,设 G、M、Z 分别为观察点、目标点和遮蔽点,其高程分别为 H_G、H_M、H_Z,观察点与遮蔽点的水平距离为 D_1,目标点与遮蔽点的水平距离为 D_2。

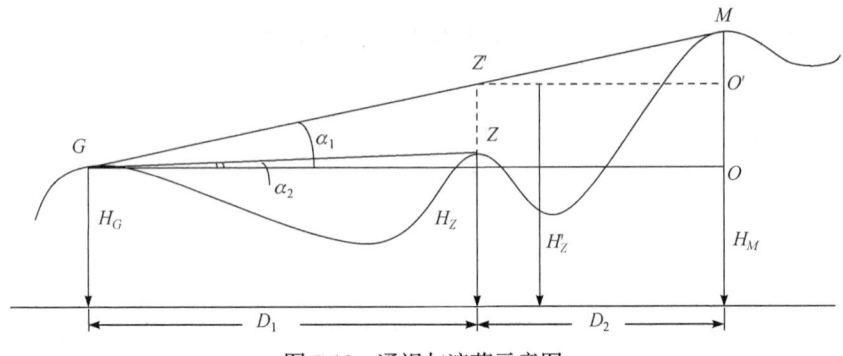

图 7.18 通视与遮蔽示意图

设遮蔽点 Z 沿铅垂线向上延长与视线 GM 交于 Z' 点,并把这一点称为假想遮蔽点。如果求得的高程为 H'_Z,则当 $H'_Z > H_Z$ 时,必定通视;当 $H'_Z < H_Z$ 时,必定不通视。

由图 7.18 可知

$$\because \triangle GOM \backsim \triangle Z'O'M$$

$$\therefore H'_Z = H_M + \frac{D_2}{D_1 + D_2}(H_G - H_M)$$

假设在观察点与目标点之间有 $n-1$ 个遮蔽点,则此时除观察点外,共有 $j(j=1,2,\cdots,n)$ 个点;在观察点与目标点间有 $i(i=1,2,\cdots,n-1)$ 个遮蔽点。上式中的 D_1+D_2 应为 $\sum_{j=1}^{n} D_j$;D_2 相应地改为 $\sum_{j=i+1}^{n} D_j$,于是第 i 个遮蔽点 Z_i 的通视判定公式为

$$H'_i = H_M + \frac{\sum_{j=i+1}^{n} D_j}{\sum_{j=1}^{n} D_j}(H_G - H_M) \tag{7.57}$$

式(7.57)为使用计算机判定时的应用公式。

以 RSG DEM 的通视分析为例,可采用规则格网剖面分析求取相交格网点的方法,内插出若干假想遮蔽点,然后对每个假想遮蔽点判断是否遮挡观察点与目标点的视线,如果有一个假想遮蔽点遮挡了观察点与目标点的视线,则认为观察

点与目标点之间不通视。

但这种分析方法的精度受 DEM 格网边长的影响较大,如果 DEM 格网边长较长,则求取的格元交点数较少,假想遮蔽点也相应变少,分析计算的量就变少,相应的精度就会变低。在实际应用中,为了提高分析精度,可以在计算机屏幕上将两点连线栅格化为若干屏幕点(直线栅格化算法可参考 Bresenham 画线算法),将两点连线上的每个屏幕点作为假想遮蔽点,利用式(7.57)进行通视分析,其分析精度将得到很大程度的提高。

第 8 章　地理环境数值模型建模

地理环境数值模型建模，是指通过对地理空间中的地貌及地物要素进行特征提取和抽象，建立描述其空间位置、几何形态和属性特征的离散化数值模型的过程(游雄等，2012)。在实际应用时，往往按一定的格网间隔将建模区域划分为正方形格网或正六边形格网，然后记录每个格元内的地理环境信息。

8.1　建 模 分 析

8.1.1　格网样式分析

在基于计算机的作战模拟系统中，模拟部队机动、作战等都是按一定的时间步长通过一定的地理格网的方式展开的，类似于在格网状的棋盘上下棋，因此对地理环境信息的描述也需按格网状的形式进行构建，并记录每个格元的地理环境信息。

在作战模拟领域，地理环境信息格网化的方法有很多种，常见的有随机矩形法、不规则多边形法和规则多边形法等(图 8.1)。在通常情况下，利用随机矩形法和不规则多边形法对作战区域进行格网化，得到的区域边界往往是不确定的，区域的形状、面积也具有不一致性，使得在此基础上地理环境信息的集成和融合具有很大的困难，而相邻区域之间的几何关系运算十分复杂，不利于对作战区域的统一表达。这两种方法在具体应用时，虽然能够顾及地理环境的各种空间分布特征，但是严重影响了地理环境的模拟效率以及地理环境模型与作战模型之间的交互，对基于计算机的现代作战模拟而言，其实用性并不高。

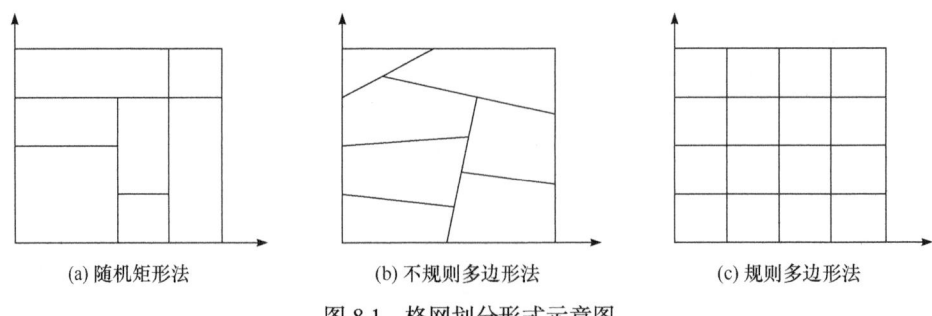

(a) 随机矩形法　　　(b) 不规则多边形法　　　(c) 规则多边形法

图 8.1　格网划分形式示意图

从地理环境信息的格网化表达来看，规则多边形法在实际中得到了广泛应用。

利用规则多边形格网对作战区域进行离散化，得到的区域边界是确定的，相邻区域之间具有确定的几何关系，区域的形状和面积也能够在一定阈值范围内保持一致，而基于规则格网的地理环境信息的集成和融合也具有很高的效率和可操作性，有利于对地理环境的统一表达。

8.1.2 地理环境描述要素分析

地理环境是对作战活动影响最大的环境因素，是部队作战行动的客观基础，也是组织指挥军队作战的重要因素。但是，地理环境极其复杂，在作战模拟中，要完整、详细地描述地理环境的结构特征和变化情况几乎是不可能的，目前能做到的只是在格网化的数值模型中对地理环境进行近似描述，抽象出其对作战行动影响最大的几个方面，如地形的起伏、植被、土质的情况等，用数值的形式进行定量化描述。

在作战模拟中，描述地理环境特征的主要参数有以下几种。

(1) 地貌类型，描述大范围区域地面的高低起伏形态，影响作战单位的作战样式和部署。

(2) 地貌高度，描述地面的高低起伏，影响作战单位的机动速度和通视性。

(3) 地物高度，用来描述地面的植被及建筑物等各种固定物体的高度，主要影响观察者与目标间的通视性，有时可与地貌高度合并为地面高度。

(4) 通行性，用来描述对部队机动产生影响的道路等级、土质、地貌、灌木丛、树木、障碍物和建筑物等，主要影响作战单位的机动速度。

(5) 隐蔽性，主要描述地面可供隐蔽的地貌地物(如地面的起伏、沟渠、植物等)，影响目标的可视面积大小，进而影响对目标的搜索发现和杀伤效果。

在使用这些参数时，可根据作战模拟的需要选用其中的部分参数和全部参数。描述前面几种参数的方式有定量和半定量两种方法。定量描述适用于实现方便的可测参数，如地貌高度和地物高度等。半定量描述适用于难以用物理方法测出具体数值的参数，如地貌类型、植被类型、通行性和隐蔽性等。

8.2 格网模型数学基础的建立

8.2.1 格网几何特性分析

由基本几何定理可知，能够无缝无重叠地铺满平面的基本几何图元有三种，即正三角形、正四边形和正六边形。基于这三种基本几何图元的地理环境模型，在各种作战模拟系统中都有应用，下面对这三种规则格网的几何特性进行分析比较，以更好地指导地理环境数值模型的构建。

根据构成规则格网的基本几何图元类型,可以将规则格网分为正三角形格网、正四边形格网和正六边形格网。规则格网的几何特性体现在多个方面,其中邻接关系、等方向性和平面覆盖率对于地理环境模拟的精度和效率具有重要意义(张欣,2014)。下面从这三个方面对三种规则格网的几何特性进行分析和比较。

1. 邻接关系

对规则格网而言,邻接关系是指当前格元与邻近格元的连接关系,包括边邻接和顶点邻接两种。边邻接是指当前格元与邻近格元共边的情况,顶点邻接是指当前格元与邻近格元共用顶点的情况。

对正三角形格网而言,存在两种邻接关系,即边邻接和顶点邻接。格网中的每个格元(边界格元除外)共有 12 个邻近格元,其中有 3 个邻近格元与之构成边邻接关系,有 9 个邻近格元与之构成顶点邻接关系,如图 8.2(a)所示。图 8.2(a)中不填充的三角形为当前格元,斜线填充的 3 个三角形为边邻接格元,水平线填充的 9 个三角形为顶点邻接格元。

对正四边形格网而言,存在两种邻接关系,即边邻接和顶点邻接。格网中的每个格元(边界格元除外)共有 8 个邻近格元,其中有 4 个邻近格元与之构成边邻接关系,有 4 个邻近格元与之构成顶点邻接关系,如图 8.2(b)所示。图 8.2(b)中不填充的四边形为当前格元,斜线填充的 4 个四边形为边邻接格元,水平线填充的 4 个四边形为顶点邻接格元。

对正六边形格网而言,只存在一种邻接关系,即边邻接,而不存在点邻接关系。格网中的每个格元(边界格元除外)共有 6 个邻近格元,且都与之构成边邻接关系,如图 8.2(c)所示。图 8.2(c)中不填充的六边形为当前格元,斜线填充的 6 个六边形为边邻接格元。

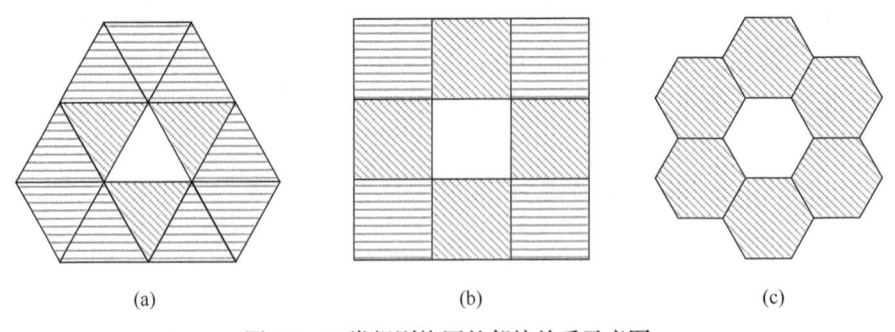

(a)　　　　　　　　　(b)　　　　　　　　　(c)

图 8.2　三类规则格网的邻接关系示意图

2. 等方向性

等方向性是指规则格网中,当前格元几何中心到邻近格元几何中心距离相等的特性。正三角形格网、正四边形格网和正六边形格网存在边邻接和顶点邻接两类邻近格元，因此需要分类讨论不同格网的等方向性。

对正三角形格网而言，任意一个三角形格元(边界格元除外)均有 3 个边邻接格元和 9 个顶点邻接格元，当前格元中心到邻接格元中心的距离如图 8.3(a)所示。假定三角形格元边长为 L，则当前格元中心到邻接格元中心的距离有三种不同的值：①与 3 个边邻接格元(斜线填充的三角形)的距离为 $L/\sqrt{3}$；②水平线填充的 3 个顶点邻接格元，其与中心格元的距离为 $2L/\sqrt{3}$；③垂直线填充的 6 个顶点邻接格元，其与中心格元的距离为 L。

对正四边形格网而言，任意一个四边形格元(边界格元除外)均有 4 个边邻接格元和 4 个顶点邻接格元，当前格元中心到邻接格元中心的距离如图 8.3(b)所示。假定四边形格元边长为 L，则当前格元中心到邻接格元中心的距离有两种不同的值：①与 4 个边邻接格元(斜线填充的四边形)的距离为 L；②与 4 个顶点邻接格元(水平线填充的四边形)的距离为 $\sqrt{2}L$。

对正六边形格网而言，任意一个六边形格元(边界格元除外)均只有 6 个边邻接格元，当前格元中心到邻接格元中心的距离如图 8.3(c)所示。假定六边形格元对边距离为 L，则当前格元中心到邻接格元中心的距离均为 L。

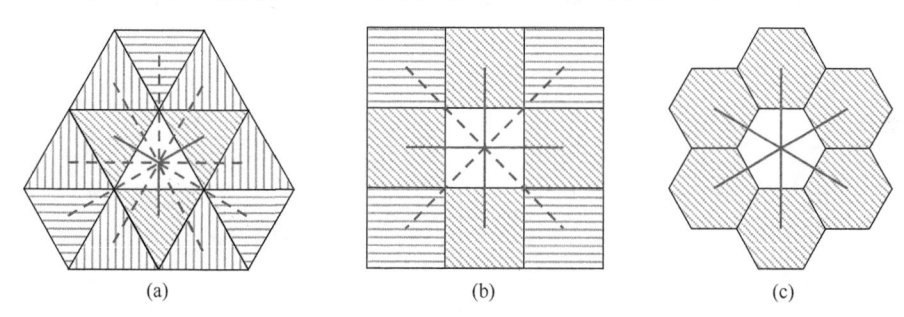

图 8.3　三类规则格网的等方向性示意图

可以看出，正六边形格网的等方向性最好，正四边形格网的等方向性次之，正三角形格网的等方向性最差。在作战模拟中，作战模型与地理环境模型之间存在大量交互，如果采用正三角形格网和正四边形格网的地理环境模型，作战单位在沿边邻接格元进行机动时的距离，与沿顶点邻接格元进行机动的距离不等，需要进行额外的计算与处理；如果采用正六边形格网的地理环境模型，则作战单位沿任意方向的边邻接格元的机动距离都是相等的，不需要额外的计算与处理。

3. 平面覆盖率

对规则格网而言，平面覆盖率是指单位面积内相同分辨率格元(格网点)的数目。平面覆盖率越高，说明单位面积内的格元(格网点)数越多，地理环境模型的描述内容就越丰富，反之亦然。平面覆盖率可以采用格元数或格网点数进行描述，可根据具体需要采用不同的方式来描述。下面以格元数为例，分析正三角形格网、正四边形格网、正六边形格网的平面覆盖率。

对正三角形格网而言，其正三角形格元在平面区域的分布如图 8.4(a)所示。假定该平面区域面积为 S，正三角形格元的边长为 L，格元的面积为 $\sqrt{3}L^2/4$，则正三角形格网的平面覆盖率可通过式(8.1)计算得到，即

$$\rho_T = \frac{4S}{\sqrt{3}L^2} \tag{8.1}$$

对正四边形格网而言，其正四边形格元在平面区域的分布如图 8.4(b)所示。假定该平面区域面积为 S，正四边形格元的边长为 L，格元的面积为 L^2，则正四边形格网的平面覆盖率可通过式(8.2)计算得到，即

$$\rho_R = \frac{S}{L^2} \tag{8.2}$$

对正六边形格网而言，正六边形格元在平面区域的分布如图 8.4(c)所示。假定该平面区域面积为 S，正六边形格元的对边距离为 L，格元的面积为 $\sqrt{3}L^2/2$，则正六边形格网的平面覆盖率可通过式(8.3)计算得到，即

$$\rho_H = \frac{2S}{\sqrt{3}L^2} \tag{8.3}$$

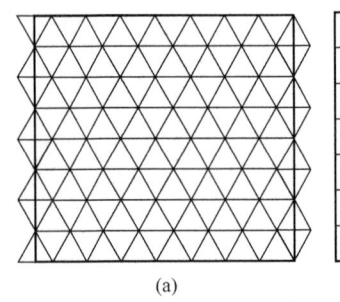

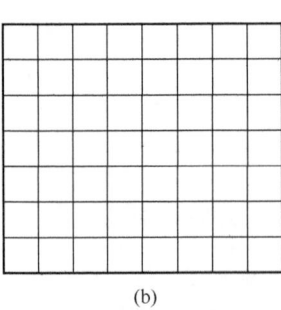

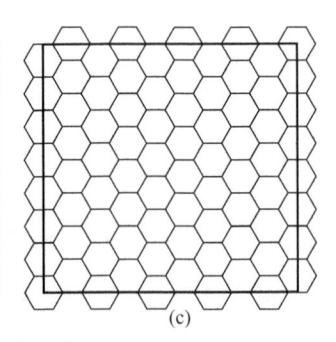

图 8.4 三类规则格网的格元分布示意图

将正三角形格网、正四边形格网和正六边形格网的平面覆盖率相比，可得

$$\rho_T : \rho_R : \rho_H = \frac{4S}{\sqrt{3}L^2} : \frac{S}{L^2} : \frac{2S}{\sqrt{3}L^2} = 4 : \sqrt{3} : 2 \tag{8.4}$$

可以看出，在格元边长相等的情况下，正三角形格网具有最高的平面覆盖率，正六边形格网次之，正四边形格网的平面覆盖率最低。

需要说明的是，如果以单位面积内相同分辨率格网点的数目来计算这三种格

网的平面覆盖率，则得到的平面覆盖率与上述方法的计算结果有一定的差异。

综合分析三种规则格网的邻接关系、等方向性和平面覆盖率的几何特性，可以看出，正六边形格网及正四边形格网具有优良的几何特性，因此常作为地理环境数值模型的基础格网。

8.2.2 正四边形格网系统构建

正四边形地理环境数值模型建模，首先需要建立正四边形格网的坐标体系。下面对正四边形格网构建中涉及的剖分方法、编码机制和空间定位机制进行介绍。

1. 正四边形格网剖分方法

在平面区域构建正四边形格网，需要首先明确格元尺寸、格网起始点、格元朝向等几个要素。为统一描述，规定格元尺寸是指正四边形格元的边长，格网起始点为平面区域的左下角点，格元朝向为格边朝北，如图 8.5 所示。

对于每一个正四边形格元，其包含格边和格点两个部分，假设一个正四边形格元的格边分别标识为 a、b、c、d，格点分别标识为 1、2、3、4，如图 8.6 所示。

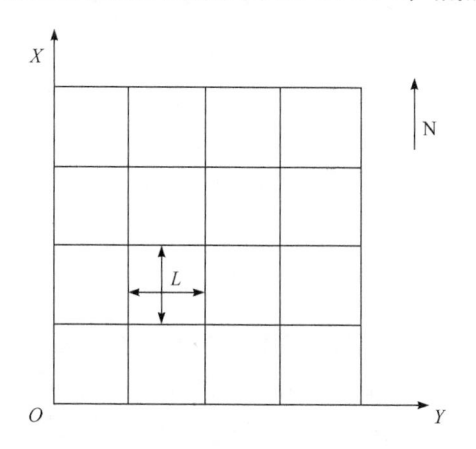

图 8.5　正四边形格元尺寸、起始点和朝向示意图

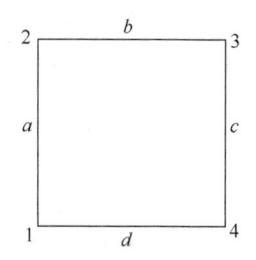

图 8.6　正四边形格元的各个格边与格点标识

假设平面区域左下角点的坐标为 (X_0, Y_0)，格元尺寸为 L，则格网中第 i 行(纵轴方向)、第 j 列(横轴方向)正四边形格元的中心点坐标可以通过式(8.5)计算得到，正四边形格元的各个顶点坐标可通过式(8.6)计算得到。

$$\begin{cases} X_{i,j} = X_0 + (i-1) \times L + \dfrac{L}{2}, & i = 1, 2, \cdots \\ Y_{i,j} = Y_0 + (j-1) \times L + \dfrac{L}{2}, & j = 1, 2, \cdots \end{cases} \quad (8.5)$$

$$\begin{cases} X_1 = X_0 + (i-1) \times L \\ Y_1 = Y_0 + (j-1) \times L \\ X_2 = X_0 + i \times L \\ Y_2 = Y_0 + (j-1) \times L \\ X_3 = X_0 + i \times L \\ Y_3 = Y_0 + j \times L \\ X_4 = X_0 + (i-1) \times L \\ Y_4 = Y_0 + j \times L \end{cases} \tag{8.6}$$

根据上述平面正四边形格网剖分方法，可以基于格元尺寸、左下角点坐标等数据，生成整个正四边形格网中所有的格点坐标，从而实现对平面区域的正四边形格网剖分。

2. 正四边形格网编码机制

在完成对平面区域的正四边形格网剖分之后，需要建立格网的编码机制。正四边形格网采用顺序编码方式进行编码，其从平面区域的左下角开始，纵轴方向为行、横轴方向为列，其行列号分别从 1 开始编码，得到如图 8.7 所示的编码结构。

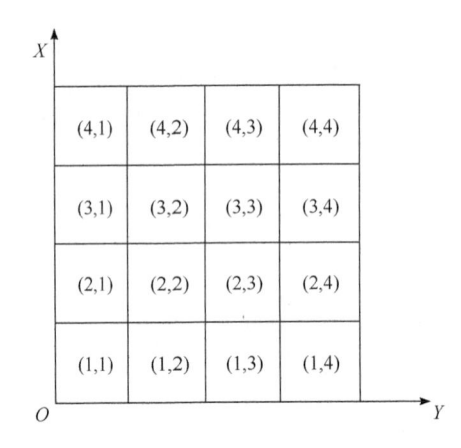

图 8.7 正四边形格网编码示意图

3. 正四边形格网空间定位机制

在明确正四边形格网剖分方法及编码机制后，可确定任意一个点落到哪个正四边形格元内，即确定所在格元的行列号。假设平面区域左下角点的坐标为 (X_0, Y_0)，格元尺寸为 L，任意点 P 的坐标为 (X_p, Y_p)，则格元行号 i(纵轴方向)、列号 j(横轴方向)可以通过式(8.7)计算得到。

$$\begin{cases} i = \text{int}\left(\dfrac{X_p - X_0}{L}\right) + 1 \\ j = \text{int}\left(\dfrac{Y_p - Y_0}{L}\right) + 1 \end{cases} \tag{8.7}$$

8.2.3 正六边形格网系统构建

在正六边形地理环境数值模型的构建过程中，正六边形格网的构建是基础且

第 8 章 地理环境数值模型建模

十分重要的环节,格网构建的效率和精度直接决定正六边形地理环境数值模型的效率与精度。因此,本节对正六边形格网构建中涉及的剖分方法、编码机制和空间定位机制进行介绍。

1. 正六边形格网剖分方法

在平面区域构建正六边形格网,需要首先明确格元尺寸、格网起始点、格元朝向等几个要素。为统一描述,规定格元尺寸是指正六边形格元的对边距离,格网起始点为左下角点,格元朝向为格元对边朝北方向,如图 8.8 所示。

正六边形格网中的每个正六边形格元都可以看作一个独立的单元,具有统一的属性信息,能够独立地与作战模型发生交互,而每个正六边形格元都包含格边和格点两个部分,因此需要明确正六边形格元的每条格边和每个格点,可将正六边形格元的格边分别标识为 a、b、c、d、e、f,将格点分别标识为 1、2、3、4、5、6,如图 8.9 所示。

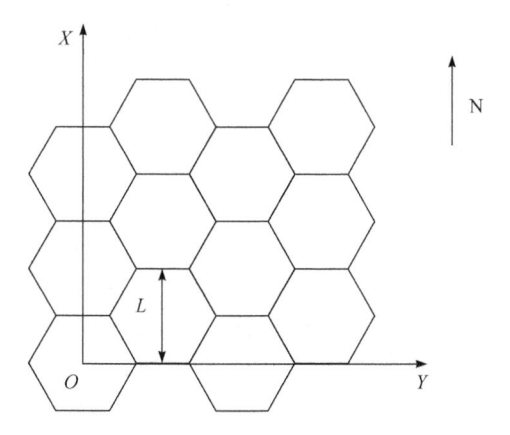

图 8.8　正六边形格元尺寸、起始点和朝向示意图

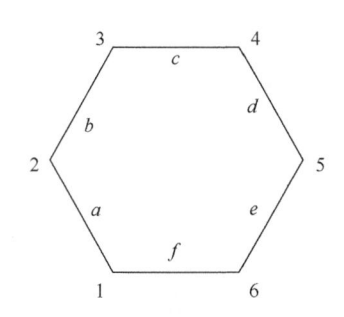

图 8.9　正六边形格元的各个格边与格点标识

假设正六边形格网中左下角正六边形格元的中心点坐标为 (X_0, Y_0),格元尺寸为 L,则格网中第 i 行、第 j 列正六边形格元的中心点坐标可通过式(8.8)计算得到,正六边形格元的各个顶点坐标可通过式(8.9)计算得到。

$$\begin{cases} X_{i,j} = (i-1) \times L + X_0, & j = 1,3,5,\cdots \\ X_{i,j} = (i-1) \times L + X_0 + \dfrac{L}{2}, & j = 2,4,6,\cdots \\ Y_{i,j} = \dfrac{\sqrt{3}}{2}(j-1) \times L + Y_0 \end{cases} \quad (8.8)$$

$$\begin{cases} X_1 = X_{i,j} - \dfrac{L}{2}, & Y_1 = Y_{i,j} - \dfrac{\sqrt{3}}{6}L \\[4pt] X_2 = X_{i,j}, & Y_2 = Y_{i,j} - \dfrac{\sqrt{3}}{3}L \\[4pt] X_3 = X_{i,j} + \dfrac{L}{2}, & Y_3 = Y_{i,j} - \dfrac{\sqrt{3}}{6}L \\[4pt] X_4 = X_{i,j} + \dfrac{L}{2}, & Y_4 = Y_{i,j} + \dfrac{\sqrt{3}}{6}L \\[4pt] X_5 = X_{i,j}, & Y_5 = Y_{i,j} + \dfrac{\sqrt{3}}{3}L \\[4pt] X_6 = X_{i,j} - \dfrac{L}{2}, & Y_6 = Y_{i,j} + \dfrac{\sqrt{3}}{6}L \end{cases} \quad (8.9)$$

根据上述平面正六边形格网剖分方法，可以基于格元尺寸、起始点坐标等数据，生成整个正六边形格网中所有的格点坐标，从而实现对平面区域的正六边形格网剖分。

2. 正六边形格网编码机制

在完成对平面区域的正六边形格网剖分之后，需要建立格网的编码机制，为实现高效的地理环境空间数据索引和作战模型的空间运算打下基础。对于正六边形格网的编码机制，许多学者根据不同的应用需求，设计了不同的正六边形格网编码方法，比较典型的有广义平衡三元组(generalized balanced ternary，GBT)(Gibson et al.，1982)、隶属图形结构(张永生等，2007)、PYXIS 结构(Perry，2009；Vince et al.，2009)等。

在基于正六边形格网构建的地理环境数值模型与作战模型交互过程中，通常需要正六边形格网编码、地理坐标(经纬度坐标)等多种坐标之间的相互转换，而作战模型也要求它能够支持快速、有效的空间运算，因此正六边形格网的编码需要满足坐标转换和空间运算两个方面的要求。

地球表面的地理环境要素经过投影变换之后，可以映射到平面直角坐标系下的一定区域内，因此使用平面直角坐标系对正六边形格网进行编码，不但能够实现正六边形格网编码与平面直角坐标的快速转换，而且能够有效地在正六边形格网上进行距离、面积等空间运算。需要注意的是，基于平面直角坐标系对正六边形格网进行编码有两种方式，如图 8.10 所示。其中，图 8.10(a)为顺序编码方式，图 8.10(b)为间隔编码方式。

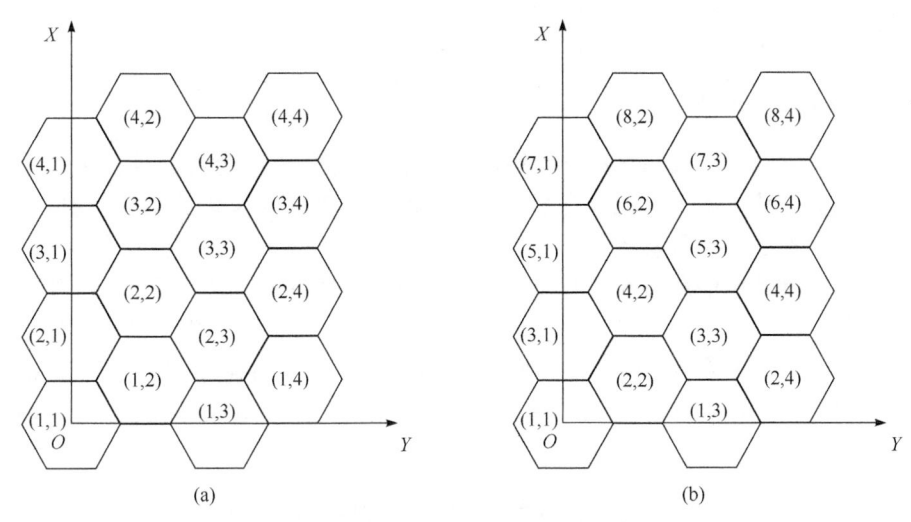

图 8.10 平面直角坐标系下正六边形格网两种编码示意图

相比于间隔编码，顺序编码具有更高的存储效率。如果使用二维数组对正六边形格网的属性信息进行管理，顺序编码能够节约近 50%的计算机存储空间，这对于大区域范围的地理环境数值模型具有十分重要的意义。

3. 正六边形格网空间定位机制

在明确正六边形格网剖分方法及编码机制后，需确定如何描述一个点在正六边形格网内的位置，即格网空间定位机制。根据精度要求，格网空间定位有两种不同的形式：①如果精度要求不高，可直接定位到正六边形格元的中心位置；②如果精度要求较高，可通过位置偏移法对实际位置进行准确描述。其基本思路是在每个正六边形格元中构建局部直角坐标系，使用点所在正六边形格元编码(整型数值)并结合其相对于该正六边形格元几何中心的偏移量(浮点型数值)描述该点的位置。如图 8.11 所示，点 P 在当前正六边形格元中的位置可以利用式(8.10)进行描述，即

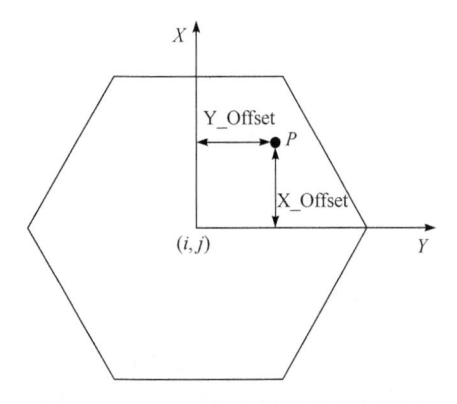

图 8.11 正六边形格元空间定位机制示意图

$$Pos=(i\_hex, j\_hex)+(X\_Offset, Y\_Offset) \qquad (8.10)$$

式中，(i_hex, j_hex)为点所在正六边形格元的格网编码；(X_Offset, Y_Offset)为

点相对于当前正六边形格元几何中心的偏移量。

8.2.4 格元尺寸的确立

格元尺寸的大小表明其对空间描述的精度，亦称空间分辨率。空间分辨率取决于所模拟作战行动的单位分辨率，即作战模型对战役战术单位的分辨精度。作战模型中的作战单位分辨率不同，构建的地理环境模型的分辨率也应当不同。也就是说，地理环境信息格网化时应根据作战模型的特点选择格元尺寸。一般情况下，若作战模型为战术级，对作战单位描述到单兵、单武器装备，则格元尺寸一般取 10m；若作战单位描述到班，则格元尺寸一般取 50~100m；若作战单位描述到排，则格元尺寸一般取 250m。表 8.1 列举了不同作战模拟规模与地理环境模型格元尺寸的对应关系。

表 8.1 不同作战模拟规模与地理环境模型格元尺寸的对应关系

格元尺寸/m	部队的最大规模		最小活动范围		作战单位的大小			
	步兵	机械化步兵	正面/m	纵深/m	步兵	机械化步兵	炮兵	飞机
10	2 个排	不适用	600	630	1 人	不适用	1 门	不适用
25	1 个连	1 个连	1500	1575	2 人	1 辆车	2 门	1 架
50	1 个营	1 个营	3000	3150	1/2 班	2 辆车	4 门	1 架
100	2 个营	2 个营	6000	6300	1 个班	3 辆车	6 门	2 架
250	4 个营	4 个营	15000	15750	1 个排	7 辆车	12 门	4 架

8.3 格网数值模型的建立

8.3.1 格网数值的描述方法

在建立了正四边形格网、正六边形格网的数学基础后，可描述格网内的地理环境信息。作战模型层级不同、用途不同，采用的数学方法也各不相同，因此对地理环境要素的格网化精度要求也不一样。另外，对于不同类型的地理环境信息，其描述的形式和方法也各不相同。一般来说，地理环境的格网化表达方法可大致分为定量法和半定量法。

1. 定量法

定量法是指用一个精确的数值表达所要描述对象的某项参数，适合实现方便的可测参数，如地貌高度和地物高度等。在具体记录每个格元的数值时，可采用平均值法或中心点法计算该格元的数值。如果要记录某个格元的地面高度，则可利用正四边形格元或正六边形格元顶点的高程值，求取格元顶点高程的平均值作为该格元的地面高度，也可通过线性插值法或其他插值方法求取格元中心点的高程值作为该格元的地面高度。在使用格元数据时，根据精度要求，有两种不同的取值形式：①如果精度要求不高，可直接使用通过平均值法或中心点法求取的格元高程值；②如果精度要求较高，需获取点位的准确高程值，则以该点所在格元顶点的高程值通过线性插值法或其他插值方法求取该点的高程值。

2. 半定量法

半定量法是指用一个分类分级的数值表达所要描述对象的某项参数，适合难以用物理方法测出具体数值的参数，如地貌类型、植被类型、通行性和隐蔽性等。因此，这种方法的首要工作是对所要记录的地理要素进行分类分级，表 8.2 列举了常见地貌类型及其主要特征。在具体记录每个格元的数值时，可采用中心点法或面积占优法计算该格元的数值。若要记录某个格元的植被类型，则可以将该格元中心点所在位置的植被类型作为整个格元的植被类型，也可以将该格元内占面积最大的植被类型作为整个格元的植被类型。在使用格元数据时，直接取该格元数值。

表 8.2　常见地貌类型及其主要特征

编号	类型	特征
1	平地	海拔 200m 以下的区域性平坦开阔地区
2	丘陵	海拔在 500m 以下，高差在 100~200m，坡度较缓、连绵不断的低矮山丘
3	低山	海拔 500~1000m，高差大于 200m 的起伏不平地区
4	中山	海拔 1000~3000m，高差大于 200m 的起伏不平地区
5	高山	海拔 3000m 以上，高差大于 200m 的起伏不平地区
6	高原	海拔 500m 以上的广阔平缓地区
7	盆地	山地或高地所包围的平地

8.3.2　正四边形格网数值模型的建立

1. 正四边形格网数值模型的内容组成

前述章节已经分析说明，作战模拟所用的格网数值模型只对作战行动影响最大的几个方面(如地貌类型、植被、土质情况等)进行近似性描述(图 8.12)，即采用定量化或半定量化的方式进行描述。为了明确这些地理要素的建模方法，需对建模要素(即数值模型的内容组成)进行相应分类。一般来说，可以根据地理要素的结构特征分为点状要素、线状要素和面状要素三类。

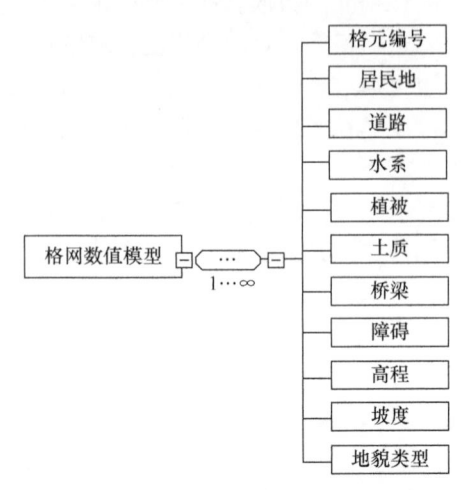

图 8.12 正四边形格网数值模型主要内容组成

(1) 点状要素，主要是指在区域内呈点状分布的要素，如独立房屋、桥梁、隧道、障碍物、工事等。

(2) 线状要素，主要是指在区域内呈线状或带状分布的要素，如道路、线状水系、大型桥梁等。

(3) 面状要素，主要是指在区域内呈片状分布的要素，如植被、土质、地貌类型、地表起伏情况等。

2. 点状要素的格网化

点状要素是指战场环境中对作战行动具有重要影响的点状目标和对象，如独立房屋、桥梁、隧道、障碍物、工事等。因此，可以根据点状要素的空间信息和属性信息对其进行格网化表达。

已知点状要素的空间位置信息，可利用式(8.7)确定该点状要素落到哪个正四边形格元内，即确定所在格元的行列号。然后，可在计算出的格元内记录用户关注的该点状要素的属性信息。

3. 线状要素的格网化

在正四边形格网数值模型构建中，涉及两类线状要素，即运输类线状要素和障碍类线状要素。运输类线状要素是指战场环境中可支持后勤物资输送或兵力投送的交通和管线类对象，如公路、铁路、大型桥梁、管网等。障碍类线状要素是指战场环境中对地面部队机动行进产生阻滞影响的线状对象，如线状河流、断崖等。这两类线状要素对作战行动的影响差异较大，但其建模方法及模型记录形式基本一致。

对于一个已知空间信息和属性信息的线状要素，可根据线状要素的坐标信息判断其落到了哪些格元中，即确定所在格元的行列号数组(图 8.13)。然后，可在计算出的格元内记录用户关注的该线状要素的属性信息(如线状要素的类型)。

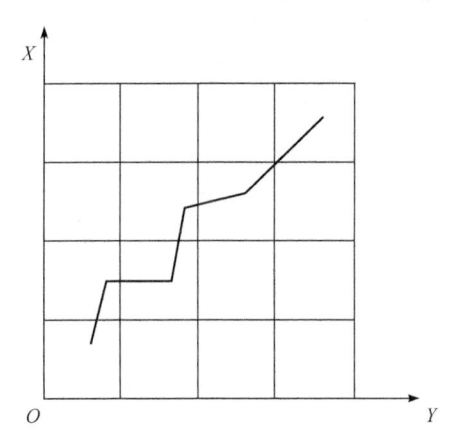

图 8.13　线状要素格网化示意图

如果格网数值模型的分辨率(格元边长)较大，在一个格元内可能存在多个同类要素(如公路)，则以该格元内等级最高或者占据长度最长的要素类型作为该格元的值。

4. 面状要素的格网化

在正四边形格网数值模型构建中，涉及面状要素的类型较多，这些面状要素的建模方法也各不相同。下面以高程、坡度、植被、水系、土质、地貌等为例，说明其建模方法。

对于高程信息，需记录每个格元的平均高程。一般是根据格元的四个顶点坐标，利用高程内插法(参见 7.3 节内容)得到四个顶点的高程值，然后求取四个顶点高程的平均值，作为该格元的高程。

对于坡度信息，需记录每个格元的坡度值。格元坡度的求解采用拟合曲面法(参见 7.3 节内容)，求解得到的坡度作为该格元的坡度值。

对于呈区域分布的面状要素(如植被、水系、土质)，已知其空间信息和属性信息，可根据面状要素的坐标信息判断其覆盖哪些格元，即确定所在格元的行列号数组(图 8.14)。然后，可在计算出的格元内记录用户关注的该面状要素的属性信息(如面状要素的类型)。如果格网数值模型的分辨率(格元边长)较大，在一个格元内可能存在多个同类要素(如植被)，则以该格元内等级最高或者占据面积最大的要素类型作为该格元的值。

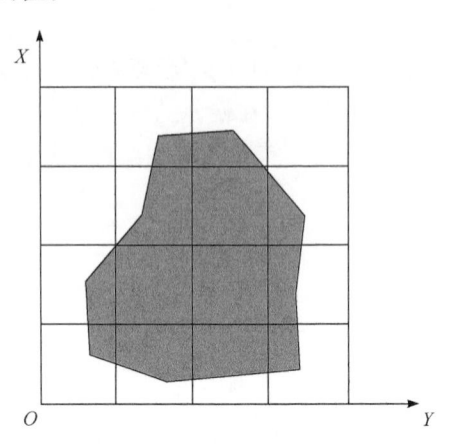

图 8.14　面状要素格网化示意图

对于呈全域分布的地貌类型，其描述了大范围区域地面的高低起伏形态，影响着作战单位的作战样式和部署。对地貌类型进行格网化，需记录每个格元的地貌类型。如果已知某种地貌类型的覆盖范围，则可根据覆盖范围的特征点坐标判断其覆盖了哪些格元，即确定所在格元的行列号数组(图 8.14)。然后，可在计算出的格元内记录该种地貌类型。如果原始数据中没有提供某种地貌类型的覆盖范围，则往往需要根据建模区域的平均海拔高度、最大高程差，以及每个格元的高程、坡度等信息，综合计算判断该区域的地貌类型，并记录到相关格元中。

8.3.3　正六边形格网数值模型的建立

1. 高程/水深信息的格网化

在构建正六边形格网的高程/水深数值模型时，建模所用的数据源有矢量和栅格两种形式，且建模方法基本一致，因此可以采用同样的算法和流程进行建模。为了降低运算复杂度、提高建模效率，在满足建模精度需求的前提下，可以使用整型数值描述正六边形格元的高程和水深值。

在利用原始高程和水深数据(包括矢量和栅格两种形式)计算正六边形格元的高程和水深值时，可以利用原始数据中高程点或水深点的坐标，基于正六边形格网建立原始数据的索引，将每个正六边形格元中所包含的高程或水深点记录并存储到正六边形格网索引表中；基于正六边形格网的高程或水深点索引表，利用算术平均值法可以计算得到每个正六边形格元的平均高程值和平均水深值。高程/水深信息格网化基本流程如图 8.15 所示。

第 8 章 地理环境数值模型建模

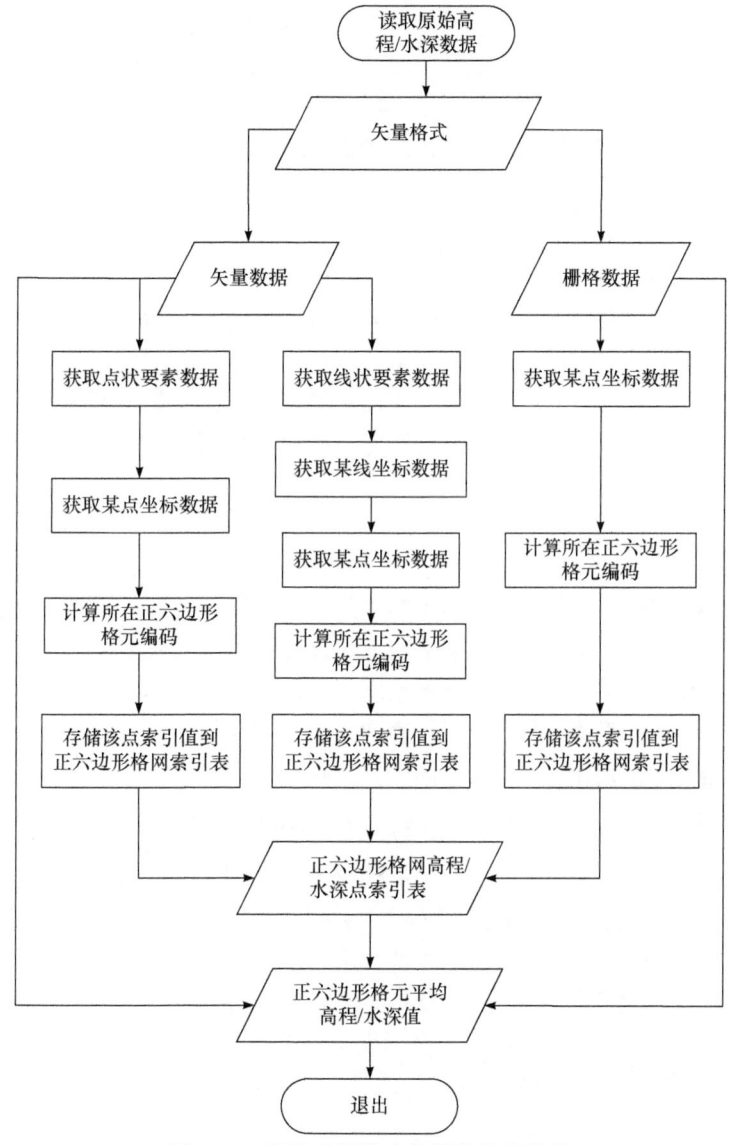

图 8.15 高程/水深信息格网化基本流程

对于矢量格式的高程/水深数据,结合正六边形格网索引表,利用式(8.11)可计算得到每个正六边形格元的平均高程/水深值。

$$\text{Height} = \frac{\sum_{i=0}^{\text{Num}_P} H_i + \sum_{j=0}^{\text{Num}_L} H_j}{\text{Num}_P + \text{Num}_L} \tag{8.11}$$

式中,Num_P、Num_L 分别为正六边形格元中高程点(水深点)和等高线(等深线)坐标点的个数；H_i、H_j分别为正六边形格元中高程点(水深点)和等高线(等深线)坐标点索引号为i、j的高程值(水深值)。

对于栅格格式的高程/水深数据，结合正六边形格网索引表，利用式(8.12)可计算得到每个正六边形格元的平均高程/水深值，即

$$\text{Height} = \frac{\sum_{i=0}^{\text{Num}_P} H_i}{\text{Num}_P} \tag{8.12}$$

式中，Num_P为正六边形格元中高程点(水深点)的个数；H_i为正六边形格元中高程点(水深点)索引号为i的高程值(水深值)。

需要注意的是，式(8.11)和式(8.12)采用算术平均法计算平均高程/水深值，该方法的计算效率较高，但是精度相对较低，也可以采用其他方法计算平均值来提高计算精度。

2. 点状要素的格网化

点状要素在现实世界中都有明确的空间位置和属性信息，可以利用坐标描述其空间位置，也可以采用正六边形格网编码描述其空间位置。

为提高点状要素空间位置的描述精度，可以采用正六边形格元编码结合中心偏移量的方式对点状要素进行格网化表达。结合图8.11，点状要素P在正六边形格元中的位置可以使用式(8.10)进行描述，即

$$\text{Pos}=(i\_hex, j\_hex)+(X\_Offset, Y\_Offset)$$

式中，(i_hex, j_hex)为点所在正六边形格元的格网编码；(X_Offset, Y_Offset)为点状要素P相对于正六边形格元中心的偏移量。

点状要素格网化基本原理图如图8.16所示。其中，左侧图形展现点状要素P在格网化前的坐标表示方式，采用经纬度坐标$P(\text{Lat}, \text{Lon})$的形式进行表示；右侧图形展现点状要素$P$在格网化后的坐标表示方式，采用正六边形格元的格网编码(i_hex, j_hex)结合相对偏移量(X_Offset, Y_Offset)进行描述。

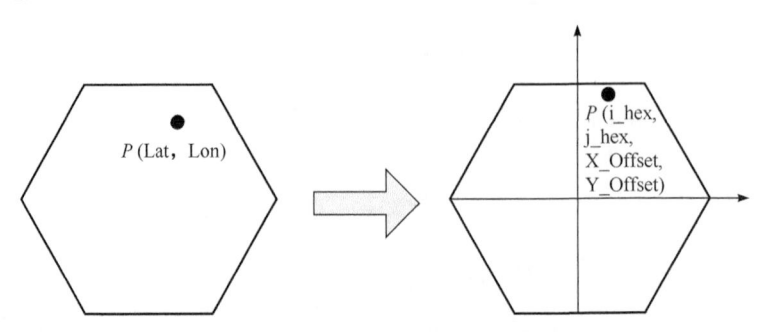

图8.16 点状要素格网化基本原理

对于格网化点状要素的属性信息，可以直接沿用原始数据的属性信息，也可以根据特定的规则对原始数据的属性信息进行融合处理，得到定量或半定量的属性值。属性信息融合的数学描述如下，即

$$\text{Attr\_Point\_Hex} = \text{Fun\_P}(\text{AP}_1, \text{AP}_2, \cdots, \text{AP}_n) \tag{8.13}$$

式中，Attr_Point_Hex 为某一个格网化点状要素的属性信息；AP_i 为该点状要素的第 i 项原始属性信息；Fun_P 为与特定应用相关的属性数据融合规则。

因此，格网化点状要素的完整信息可描述为

$$\text{Attribute}_{\text{Point}} = \{i\_\text{hex}, j\_\text{hex}, X\_\text{Offset}, Y\_\text{Offset}, \text{Attr\_Point\_Hex}\} \tag{8.14}$$

3. 障碍类线状要素的格网化

在障碍类线状要素格网化过程中，通常将障碍类线状要素移位、归边到正六边形格元的格边。当部队从当前正六边形格元机动到邻近正六边形格元而需跨越格边时，格边上存储的障碍类线状要素将对部队的机动产生阻滞作用。当利用半定量法描述障碍类线状要素时，可对其进行分类分级描述。常见的障碍类线状要素类型及其主要特征如表 8.3 所示。

表 8.3　障碍类线状要素类型及其主要特征

编号	类型	特征
1	小河	宽度在 20m 以下，流速较缓的小型河流
2	大河	宽度在 20m 以上，流速较快的大型河流
3	海岸	海洋与陆地交界的带状区域
4	断崖	高程发生急剧上升或下降的区域
5	反坦克壕	为阻滞地面装甲车辆机动而人工开挖的带状沟壕

障碍类线状要素格网化基本原理如图 8.17 所示。其中，左侧正六边形格元中的折线表示原始形态的障碍类线状要素，右侧正六边形格元中的正上、右上、右下和正下四条边对应的加粗折线表示对原始形态的障碍类线状要素进行格网化处理之后的形态。

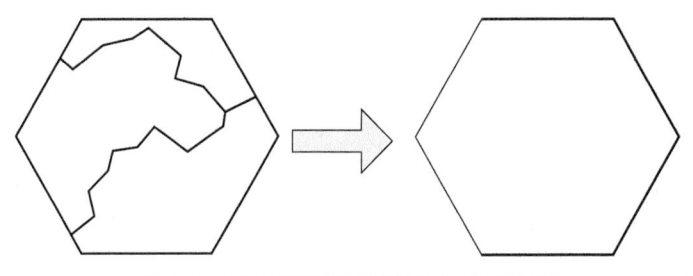

图 8.17　障碍类线状要素格网化基本原理

在将原始形态的障碍类线状要素映射到正六边形格元的格边时，存在多种映射结果。根据格边与映射其上的线状要素的数量，可将映射结果分为三种情况，即一条格边对应 0 条、1 条或多条原始形态的障碍类线状要素。在映射过程中，可以根据原始形态的障碍类线状要素距对应格边的空间距离，并利用该要素的属性数据进行加权，最终确定对应格边的属性值。

当一条格边对应 0 条原始形态的障碍类线状要素时，意味着该格边不存在障碍类线状要素，即该格边对应的障碍类型为平地(即为空)。

当一条格边对应 1 条原始形态的障碍类线状要素时，意味着该格边存在障碍类线状要素。它对应的障碍类型(属性值)可根据特定的规则对这条原始形态的障碍类线状要素的属性信息进行融合得到。

属性信息融合的数学描述为

$$\text{Attr\_Edge\_Hex} = \text{Fun\_E}\left(\text{AE}_1, \text{AE}_2, \cdots, \text{AE}_n\right) \tag{8.15}$$

式中，Attr_Edge_Hex 为某一条格边的障碍类型(属性值)；$\text{AE}_i(i=1,2,\cdots,n)$为原始形态的障碍类线状要素的第 i 项原始属性信息；Fun_E 为与特定应用相关的障碍类线状要素的属性信息融合规则。

当一条格边对应多条原始形态的障碍类线状要素时，意味着该格边存在障碍类线状要素。它对应的障碍类型(属性值)可根据特定的规则对多条原始形态的障碍类线状要素的属性信息进行融合得到。

属性信息融合的数学描述为

$$\text{Attr\_Edge\_Hex} = \text{Fun\_E}\left(\text{AE}_1^1, \text{AE}_1^2, \cdots, \text{AE}_1^m, \cdots, \text{AE}_n^1, \text{AE}_n^2, \cdots, \text{AE}_n^m\right) \tag{8.16}$$

式中，Attr_Edge_Hex 为某一条格边的障碍类型(属性值)；AE_i^j ($i=1, 2, \cdots, n$; $j=1, 2, \cdots, m$)为第 i 条原始形态的障碍类线状要素的第 j 项原始属性信息；Fun_E 为与特定应用相关的障碍类线状要素的属性信息融合规则。

因此，格网化障碍类线状要素的完整信息可描述为

$$\text{Attribute}_{\text{Edge}} = \{\text{i\_hex}, \text{j\_hex}, \text{Attr\_Edge\_Hex}\_1, \cdots, \text{Attr\_Edge\_Hex}\_6\} \tag{8.17}$$

4. 运输类线状要素的格网化

在运输类线状要素格网化过程中，通常将运输类线状要素的中心移位到正六边形格元的中心，通过正六边形格元的部分格边与中心连线实现对线状要素的模拟，当部队从当前正六边形格元移动到邻近正六边形格元时，可利用这些线状要素来提高机动速度。当利用半定量法描述运输类线状要素时，可对其进行分类分级描述。常见的运输类线状要素类型及其主要特征如表 8.4 所示。

表 8.4 运输类线状要素类型及其主要特征

编号	类型	特征
1	主要公路	被覆铺装材料的高等级公路,如国道、高速公路
2	次要公路	被覆铺装材料的低等级公路,如省道、县道
3	小路	无铺装材料的道路,如乡村道路
4	铁路	各种类型的客运和货运铁路线路
5	河流	能够通航一定吨位船舶的内陆河流

运输类线状要素格网化基本原理如图 8.18 所示。其中,左侧正六边形格元中的折线表示原始形态的运输类线状要素,右侧正六边形格元中三条连接格元中心点的折线表示对原始形态的运输类线状要素进行格网化处理之后的形态。

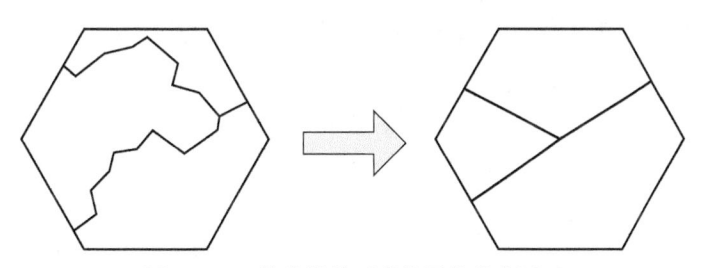

图 8.18 运输类线状要素格网化基本原理

在将原始形态的运输类线状要素映射成与正六边形格元的中心点连线时,存在多种映射结果。根据格元中心点连线与映射其上的运输类线状要素的数量,可将映射结果分为三种情况,即一条格元中心点连线对应 0 条、1 条或多条原始形态的运输类线状要素。在映射过程中,可以根据原始形态的运输类线状要素距对应格元中心点连线的空间距离,并利用该要素的属性数据进行加权,最终确定对应格元中心点连线的属性值。

当一条格元中心点连线对应 0 条原始形态的运输类线状要素时,意味着该格元中心点连线对应的两个正六边形格元之间不存在运输类线状要素。

当一条格元中心点连线对应 1 条原始形态的运输类线状要素时,意味着该格元中心点连线对应的两个正六边形格元之间存在运输类线状要素。它所对应的运输类型(属性值)可根据特定的规则对这条原始形态的运输类线状要素的属性信息进行融合得到。

属性信息融合的数学描述为

$$\text{Attr\_CentreLine\_Hex} = \text{Fun\_C}(AC_1, AC_2, \cdots, AC_n) \tag{8.18}$$

式中，Attr_CentreLine_Hex 为某一条格元中心点连线的运输类型(属性值)；AC_i(i=1, 2, $\cdots$, n)为原始形态的运输类线状要素的第 i 项原始属性信息；Fun_C 为与特定应用相关的运输类线状要素的属性信息融合规则。

当一条格元中心点连线对应多条原始形态的运输类线状要素时，意味着该格元中心点连线对应的两个正六边形格元之间存在运输类线状要素。它所对应的运输要素类型(属性值)可根据特定的规则对多条原始形态运输类线状要素的属性信息进行融合得到。

属性信息融合的数学描述为

$$\text{Attr\_CentreLine\_Hex} = \text{Fun\_C}(AC_1^1, AC_1^2, \cdots, AC_1^m, \cdots, AC_n^1, AC_n^2, \cdots, AC_n^m) \quad (8.19)$$

式中，Attr_CentreLine_Hex 为某一条格元中心点连线的运输类型(属性值)；AC_i^j(i = 1, 2, $\cdots$, n; j=1, 2, $\cdots$, m)为第 i 条原始形态的运输类线状要素的第 j 项原始属性信息；Fun_C 为与特定应用相关的运输类线状要素的属性信息融合规则。

因此，格网化运输类线状要素的完整信息可描述为

$$\begin{aligned}\text{Attribute}_{\text{CentreLine}} = \{&i\_\text{hex}, j\_\text{hex}, \text{Attr\_CentreLine\_Hex}\_1, \cdots, \\ &\text{Attr\_CentreLine\_Hex}\_6\}\end{aligned} \quad (8.20)$$

5. 面状要素的格网化

面状要素建模涉及的环境要素的属性项较多，各属性项对应的环境效应也各不相同。在基本地形类型建模过程中，需要提取与建模相关的属性项，对其权重和阈值进行赋值，并根据具体应用需求设计属性信息融合规则，据此计算面状要素的属性值。可以采用半定量法描述格网化面状要素的属性信息，为了真实地描述战场环境对作战行动影响的客观规律，在对地理环境面状要素进行半定量化分类描述时，需要着重考虑地形对作战的实际影响。克劳塞维茨曾指出，地形对军事行动产生的影响有三个方面，分别是妨碍通行、妨碍观察和对火力的防护，且地形的其他一切影响都可以归结到这三个方面(郑文翰, 1993)。因此，可以从部队机动、情报侦察、火力打击三个方面描述不同类型地理环境的军事影响。

地理环境中对作战行动具有重要影响的要素主要有地貌、植被、居民地、水系和道路交通等。其中，地貌是基础性要素并起主导作用，影响着植被生长、居民地分布、道路构网和水系径流，不同的地貌起伏形态对作战行动的影响不同。因此，在对面状要素进行分类描述时，可以地貌形态为基础，通过与其他 4 种要素的不等量组合，划分不同的地形类型。通常情况下，地貌的基本形态可以分为平原、丘陵、山地和高原，结合植被、居民地、水系 3 种环境要素，可将面状要素分为 13 种地形类型，如表 8.5 所示。

表 8.5 面状要素类型及其主要特征

编号	类型	特征
1	平原	海拔 200m 以下的区域性平坦地区
2	丘陵	海拔 500m 以下、高差 200m 以内的低矮山丘
3	山地	海拔 500m 以上、高差 200m 以上的起伏不平地区
4	高原	海拔 500m 以上的广阔平缓地区
5	沙漠	分布广阔的沙漠和戈壁地区
6	森林	乔木和灌木丛生的地区
7	城市	行政级别为地级市及其以上的居民地
8	乡镇	行政级别为地级市以下的居民地
9	沼泽	低洼积水、杂草丛生的大片泥淖地区
10	岛屿	四周环水,散列于海洋、江河、湖泊中的小块陆地
11	岸滩	水陆交界的区域,既有陆域,也有水域
12	湖泊	陆地表面洼地积水形成的比较宽广的水域
13	海洋	海洋上咸水水体区域

在面状要素建模过程中,可选取对作战行动具有重要影响的 5 类环境要素,包括地貌与土质、水系、植被、道路和居民地等(姜春良,1995)。各环境要素及其对应的属性项和属性标识如表 8.6 所示。道路要素主要用于区域通达性计算,在表 8.7 中列出。需要注意的是,此处提出的环境要素属性项是面向一般条件下的作战需求,如果需要修改要素属性项来满足特定的需求,可以使用同样的方法。

表 8.6 各环境要素及其对应的属性项、属性标识和权重标识

环境要素	属性项	属性标识	权重标识
地貌与土质	平均高程	$D_{A\_Avg\_H}$	$D_{W\_Avg\_H}$
	最大高差	$D_{A\_Max\_HD}$	$D_{W\_Max\_HD}$
	地表粗糙度	D_{A_Rough}	D_{W_Rough}
	土质类型	$D_{A\_Soil\_Type}$	$D_{W\_Soil\_Type}$

续表

环境要素	属性项	属性标识	权重标识
水系	面积	W_{A_Area}	W_{W_Area}
	深度	W_{A_Depth}	W_{W_Depth}
	水质	$W_{A\_Water\_Type}$	$W_{W\_Water\_Type}$
植被	面积	F_{A_Area}	F_{W_Area}
	类型	F_{A_Type}	F_{W_Type}
	高度	F_{A_Height}	F_{W_Height}
	密度	$F_{A\_Density}$	$F_{W\_Density}$
	粗度	F_{A_Thick}	F_{W_Thick}
	季节性	F_{A_Season}	F_{W_Season}
居民地	面积	P_{A_Area}	P_{W_Area}
	人口总数	P_{A_Pop}	P_{W_Pop}
	类型	P_{A_Type}	P_{W_Type}

表 8.7 道路要素及其对应的属性项、属性标识和权重标识

道路要素	属性项	属性标识	权重标识
道路	道路长度	R_{A_Len}	R_{W_Len}
	道路等级	R_{A_Grade}	R_{W_Grade}
	道路宽度	R_{A_Width}	R_{W_Width}

在任何形态的地形中,起基础作用和主导作用的地形要素是地貌。在地貌要素的基础上,植被、水系、道路和居民地 4 种要素叠加形成以地貌形态特征为主的不同地形。因此,在面状要素格网化过程中,可以先对正六边形格元中的地貌要素进行建模,然后计算其余 4 种要素在当前正六边形格元中的面积,结合各要素的权重值能够得到正六边形格元的基本地形类型。正六边形面状要素建模流程如图 8.19 所示。根据先地貌后地物的基本思路,按照以下步骤可建模得到每个正六边形格元的基本地形类型。

(1) 处理完全陆地格(只含有陆地的正六边形格元)。根据正六边形格元内高程点的最大高差和平均高程,判断正六边形格元内的基本地形类型,建模得到的基本地形类型为平原、丘陵、山地、高原,暂不处理水陆格。

(2) 处理完全海洋格(只含有水域的正六边形格元)。根据建模源数据中海洋层要素数据判断正六边形格元的地形类型,建模得到的基本地形类型为海洋,暂不

第 8 章　地理环境数值模型建模

处理水陆格。

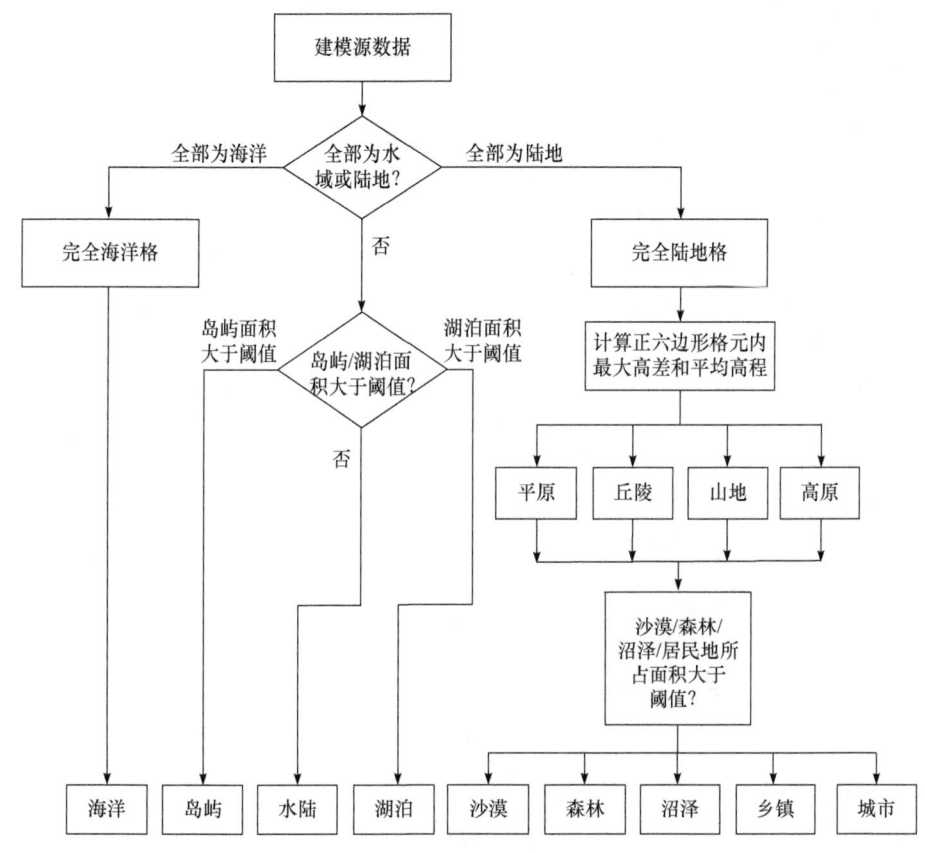

图 8.19　正六边形面状要素建模流程

(3) 处理森林格。森林类地形类型是由平原、丘陵、山地、高原 4 类基本地形类型进一步建模得到的，在第(1)步建模结果的基础上，根据植被层地形要素数据，计算每个正六边形格元中面状植被要素所占面积，如果面积大于一定阈值，则判定当前正六边形格元的地形类型为森林。

(4) 处理沙漠格。沙漠类地形类型是由平原、丘陵、山地、高原 4 类基本地形类型进一步建模得到的，在第(1)步建模结果的基础上，根据土质层地形要素数据，计算每个正六边形格元中面状沙漠要素所占面积，如果面积大于一定阈值，则判定当前正六边形格元的地形类型为沙漠。

(5) 处理沼泽格。沼泽类地形类型是由平原、丘陵、山地、高原 4 类基本地形类型进一步建模得到的，在第(1)步建模结果的基础上，根据沼泽层地形要素数据，计算每个正六边形格元中面状沼泽要素所占面积，如果面积大于一定阈值，则判定当前正六边形格元的地形类型为沼泽。

(6) 处理城市和乡镇格。城市或乡镇类地形类型是由平原、丘陵、山地、高原4类基本地形类型进一步建模得到的，在第(1)步建模结果的基础上，根据居民地层地形要素数据，计算每个正六边形格元中面状居民地要素所占面积，如果面积大于一定阈值，则判定当前正六边形格元为城镇格；根据当前面状要素的行政等级，判定当前正六边形格元的地形类型为乡镇或城市。

(7) 处理湖泊格。根据建模源数据中水系层要素数据判断正六边形格元的地形类型，建模得到的基本地形类型为湖泊，暂不处理水陆格。

(8) 处理水陆格。对于既不属于完全陆地格，也不属于完全海洋格，且同时含有陆地和水域的正六边形格元，判定其地形类型为岸滩，分别计算平均高程和平均水深数据。

(9) 处理岛屿格。根据第(1)、(2)、(8)步的建模结果，结合建模源数据中岛屿层要素，计算正六边形格元中面状岛屿要素所占面积，如果面积大于一定阈值，则判定当前正六边形格元为岛屿格。

(10) 对整个建模区域内的面状环境要素进行综合处理。

根据上述步骤，可利用表 8.6 中 4 类面状要素的属性项及其权值，依据特定的规则对属性信息进行融合处理，得到格网化后的面状要素属性值。

地貌要素属性信息综合权值的数学描述为

$$\text{Arrt\_Landform\_Cell} = \text{Fun\_LC}(D_{\text{A\_Avg\_H}} \times D_{\text{W\_Avg\_H}}, D_{\text{A\_Max\_HD}} \times D_{\text{W\_Max\_HD}}, \\ D_{\text{A\_Rough}} \times D_{\text{W\_Rough}}, D_{\text{A\_Soil\_Type}} \times D_{\text{W\_Soil\_Type}}) \quad (8.21)$$

式中，Attr_Landform_Cell 为地貌要素属性信息综合权值；$D_{\text{A\_Avg\_H}}$ 等参数的含义与表 8.6 中参数相同；Fun_LC 为与特定应用相关的地貌要素属性信息融合规则。

面状水域要素属性信息综合权值的数学描述为

$$\text{Arrt\_Water\_Cell} = \text{Fun\_WC}(W_{\text{A\_Area}} \times W_{\text{W\_Area}}, \\ W_{\text{A\_Depth}} \times W_{\text{W\_Depth}}, W_{\text{A\_Water\_Type}} \times W_{\text{W\_Water\_Type}}) \quad (8.22)$$

式中，Attr_Water_Cell 为面状水域要素属性信息综合权值；$W_{\text{A\_Area}}$ 等参数的含义与表 8.6 中参数相同；Fun_WC 为与特定应用相关的面状水域要素属性信息融合规则。

植被要素属性信息综合权值的数学描述为

$$\text{Arrt\_Forest\_Cell} = \text{Fun\_FC}(F_{\text{A\_Area}} \times F_{\text{W\_Area}}, F_{\text{A\_Type}} \times F_{\text{W\_Type}}, F_{\text{A\_Height}} \times F_{\text{W\_Height}}, \\ F_{\text{A\_Density}} \times F_{\text{W\_Density}}, F_{\text{A\_Thick}} \times F_{\text{W\_Thick}}, F_{\text{A\_Season}} \times F_{\text{W\_Season}}) \quad (8.23)$$

式中，Attr_Forest_Cell 为植被要素属性信息综合权值；$F_{\text{A\_Area}}$ 等参数的含义与表 8.6 中参数相同；Fun_FC 为与特定应用相关的植被要素属性信息融合规则。

居民地要素属性信息综合权值的数学描述为

$$\text{Arrt\_Population\_Cell} = \text{Fun\_PC}(P_{A\_Area} \times P_{W\_Area}, P_{A\_Pop} \times P_{W\_Pop}, P_{A\_Type} \times P_{W\_Type}) \tag{8.24}$$

式中，Attr_Population_Cell 为居民地要素属性信息综合权值；P_{A_Area} 等参数的含义与表 8.6 中参数相同；Fun_PC 为与特定应用相关的居民地要素属性信息融合规则。

道路交通要素属性信息综合权值的数学描述为

$$\text{Arrt\_Road\_Cell} = \text{Fun\_RC}(R_{A\_Len} \times R_{W\_Len}, R_{A\_Grade} \times R_{W\_Grade}, R_{A\_Width} \times R_{W\_Width}) \tag{8.25}$$

式中，Attr_Road_Cell 为道路交通要素属性信息综合权值；R_{A_Len} 等参数的含义与表 8.7 中参数相同；Fun_RC 为与特定应用相关的道路交通要素属性信息融合规则。

计算得到地貌、面状水域、植被、居民地和道路交通要素的属性信息综合权值后，可根据特定应用需求设计格网化面状要素的属性信息融合规则，其数学描述为

$$\begin{aligned}\text{Arrt\_Cell} = \text{Fun\_Cell}(&\text{Arrt\_Landform\_Cell}, \text{Arrt\_Water\_Cell}, \text{Arrt\_Forest\_Cell}, \\ &\text{Arrt\_Population\_Cell}, \text{Arrt\_Road\_Cell})\end{aligned} \tag{8.26}$$

式中，Attr_Cell 为面状要素属性信息综合权值；Attr_Landform_Cell 等参数的含义如上所述；Fun_Cell 为与特定应用相关的格网化面状要素属性信息融合规则。

因此，格网化面状要素的完整信息可描述为

$$\text{Attribute}_{\text{Cell}} = \{i\_hex, j\_hex, \text{Attr\_Cell}\} \tag{8.27}$$

第 9 章 海洋环境建模

地球表面是由陆地和水域两部分组成的。水域又以海洋为主。海洋总面积约为 3.62 亿 km²，占地球总面积的 70.9%。由此可见，海洋环境是人类赖以生存和发展的自然地理环境的重要组成部分。海洋环境的建模与仿真在作战环境建模与仿真中占有重要地位。

9.1 海洋环境建模分析

从结构上来说，海洋环境通常包括海底、海水体、海面及海空四个部分。各个部分又包含不同种类的海洋要素和海洋现象。海底包括海底地质、地貌等，如山脉、盆地、丘陵、平原、高原等；海水体包括浅海和深海中的内波、环流、跃层、温度、盐度、密度、深度、声导、电导等；海面包括风、浪、流、冰、风暴潮、盐雾、日光辐射、水温、潮汐等；海空包括海面上空大气底层的云、雨、雾、气压、气温等。

基于计算机构建虚拟海洋环境时，认识和理解各种海洋要素和现象的本质特征及其运动规律是保证逼真、正确模拟和表达海洋环境的前提。与陆地环境相比，海洋要素和现象具有以下几个显著特征，即时空动态特性、相互作用显著、边界不确定性、海洋数据分布稀疏等。

在 GIS 领域，常把现实世界中的对象抽象为特征(feature)和场(field)等类型。特征表示离散分布的地理实体；场表示在地理空间连续分布的具有同类属性的元素的集合。从空间分析的角度考虑，特征强调其边界形态、地理位置、特征之间的联系；场重点研究其内部属性的空间分布结构。因此，从 GIS 建模的角度，可以把各种海洋对象进行如表 9.1 所示的抽象分类表达(韩李涛等，2006)。

表 9.1 海洋对象抽象分类表达

父类	子类	实例	信息获取方式	表达方式
特征对象	静态特征	航标、海底障碍物、海底电缆等	观测	矢量模型、纹理
	动态特征	渔船、浮标、浮游生物等	观测	矢量模型、纹理、行为模型等

续表

父类	子类	实例	信息获取方式	表达方式
场对象	静态标量场	海底地形	观测或反演	多边形表面或等值线、纹理
	动态标量场	温度场、盐度场、密度场等	调查、观测或计算	等值面、体绘制、过程模型等
	动态矢量场	风场、海流场、磁场等	调查、观测或模拟	矢量场映射(几何、纹理、颜色等)、过程模型等
	相对稳定场(动态)	大尺度流系、大尺度水团等	数据综合分析提取、数值模拟	等值面、体绘制、过程模型等
	不稳定场(动态)	锋面、永久性跃层、中尺度涡旋等	数据综合分析提取、数值模拟	等值面、体绘制、过程模型等

9.1.1 海洋特征对象的建模方法

海洋要素的存在状态有动静之分,因此海洋特征可分为静态特征和动态特征。

对具有静态特征的海洋要素进行建模,一般先构造几何模型,然后应用纹理映射技术在几何模型表面附上纹理(韩李涛等,2006)。对于真实感要求不太高的场景,可采用三维立体符号来代替特定的特征,从而降低建模成本、减少模型数据量。对于比较复杂的实体特征,如海底地貌特征,应顾及计算机的处理能力和分布式环境中网络的传输负载能力,充分利用人眼观察三维场景时的立体视觉特性,一般要引入分层结构和 LOD 技术,构建多层次多分辨率的模型。

对具有动态特征的海洋要素进行建模,关键是对实体行为进行建模,一般涉及位置变化、碰撞检测、碰撞响应以及智能感知等(韩李涛等,2006)。运动行为一般由运动学或动力学方程控制,碰撞检测则要考虑实体与实体之间的相对位置和实体的力学性质。对于虚拟环境中像舰船、浮游生物等复杂动态特征的建模,可引入智能体(intelligent agents,IA)技术,构建具有自主感应/回应能力的智能化模型。智能体技术和理论最早起源于分布式人工智能领域,现已拓展到许多研究领域。智能体本身具有环境感知、进行事务处理和通信的能力,其行为描述方法更适于描述动态实体与外界环境之间、动态实体之间错综复杂的交互关系,而且能够实时有效地表现各种不同参数设置下的运动过程。

9.1.2 海洋场对象的建模方法

在现实环境中,海洋环境现象可分为可见现象(如海浪、海洋生物、渔船、航标等)和不可见现象(如温度场、盐度场、风场、流场、声场、磁场等),海洋中的各种场对象大多属于不可见现象。然而,在场对象建模时,场对象既可以用可视的方式表达，也可以用不可视的方式表达，即显式表达和隐式表达，应用时视具体建模目的而定(韩李涛等，2006)。

在虚拟海洋环境中，当场对象采用隐式表达时，一般通过特定的运动方程或动力学方程来模拟场对海水中其他对象的作用效果，从而体现场的存在。例如，舰船摇摆的剧烈程度和旗帜的飘荡方向可以很好地反映海洋环境中风场的强弱和风向。当场对象采用显式表达时，除了要符合场运动的本质规律，更需要把场对象的空间分布形态以二维(x, y)、三维(x, y, z)，甚至动态四维(x, y, z, t)的可视化方式表达出来，以便直观分析。例如，对海洋表面温度的空间分布分析，可以在具有二维空间参照的平面海图上用不同深度的颜色来表达，颜色深浅变化反映温度场温度高低的变化。对于海流场，在分析其对海底地形或海底、海岸构筑物的侵蚀冲刷作用时，适合用三维动态效果来表达，流向和强度可以用特定形状的图标来表示，如箭头图标，箭头指向代表流向，箭头大小则代表流速或动力大小。

涡流、跃层、水团、锋面等特殊场对象本身属于更大范围场的一部分，并且在应用中有时需要看作特征来处理。在建模时，这类对象的多维动态变化、边界模糊不确定、周期性存在，以及相互作用显著等特性决定了不可能根据观测数据直接构造这类场对象的形态结构、变化过程以及与其他对象之间的关系，而是要在知识模型的支持下利用数据综合分析、模式识别和逻辑推理等手段从海洋场中确定场特征的特性和关系信息。

9.1.3 海洋环境特殊效果的建模

具体的海洋环境仿真应用必然包含某些特殊效果的模拟，如雨、雪、艏浪、尾流等。这些现象非常特殊，其形态结构的不规则性和运动状态的多变性导致常规的三维建模方法很难模拟。一般利用动态纹理映射法、分形几何(fractal geometry，FG)法、元胞自动机(cellular automata，CA)建模法，以及基于过程的粒子系统(particle system)进行模拟。

9.2 海浪建模

海浪本身是一个十分复杂的自然现象，无论从时间上还是从空间上都具有不规则性和不重复性。海面上的波浪可能由风、日月的吸引力、地震，以及船舶运动等各种不同的原因形成。其中，风成浪是海上发生频率最多、分布范围最广、影响最大的海洋现象，是使船舶在海上产生摇荡运动的最主要因素。风成浪的形成可以看作从大气到海洋的能量传递过程。当海浪处于成长期时，海浪浪高的方差(能量)会增加；当海浪处于衰减期时，浪高的方差又会降低。当海浪浪高的方差基本稳定时，即能量的摄取与消耗基本平衡时，称为充分发展的海浪。海浪模型的构建主要考虑充分发展的海浪。

不同形态的海浪，建模方法通常不同，对于充分发展的海浪，通常有五种建模方法，即基于几何模型的方法、基于物理模型的方法、基于海浪谱的方法、基于运动模型的方法和基于分形几何的方法(褚彦军等，2004；邹建武等，2010；李波，2010；李昭，2010)。

9.2.1 基于几何模型的方法

从几何模型角度来看，海洋表面与陆地表面、海底地形具有一致性，都可以看作普通的均匀格网，不同点在于陆地表面和海底地形的格网点高程是固定的，而海洋表面处于不断变化中，这也是海浪建模的难点所在。基于几何模型的方法构建海浪模型，是计算机图形学发展早期构建海浪常用的方法。该方法是从海浪的几何形态出发，根据其几何形状，利用正余弦函数或曲面函数等来模拟海浪。目前，基于几何模型的海浪建模主要有以下几种方法。

1. 凹凸纹理映射方法

纹理替代法是模拟海浪最简单的方法，其用真实感较强的纹理替代海洋表面的起伏状态。最初是用一张蓝色的贴图来表现海洋表面，随后发展到运用动态的纹理技术来绘制海洋表面。Blinn(1978)提出凹凸纹理映射方法，通过对表面法向量进行扰动，实现动态的明暗光照效果，获得真实的粗糙表面纹理。Pozzer 等(2002)采用凹凸纹理映射方法对海浪进行建模，利用固体空间动画技术生成海浪动画。图 9.1 和图 9.2 为基于该方法生成的效果图。

图 9.1 效果图一 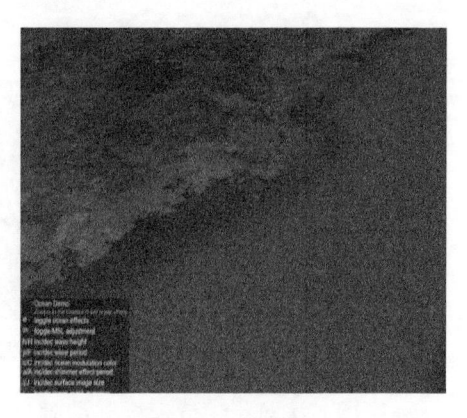　　　　图 9.2 效果图二

凹凸纹理映射方法与在光滑表面添加纹理相比具有更真实的效果，因为在光滑表面添加纹理生成的表面仍十分光滑，不能生成真实感较强的海面，逼真性较差。此外，该方法数据量小，计算简单，但只适合大范围的海洋模拟，对大比例

尺近视点场景的仿真效果较差。

2. **高度场方法**

高度场方法的提出是为了解决凹凸纹理映射方法所生成的海面近视点真实感不强的问题。Fishman 等(1980)提出海面可由高度场 $y=f(x, z, t)$ 生成，随后 Max(1981)对其进行了改进。Peachey(1986)采用波形函数和相函数线性组合的高度场方法，可以实现逼真的波动海面和海浪拍岸的景观。Jensen 等(2001)详细描述了利用海洋统计数据和经验模型，采用正弦波叠加来模拟海面，通过快速傅里叶变换合成一个类似海浪谱分布的高度场模拟海面波浪的方法(图 9.3)。Mitchell(2005)在其研究报告中采用高度场方法构造海面，并提出多波段傅里叶变换方法合成深水波浪。国内，陈勇等(2008)将海洋学已有的波浪理论和计算方法应用到近岸海浪仿真中，采用椭圆余弦波构造波形，用波向线和波峰线组成的变形格网来解决波浪的折射现象，实现近岸海浪的实时仿真。

图 9.3　FFT 模拟海面效果图

高度场方法对于生成连续帧动画具有较好的优越性，但不能生成如波峰向前卷曲等复杂的海浪景象。同时，该方法还存在另一个严重缺陷，即限制观察体：视点必须位于顶层波浪之上(最大高度场值)，视线方向必须位于水平面，视点必须垂直，这样就对视点倾斜进行了限制。

3. Perlin 噪声方法

Perlin(1985)首先提出 Perlin 噪声函数。Perlin 噪声函数是以时间 t 为参数，通过不同倍频的噪声叠加生成连续噪声的函数。连续噪声是指对空间中的任意两个点，当从一个点移动到另外一个点时，噪声的值是平滑变化的。

Perlin 噪声函数通过一种特定的高度场来表征海浪，这种特定的高度场是利用多种不同频率的 Perlin 噪声构建得来的。由于各种频率噪声的不确定性，利用 Perlin 噪声方法建模生成的海浪真实性强，但是 Perlin 噪声方法的计算复杂度给实时构建大面积海洋场景带来很大困难，而且生成的海浪随机性大，没有特定的方向性，所以 Perlin 噪声方法常用来生成小面积的海面。模拟海面效果如图 9.4 所示。

图 9.4 Perlin 噪声方法模拟海面效果图

4. 基于 Gerstner-Rankine 模型的方法

Gerstner(1809)提出 Gerstner 模型用于海浪建模；Rankine(1863)对这个模型进行了改进和完善，后人称其为 Gerstner-Rankine 模型。Gerstner-Rankine 模型最初是作为流体动力学方程组的近似解决方案提出的。它基于摆线谱理论，认为水面上的水质点绕静态位置做圆周运动，可生成类似于海洋场景的尖锐波峰和卷曲波形。简单地讲，这一模型描述沿圆形或椭圆形固定轨道运转的水粒子，由表面的每一个粒子沿着其静止位置点做圆周运动。假设海平面静止时是 XY 平面，Z 轴指向朝上，则一个粒子的运动方程为

$$\begin{cases} x = x_0 + r\sin(kx_0 - \omega t) \\ z = z_0 - r\cos(kx_0 - \omega t) \end{cases} \tag{9.1}$$

式中，x_0、z_0 为水粒子静止时在 X 轴、Z 轴的坐标；r 为水粒子运动半径；k 为点 (x_0, z_0) 处的波数；ω 为波的角速度；t 为时间。

基于 Gerstner-Rankine 模型的方法简化了格网转换计算,但是需要合理地调整参数和添加背景噪声。Fournier 等(1986)第一次将此方法引入计算机图形学水波绘制领域,生成了一定真实感的海浪场景。李苏军等(2008)基于 Gerstner-Rankine 模型,引入概率统计思想,建立了包括波浪折射在内的海浪模型,并采用基于立方体映射的方法实时计算海洋表面纹理,生成了真实感较强的海浪效果。

5. 随机风场海浪建模

鄢来斌等(2001)在考虑海浪大小时,引入了概率统计思想,并采用与视点相关的海浪三角格网技术,建立随风场变化的海浪模型。根据风对海浪的作用原理,引入波级参数,根据不同波级的海浪组成波叠加方法建立海浪表现模型,对微浪、轻浪、小浪、中浪等几种海况都有良好的真实感。这种不同波级的海浪表面模型,在保证海浪真实性的前提下,可以大大简化海浪表面波形的计算,但是需要合理设置参数并进行波级转换。

基于几何模型方法的优点是适合模拟大面积海面,计算量相对较小,实时性较好,缺点是生成的海洋表面真实感略差。

9.2.2 基于物理模型的方法

基于物理模型的方法是计算机图形学领域的一个研究热点。与基于几何模型的方法相比,该方法不直接模拟海浪的运动,而是把海浪看作一种黏性液体,使用流体动力学的方法模拟海浪内部各水粒子的运动,从而生成波浪。一般从著名的流体动力学方程组 N-S(Navier-Stokes)方程出发,通过一系列近似和简化,用数值方法求解流场来实现。N-S 方程由牛顿第二定律推导而来,基本公式为

$$\begin{cases} \dfrac{\partial u}{\partial t} + \dfrac{\partial u^2}{\partial x} + \dfrac{\partial uv}{\partial y} + \dfrac{\partial uw}{\partial z} = -\dfrac{\partial p}{\partial x} + g_x + v\left(\dfrac{\partial^2 u}{\partial x^2} + \dfrac{\partial^2 u}{\partial y^2} + \dfrac{\partial^2 u}{\partial z^2}\right) \\ \dfrac{\partial v}{\partial t} + \dfrac{\partial vu}{\partial x} + \dfrac{\partial v^2}{\partial y} + \dfrac{\partial vw}{\partial z} = -\dfrac{\partial p}{\partial y} + g_y + v\left(\dfrac{\partial^2 v}{\partial x^2} + \dfrac{\partial^2 v}{\partial y^2} + \dfrac{\partial^2 v}{\partial z^2}\right) \\ \dfrac{\partial w}{\partial t} + \dfrac{\partial wu}{\partial x} + \dfrac{\partial wv}{\partial y} + \dfrac{\partial^2 w}{\partial z} = -\dfrac{\partial p}{\partial z} + g_z + v\left(\dfrac{\partial^2 w}{\partial x^2} + \dfrac{\partial^2 w}{\partial y^2} + \dfrac{\partial^2 w}{\partial z^2}\right) \end{cases} \quad (9.2)$$

式中,u、v、w 为 x、y、z 方向上的速度分量;p 为压力;g_x、g_y、g_z 为重力在 x、y、z 三个方向的分量;v 为流体动黏度。

给定适当的边界条件以及动量守恒和质量守恒的约束条件,通过求解 N-S 方程可以得到流体质点在任意时刻的状态,进而得到波浪的形态。

N-S 方程可以描述任意时刻和位置流体的运动特征,用求得的方程数值解得到海洋表面形态。该方法在给定初始条件和边界条件下进行计算和模拟,因此它

生成的海浪形状非常接近真实的物理现象，但是 N-S 方程属于偏微分方程，求解过程复杂，通常可以用有限差分法或者有限元法来求解。Chen 等(1995)采用数值迭代的方法，利用得到的各种参数来模拟波浪；Foster(1996)利用有限差分法近似求解 N-S 方程，得到流速场和压力场，从而产生水面的高度场，这样就可以模拟比较真实的水面效果；徐迎庆等(1999)从求解水力学方程组出发，提出一种可以方便、直观地调整方程初始条件的方法，从而比较真实地模拟水流及波浪的不同状态。该方法生成的海浪形状非常接近真实的物理现象，效果比较逼真，但是求解过程复杂、计算量大、效率很低，不能满足实时性要求，常用于水波或海浪的动画生成。此外，尽管这种方法能够生成逼真的波浪，但是在波浪的生成过程中用户很难控制，唯一能做的就是改变初始条件。

基于物理模型的 N-S 方程的求解过程烦琐，难以实现真正的实时绘制。使用光滑粒子流体动力学(smoothed particle hydrodynamics, SPH)的方法模拟流体逐渐开始流行。SPH 是 N-S 方程的一种变体，其将流体离散成粒子集，分别计算每个小粒子的运动，最后将粒子以表面的形式绘制，这种方法模拟的流体较为逼真。例如，Losasso 等(2008)将 SPH 与粒子水平集方法相结合，进行流体的模拟，使用 SPH 模拟流体扩散的效果，而使用粒子水平集方法模拟连接较为紧密的流体区域，不仅实现了大规模的海浪绘制，还表现出细腻的碎浪效果。

9.2.3 基于海浪谱的方法

20 世纪 50 年代初，Pierson 等(1955)最先将 Rice 关于无线电噪声的理论应用于海浪谱，从此利用谱以随机过程描述海浪成为主要的研究途径。当前在海洋学领域有多种海浪谱形式，如劳曼(Neumann)谱、P-M(Pierson-Moskowitz)谱、Phillips 谱、Bretschnerider 谱、JOSWAP 谱、Wallops 谱和 TMA 谱等。它们都把海浪看作平衡正态过程，而且具有各态历经性。

基于海浪谱的方法不基于任何物理模型，而是基于对真实海面长期观察所得的统计模型，也就是海浪谱。其基本思想是生成一个与真实海面相同谱特性的高度场。由于采用高度场模拟海浪，所以不能模拟波浪的卷曲。基于海浪谱的方法又可以分为两类，即线性过滤法和线性叠加法。

1. 线性过滤法

线性过滤法是根据要模拟的海浪谱设计一个滤波器，在滤波器的一端输入已知的随机过程(通常采用白噪声)，在滤波器的输出端即可以得到所要模拟的波面方程。但是，用线性过滤法得到的模拟海浪谱和靶谱相比还有较大的误差。在计算上可以通过 Pierson-Moskowitz 谱在频域内过滤一个白噪声，然后采用快速傅里叶逆变换(inverse fast Fourier transform, IFFT)转换到空间域，得到一系列的波高。

FFT 的显著特性是其周期性，可以利用 FFT 生成一小块海面，只要重复性不是很明显，就可以利用这些小块拼接成一个比较大的海面。由于 FFT 的齐次性不存在局部特性，所以不能处理波的折射和反射。为了获得更加精细的海浪图形，需要提高被过滤的白噪声的分辨率，这会带来计算量增加、实时性变差等问题。

2. 线性叠加法

线性叠加法将海浪视为由多个不同振幅、不同周期和不同随机相位的余弦波叠加而成，只要设法找到各个组成波的特征要素(振幅、周期和相位)，就可以得到这个随机过程的一次实现。

线性叠加法的基本思想是基于 Longuet-Higgins 构造模型的(Ewing et al., 1987)，其将平稳海况下的海浪视为平稳的具有各态历经性的随机过程，波动可看作由无限个振幅不等、频率不等、初相位不等，并且沿 XZ 平面与 X 轴呈不同角度 θ 的方向传播的简单余弦波叠加而成。由 Longuet-Higgins 构造模型推导出的波面高度的公式为

$$\eta(x,z,t) = \sum_{n=1}^{\infty} a_n \cos(k_n x \cos\theta_n + k_n z \sin\theta_n - \omega_n t - \varepsilon_n) \tag{9.3}$$

式中，a_n 为单个组成波的振幅；ω_n 为单个组成波的圆频率；k_n 为单个组成波的波数；θ_n 为单个组成波的传播方向角度，$0 \leqslant \theta_n \leqslant 2\pi$；$\varepsilon_n$ 为单个组成波的初相位，是一个随机变量，在 $0 \sim 2\pi$ 均匀分布。

由海洋学对海浪的观测可知，海浪的能量都集中在一个很窄的频宽内，频率特别高和特别低的组成波的能量都很小，设其分别占总能量的 3%，计算时可以不考虑这些组成波的影响。在计算时首先设定某一类型的海浪谱 $S(\omega)$，然后根据

$$\frac{\int_0^{\omega_{\min}} S(\omega)\mathrm{d}\omega}{\int_0^{\infty} S(\omega)\mathrm{d}\omega} = \frac{\int_{\omega_{\max}}^{\infty} S(\omega)\mathrm{d}\omega}{\int_0^{\infty} S(\omega)\mathrm{d}\omega} = 0.03 \tag{9.4}$$

确定各组成波的下限频率 $\omega_{\min}$ 和上限频率 $\omega_{\max}$，然后在 $\omega_{\min}$ 和 $\omega_{\max}$ 之间随机选取各组成波的代表频率，为反映海浪的真实特性，应该选取足够多的频率，但是这样会导致计算量过大。因此，在实际工程应用中，为了使所选的频率更具有代表性，减少所要选取的组成波的数目，通常采用等频率间隔或等能量间隔的方法对频率进行分割，得到各组成波的代表频率 $\omega_1, \omega_2, \cdots$。设分割间隔为 $\Delta\omega_n$，$G(\omega,\theta)$ 为方向分布函数，则得到的方向谱为

$$S(\omega,\theta) = S(\omega)G(\omega,\theta) \tag{9.5}$$

设 $\Delta\theta_n$ 为方向分割间隔，根据

$$a_n = \sqrt{2S(\omega,\theta)\Delta\omega_n\Delta\theta_n} \tag{9.6}$$

求得组成波的振幅。对于深水波浪，根据频散关系，即

$$\omega^2 = gk \tag{9.7}$$

求波数 k，代入式(9.7)即可求得该点的波高，进而生成海面高度场。

采用线性叠加法生成每一帧图像需要经过 X 轴、Z 轴、频率 ω、方向角 θ 等四重循环，当格网划分过密时，计算量非常大，这时可以采用 FFT 进行计算，能够提高计算速度。由于线性叠加法物理概念清晰，计算方便，而且模拟结果和海浪谱非常吻合，所以利用率较高，一般用于游戏软件或实时性要求较高的场景绘制(图 9.5 和图 9.6)。

图 9.5　模拟海面效果图一　　　　图 9.6　模拟海面效果图二

基于海浪谱的方法所构建的数学模型复杂，计算量较大。相较而言，基于海浪谱方法的实时性优于基于物理模型的方法，并且参数是长期对海洋的观测结果，所以模型较真实，缺点是将海面作为高度场建模，生成的波峰比较圆滑。

9.2.4　基于运动模型的方法

基于运动模型的方法是从运动的角度模拟海浪，它不是简单地追求海浪的形态，而是从水粒子运动的角度出发，通过单个粒子或元胞的运动合成表示海浪的总体形状和特征的动态变化。基于运动模型的方法的基本思路是，把水面划分为许多水粒子，然后分析水粒子的运动规律，生成海面形态。该方法包括粒子系统和元胞自动机。Reeves(1983)首先提出粒子系统，用以描述不能用多边形或曲面表达的自然现象，如雨、雪等。在水波领域，粒子系统主要用于模拟浪花、破浪等随机的海浪形式。Peachey(1986)首先利用粒子系统模拟破碎波，每个粒子都设置有位置、形状、尺寸、纹理、速度(包含大小和方向)、生存期等属性，在波峰上设置粒子的初始位置，粒子运动速度的初始方向为波向相反方向，同时在粒子速度

大小上添加随机的高斯扰动参数来增加粒子运动的随机性。另外，Peachey(1986)还设计了另一个粒子系统，用来模拟波浪与部分淹没在水中的障碍物碰撞产生的飞沫效果。一般来说，粒子数量越多，效果越真实。粒子系统能很好地表达破碎波和泡沫，但是大数量粒子会给系统带来严重的负荷，小数量粒子又缺乏真实感。元胞自动机是将水面划分为许多对齐规则的格元(称为元胞)，然后将每个元胞取有限的离散状态，按照同一规则运动，大量元胞通过各自简单的运动产生复杂的现象(图 9.7)。

图 9.7　元胞自动机模拟海面效果图

9.2.5　基于分形几何的方法

Mandelbrot 等(1968)在分形理论的基础上提出一类一维高斯随机过程，称为分形布朗运动(fractal Brown motion，FBM)。FBM 数学模型是现代非线性时序分析中的重要随机过程，能有效表达自然界中的许多非线性现象，也是迄今描述真实地形最好的随机过程，可用于模拟地形、海浪、云彩等自然景观。

鉴于海浪的随机性和不规则性，采用常规几何的方法对其进行建模往往人为痕迹过于明显，在形态上表现过于规则化，而采用基于分形几何的方法，正好能够体现海浪的随机性。在利用基于分形几何的方法对海浪进行建模时，通常采用 FBM 曲面描述海浪，并且采用条件分形的方法，即首先采用正弦曲线(面)或者抛物线(面)生成波浪的基本形状，这些曲线(面)被定义为空间位置和时间的函数，然后采用分形对这些曲线(面)进行变形生成随机的海浪。至于波浪的运动，则可以通过对基本波形在空间域和时间域进行变形得到。基于分形几何的方法体现了海浪的随机性，算法简单，易于实现，实时性强，逼真度较好。

综上所述，海浪具有复杂的动力学、光学、时空等特性，形态万变，没有一种通用的方法能将其各种形态和属性都表现出来。基于物理模型的方法从流体方程出发，与基于几何模型的方法相比，能够得到更加真实的效果，但计算效率低，难以满足快速模拟和实时交互的要求。因此，目前海浪建模研究主要是针对具体的应用需求，采用一种或多种方法相结合的方法来构建适合具体应用需求的海浪模型。

9.3 海洋标量场可视化建模

标量又称无向量，是指只有数值大小而无方向性的数据点。根据数据所处的空间，标量场可以分为一维、二维、三维或者更高维度。在科学计算可视化领域，学者针对标量场的可视化进行了大量研究，出现很多成熟的可视化方法。海洋环境中的温度场、盐度场、密度场等属于标量场数据，可采用标量场可视化方法进行建模和表达。

9.3.1 一维标量场可视化建模

一维标量场是指空间中沿着某条路径或固定位置上不同时间采样得到的数据场。一维标量场数据通常可表达为一维函数，其定义域可以是空间位置变化，也可以是时间变化，值域是不同的物理属性，如温度、湿度、气压等。如果定义域是时间，那么这个数据场称为时变标量场。一般地，在采集数据时，往往无法获得整个定义域区间的值，因此需要通过插值方法重建相邻离散数据点之间的数值。

类似于数学上的一维函数，一维标量场可以用线图(line chart)的形式表达数据的分布规律。图 9.8(a)表示某位置海水浊度随时间的变化情况，图 9.8(b)表示

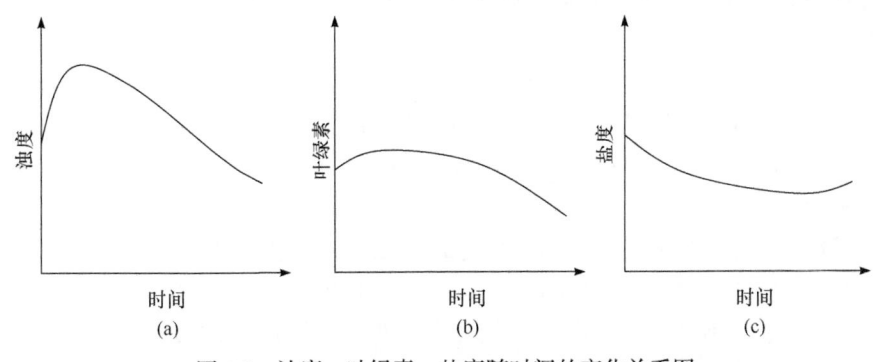

图 9.8 浊度、叶绿素、盐度随时间的变化关系图

某位置海水叶绿素随时间的变化情况,图 9.8(c)表示某位置海水盐度随时间的变化情况。如果定义域内包含多个变量数据,则可以用不同的线条和颜色区别表示(陈楼衡,2018)。

9.3.2 二维标量场可视化建模

二维标量场比一维标量场更为常见,可以表示更多的数据信息。常见的可视化方法有颜色映射、等值线法和高度图三类。

1. 颜色映射

颜色映射是将标量信息和颜色值建立映射关系,通过颜色的变化直接显示标量的变化(图 9.9(a))。颜色映射分为灰度映射和彩色映射,都是通过构建以标量值为索引的颜色对照表,将标量值和相应的颜色进行对应(陈楼衡,2018)。建立颜色对应关系的方法称为传递函数(transfer function,TF)。

颜色映射已经广泛应用于各个领域,不同领域也制定了通用的颜色映射表。颜色映射表的选择非常重要,不合理的颜色映射方案无法正确、有效地显示标量场特征,甚至产生错误的信息。另外,当映射空间大于原始数据空间时,需要采用插值方法,重建相邻数据点之间的信息,再将插值得到的数值映射为颜色。

2. 等值线法

等值线法是指将标量场数据中属性值相等的点用直线或曲线的方式连接起来,形成的等值线又称轮廓,如地图上的等高线、气象图中的等温线和等压线等。假设$f(x,y)$是在点(x,y)处的数值,阈值为m,则等值线是在二维标量场中满足$f(x,y)=m$的点集按一定顺序连接而成的线。值为m的等值线将二维标量场分为两部分:若$f(x,y)<m$,则该点在等值线外;若$f(x,y)>m$,则该点在等值线内。

在规则格网模型下,通过移动四边形法可以提取二维标量场中的等值线。移动四边形法的基本思想是逐个处理二维标量场的格元,插值计算等值线与该格元边的交点,根据格元上每个顶点与等值线的相对位置,按一定顺序连接这些交点,生成等值线。

等值线法是二维标量场数据可视化的主要方法。它通过空间中的曲线分布可视化表达标量场的分布和变化趋势,广泛应用于海洋科学研究的各个领域中。例如,对海面温度场进行可视化时常采用等值线(等温线)法(图 9.9(b))。

第 9 章　海洋环境建模　　　　　　　　　　　　　　　　　　·235·

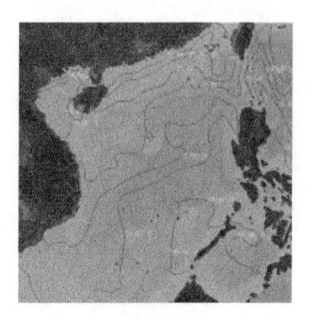

(a) 颜色映射　　　　　　　　(b) 等值线法

图 9.9　海面温度场可视化效果(陈超，2012)

3. 高度图

高度图(height plot)是将二维标量场数据转换为三维空间的高度格网，其中数据值被映射为第三个维度——高度。二维标量场中的数值大小不会给人带来直观的感受，只能通过数值间的比较判断数值的大小。将数据值转换为高度图后，可以通过高低起伏的变化来直观感受标量场数值的大小。高度图还可施加图形学中的真实感绘制效果(如阴影)，以增强高度图的感知效果。

9.3.3　三维标量场可视化建模

三维标量场是指描述三维空间中物质属性及其演变规律的数据场。常见的三维标量场可视化建模方法有等值面法和直接体绘制两类。

1. 等值面法

等值面是指空间中的一个曲面，该曲面上函数的值等于某一给定值。三维等值面是指在三维空间中构建具有某个特征值的等值面。等值面法是将三维数据场中具有相同标量值的点连接成格网模型，以面的形式表现三维数据场的特征。目前，常用的等值面法有移动立方体(marching cubes，MC)算法和移动四面体(marching tetrahedrons，MT)算法，采用基于体元的方法构造数据场中的等值面。传统的 MC 算法，首先是把三维数据场离散化为多个正六面体，遍历每个正六面体，判断正六面体每个顶点数据与等值面阈值的关系，然后在正六面体的每条边上插值出等值点，再连接等值点形成多边形，从而绘制出等值面。MC 算法会产生二义性，造成绘制结果出现空洞或者裂痕，影响视觉效果，虽然已提出一些改进的算法，但整个算法执行过程稍显繁杂。MT 算法在 MC 算法的基础上进行了改进，将离散正六面体改为正四面体，可以消除 MC 算法中无法解决的多边形连接二义性问题。同时，体素被分割细化，可以提高等值面模型的精度。但是 MT

算法的遍历方式会产生大量的三角形面片，这对大规模运算来说，效率不高。传统 MC、MT 算法需要遍历每个数据单元，这样会耗费大量的时间。采用优化的遍历方式来减少遍历时间，只对含有等值面的体素进行等值面提取，会提高等值面提取效率，这些改进遍历方式的算法包括八叉树、区间树等。基于体元的等值面法适用于由规则且密集体元组成的数据场的可视化。目前，等值面法的研究工作已日趋成熟，但在处理海量数据、不规则数据体等方面还存在一定的挑战。

等值面法已成为三维标量场数据可视化的最直接表达方式，广泛应用于科学及工程计算结果数据的显示中。在海洋水文数据可视化方面，等值面法可直观反映某个海洋环境要素的三维空间分布。例如，基于三维等值面法表达海水的温度、盐度、密度等水文信息(图 9.10)。

图 9.10　等值面法表达海水深度场效果图

2. 直接体绘制

直接体绘制(direct volume rendering, DVR)是现今科学计算可视化领域重要的研究内容之一，已成为一种全面展示三维体数据的有效工具和重要手段。与等值面法不同，直接体绘制无须从三维标量场中提取中间几何图元。它直接计算三维空间采样点对结果图像的贡献，能够一次性展现三维标量场数据的整体信息和内部结构，提供对数据场的全局浏览。它可提供一个可以直接观察数据内部结构的平台，使数据在整体和细节上的信息都得到展示，能给人以最直观的视觉感受。直接体绘制主要有以图像为序的体绘制方法、以物体为序的体绘制方法、基于变换域的体绘制方法以及基于硬件加速的直接体绘制方法。

1) 以图像为序的体绘制方法

以图像为序的体绘制方法是指遍历整个图像空间的每个像素，找出体数据中对该像素的影响，从而得到像素值显示结果。其中，应用最广的方法为 Levoy(1988)提出的光线投射算法。该算法是将成像平面的每个像素沿视线方向投射射线，这条射线穿过三维体数据场，沿着这条射线选择等间距的采样点，分别求出采样点的颜色值和不透明度并进行融合，得到该像素的颜色(图 9.11)。光线投射算法具有算法原理简单、易于实现、成像质量高、便于并行处理等优点，是直接体绘制中应用最为广泛的算法(图 9.12)。该算法与成像平面(屏幕)大小相关，与要绘制的体数据物体个数无关。当屏幕区域大于要绘制的体数据屏幕投影时，该算法会投射很多无用的射线。优化算法包括基于八叉树的空体素跳跃加速算法，或者通过设定累计阈值提前结束光线投射。

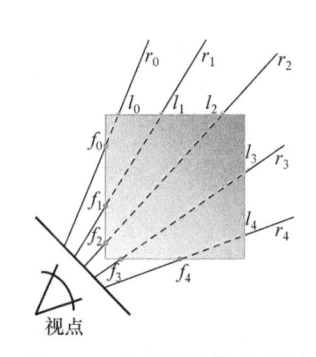

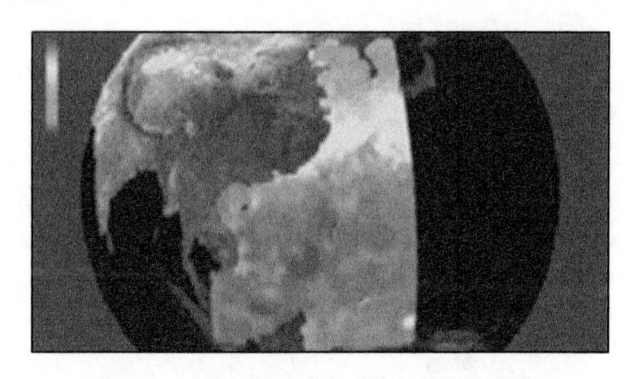

图 9.11　光线投射算法示例　　图 9.12　光线投射算法表达海水温度场效果图

2) 以物体为序的体绘制方法

以物体为序的体绘制方法是指遍历体数据的每个体素，判断体素对最终图像的贡献值。其中，应用最广的方法是足迹表法和错切-变形法。足迹表法也称抛雪球法或溅射法，其原理是遍历体数据中的每个体素，通过重构核函数建立足迹表，确定每个体素在成像平面的影响范围，并通过高斯函数计算体素的贡献值，从而得出最后的图像(图 9.13)。错切-变形法是将整个成像过程分解为三维错切变换和二维变形变换，首先将三维体数据通过三维错切变换投影到错切空间形成中间图像，然后将中间图像通过二维变形变换得到最终的结果图像。该方法可以只存储有数据的体素，比以图像为序的体绘制方法减少内存消耗，而且该方法只计算物体体素上的贡献值，计算量少于以图像为序的体绘制方法，因此绘制效率高。其缺点是物体空间反向投影到成像平面得到的结果图像质量较差，生成的图像质量不如以图像为序的体绘制方法。

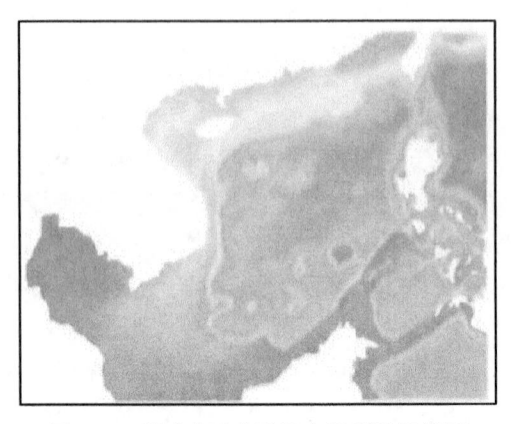

图 9.13　足迹表法表达海水温度场效果图

3) 基于变换域的体绘制方法

基于变换域的体绘制方法是将基于空间域的体数据通过相关公式(如三维傅里叶变换)变换到其他域(如频域)，以求出离散频谱，再通过信号处理的相关理论进行采样和重建等处理，最后逆变换到空间域得到结果图像。其主要包括频域体绘制方法和基于小波的体绘制方法。前者通过三维傅里叶变换将空间域的体数据变换到频域，经插值、采样、重建等处理后，再通过二维傅里叶逆变换得出最后的图像；后者采用小波变换的相关理论进行变换后得出结果图像。

4) 基于硬件加速的直接体绘制方法

随着图形硬件的飞速发展，很多基于硬件加速的直接体绘制方法应运而生。充分利用图形硬件的高并行性，加强直接体绘制方法的处理能力，目前在主流微机上实现实时体绘制。基于硬件加速的直接体绘制方法主要有两种形式，即基于代理切片和基于光线投射。

基于代理切片的硬件加速体绘制方法最先由 Cullip 等(1993)提出，这种方法能充分发挥 GPU 的纹理贴图功能，通过采样切片映射体纹理，然后融合成最终的结果。针对切片生成方法，Westermann 等(1998)提出视点垂直的切片方法，利用三维纹理映射的技术，随着视点的改变而重新生成切片并采样纹理，Rezk-Salama 等(2000)提出与体数据包围盒坐标轴垂直的切片方法，按照三个坐标轴垂直方向采样生成三个二维切片纹理集，根据视点与坐标轴之间的夹角切换不同纹理集映射融合成最终的结果。可以发现，基于代理切片的硬件加速体绘制方法本质上是一种以物体为序的体绘制方法，所以不可避免地有以物体为序的体绘制方法的缺点，即可能会处理大量无用的纹理片段，而且会出现走样问题，特别是采用透视投影方式时。

德国慕尼黑理工大学的 Kruger 等(2003)提出基于 GPU 加速的光线投射体绘制方法。该方法采用多次绘制体数据包围盒的六个多边形，生成两幅颜色图，分别代表光线的起始点和终止点，而不是绘制多个切片融合的方法。通过深度测试和忽略空白数据的策略减少像素操作，进而提高体绘制性能。为了生成光线的起止点，需要多次绘制包围盒，而且该方法是一种以图像为序的体绘制方法，生成的图像质量较高，但是该方法也可能会投射大量无用的光线，需要采用忽略空白数据的策略，这样会不可避免地增加 GPU 的运算量和数据传输量。

德国斯图加特大学的 Stegmaler 等(2005)提出基于 GPU 硬件加速的直接体绘制框架，采用 GPU 加速的光线投射方法，将体数据包围盒的顶点片段作为光线起始点，视点位置与该顶点片段射线的方向作为光线方向，终止条件是光线逐步投射后的纹理坐标值无效或者累加值超过阈值。该方法可以灵活地集成多种体绘制着色效果，如半透明、等值面、折射、反射等。这种方法的终止条件并不是确定的体数据边界，因此可能会在体数据边界上走样。

基于硬件加速的光线投射的直接体绘制方法是一种在普通微机实现实时体绘制的有效方法。这种方法非常灵活，很容易进行扩展，最重要的是生成的图像质量很好，没有像基于代理切片的硬件加速体绘制方法的透视投影走样问题。但是，该方法主要是针对数据分析可视化，较少考虑虚拟环境中的交互绘制问题，难以满足大规模的体数据在虚拟环境中的展示。

9.4 海洋矢量场可视化建模

在科学计算可视化领域，矢量场可视化是近年来兴起的研究热点。与标量场可视化相比，矢量场可视化的研究相对薄弱，其可视化方法主要包括图标法、矢量线法、纹理法和特征法等(李勃，2013；陈丁，2015)。海洋环境中的风场、海流场、磁场等属于矢量场，可采用矢量场可视化方法进行建模和表达。

9.4.1 图标法

图标法是最简单、最直接的矢量场可视化方法(图 9.14)。针对矢量场数据

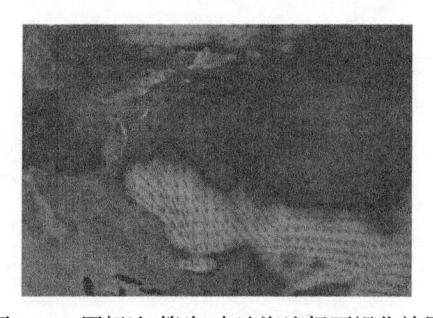

图 9.14 图标法(箭头)表达海流场可视化效果

的特点，用箭头、椎体、有向线段等图标来表示矢量场中每个采样点的值，可以直观地展现矢量场数据的整体特征。用图标的方向表示矢量的方向，图标的长度表示矢量的大小，图标的尺寸、颜色、形状等视觉变量可用来表示其他信息。

总体来说，图标法具有简单直观、易实现、速度快的优点。但其缺点也同样明显，当采样点过密时，会出现图标重叠的情况，导致可视化效果杂乱；如果采样点过稀，则无法准确地表现矢量场的变化情况。另外，图标法无法揭示矢量场数据的内在连续性；流场中的一些特征(如涡流现象)也很难用图标法清晰地表达。

在实际表达时，为了避免可能出现的遮挡、混淆等问题，通常需要根据场景显示的分辨率，合理设置图标的尺寸及绘制的数量。

9.4.2 矢量线法

矢量场中的特征矢量线包括流线(stream line)、迹线(path line)、脉线(streak line)和时线(time line)。流线主要应用于稳定矢量场的表达，迹线、脉线和时线则主要应用于非稳定矢量场的表达。与图标法相比，矢量线法能部分反映矢量场的连续性，绘制效果较好，但是绘制质量严重依赖种子点的位置选取，选择不当可能会造成矢量场重要特征和细节的丢失。目前，对矢量线法的研究多为与种子点选取相关的问题，以便生成均匀分布的矢量线，清晰表达流场特征。

1. 流线

流线用于描述矢量场中任意一点矢量的切线方向。对于矢量场中一个特定的位置，某一时刻有且仅有一条流线通过该点。该点处流线的切线方向表示该点处矢量场的方向。当生成流线时，首先在矢量场空间中撒播种子点，然后从种子点发射粒子，对矢量场进行采样。根据采样得到的矢量平移粒子，不断迭代得到一条完整的流线，如图 9.15 所示。流线适用于刻画稳定矢量场或者非稳定矢量场中某一时刻的特征。

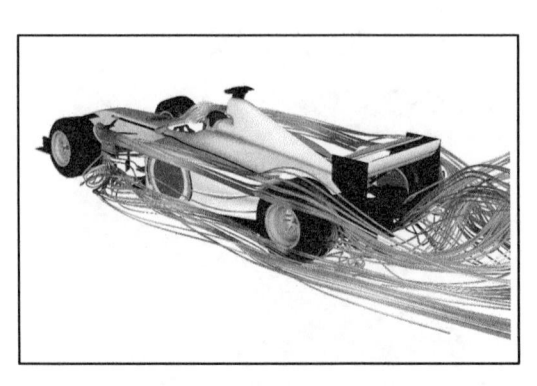

图 9.15 流线可视化效果

2. 迹线

迹线的形状与流线类似，但是概念截然不同。迹线适用于非稳定矢量场，用于描述矢量场中一个粒子在某个时间段的流动轨迹。对于矢量场中一个特定的位置，某一时刻有且仅有一条迹线通过该点。流线是假想的曲线，是不存在的；迹线是实际存在的曲线，随着粒子的运动产生。当生成迹线时，首先要在矢量场中撒播种子点，然后从种子点发射粒子。粒子仅在矢量场的作用下运动，追踪其运动轨迹即可获得一条迹线，如图 9.16 所示。

3. 脉线

与迹线类似，脉线也适用于非稳定矢量场，用于描述一个粒子集合从一个起始点不同时间发射，在之后的某一时刻获取该集合中粒子的位置并连接形成的轨迹，如图 9.17 所示。直观地说，脉线的形成过程可以看作在一个矢量场的特定位置处持续释放不计质量的有色染料，染料在矢量场的作用下运动形成的几何曲线。由于非稳定矢量场随时间变化，所以这些粒子都有各自的轨迹。

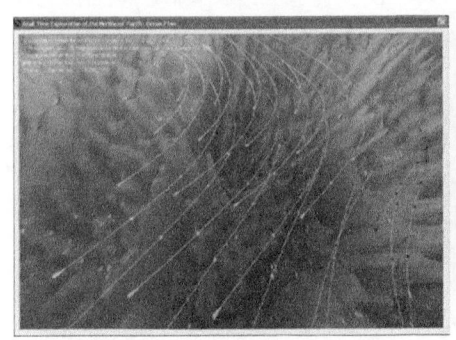

图 9.16 迹线可视化效果

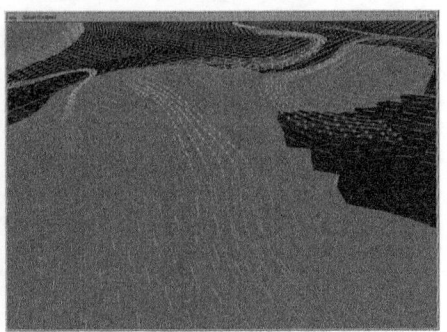

图 9.17 脉线可视化效果

4. 时线

时线是脉线的一种扩展形式，是指一个粒子集合从一条起始轨迹或一个起始区域上的不同位置发射，并以类似于脉线的方式获取其运动轨迹的方法。简而言之，时线方法产生的轨迹是脉线的一个集合，能够反映一个局部区域内的矢量场特征。

在稳定矢量场中，流线、迹线和脉线的呈现结果是相同的。在非稳定矢量场中，迹线和脉线所刻画的矢量场具有明显的差异。

9.4.3 纹理法

传统图标法和矢量线法一般借助于矢量场中选取的种子点来构造表示矢量场

的点、线图元，通过对这些图元的可视化来表达矢量场。这些方法实现简单，但是可视化结果离散且不连续，同时种子点选取不当容易漏掉矢量场关键特征。纹理法是根据流场纹理的颜色和形状对矢量场进行表示，可以致密地表征整个矢量场，覆盖矢量场的每个区域，不会漏掉重要的矢量场细节。另外，纹理法可以通过一定的滤波算法，实现纹理颜色的有序排列，表示矢量场的方向性。纹理法在矢量场可视化中有着巨大的应用潜力。根据处理对象的不同，纹理法主要包括点噪声(spot noise)法、线积分卷积(line integral convolution，LIC)法和基于图像的流场可视化(image based flow visualization，IBFV)。

1. 点噪声法

Wijk(1991)提出点噪声法。该方法是纹理技术在矢量场可视化中的最早应用。在具体操作时，将点噪声的长轴方向和相应点的矢量方向保持一致，通过大量随机点的混合得到沿矢量场方向呈现一定形状的纹理图像，处理过程如图 9.18 所示。纹理图像的绘制结果在很大程度上依赖点的大小、分布和分辨率。在实际应用中，点噪声法的计算量巨大，而且点的大小由矢量值的大小确定，在表达剧烈变化的矢量场时存在一定的困难。

图 9.18　点噪声法生成纹理过程

2. 线积分卷积法

Cabral 等(1993)在点噪声法的基础上首次提出线积分卷积法。该方法的基本思路是，以随机生成的白噪声为输入纹理，将噪声纹理沿矢量方向逐像素执行卷积操作，即可得到能够表示矢量场方向信息的结果纹理(图 9.19)。这样生成的纹理既可以保持原有的模式，又能体现出矢量场的方向。

图 9.19　线积分卷积法生成纹理过程

线积分卷积法是一种经典的基于纹理的可视化方法。与点噪声法相比，线积分卷积法的成像质量较高，纹理细节清晰，能够精确地刻画出矢量场的特征，特别是汇点、漩涡、鞍点等拓扑特征，以及具有高曲率的局部区域(图9.20)。为了克服线积分卷积法在流线跟踪和卷积计算中耗时多、效率低下、难以满足交互需求等问题，研究人员在线积分卷积法的基础上设计了一系列方法，包括快速线积分卷积法、面向时变矢量场的线积分卷积法、三维线积分卷积法、动态线积分卷积法等，改进了计算效率，基本达到矢量场的实时可视化。

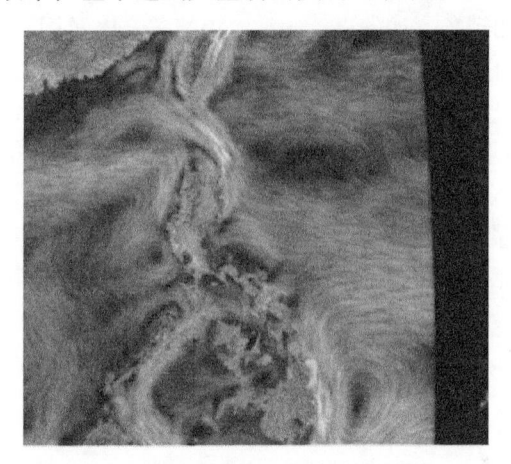

图 9.20　线积分卷积法表达海流场效果图(陈丁，2015)

3. 基于图像的流场可视化

IBFV 是一种新的纹理可视化方法(图 9.21)，由 Wijk(2002)提出。IBFV 是前向纹理映射和背景连续帧混合两种思想的结合，它将之前的若干帧图像和一系列经过滤波的噪声背景图像作为输入，经过卷积操作生成下一帧图像，在表达矢

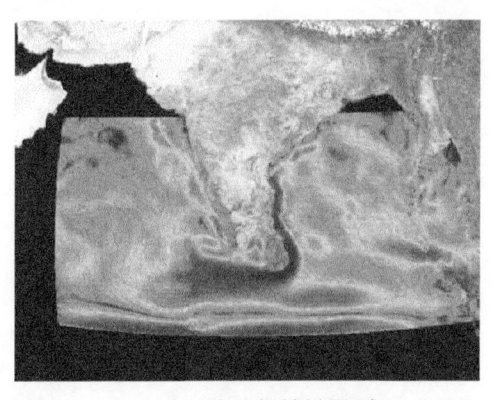

图 9.21　IBFV 表达海流场效果图(陈丁，2015)

量场的动态变化方面十分有利。IBFV 利用了帧间的相关性，需要的计算量大幅度减少，因此具有很高的绘制速度，在矢量场的动态可视化中具有很大的优势。但是 IBFV 也存在一定的缺陷：生成的图像模糊，绘制质量有待提升，特别是当矢量场各区域速度差异较大时，对于慢速区域的可视化效果不明显，不利于观察分析。

9.4.4 特征法

特征法是矢量场可视化领域的一个研究热点。特征是指对矢量场中有意义的形状、结构、变化和现象，如轮廓、激波、涡流等，以及用户感兴趣的其他区域。特征法是指通过特征提取技术从矢量场中找出某些重要特征，对这些特征进行简化并进行可视化表达。当矢量场数据量比较庞大时，为了保证矢量的抽象表示，可以丢弃一些非关键点的数据。即为了降低复杂度，保持关键特征的显示，丢弃冗余的、用户不感兴趣的数据。通过特征法，可加快用户的认知分析过程，同时减少可视化的数据量。目前，基于特征的可视化多依赖临界点理论，海洋矢量场的特征提取主要包括极限环和涡流的提取，可通过矢量场中散度、旋度以及环流量等的计算实现。

第 10 章 战场气象环境建模

气象环境是综合自然环境的重要组成部分，对社会活动、作战过程，以及武器装备性能发挥等具有重要影响。作为作战的可变条件，气象环境已成为影响现代战争和高技术战争进程及胜负的重要因素，是战役战术决策和实施的主要条件之一。因此，如何真实地表达战场实时气象环境、如何利用已有的大量历史气象数据来预测天气变化情况，成为战场气象保障的重点。而这也是战场气象环境建模与仿真的研究重点。

10.1 战场气象环境建模分析

10.1.1 战场气象环境的概念

本节首先对气象、天气、气候等几个概念进行界定。

气象是发生在大气圈内各种大气现象的总称，是战场自然环境中最为活跃的因素，包括大气的基本物理状态和在大气中发生的凝结、降水、声和电等自然现象。大气状态和大气层中的这些自然现象及其变化构成复杂多变的战场气象环境。

天气是一定地点或区域在某一时刻或时间段内的大气综合状态，通常用气温、气压、湿度，以及发生在大气中的风、云、雨、雪、雷电等现象来表示。

气候是地球上某一地区多年间大气的一般状态，通过各种气象要素(气温、气压、风和各种天气现象等)的各个统计量来表征。

气象要素是构成和反映大气状态及大气现象的基本因素，包括气温、气压、空气湿度、风、云、能见度、降水、雷暴、雾、霾、风沙等。

气象要素随时间和空间变化，因战场的地理位置和地形特点不同，气象要素的量值和变化在时间和空间分布上有很大的差异。了解气象要素的变化规律是制作战场天气预报和气候分析的基础。

战场气象环境指的是作战地区的气候类型及作战时刻的季节和天气状况，主要包括温度、湿度、风、云、能见度、雨量等气象要素和天气现象。气象环境对军事活动的影响主要表现在以下方面(董志明等，2013)：一是气象条件对作战行动的影响；二是气象条件对军事设施、武器装备存储及作战运用的影响；三是气象条件对作战人员的影响。因此，气象保障对各种作战行动都具有十分重要的意义。完善的气象保障是赢得战场主动权、取得战争胜利的重要保证。

战场气象环境包括地面气象环境、海洋气象水文环境、天空气象环境和空间天气环境四部分。

(1) 地面气象环境包括气候背景、气象预报和气象实况三部分。气候背景包括平均气温、平均降水量及降水日数或降水频率等要素。气象预报包括长期预报、中期预报和短期预报。其中,长期预报为月预报,内容包括月降水量和平均气温。中期预报为周预报,内容包括逐日云量和降水。短期预报为日预报,内容为24小时预报和12小时订正预报,包括站点预报和区域预报,内容包括云、天气现象、地面风向和风速、水平能见度等。气象实况包括每日4个时次(02时、08时、14时和20时)站点和区域的气象实况,主要包括地面风向和风速、水平能见度和天气现象等。地面气象环境对作战造成重大影响的主要有气温、云雾、降水和风。

(2) 海洋气象水文环境包括洋面气象环境和海洋水文环境两部分。洋面气象环境与地面气象环境类似,与季节紧密相关,影响作战行动的主要有海雾、风和降雨等要素。海洋水文环境主要包括海水的深度、温度、盐度、水色、透明度和海流、海浪、潮汐、海冰等。

(3) 天空气象环境泛指地球大气层空间环境,根据空中各自然要素对飞行器的影响,主要研究从地表到空中高达数十千米的空间范围,研究对象包括对流层和平流层,重点是对流层。天空气象环境包括空中各高度层的温度、湿度、风向、风速、云、降水和能见度等要素。同时,天空气象环境的确定受相应陆地战场环境的影响,空中作战行动受陆上目标分布、机场配置、机降地域、空降地域等条件的限制。

(4) 空间天气环境是指近地空间或从地球大气到太阳大气的空间环境,主要包括背景等离子体、磁场、辐射等要素。大多数空间天气事件是由太阳近地表和太阳大气的太阳风所携带的能量驱动的,造成地磁暴、电离层扰动、星地无线电信号闪烁、太阳高能粒子等现象。空间天气环境有时也指星际空间的环境状态变化。随着基于太空平台的武器系统应用越来越广泛,空间天气环境对于军事活动的影响越来越显著。例如,威胁航天器和宇航员的安全,影响通信、预警、导航系统的使用等。

10.1.2 战场气象环境的构成要素

战场气象环境反映作战区域的气温、气压、湿度等大气状态,以及云、降水、能见度等天气现象。下面对其主要内容进行介绍。

1. 气温

大气温度简称气温，是表征大气冷热程度的物理量。气象部门提供的气象资料由气象台站在离地面 1.5m 高处的百叶箱中测得。在一定时间内，气温的最高值称为该时间的最高气温，最低值称为该时间的最低气温。某一段时间内累计最高气温值或最低气温值中的极大值或极小值，称为该时间段内的极端最高气温或极端最低气温。

气温的日变化规律是，最高气温一般出现在 14 时(地方时，下同)左右，最低气温一般出现在日出前后。气温日变化的大小随海陆、纬度、季节、地表性质，以及天气情况的不同而不同，一般陆地比海洋大，热带比温带大，夏季比冬季大，沙质地区比黏性土壤地区大，晴天比阴天大。

2. 风

空气相对地面的水平流动称为风，可以用风向和风速(或风力)表示。气象上所用的风向是指风的来向。地面风向用 16 个或 8 个方位表示，空中风向用 360°表示。风速是指单位时间内空气质点在水平方向上移动的距离。当风用风级表示时，称为风力。风速和风级的关系如表 10.1 所示。

表 10.1 风速和风级的关系

风级	风名	距地 10m 高处的相当风速 km/h	距地 10m 高处的相当风速 m/s	现象
0	无风	<1	<0.3	静，烟直上
1	软风	1～5	0.3～1.5	烟可示向
2	轻风	6～11	1.6～3.3	脸感有风，树叶微响
3	微风	12～19	3.4～5.4	树叶、小树枝摇摆不息，旌旗展开
4	和风	20～28	5.5～7.9	有扬尘，小树枝摇动
5	清风	29～38	8.0～10.7	有叶小树摇摆，内陆水面有小波
6	强风	39～49	10.8～13.8	大树枝摇动，电线呼呼有声，张伞困难
7	疾风	50～61	13.9～17.1	全树摇动，迎风步行感觉有阻力
8	大风	62～74	17.2～20.7	可吹折树枝，迎风步行感觉阻力较大
9	烈风	75～88	20.8～24.4	烟囱、平房屋顶受到损坏，小屋遭受破坏
10	狂风	89～102	24.5～28.4	陆上不常见，发生时往往拔树倒屋
11	暴风	103～117	28.5～32.6	陆上很少见，发生时必有重大灾害
12	飓风	118～133	32.7～36.7	陆上极少见，摧毁力极大

续表

风级	风名	距地10m高处的相当风速		现象
		km/h	m/s	
13	—	134～149	36.8～41.4	—
14	—	150～166	41.5～46.1	—
15	—	167～183	46.2～50.9	—
16	—	184～201	51.0～56.0	—
17	—	202～220	56.1～61.2	—

当天气比较稳定时，日出后地面上风速渐增，风向右转。午后风速达到最大值，以后又渐渐减弱，风向左转，夜间风速最小。地形或海陆分布不同造成的局部地区的风称为地方性风。白天陆地升温快，海洋升温慢，在低空海上气压高于陆地，海上空气向陆地流，形成海风；夜间则形成陆风。海风和陆风合称海陆风。海陆的温差，白天大于夜晚，海风一般比陆风强，13～14时前后最大可达5～6m/s，陆风一般为1～2m/s，1～2时前后达最大值。大范围地区的盛行风向随季节而变化的风称为季风。风速一阵大一阵小的风称为阵风。地面风力达8级或以上的风称为大风。

3. 能见度

能见度是反映大气透明程度的物理量，是指视力正常的人在当时的天气条件下，能从天空背景中看清和辨认出目标物的最大距离，以m或km表示。当有雾、霾、烟、风沙、吹雪或降水现象时，能见度差。海上能见度是指海上可观测到目标的最大水平距离或水天线的清晰程度。空中能见度是指在空中观测目标时的能见距离。按其观测方向的不同，空中能见度可分为空中水平能见度、空中垂直能见度和空中倾斜能见度。

4. 云

由飘浮在空中的无数小水滴、小冰晶或两者共同组成的，相应地称为水成云、冰成云和混合云。云的生成、外形特征、量的多少、分布及其演变可以反映当时大气的运动、稳定程度和水汽状况等，是预示未来天气变化的重要征兆。结合实际需要，按云的底部高度将云分为3族；按云的外形特征、结构和成因分为10属，如表10.2所示。

表 10.2　云的类别

云族	云属 学名	云属 英文缩写	常见云高范围/m
高云	卷云	Ci	7000~10000
	卷积云	Cc	6000~8000
	卷层云	Cs	6000~9000
中云	高积云	Ac	2500~6000
	高层云	As	2500~5000
低云	雨层云	Ns	50~2500
	层积云	Sc	500~2500
	层云	St	50~500
	积云	Cu	500~2500
	积雨云	Cb	300~2500

表征云的基本量是云高和云量。

(1) 云高。云底离地面的垂直距离称为云底高度,简称云高。

(2) 云量。视界范围内的天空被云遮蔽的成数,称为云量。把天空分为十等份,云量就是被云遮蔽的份数。云量分为总云量和分云量。总云量是指天空被所有云遮蔽的成数。分云量是指天空中不同种类的云的可见部分(即未被下层云遮蔽的部分)的云量。

根据云量的多少,可把天气分为晴天(高云量<4,中云量或低云量<1)、少云(高云量为 4 或 5,中云量或低云量为 1~3)、多云(高云量为 6~10,中云量或低云量为 4~8)和阴天(中云量或低云量在 9 以上)4 种类型。

5. 天气现象

天气现象是发生在大气中的降水现象、地面凝结和冻结现象、视程障碍现象、大气光象、大气电象和大气的其他物理现象的总称。降水有降雨、降雪、冰雹等,视程障碍现象有雾、霾、烟、沙尘暴等,大气电象有雷暴、闪电、极光等。此外,还有龙卷风、积冰、冻雨等。

1) 降水

降水是最常见的天气现象,是指液态或固态水从云、雾中降落并到达地面的天气现象,包括雨、毛毛雨、雪、米雪、霰、冰雹、冰针和冰粒等。降水的强度通常用降水量表示,降水量是指在 $1cm^2$ 面积上降水的深度,雪的大小则用降雪的深度(融化成水的深度)来表示。根据一段时间内的降水量(降雪量),可将降水分为不同的等级(表 10.3)。

表 10.3 降水的等级

降雨等级	1小时降水量/mm	24小时降水量/mm	降雪等级	下雪时有效能见度/km	24小时降雪量/mm
小雨	≤2.5	<10.0	小雪	≥1	<2.5
中雨	2.6~8.0	10.0~24.9	中雪	0.5~1	2.5~4.9
大雨	8.1~15.9	25.0~49.9	大雪	<0.5	5.0~9.9
暴雨	≥16.0	50.0~99.9	暴雪	—	≥10.0
大暴雨	—	100.0~249.0			
特大暴雨	—	≥250.0			

2) 雾

雾是指大量的小水滴或小冰晶浮游在近地面的空气层中，致使能见度减小的现象。雾的等级划分如表10.4所示。常见的雾有辐射雾和平流雾两种。由辐射冷却形成的雾称为辐射雾，多出现在秋季、冬季大陆上晴朗、无风而近地面水汽比较充沛的夜间；日出后，地面增温，雾便消散或上升成云。平流雾是由暖湿空气流经冷地面或冷水面逐渐冷却而形成的，多出现在春夏之交的沿海地区。海面出现的平流雾就是海雾，它登陆的时间多在黎明，在陆上维持时间一般不超过24小时。

表 10.4 雾的等级

雾的等级	能见度范围/Cab
轻雾	5.4~54
雾	2.7~5.4
大雾	1.1~2.7
浓雾	0.3~1.1
强浓雾	≤0.3

注：1Cab = 0.1n mile = 185.2m。

3) 霾

大量的微小尘粒、烟粒、盐粒等固体杂质浮游于空中，致使水平能见度特别是垂直能见度变坏的现象。

4) 雷阵雨

雷阵雨又称雷雨，是伴有雷电的降雨现象，产生于雷暴积雨云下。

5) 雷暴

雷暴是由发展旺盛的积雨云引起的伴有闪电、雷鸣现象的局地对流性天气，通常伴有阵雨、大风，有时伴有冰雹、龙卷风，是对军事行动影响极大的危险天气。

10.1.3 战场气象环境的建模内容

气象环境的动态和静态物理特性对武器系统性能及作战效能的影响，一直是武器系统设计和作战使用必须考虑的重要问题。利用气象环境建模与仿真手段深入研究气象环境特征，并在此基础上建立正确的仿真模型和提供可靠的气象环境数据，开展气象环境及其对武器装备的影响研究，是深入认知武器装备气象环境影响机制和提高武器装备环境适应性的重要技术途径。对于优化武器系统设计、提高武器系统环境适应性能及其作战能力，均具有非常重要的意义(蔡军等，2011)。

气象环境仿真模型是以计算机和各种物理效应设备为技术手段，对实际气象环境要素和各种天气现象进行描述，建立各主要因素之间的逻辑关系和数学关系，使其反映实际气象最本质的机理和物理过程，最大限度地表征真实气象情况。气象环境仿真模型是武器装备仿真模型体系的有机组成部分，是开展气象环境对各种高技术武器系统作战影响数值仿真实验的重要技术基础。因此，气象环境建模与仿真技术已成为国内外仿真领域中一项十分关键的技术，是综合自然环境仿真系统中不可或缺的组成部分。该领域的研究受到各国的高度重视，也是军事强国维护其在未来战场具备非对称优势的一项重要支撑技术(蔡军等，2011)。

由于大气运动包含各种空间和时间尺度运动，其产生的机理和发展过程各不相同。气象环境建模与仿真的对象主要包括两类：一类是气象环境要素，如气温、气压、大气密度、空气湿度等，这些要素已有较完备的数学模型，也较容易模拟；另一类是大气现象，是指在地球大气中或地面上观测到的大气物理现象。根据它们的物理组成及形成的物理过程，大气现象又可分为以下几种(刘世光，2007)：①大气光学现象，如日晕、彩虹、海市蜃楼等；②大气尘粒现象，如烟雾、龙卷风、沙尘暴等；③大气水凝现象，如云、雾、雨、雪等；④大气电磁现象，如雷暴、闪电、极光等；⑤大气波动现象，如行星波、重力波、潮汐等。大气现象的模拟较为复杂，经过几十年的研究，相关学者在大气现象的真实感建模与绘制方面取得一些进展。

10.2 大气环境建模

开展大气环境仿真研究，需要建立描述大气特征的仿真模型。建立大气环境的仿真模型主要有三种方式(许丽人等，2006)：一是通过对大气最基本特征的理论分析和数学简化，提出理想化模型；二是基于大量观测资料和观测事实进行分析和统计，建立统计特征模型；三是按照流体力学和大气运动规律建立并求解大气运动的非线性方程组，进行数值模拟，从而给出大气环境数值模型。

10.2.1 理想化模型

对大气环境的最基本特征进行理论分析和数学简化，可提出理想化模型。大气扰动的复杂性使得在工程应用中很难对它进行全面且恰当的表示，因此在具体仿真中通常采用简化的模型。这些模型只能表征大气变化的简单规律，难以反映大气复杂变化的基本事实和基本规律，例如，标准大气仅把大气表示为无空间和时间变化的常态大气。为提高仿真系统的逼真性，有必要采用最新的科学理论和技术手段不断改进理想化的大气环境模型，使其能够更加准确地反映大气扰动的特征，满足环境仿真的需求。

10.2.2 统计特征模型

利用大量的外场观测资料进行大气环境结构及特征分析，可建立统计特征模型。该模型可反映大气环境的运动规律及变化特征，是大气环境研究最基本的模型。它不但对揭示大气运动的时空变化规律具有重要作用，而且可为数值仿真模式及模型设计、模式参数调整、模式修正和结果验证等提供观测基础。利用观测资料进行统计建模的步骤如下。

1. 资料收集

收集和处理各种常规和非常规气象观测资料，包括地面资料、近地层资料、探空资料、卫星资料、湍流超声资料、雷达探测资料、飞机探测资料、卫星探测资料及火箭探测资料等。

2. 资料质量控制

通过对各种资料的解报、检误、连续性和一致性检验，进行质量控制。

3. 统计建模

根据研究问题的需要选择各种数理统计和概率论方法(包括回归分析、判别分析、聚类分析、相关分析、因子分析、小波分析、人工神经网络、信息论、统计决策和模糊数学等),对各种气象观测数据进行统计分析,建立相关统计特征模型。统计特征模型主要包括如下几种。

1) 平均气象要素场模型

平均气象要素场模型利用观测资料,分析平均气象要素场(风、气温、气压、湿度)的时空变化特征,给出各月及四季环流配置,建立典型的平均风、温度场、湿度场的日、月和年季变化曲线及其统计模型,得出典型风场垂直分布廓线、温湿廓线和层结稳定度指标等。图 10.1 和图 10.2 分别为某测站近地层平均风速和平均温度及其标准差分布,图中 V 为平均风速、σ_V 为风速标准差;T 为平均温度、σ_T 为温度标准差。可以看出,平均风速和平均温度都具有明显的日变化特征。图中加粗点实线表示平均要素值(风速、温度),垂直方向细线为平均值±标准差的分布状况。

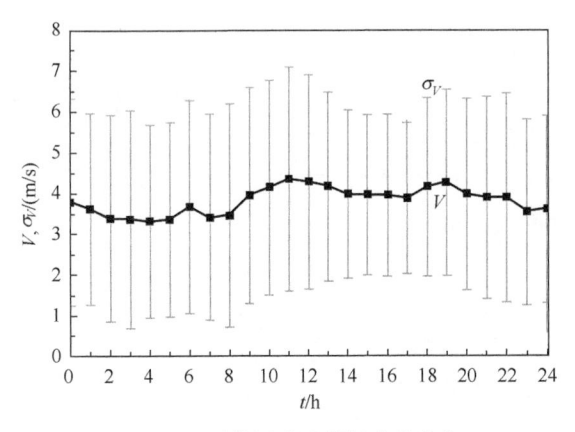

图 10.1 平均风速及其标准差分布

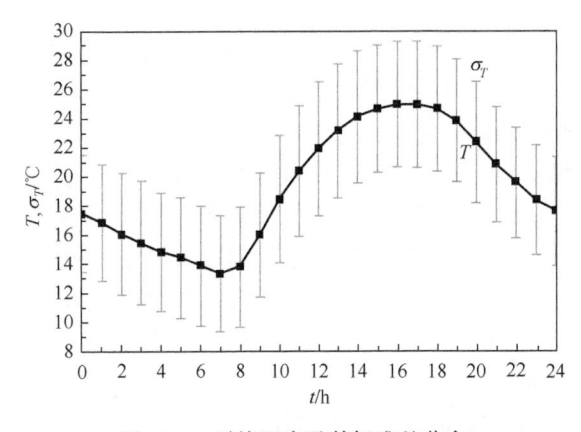

图 10.2 平均温度及其标准差分布

2) 极值气象要素场模型

利用多年(一般在10年以上)气象观测资料,分析极端最大风速、极端最高和最低气温、极端最大湿度、极端最高和最低气压等,建立相应的极值气象要素场模型。

3) 湍流特征量模型

湍流的随机性使得湍流属性很难确定,但从统计学观点来说,可以分析出各方向的湍流脉动方差和协方差、湍流强度和相关系数、湍流动能、湍流通量廓线等特征量,以及湍流各方向的速度谱、温度谱和湿度谱。对这些湍流微结构进行分析,归纳出相应下垫面的湍流属性特征和统计模型。

4) 地表特征量模型

利用边界层和辐射观测资料,可分析地表动量通量、热量通量和水汽通量的日变化特征,并计算摩擦速度、摩擦温度、摩擦湿度等,建立相应的地表特征量模型。

5) 其他特征量模型

还可以对风切变、阵风、大气波导、低云、能见度、湍流扩散参数等进行统计分析,并建立相应的模型。

利用观测资料进行统计建模的方法具有较好的真实性,但受到观测样本量的制约,该方法还存在很大的局限性。例如,常规观测数据时空分辨率比较低,观测的物理量比较少(通常只有温度、湿度、风速、压力);非常规观测可获得的物理量比较多,时空分辨率高,但观测的时间和地点缺乏普遍性;有些地区尤其是山脉、海岸或沙漠区的观测资料可用性差,对于湍流、积冰及雪盖等的观测资料更为稀少,甚至不可能实现有效观测。

10.2.3 数值模型

大气环境数值模型,是按照流体力学和热力学规律建立并求解大气动力学方程,模拟再现大气环境中的各种天气现象、气象要素的基本特征和演变规律。

军事行动的仿真必须包含对大气环境的真实表述。大气运动是多尺度的,从微小尺度系统影响(如烟羽运动、地形诱发的湍流等)到大、中尺度天气影响,都必须包含在模型中。因此,建模时要根据数值仿真应用的实际,按不同分辨率建立相应的数值模型,如对中小尺度天气现象的描述可建立区域中尺度模型、风暴环境模型、云模型、雾模型、边界层模型、大气扩散模型等来再现大气环境。有时根据研究问题的需要,还可将几种模型进行耦合,建立多尺度耦合数值模型。各种模型的主要功能如下。

(1) 区域中尺度模型,再现大气对流层的风、温度和密度场的四维分布结构,以及云和降水宏微观结构等。

(2) 风暴环境模型，数值再现风暴的三维结构、强度和路径等。

(3) 云模型，数值再现云的宏微观结构、时空分布及生消演变等。

(4) 雾模型，数值再现雾的宏微观结构、时空分布及生消演变等。

(5) 边界层模型，数值再现大气边界层的风、温度和密度场的分布，风、温度垂直廓线，低空风切变、边界层湍流及其他的边界层物理过程等。

(6) 大气扩散模型，数值再现空气污染物扩散和诱发环境的能力(包括核、生化武器的再生环境)。

数值模型比较复杂，但它可弥补理想化模型和统计特征模型的各种不足。随着计算机技术的飞速发展、数值模型技术的日趋完善，以及对大气中各种物理过程的深入了解，所构建的大气模型越来越精细，数值模拟再现的大气环境越来越精确，从中建立的大气数值模型也越来越具有代表性。因此，发展复杂大气环境数值模型，并将其用于武器系统研制和作战气象保障，已成为重要发展趋势。目前，国内外已有多个比较成熟的中小尺度数值模型，可以根据不同的研究目的，针对重点研究区域设计合理的模拟方案，开展数值模拟研究。

从以上分析可见，三种模型各有优缺点，在实际应用中，针对具体的仿真对象需求及实际大气环境特点，可选择一种或几种模型相结合的方式，开展具体建模研究。另外，大气环境是一种变化复杂的流体运动，描述大气环境运动的特征变量多，且尺度范围分布宽，因此增加了对其全面准确描述的难度。为满足不同仿真应用层次对大气环境的需要，开展了多分辨率建模技术，通过建立不同精度和分辨率的大气环境模型，将大气环境模型与其他仿真系统有机结合起来，是大气环境建模与仿真发展的必然趋势(蔡军等，2011)。

10.3 大气现象模拟

经过几十年的研究，相关学者在大气现象的真实感建模与绘制方面取得了一定的进展。下面结合实例对大气尘粒现象、大气水凝现象真实感模拟的基本理论及主要的研究方法展开介绍。

10.3.1 大气尘粒现象模拟

沙尘暴也称沙暴或尘暴，是一种风与沙相互作用引起的灾害性天气现象。这种现象多发生在内陆沙漠地区及其边缘、地表植被稀疏的地方，在我国时有发生。在气象学及物理学界，已有不少对沙尘暴的研究工作。其关注重点集中在沙尘暴的成因机制、数值模拟、分级及其危害程度等方面。下面对沙尘暴的参数化建模进行介绍(张宏升等，2007；宫立山，2012；王章野等，2013)。

1. 风场的建模

沙尘暴多发生在沙漠及其边缘地区，这些地方的地表温度较高，空气流动存在不稳定性。传统的 N-S 方程可以模拟稳定的风场，但是不适用于模拟不稳定的风场，可使用 Reynold 平均的 N-S 方程来模拟不稳定的风场，即

$$\begin{cases} \rho_w \dfrac{\partial u_w}{\partial t} = -\rho_w (u_w \cdot \nabla) u_w - \nabla p_w + \eta_w \nabla^2 u_w + \nabla \cdot \tau + f \\ \nabla \cdot u_w = 0 \end{cases} \quad (10.1)$$

式中，u_w 为风速；ρ_w 为空气密度；p_w 为空气压强；η_w 为空气黏滞系数；τ 为雷诺应力；f 为作用于空气流场上的外力；式(10.1)中的第二个方程表示空气为不可压缩的流体。

2. 沙尘的建模

沙尘暴中含有大量的沙粒和尘埃，模拟沙尘暴必须模拟这些粒子。为此，需要知道空间中沙尘粒子的速度、温度和密度随时间变化的规律。速度用于平流传输项相应温度和密度的计算，温度用于沙尘升流阶段的模拟，密度用于沙尘暴散射效果的模拟。对于速度场 u_d 的计算，可采用如下 N-S 方程，即

$$\begin{cases} \rho_d \dfrac{\partial u_d}{\partial t} = -\rho_d (u_d \cdot \nabla) u_d - \nabla p_d + f_d \\ \nabla \cdot u_d = 0 \end{cases} \quad (10.2)$$

式中，u_d 为沙尘粒的速度；ρ_d 为沙尘粒的密度；p_d 为沙尘粒受到的压力；f_d 为沙尘粒受到的外力，主要包括重力和风场对沙尘粒的作用力，以及由温度差造成的浮力；式(10.2)中的第一个方程等号右边第一项为平流传输项。

对于沙尘粒的温度 T 和密度 ρ_d，可分别采用下式计算，即

$$\dfrac{\partial T}{\partial t} = -(u_d \cdot \nabla) T \quad (10.3)$$

$$\dfrac{\partial \rho_d}{\partial t} = -(u_d \cdot \nabla) \rho_d \quad (10.4)$$

3. 沙尘暴各阶段的过程建模

根据沙尘暴现象发生的条件及次序，可将其分为升流、扬沙及浮尘这几个阶段。

1) 升流建模

沙尘暴经常发生的沙漠及其边缘地区地表和空气温度存在极大差异，空气极不稳定，温度梯度的存在很容易产生上升气流。沙尘暴的上升气流是把地面的沙尘携带到空中的主要动力源，因此要逼真地模拟沙尘暴现象，必须先模拟沙尘暴

中的上升气流。

为了模拟上升气流，首先需要温度场来衡量空间的温度分布。根据气象学原理，可采用波动的形式来模拟温度分布，即

$$T = T_0 \sin(k_x x + k_y y - \sigma + \sigma_0) \tag{10.5}$$

式中，T_0 为不同高度上温度的幅度值；k_x 和 k_y 为 x 和 y 方向上的波数；σ 为时间相位值；σ_0 为气压槽和温度槽之间的相位差，可以根据实际情况来设置；T_0 的数据可以参考沙尘暴发生时的气象数据进行设置。

在得出温度的初始条件之后，每一步模拟过程采用式(10.3)由速度对温度场进行平流传输，这是温度场模拟的整个过程。引入温度场的主要目的是计算温度差异对沙粒流动造成的影响。下面描述如何通过温度场来计算上升气流的速度。

根据分子运动论，可以采用式(10.6)计算由温度梯度产生的速度，即

$$V = -\frac{2k\delta}{2k+k_p}\frac{k}{p}\nabla T \tag{10.6}$$

式中，V 为上升气流的速度；k 为气体的热导率；k_p 为粒子的热导率；δ 为调节系数；p 为空气压强；T 为温度。

通过式(10.6)，可以得出上升气流的大小和方向。

2) 扬沙建模

在沙尘暴运动的过程中，上升气流会把地表的大量沙尘卷入空中。为模拟这一过程，可根据起沙(扬沙)模式进行起沙率计算，并采用如下简化的计算公式，即

$$u^* = RHMu_0 \tag{10.7}$$

式中，u^* 为临界摩擦速度；R、H 和 M 为地表粗糙程度、土壤的含水量和土壤紧密度对 u_0 的影响；u_0 为单个粒子的临界摩擦速度。

可把反映土壤状况的3个参数合并为土壤干燥度，与单个粒子的临界摩擦速度一起影响临界摩擦速度的值。

在得到临界摩擦速度后，需要知道在现有速度下起沙量的大小。张宏升等(2007)在分析近地面风速、摩擦速度与沙地地表起沙关系时指出，当地表摩擦速度超过临界摩擦速度时，沙尘通量与摩擦速度(风速)的 n 次方成正比，则最终计算起沙量的公式为

$$F = \begin{cases} Cu^3, & u > u^* \\ 0, & u < u^* \end{cases} \tag{10.8}$$

式中，C 为比例系数；u 为风速；u^* 为临界摩擦速度。

3) 浮尘建模

在产生沙尘暴或起沙后，沙尘粒子可被风和湍流带到高空中。在沙尘暴起源

地，可以形成高达数十米的沙尘暴墙，使某些地方的大气中含有极高的沙尘粒子浓度。

沙尘粒子若被高空气流传输到遥远的地方，就形成浮尘天气。它是由沙尘等细粒浮游空中而形成的，俗称落黄沙。

假设沙尘粒是球形的，在气流静止的条件下，不考虑空气的浮力，该沙尘粒下落时所受到的阻力为

$$F = 6\pi\eta r v_0 \tag{10.9}$$

式中，η 为空气的黏滞系数；r 为沙尘粒的半径；v_0 为沙尘粒相对于空气的速度。

沙尘粒所受重力为

$$F_p = \frac{4}{3}\pi\rho_d g r^3 \tag{10.10}$$

式中，ρ_d 为沙尘粒的密度；g 为重力加速度。

当细小沙尘粒下落时，作用在它上面的力最后应达到平衡。这是因为若重力大于阻力，粒子的速度就会增加；反之，若阻力大于重力，粒子的速度就会减小。因此，最后粒子总可以达到一个适当的不变速度(自由落体的极限速度)。当 $F=F_p$ 时，可得沙尘粒下落的极限速度，即

$$v_f = \frac{2}{9}\rho_d g \frac{r^2}{\eta} \tag{10.11}$$

若气温为 20℃，则可取 η=1.82 N·s/m²、ρ_d=2.0 g/m³、g=9.8 m/s²，将这些常数代入式(10.11)可得

$$v_f = 2.4\times 10^8 r^2 (\text{m/s}) \tag{10.12}$$

对于细小的尘埃粒子，取其半径为 10^{-5} mm，由式(10.12)可得 v_f=2.4×10^{-5}(mm/s)。若在距地面 2m 高的地方有一些这样大小的尘埃，在气流静止时以这样的速度自然降落，即使一个星期也到达不了地面。对于密度更小的沙尘粒子，其所受的重力小得多，降落的速度也慢得多，这就是浮尘天气产生的原因。

10.3.2 大气水凝现象模拟

常见的大气水凝现象主要有云、雾、雨、雪等。云主要是由空气垂直上升时冷却引起的大气现象。上升运动的形式和规模不同，形成云的形状、高度、厚度也各不相同。形成雾的基本条件是近地面空气中水汽充沛，存在使水汽发生凝结的冷却过程和凝结核。当贴地气层中水汽压大于其饱和水汽压时，水汽即凝结成雾。云和雾无确定的边界，也无确定的表面。这些特性很难用一些传统的方式来模拟它们的基本形态及动态变化情况。

1. 基于粒子系统的雨、雪模拟

1) 粒子系统基本原理

Reeves(1983)首次提出粒子系统的概念及其建模与绘制方法。粒子系统是由大量粒子集合在一起来表现建模对象的计算机模拟系统。其基本思想是，采用粒子群来描述建模对象的属性和变换，每个粒子均具有形状、大小、位置、颜色、透明度、运动速度、运动加速度、运动方向等属性。每个粒子具有生命周期，都会经历生成、发展、消亡的生命过程。粒子在不同时刻的状态由其动力学性质决定，随时间的推移而不断运动，并不断改变状态，并且可以通过受控的随机过程来模拟实现。粒子系统始终处于动态变化中，即新粒子通过可控的随机过程不断产生，旧粒子不断消亡。粒子系统建模的关键是建立所模拟现象的物理模型。

(1) 粒子系统理论的主要内容。

粒子系统理论主要由以下几个部分组成。

① 物体的粒子组成假设。在粒子系统中，把运动的模糊物体看作由有限的具有确定属性的流动粒子组成的集合。这些粒子以连续或离散的方式充满它所处的空间，并处于不断运动当中，粒子在空间和时间上具有一定的分布。

② 粒子独立关系假设。粒子独立关系假设包含两层含义：一是粒子系统中各粒子不与空间中任何其他物体相交；二是粒子之间不存在相交关系，并且粒子是不可穿透的。

③ 粒子的属性假设。系统中的每个粒子并不是抽象的，它们都具有一系列的属性，如质量属性、空间位置属性、外观属性(如形状、尺寸、颜色、亮度等)、运动属性(如速度、加速度、运动方向等)、生存属性(生命周期)，其中大部分属性可随时间不断发生变化。

④ 粒子的生命机制。粒子系统中的每个粒子都具有一定的生命周期，在一定的生命周期内，粒子会经历生成、发展、消亡三个基本生命过程。

⑤ 粒子的运动机制。粒子在存活期间始终是按一定的方式运动的。

(2) 粒子系统的形式化描述。

一个粒子系统可以定义如下。

定义1：粒子定义为实数域上的一个 n 维向量，表示为

$$P_n = \{A_1, A_2, \cdots, A_i, \cdots, A_n \mid n \geqslant 3, n \in N\} \tag{10.13}$$

式中，A_i 为粒子的属性，通常包括形状、大小、位置、颜色、透明度、速度、加速度、热度等；N 为正整数集。

单个粒子是组成粒子系统的基本元素。

定义2：粒子映射定义为基本粒子到正整数集的映射，其中每个粒子都有一个索引，表示 N_t 到 P_n 的映射。

$$Q(t) = \{P_t : N_t \to P_n \mid N_t \subset J, n \geq 3, n \in \mathbf{N}, t \in \mathbf{R}\} \tag{10.14}$$

式中，P_n 表示索引为 i 的粒子的性质和状态；J 为索引集；$\mathbf{R}$ 为实数集。

定义 3：粒子系统定义为粒子映射集的有限集合，表示为

$$S = \{Q(t) \mid t \in (t_0, t_1, \cdots, t_i, \cdots, t_m)\} \tag{10.15}$$

式中，S 表示粒子系统在时间 t_i 的状态集合；t_0 表示粒子系统的初始时刻。

(3) 粒子系统的特点。

与其他描述不规则物体的方法相比，粒子系统具有以下显著特点。

① 过程性，粒子系统是一个过程模型，是一个随时间变化的动态模型，其中每个粒子的属性都是时间的函数。

② 随机性，由粒子系统描述的物体不是预先定义的，其形状和位置等属性是随机变化的。

③ 系统性，粒子系统是通过所有粒子的共同作用构成一个完整的系统来描述所建模物体的。

④ 实时性，粒子系统中所有粒子属性的计算和更新都需要在一个关键帧的时间内计算完成。

(4) 粒子系统的建模和绘制过程。

粒子系统的建模和绘制的基本过程如图 10.3 所示，主要包括以下步骤。

① 分析建模对象静态特征和运动规律，定义粒子的初始属性，建立粒子属性变化的动态特性，初始化粒子系统。

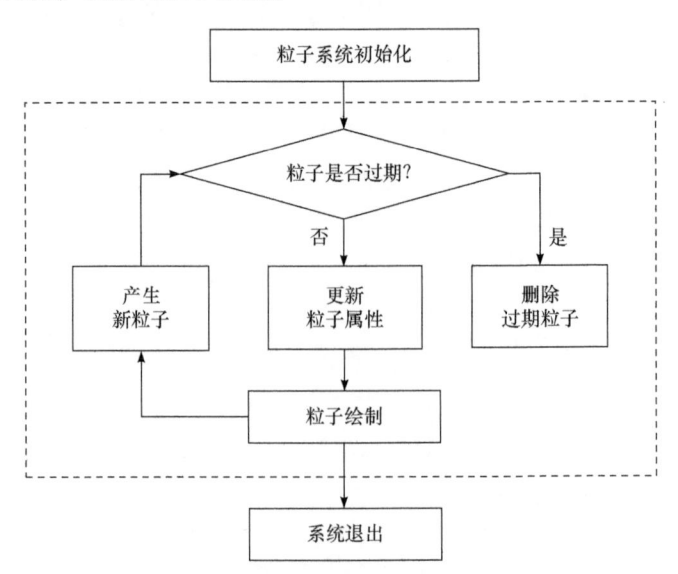

图 10.3 粒子系统建模和绘制的基本过程

② 产生具有初始属性的新粒子。
③ 判断粒子生命周期，删除过期粒子。
④ 根据粒子属性变化的动态特性，更新存活的粒子属性。
⑤ 绘制存活并更新的粒子。
⑥ 退出粒子系统。

循环步骤②～步骤⑤，就形成动态变化的过程。

2) 雨、雪的模拟

(1) 静态属性。

雨点和雪花粒子的静态属性主要包括粒子的形状和大小，粒子的颜色和透明度，光在粒子群中的透射、反射和散射等。其中，粒子的形状可选择二维的，如三角形、矩形、圆形等；更为真实的粒子形状可选择三维的，如四面体、长方体、球体等；粒子的大小可根据粒子形状的种类来定义，如球体粒子的大小可由粒子半径唯一决定；粒子的颜色与模糊物体的整体外观颜色是一致的，但是某些粒子的颜色是有差别的，这主要和环境光的照射程度、粒子群的透明度息息相关；粒子的透明度是物体的整体外观透明度的体现。另外，光在粒子群中的透射可以通过透明度的计算来实现；光在粒子群中的反射和散射要通过对具体的模拟对象进行仔细分析后才能得出，不同形状和材质的粒子对应的反射和散射是不同的。

(2) 动态属性。

雨点和雪花粒子的动态特性主要包括粒子群的密度分布变化、粒子随其动力学特性的变化等。雨点和雪花粒子的产生是通过一个随机过程来控制的，首先要控制的是在每个时间间隔内要进入系统的粒子数目。这个量值会直接影响所模拟对象的密度分布。

在粒子系统中，雨点和雪花粒子要在三维空间中运动。按照物体的运动规律，采用简化的运动物理模型。

① 雨点的运动方程。雨点粒子的下落运动可简化为匀速直线运动。

设 panticle_pos.$y(n)$ 为第 n 帧某雨点粒子的 Y 轴坐标(垂直方向坐标)，则第 $n+1$ 帧该粒子的 Y 轴坐标为

$$\text{panticle\_pos.} y(n+1) = \text{panticle\_pos.} y(n) - \text{d}y \tag{10.16}$$

式中，dy 为雨点粒子的下降速度。

② 雪花的运动方程。雪花粒子的飘落运动可简化为以正弦曲线下落的运动。某个雪花粒子的初始相位角 $a(0)$ 由式(10.17)随机确定，即

$$a(0) = 360.0 \times \text{rand}() \tag{10.17}$$

以后每帧的相位角 $a(n) = a(n-1) + \Delta a$，Δa 是相位角增量，则第 n 帧雪花粒子的

坐标可由式(10.18)得到，即

$$\begin{cases} \text{panticle\_pos.}\,x(n) = \text{panticle\_pos.}\,x(0) + k_{am} \times \cos(a(n)) \\ \text{panticle\_pos.}\,z(n) = \text{panticle\_pos.}\,z(0) + k_{am} \times \sin(a(n)) \\ \text{panticle\_pos.}\,y(n) = \text{panticle\_pos.}\,y(n-1) - \mathrm{d}y \end{cases} \quad (10.18)$$

式中，panticle_pos.$x(0)$、panticle_pos.$z(0)$为 X 轴、Z 轴坐标初值；k_{am} 为振幅常数；$\mathrm{d}y$ 为雪花粒子的下降速度。

(3) 模拟效果。

应用上述方法模拟的雨和雪的场景如图 10.4 和图 10.5 所示。通过调整粒子的属性可以形成不同效果的雨、雪现象。

图 10.4　雨景模拟效果　　　　图 10.5　雪景模拟效果

2. 云的建模

云是指停留在大气中的水滴、气体或冰晶聚合而成的可见物。云的运动相当复杂，其中涉及温度、压强、风等气象因素，当前大多采用求解动力学 N-S 方程来简单描述云的运动规律，但该方程具有较高的时间复杂度和空间复杂度，求解比较困难，因而不适用于实时模拟。同时，不同类型的云，其外形特征、运动规律、光照效果都有所不同，形成过程和物理特点也有所差异，因此研究人员对云的模拟普遍根据需求采用不同的模拟方法。但云本身所具有的复杂物理特性，使得对云形态、运动及光照的准确模拟变得非常困难，需要耗费大量的计算资源，因此高效逼真地模拟出三维云场景已成为人们研究的热点。目前，国内外对云的建模主要有基于物理过程的建模、基于启发式方法的建模、基于体素的建模、基于云图的建模等方法(王畅，2014；黄唯，2017；柯玲玲，2019)，本节对前两种建模方法进行介绍。

1) 基于物理过程的建模

由于云自身的连续性与流体类似，可以从流体力学的角度对云进行建模。基于流体力学的云建模方法充分考虑了大气运动的热力过程和动力过程，通过求解力学方程获得各种力学参数及关系来实现模型的建立。在所有的模型中，描述流体运动最成熟的方程是N-S方程。

N-S方程描述的流体是一种连续流体，具有不可压缩性、低密度和无黏性等特征。云的外形变化多样，连绵不断，基本符合以上特性，因此可以先假设云就是这种流体，并对其进行建模。在建模过程中，可以先认为云的密度在空间和时间上是一个常数，然后使用空间坐标及时间变量来模拟云的物理力学，空间坐标用$z=f(x,y)$表示，时间变量用t表示。最后，用矢量速度场$u_h(z,t)$和标量压力场$p_h(z,t)$表示流体，矢量速度场和标量压力场均随时间变化，即

$$\begin{cases} \dfrac{\partial u_h}{\partial t} = -(u_h \cdot \nabla)u_h - \dfrac{1}{\rho_h}\nabla p_h + \eta_h \nabla^2 u_h + F_h \\ \nabla \cdot u_h = 0 \end{cases} \tag{10.19}$$

式中，u_h为流体速度；ρ_h为流体密度，通常为一常量；p_h为流体压强；η_h为流体黏滞系数；F_h为流体所受的外力。

N-S方程主要由两部分构成，即动量方程式(式(10.19)中的第一个方程)和连续性方程式(式(10.19)中的第二个方程)。动量方程式表示速度场的分解，其分解为等号右侧的四项参数，分别为平流项、压力项、扩散项和外力项；连续性方程式表示云为不可压缩的流体，满足建模之前的假设。

2) 基于启发式方法的建模

基于启发式方法的建模不受物理规律的约束，建模过程的计算代价小，主要关注点在于建立逼真的云的外形。

(1) 基于粒子系统的云建模。

粒子系统相对于其他方法是一个动态变化的系统，每个粒子的属性值可以由随机函数控制，被认为是模拟不规则模糊物体最有效的方法。在该方法中，每个粒子的各种属性可以采用牛顿力学原理来描述。设每个粒子的位置为$p_i(x,y,z)$，速度为$v_i(v_x,v_y,v_z)$，所受到的外力为F_i，质量为m_i，其中$i=1,2,\cdots,n$，给定时间t，有

$$\begin{cases} \dfrac{\mathrm{d}p_i}{\mathrm{d}t} = v_i(t) \\ \dfrac{\mathrm{d}v_i}{\mathrm{d}t} = \dfrac{1}{m_i}F_i \end{cases} \tag{10.20}$$

云属于自然界中的模糊物体，利用粒子系统完全可以模拟出云的视觉特性。

其建模的基本思路(徐慧玲，2010)如下。

① 把云看成由无数微小粒子组成，它们具有各不相同的属性。
② 初始化新粒子，为每个新粒子赋予各种属性值。
③ 根据云的轮廓和形态特征，使用随机过程改变云粒子的属性信息，体现云的运动变化特征。
④ 判断粒子的生命周期，删除粒子系统中生命周期为零的粒子，并根据需求重新生成新粒子。
⑤ 对系统中存在的云粒子进行绘制。

循环步骤②～步骤⑤，即可完成云的建模与绘制。

云是由大量粒子组成的，所以粒子的数量直接影响到建模与绘制的效率。面对数量巨大的粒子，在计算中可能达不到实时的效果，因此在粒子系统的优化方法研究中，如何在保证绘制效果的基础上，尽可能地减少粒子数量是优化的研究方向。

(2) 基于元胞自动机的云建模。

元胞自动机又称为细胞自动机，是由冯·诺依曼提出的空间和时间都离散的动力系统。空间被分离成离散的格子(可以是三角形、四边形或六边形等)，称为元胞。一定数量的元胞构成元胞自动机，由于每个元胞都处于离散状态，需要对每个元胞进行有效的控制，因此可以先为每个元胞设定一定数量的变量来表示不同的属性。每个变量又含有不同的状态，通过改变这些状态模拟出复杂现象的变化过程。云可以看作大气中无数的小水滴和小冰晶组成的，在某一时刻的运动状态是由大量粒子在外力及粒子之间相互作用力下状态发生改变的结果，那么这样的运动状态正好符合元胞自动机的状态转换规则，因此可以将云抽象成元胞自动机的模型进行研究。

基于元胞自动机构建云模型的基本思路是，先设定一个三维的空间范围作为云的模拟区域，并将该三维空间划分成规格一致的格元形式(三角形、四边形或六边形等)，每一个格元代表一个元胞。云的物理过程存在三种状态，可以给每个元胞设定三个变量 hum、cld、act 来表示这三种状态，其中，hum 表示水汽状态，cld 表示云状态，act 表示水汽状态和云状态中间的临界状态，每个变量含有两个状态值 0 和 1。在元胞自动机中，三个变量的状态值是一直变化的，当 hum = 1 时，表示水汽比较充足；当 act = 1 时，表示水汽状态和云状态的临界状态；当 cld = 1 时，表示元胞处于云状态。使用这种方法可以简单有效地控制每个元胞，完成云模型的建立。元胞自动机的转换机制为

$$\begin{aligned} \text{hum}(i,j,k,t_{i+1}) &= \text{hum}(i,j,k,t_i) \wedge \neg \text{act}(i,j,k,t) \\ \text{cld}(i,j,k,t_{i+1}) &= \text{cld}(i,j,k,t_i) \vee \text{act}(i,j,k,t) \\ \text{act}(i,j,k,t_{i+1}) &= \neg \text{act}(i,j,k,t_i) \wedge \text{hum}(i,j,k,t_i) \wedge f_{\text{act}}(i,j,k) \end{aligned} \quad (10.21)$$

式中，$f_{\text{act}}(i,j,k)$ 为布尔函数，可以控制 act 的状态，即

$$\begin{aligned}
f_{\text{act}}(i,j,k) = {} & \text{act}(i+1,j,k,t_i) \vee \text{act}(i,j+1,k,t_i) \vee \text{act}(i,j,k+1,t_i) \\
& \vee \text{act}(i+2,j,k,t_i) \vee \text{act}(i,j+2,k,t_i) \vee \text{act}(i,j,k+2,t_i) \\
& \vee \text{act}(i-1,j,k,t_i) \vee \text{act}(i,j-1,k,t_i) \vee \text{act}(i,j,k-1,t_i) \\
& \vee \text{act}(i-2,j,k,t_i) \vee \text{act}(i,j-2,k,t_i) \vee \text{act}(i,j,k-2,t_i)
\end{aligned} \quad (10.22)$$

通过式(10.21)和式(10.22)，即可以对云建模的整个过程进行控制。但是，当 cld=1 时，该元胞会一直处于此状态，即一直处于云状态。此时，需要定义一个新的状态变量，即消失参数 p_{cld}。对元胞自动机中所有 cld=1 的元胞，分别产生一个随机数 rnd(0<rnd<1)，若 rnd<p_{cld}，则 cld=0。与此同时，也需要为 hum 和 act 这两个变量分别定义相应的消失参数 p_{hum} 和 p_{act}。若 rnd<p_{hum}，则 hum=1；若 rnd<p_{act}，则 act=1。具体公式为

$$\begin{aligned}
\text{hum}(i,j,k,t_{i+1}) &= \text{hum}(i,j,k,t_i) \wedge \text{is}(\text{rnd} > p_{\text{hum}}(i,j,k,t_i)) \\
\text{cld}(i,j,k,t_{i+1}) &= \text{cld}(i,j,k,t_i) \wedge \text{is}(\text{rnd} > p_{\text{cld}}(i,j,k,t_i)) \\
\text{act}(i,j,k,t_{i+1}) &= \text{act}(i,j,k,t_i) \wedge \text{is}(\text{rnd} > p_{\text{act}}(i,j,k,t_i))
\end{aligned} \quad (10.23)$$

式中，is( )为判断函数，用来判断随机数 rnd 与 p_{hum}、p_{cld}、p_{act} 的大小关系。

通过以上几个公式可以实时控制元胞自动机中元胞的三个状态变量，从而获得云的密度场。此外，还可以为元胞自动机中的元胞增加重力属性和风力属性来模拟云的运动过程。

(3) 基于分形理论的云建模。

1975 年，美国数学家 Mandelbrot 提出分形几何的概念。分形是指局部和整体以某种方式具有相似性形状的集合。自然界中存在很多形状粗糙、外形模糊且具有自相似性的物体，如雪花、云等。这些物体的形状很难使用传统的数学方法来描述，而分形技术可以很好地解决这个问题，为自然现象的模拟研究提供新的方法与思路，所以该技术在计算机图形图像学领域中的应用特别广泛。分形描述的物体一般具有以下特征(徐华勋等，2006)。

① 物体的某一个部分是物体本身直接缩小之后的形态,物体的任何一部分都与整个物体存在自相似性。

② 物体的形状不规则，很难用传统的数学方程或微积分表示。

③ 物体结构复杂，每一个部分都可以无限制地分解，即使在无限小的尺度下也能有较好的比例。

④ 所描述的物体能够通过一些简单的方法或规则进行定义,使用递归或者迭代的方法实现物体的模拟。

由于分形描述物体存在的这些特性，经典的数学方法不再适用于其形状的描

述。因此，分型理论的出现创造了一条新的解决思路。云满足了分形几何学描述对象的要求，是自然界中具有自相似性的物体之一，所以基于分形理论模拟云是一种有效的方法。在分形理论中，最典型的算法就是中点位移法，该算法与布朗运动类似，计算量小且较容易实现，在模拟具有自相似性的自然物体中得到了广泛应用。

第 11 章 战场电磁环境建模

在信息化战场上，电磁环境已经渗透到战场感知、指挥控制、协同作战等各个方面，对武器装备运用、作战效能发挥、战场建设及作战决策都产生了十分深刻的影响。现实的电磁环境很复杂，尤其是战场电磁环境，如何科学把握战场电磁环境的内涵，客观描述电磁环境特征，评估电磁环境影响等现实问题，事关复杂电磁环境下军事训练、装备实验和作战行动的有效开展和深入推进。因此，必须从基础理论、方法技术和应用实践等方面开展对战场电磁环境的研究。由于电磁环境的无形性、动态性和对抗性，利用建模与仿真方法研究战场电磁环境的相关问题不失一种理想的研究途径和解决方法。

11.1 战场电磁环境建模分析

11.1.1 战场电磁环境的概念

战场电磁环境是指一定的战场空间内对作战活动有影响的电磁活动、现象及其相关条件的总和(邵国培等，2007)。战场电磁环境与电磁环境的定义是一致的，不同的是战场电磁环境定义的区域是战场空间，以军事电磁活动为主要构成，同时强调对作战活动的影响。因此，战场电磁环境是一种电磁环境，同时，它局限在战场范围内，而且对作战行动有影响。不满足上述条件的电磁环境就不能称为战场电磁环境。

战场电磁环境是电磁环境的一种，是电磁环境在战场上的表现。战场电磁环境是在一定战场空间中的电磁环境。具体地说，它是特定战场时空范围内的各类电磁辐射源、电磁波传播介质、电磁波接收设备和电磁波敏感设备，通过电磁波的辐射、传导和接收，形成相互作用和相互影响的特殊战场环境。这个空间依据作战区域在地理空间中的分布和大小的不同而不同。例如，可以区分为陆地战场电磁环境、海上战场电磁环境、水下战场电磁环境、空中战场电磁环境、太空战场电磁环境等。

战场电磁环境是现代战场环境的重要组成部分。战场环境是指战场及其周围对作战活动和作战效果有影响的各种情况和条件的统称，可以为各种作战行动利用，同时也会对各种作战行动产生制约。传统的战场环境主要包括地形、气象、水文等自然环境，人口、民族、交通、建筑、工农业生产、社会情况等人文环境，以及国防工程构筑、作战物资储备等战场建设情况。信息时代，战场环境的构成除上述内容外，还包括战场上由各种电子设备的电磁辐射、敌我双方的电磁对抗以及静电放电等无意辐射、大气圈层的电磁效应等综合作用形成的影响作战行动的电磁环境条件。

战场电磁环境是战场所有电磁能量共同作用形成的复合体。战场电磁环境是在一定的战场空间范围内存在的，存在地理范围的限制。同时，战场电磁环境具有强烈的动态性，存在时间范围的限制。战场电磁环境直接表现为特定的作战时间、作战地域，为完成特定的作战任务，在自然电磁辐射影响的基础上，由各种电子设备产生的电磁辐射和信号密度的总体状态。按划分角度不同，战场电磁环境可分为人为的和自然的、有意的和无意的、军用的和民用的、敌方的和己方的、对抗性的和非对抗性的因素。其中，来自人为的、有意的、军用的、敌方的、对抗性的因素，如通信、雷达、精确制导、电子对抗等，是占主导地位的因素，也是战场电磁环境区别于其他电磁环境的基本特征。它对作战活动的影响是主要的，是难以控制和适应的，而且往往与其他军事行动有紧密的联系，并贯穿于作战行动的全过程，需要予以重点关注。

战场电磁环境强调对军事行动的影响。信息化条件下的联合作战，要求将分布在陆、海、空、天战场的各种侦察探测系统、指挥控制系统和武器打击系统有机结合，形成统一、高效的作战体系，通过信息优势达成决策优势和行动优势，实现战场态势高度共享、部队协调自我同步、作战行动近乎实时、作战效能极大提高。电磁波已经成为当代战场信息的重要媒介和最佳载体，成为作战体系有机集成的重要纽带。联合作战、体系对抗、精确打击所依赖的信息获取、传递、控制、干扰等，绝大部分要通过电磁波这个媒介完成，战场电磁环境也就无时无刻不影响并制约着侦察预警、目标判别、火力打击、效果评估各个环节的作战效果。战场电磁环境也就当之无愧地成为信息化战场的重要物质基础，成为信息化战场上最复杂的环境要素。不具备复杂战场电磁环境下作战的能力，将难以赢得战争的胜利。

11.1.2 战场电磁环境的构成要素

分析战场电磁环境的性质和形成机理，可以认为战场电磁环境主要由人为电磁辐射、自然电磁辐射和辐射传播因素三个部分组成(王汝群等，2006；王汝群，2008)。这三种组成要素直接决定着战场电磁环境的形态。人为电磁辐射是由人为使用电磁设备向空间辐射电磁能量的电磁辐射，与人为电磁辐射相对应，自然电磁辐射是非人为因素产生的电磁辐射。人为电磁辐射与自然电磁辐射反映战场电磁环境的形成条件，也是控制战场电磁环境的内因。人为电磁辐射是战场电磁环境的主体，人为电磁辐射比自然电磁辐射对电磁环境的影响更为严重。在人为电磁辐射中，有意电磁辐射又是战场电磁环境的核心影响因素，对战场电磁环境的形成和发展起着决定性作用。辐射传播因素反映电磁辐射传播属性的变化，对人为电磁辐射和自然电磁辐射都会产生作用，从而改变电磁环境的形态，它是控制战场电磁环境的外因。战场电磁环境的构成要素如图 11.1 所示。从形成机理的角度看，人为电磁辐射、自然电磁辐射和辐射传播因素是必须重点考虑的战场电磁环境因素。

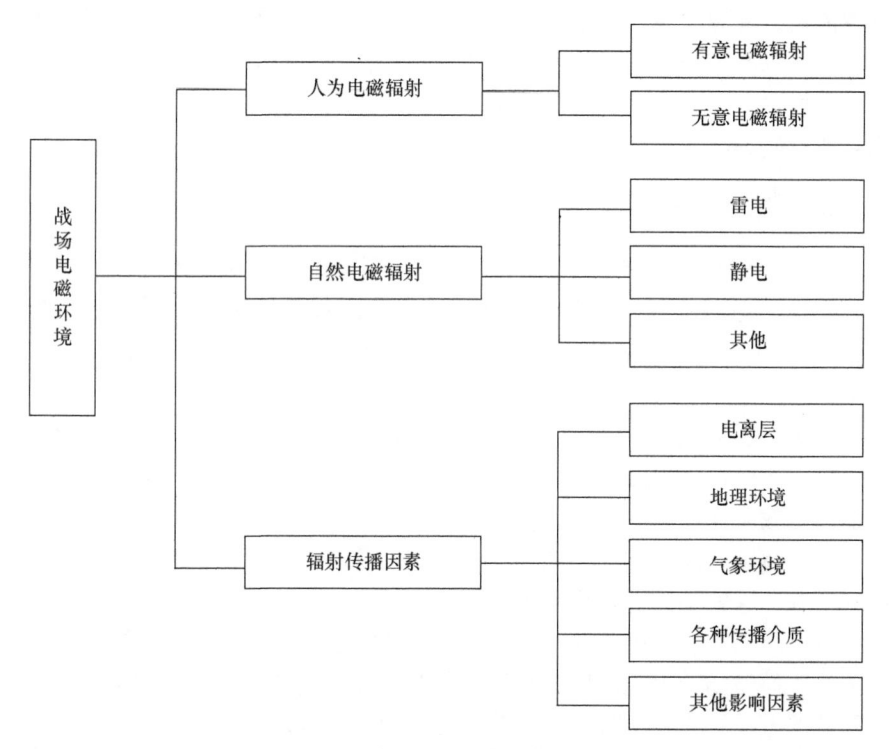

图 11.1 战场电磁环境的构成要素

1. 人为电磁辐射

人为电磁辐射是在由人工操控条件下各种电子或电气设备向空间发射电磁能量的电磁辐射。人为电磁辐射包括有意电磁辐射和无意电磁辐射。

有意电磁辐射是为了特定的电磁活动目的而有意向空中特定区域形成的电磁辐射，一般通过发射天线向外辐射。有意电磁辐射源主要包括通信、雷达、光电设备、制导设备、导航系统、测控系统、敌我识别系统、电子干扰系统、无线电引信以及广播电视系统等。有意电磁辐射源的种类、部署位置、工作状态及战术运用等因素都会对战场电磁环境和电磁态势产生影响。它是战场电磁环境的关键构成要素。

无意电磁辐射是电子或电气设备在工作时非期望形成的电磁辐射，是无意且没有任何目的性的，一般不通过天线向外辐射，如电动机械、输电线、办公电器、家用电器、医疗射频设备等产生的附带电磁辐射，广播、电视、通信、雷达、导航、电子对抗等产生的杂散辐射(非工作信号)也属于无意电磁辐射。无意电磁辐射是人们不需要的一种电磁辐射，往往会对电子设备和包括人类在内的生物产生不利影响。人们通常所说的电磁污染就属于无意电磁辐射。随着信息社会对电磁信息的依赖，各种无意电磁辐射越来越多，已经对国民经济、人民生活和战场环境带来越来越严重的影响。特别是，各种武器装备由于电磁兼容特性不良所产生的无意电磁辐射及对其他装备的影响已经到了必须认真对待的地步。这些无意电磁辐射使得战场电磁环境更加复杂。

2. 自然电磁辐射

自然电磁辐射是指自然界某些自然现象引发的电磁辐射和电磁活动，包括静电、雷电、地球磁场、太阳黑子活动、宇宙射线等产生的电磁辐射。此类电磁辐射是客观的、可利用的，但难以控制也难以改造，并且对电磁环境的影响比较大。

在自然电磁环境中，雷电、静电和地球磁场等自然辐射是几种最重要的电磁辐射。有时这些自然电磁辐射对电磁环境的影响是相当明显的，同时，它对武器装备的影响效果往往是巨大的，对短波通信的影响特别大，有些影响甚至是毁灭性的，需要特别关注。例如，战场上的电磁设备都要安装防雷装置，并需要很好的接地措施，这就是为了防止雷电的影响。

自然电磁辐射源的种类非常多，除了上述雷电、静电之外，主要还有电子噪声、大地表面磁场、大地磁层、大地表面及内部的电场、大气中的电流电场、闪电和雷暴的电场、太阳无线电辐射和银河系无线电辐射等。

3. 辐射传播因素

辐射传播因素是电磁环境的重要构成要素，是指影响电磁环境分布和电磁波传播的各种自然环境因素与人工环境因素。与辐射源不同，它不主动辐射信号，而是通过对人为电磁辐射和自然电磁辐射的电波传播产生作用，从而改变电磁环境的状态，主要包括电离层、地理环境、气象环境、大气和水，以及人为构筑的各种辐射传播媒介等。

11.1.3 战场电磁环境的建模内容

战场电磁环境的建模成果是战场电磁环境模型。战场电磁环境模型是对电磁环境特性与变化规律的抽象描述(李修和，2014)。战场电磁环境模型作为实际电磁环境的替代物或模仿品，提供关于战场电磁环境要素、要素间关系，以及战场电磁环境特性或变化规律等方面的知识和信息，是研究战场电磁环境、认识战场电磁环境的重要手段或工具。结合战场电磁环境的信号环境、特征机理、电磁兼容和综合效应等问题，可建立战场电磁环境模型体系(图 11.2)。

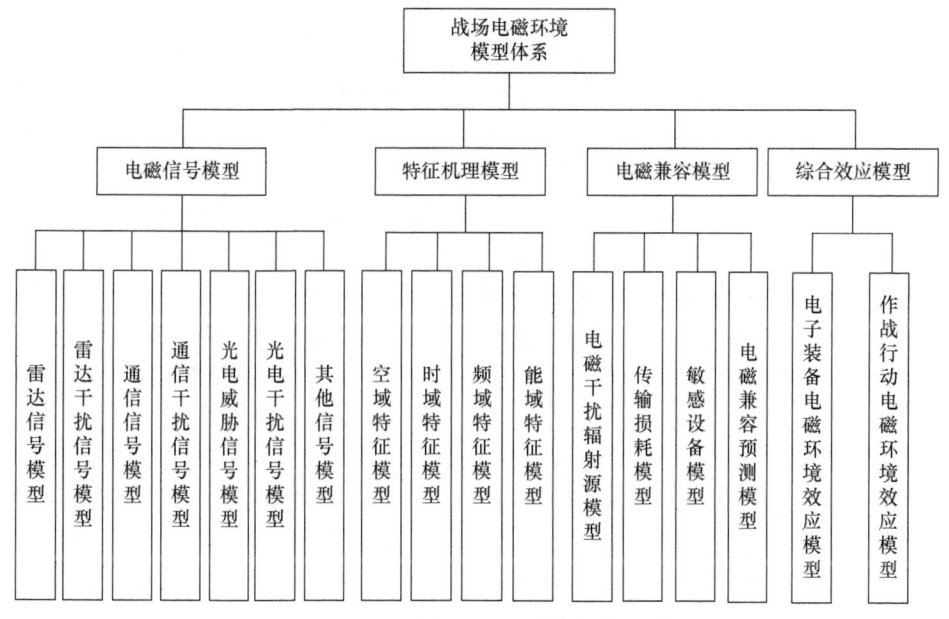

图 11.2 战场电磁环境模型体系

战场电磁环境信号建模是指针对战场上常见的雷达、通信、光电等不同类型和功能的典型电子装备，分别建立相关的数学模型，即按照一定的目的，对要研究的战场典型电子装备的特征进行提取，用数学语言定量地描述战场典型电子装备的内在联系和变化规律，使实际的战场电子装备与数学模型间实现等效关系。从装备类型上划分，战场电磁环境主要分为战场雷达电磁环境、战场通信电磁环境、战场光电电磁环境和其他装备电磁环境；从信号样式上划分，每类电子装备的电磁环境还应包括干扰信号环境、杂波信号环境。因此，建立某类电磁装备的信号模型，需建立该类装备的信号模型、干扰信号模型和杂波信号模型，如雷达信号模型、雷达干扰信号模型和雷达杂波信号模型。

电磁辐射是能量以电磁波形式由辐射源通过传播媒介发射到空间的。战场电磁环境是战场各种电磁活动辐射的电磁波在空间、时间、频率和能量上的复杂分布和变化情况的一种综合反映。空间、时间、频率和能量作为战场电磁环境的外在表象，是描述战场电磁环境外在特征的直接方式。这种"四域"特征描述方法可以反映战场电磁环境在不同域的分布情况和电磁信号随域空间的变化情况，是表征战场电磁环境的常用方式。为了严谨描述战场电磁环境，可以从电磁辐射在空间、时间、频率、能量上的表现入手，采用空域特征、时域特征、频域特征和能域特征，全面、完整地描述战场电磁环境的整体状况。因此，建立战场电磁环境特征机理模型，需构建战场电磁环境空域特征模型、时域特征模型、频域特征模型和能域特征模型。

现代战争强调体系与体系之间的对抗，如果不能很好地解决各种武器平台，以及装备体系之间的战场电磁兼容问题，就不可能形成体系作战能力，甚至造成武器装备作战效能不能正常发挥和部队作战能力的下降。战场电磁兼容是武器装备系统间、体系间的电磁兼容，关注的是限定空间内系统与系统之间的电磁兼容问题。要实现己方战场电磁兼容，首先必须掌握当前战场空间内的兼容状态和未来战场空间内不兼容的因素。因此，进行战场电磁兼容预测是十分重要且必须解决的问题。装备外场实验是开展战场电磁兼容预测最直接的方法，但是由于组织和实验的复杂性，进行战场电磁兼容测试需要大量实验，会耗费大量的人力、财力和物力。因此，借助建模仿真的手段对战场电磁兼容性进行预测分析成为主要的预测手段。电磁兼容计算机预测的基本思想是，根据理论和实验建立电磁兼容三要素(电磁干扰辐射源、传输耦合途径、电磁敏感设备)的数学模型，对这三种模型按一定要求进行组合，借助计算机软件模拟特定的电磁环境，并获得各种潜在电磁干扰的计算结果，从而判断电磁干扰源发射的电磁能量是否会影响敏感设备和系统的正常工作。所以，实现战场武器装备间电磁兼容性预测的关键是如何正确建立电磁干扰辐射源、传输耦合途径和电磁敏感设备的数学模型。

战场复杂电磁环境直接影响武器装备效能的发挥，间接影响部队作战行动的效果，甚至会影响到作战成败。如何准确评估战场电磁环境的客观影响，已成为武器装备电磁环境适应性和部队电磁环境应对能力提升的瓶颈问题。战场电磁环境综合效应建模不是简单地建立装备作战效能评估模型，最终目的是量化评估战场电磁环境的综合影响，不仅需要对装备效能的直接影响进行分析评估，更重要的是要给出战场电磁环境对作战行动效果间接影响的分析评估结论。因此，战场电磁环境综合效应评估及建模应综合考虑装备和行动两个层面，即在分析战场电磁环境综合效应的基础上，建立典型电子装备电磁环境效应模型和典型作战行动电磁环境效应模型。

从上述分析可以看出，战场电磁环境建模是按照一定的目的，从信号样式、特征机理、电磁兼容和综合效应等方面对战场电磁环境进行特征提取和模型化描述的过程。后面主要对电磁信号模型、特征机理模型两类模型的建模问题，以及电磁环境可视化建模问题进行介绍。

11.2 电磁信号建模

电磁信号建模有两种方法(翁干飞等，2002；翁干飞，2002)：一种是信号仿真；另一种是功能仿真。二者的区别是：信号仿真建立的是精确的数学模型，是对具体信号的频率、相位进行仿真，可以逼真地复现信号的发射、传播、反射、接收、处理等全过程，但建模复杂、运算量大、仿真实时性较差；功能仿真只对电磁环境的功能、特性参数进行模拟，并不对具体信号的频率、相位进行模拟，对大规模仿真和某些实时仿真来说，功能仿真比较简单和实用。由于信号仿真和功能仿真各有优缺点，在建模与仿真中如何根据仿真精度、仿真实时性等要求选择合适的仿真模型和仿真方法，是电磁信号建模与仿真一直关注的问题。

11.2.1 信号仿真

电磁环境信号仿真中的数据主要来自两个方面：一是通过大量的实验获得；二是根据电磁波传播过程中的表征，忽略用户不关注的特征，抽象出数学物理模型，模拟得到数据。第一种数据来源于大量实际环境中的测量检验，数据灵活性比较差，实际的应用灵活多变，难以事先测得环境中的实际数据。第二种数据来源于已建立的数学物理模型，数据的灵活性好，但是也有自己的缺点：不同的模型方法和模型之间的差异性，直接导致实际的电磁信号和模拟得到的电磁信号之间有比较大的出入。

研究人员根据工程技术和战场电磁环境仿真的需要，建立了很多电磁波传播模型。这些模型可以分为经验模型、确定性模型，以及两者结合起来的半经验半确定性模型(吴迎年等，2009；高颖等，2014)。

1. 经验模型

经验模型是由大量的实地环境测量得到统计数据，经过详细分析归纳后得出的经验公式。由于经验模型计算的是闭环形式的公式，所以可以很容易和快速地应用它们。比较典型的经验模型有 Egli 模型、Okumura-Hata 模型及其衍生出的各种模型、国际电信联盟(International Telecommunication Union,ITU)发布的适用不同频率及环境的传播预测模型(如 ITU-R P.528、ITU-R P.530、ITU-R P.619 等)、Ibrahim-Parsons 模型、COST 231-Hata 模型、Lee 模型等。经验模型的方式简单，应用时不需要详细的环境信息，但特定的经验模型一般对特定环境的应用比较好。经验模型通常只应用于城市、市郊这些场景小、距离相对较短的小尺度电磁波传播模型中，对路径损耗的预测精度不高。

2. 确定性模型

确定性模型是在严格的电磁理论基础上从麦克斯韦 (Maxwell)方程导出的公式。根据电磁波传播的初始条件和边界条件,求解这些公式就可得到空间电磁波传播特性。初始条件由发射源决定,一般相对固定,边界条件则是由复杂目标形状和电磁特性或传播介质与地表分界面的形状和电磁特性决定的,通常随复杂目标与环境的变化而不同。一般来说,复杂目标与环境描述的精度直接决定了边界条件的精度,也最终决定了确定性模型的精度。确定性模型对具体复杂目标电磁散射、吸收以及复杂环境(自然、干扰环境)中的电磁波传播特性有很高的预测精度,因此成为电磁环境建模的主要研究方向。

目前,求解 Maxwell 方程主要有以下三类方法。

1) 解析法

解析法是严格建立和求解 Maxwell 微分方程或积分方程的。严格求解 Maxwell 微分方程的经典方法是分离变量法,严格求解 Maxwell 积分方程的主要方法是变换数学法。

解析法的优点如下。

(1) 可将解答表示为已知函数的显式,从而可以得出精确的数学解。

(2) 可以作为近似解和数值解的检验标准。

(3) 在具体求解过程中可以观察到问题的内在联系和各参数对数学解结果所产生的影响。

解析法同时也存在较大的缺陷,即它只能解决极少数简单问题,大多数问题没法求出精确解。

2) 近似法

近似法也是一种解析法,但不是严格的解析法,而是近似解析法。近似法主要有逐步逼近法、变分法、迭代变分法、几何光学法和物理光学法等。近似法可以求解一些严格解析法不能解决的问题。当然,近似法中解析部分比严格解析法的解析部分要少一些,但计算量较大,而且随着所期望精度的提高而增大,存在计算精度与计算量的矛盾问题。

研究和应用比较多的近似法是基于几何光学原理的射线跟踪技术改进的几何绕射理论(geometrical theory of diffraction,GTD)和一致性绕射理论(uniform theory of diffraction,UTD)。在具体应用基于射线跟踪技术建立的模型时,都要根据发射机和接收机之间地球大圆路径上的地形参数,通过建立各个子模型的方式来综合考虑电波传播时的反射、绕射、折射和散射等诸多传播机制。已有大量研究人员利用射线跟踪技术计算城市环境及不规则地形中电磁波的传播特性。该技术已成功用于 Wireless Insite(图 11.3)等商用软件中。

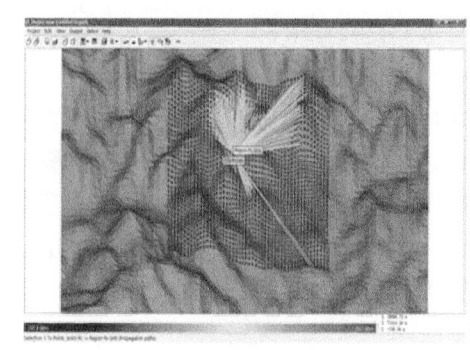

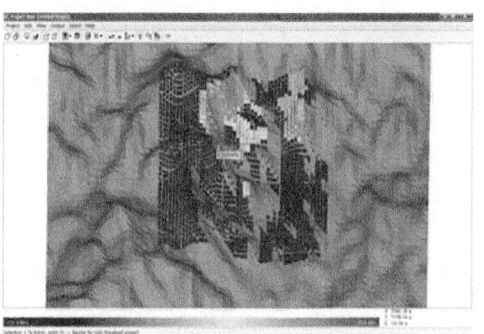

(a) 传播路径可视化　　　　　　　　　(b) 接收功率可视化

图 11.3　Wireless Insite 应用实例

3) 数值法

数值法可以解决解析法和近似法不能求解的问题。在数值法中，通常用差分代替微分，用有限求和代替积分，这样就可以将问题转化为差分方程或代数问题。数值法的优点是，能求解很多解析法和近似法不能求解的问题，而且可以得到需要的精确答案。缺点是，求得的数值解正确与否需要实验验证或其他可靠的结果来证明。理论上，数值法可以求解任何复杂几何形状目标的电磁场问题，但在实际工程应用中，求解精度受计算机内存大小、字长、速度等限制。

数值法有很多种，如矩量法、有限元法、有限差分法、边界元素法、时域有限差分法、基于抛物方程的方法等。目前，应用比较广泛的数值法主要有以下几种。

(1) 矩量法。

矩量法(method of moments, MoM)是将积分方程离散化为线性方程组的方法。对于解析法和近似法无法解决的一些边界比较复杂的问题，矩量法能较好地解决，因此矩量法得到广泛应用。该方法对内存和计算速度都有很高的要求，只适用于低频问题，而且难以在非均匀媒介中应用。

(2) 时域有限差分法。

时域有限差分(finite difference time domain, FDTD)法以差分原理为基础，将电磁场连续场域内的问题转换为离散系统的问题，即用各离散点上的数值解来逼近连续场内的真实解。随着高性能计算机与并行计算的应用，FDTD 法得到迅速发展，并且可以得到很高的精度，已成为电磁计算理论研究与工程应用的一个热点。基于 FDTD 法及其改进方法的电磁分析仿真与可视化软件已得到广泛应用。

(3) 基于抛物方程的方法。

依据 Maxwell 方程，在无源介质中，磁场矢量波动方程可以通过简单的置换得到电磁波传播的亥姆霍兹(Helmholtz)波动方程，对电磁波的 Helmholtz 波动方程进行抛物近似处理，可推导得到电磁波传播的抛物方程(parabolic equation, PE)。

由于 PE 在大尺寸目标的雷达反射截面积计算和对流层电波传播特性预测上显示了其他数值方法所不具备的独特性能(胡绘斌，2006；张霖等，2013)，国内外学者已对其进行了较为深入的研究。在预测对流层大尺度电波传播特性上，其最大的优点是能精确描述复杂的大气结构和复杂地表的电磁特性，因此不仅可以计算不规则地形特征和不同电磁参数的地表结构对电波传播的影响，还可以计算出复杂大气结构对电波传播所产生的折射效应。与其他模型相比，PE 本身就能反映电波传播的折射效应和绕射效应，因此具有计算快速、准确的优点。

国外已经有一些成熟的商业软件问世，Ansoft 是世界上第一个商业化的电磁场仿真软件，广泛应用于电路设计、有线和无线通信、卫星、雷达设计等领域(图 11.4)。XFDTD 是 Remcom 公司出品的全波三维电磁场仿真工具。它基于 FDTD 法，广泛应用于天线、射频/微波、电磁兼容、光学和生物电磁等领域。

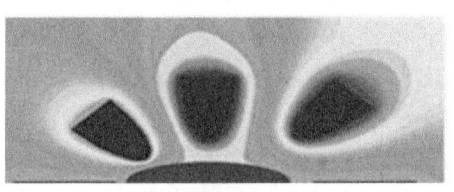

(a) 半空间方向图　　　　　　(b) 等位线分布图

图 11.4　Ansoft 软件应用实例

11.2.2　功能仿真

战场电磁环境是指到达电子设备的所有电磁辐射信号的集合，而电子设备接收机接收到的则是这些电磁信号形成的脉冲流。该脉冲流是由许多某一时刻来自某一设备的射频脉冲组成的。通常可用脉冲描述字(pulse describe word，PDW)描述射频脉冲的基本特征，主要包括脉冲载频、脉冲宽度、脉冲前沿到达时间、脉冲到达角、脉冲幅度(王国玉等，2004)。因此，只需以 PDW 的形式建立射频脉冲模型，便可以在此基础上模拟战场电磁环境。根据射频脉冲可能出现的变化形式及针对性的处理方法，可以从时域、空域和参数域等几个方面对射频脉冲进行建模。

1. 时域模型

脉冲前沿到达时间是脉冲流最重要的参数之一。脉冲前沿到达时间与辐射源和接收机的距离及辐射源的脉冲重复间隔相关，辐射源类型不同则其脉冲重复间隔也不尽相同。

2. 空域模型

脉冲到达角是一个与辐射源位置密切相关的信息，取决于辐射源与接收机之间的相对角度。当辐射源与接收机之间存在相对运动时，脉冲到达角是缓慢变化的。脉冲到达角参数不受辐射源本身的影响，是信号处理系统依据的最重要、最可靠的特征。因此，有必要对脉冲到达角进行单独建模和分析。

3. 参数域模型

参数域参数主要包括脉冲载频、脉冲宽度、脉冲幅度。辐射源类型不同，其参数域参数也不尽相同。

11.3 电磁环境特征机理建模

电磁辐射是能量以电磁波的形式由辐射源通过传播媒介发射到空中的，战场电磁环境也是战场各种电磁活动辐射的电磁波在空间、时间、频率和能量上的复杂分布和变化情况的一种综合反映。为了严谨描述战场电磁环境，可从电磁辐射在空间、时间、频率和能量上的表现入手，采用空域特征、时域特征、频域特征和能域特征，全面、完整地描述战场电磁环境的整体状况。这些特征是战场电磁环境的基本特征，称为战场电磁环境的四域特征(邵国培等，2007；李军等，2008)。它反映的是在特定战场空间内电磁辐射能量随时间和频率的分布及变化规律(李修和，2014)。

11.3.1 空域特征建模

战场电磁环境的空域特征是无形的电磁波在有形的立体战场空间中的表现形态。在现代战场中，来自陆、海、空、天不同作战平台上的大量电磁辐射交织作用于特定的作战区域，形成交叉重叠的电磁辐射态势。其典型特征是，电磁信号在空间的分布是立体多向、纵横交错的。

在现代化战场的每一个阵地位置，分布着各种类型的电磁波，而且由于战场上大功率军用电子设备的电磁辐射更为强烈、种类更为庞杂，在战场空间某一点上的电磁波交叉密集的程度也更为复杂。据统计，美空军一个远程作战部队配备的电磁辐射源超过1000个，美陆军一个重型师配备的电磁辐射源超过10000个，一个航空母舰战斗编队配备的电磁辐射源则超过2000个。可以毫不夸张地说，现代战场每个点位上能够接收的电磁辐射要远大于在喧嚣的市场上一个人所能接收的各种声音的声波，以及所能看到的各种物体反射或发射的光波的总和。

空域特征表示电磁辐射在不同空(地)域的分布情况和电磁信号随空间的变化

情况(图 11.5 和图 11.6)，严格的表示方法就是采用对应具体位置的电磁信号功率密度谱，但是为了简洁方便，通常用电磁辐射源的位置和数量、电磁信号特性在空间的分布状态等参数来表示。

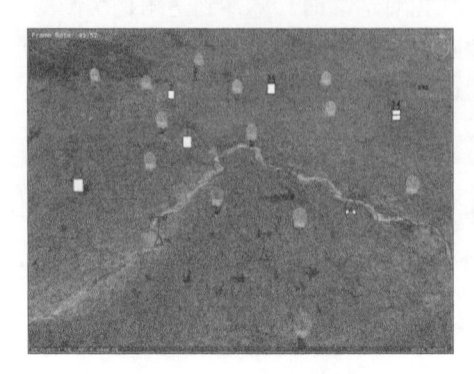

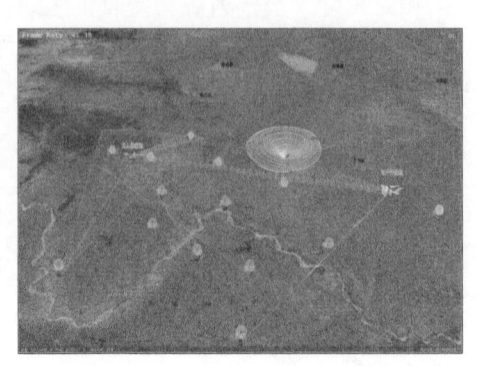

图 11.5　点状电磁态势　　　　　图 11.6　点、线状电磁态势

空间任何一点电磁信号表现出的特征是空间电磁信号特征，用于描述空域特征。不同点受到的电磁辐射状况都可能存在差异，在空域某一点，能够接收到多种不同特性的电磁信号，对这些电磁信号的空间特征进行描述，主要有两种形式：一是信号密度的空间分布；二是信号强度的空间分布。作战时，指挥员更多地关注信号密度的空间分布，如空中战机可能受到几十部不同位置和程式雷达的照射，指挥员需要了解其在不同位置的信号密度，从而清楚地了解交战部队所在区域各点电磁信号的多少，以此作为兵力分配与部署的依据。而作战人员更为关心信号强度的空间分布，他们希望了解所使用的电子装备是否受到强度更大的电磁辐射的影响。

11.3.2　时域特征建模

战场电磁环境的时域特征是战场电磁辐射信号特性在时间序列上的表现形态，是战场电磁环境的时域描述结果，反映的是电磁信号随时间的变化规律，其典型特征是动态变化、随机性强。无论是平时还是战时，电磁辐射活动在整体上是连续不间断的，同一时间内，各种武器平台也将受到多种电磁波的同时照射。尤其是在现代战场上，各种电子对抗手段大量运用，存在侦察与反侦察、干扰与反干扰、控制与反控制的较量，为了抗敌而又护己，作战双方的电磁辐射时而密集、时而相对静默，导致战场电磁环境随时变化，处于激烈的动态变化之中。这是信息化战场上必然出现的现象，是各种作战力量和武器平台必须面对的客观现实。

任何电磁辐射源的辐射都是由振荡产生的，然后通过天线按照一定的时间顺序发射出去，形成电磁波。这种电磁波调制了特定的电磁信号，它的各向传播就构成一定样式的电磁环境。对于同一地点，在同一时间内可能接收到来自不同方向、不同样式的电磁辐射信号。在不同的时间段内，同一地点的同一接收设备会接收到来自不同辐射源的不同电磁辐射信号，接收机对这些随时间变化的信号进行处理，得到所需要的信息。当随时间分布的信息正确，并且能够被接收机认识时，该接收机所接收到信号的时域特征就满足接收机的要求；反之，认为其时域特征过于复杂。

时域特征表示电磁辐射信号随时间的变化情况，表现为电磁辐射信号随时间序列的分布状况，通常可用单位时间内超过一定强度的信号密度等参数来表示(图 11.7)。战场电磁辐射既有脉冲辐射又有连续辐射，不同时段分布不同，具有动态可变性，时而持续连贯，时而集中突发。脉冲信号密度通常用单位时间内的脉冲数来表示，连续信号密度通常用单位时间内不同样式的信号个数来表示。

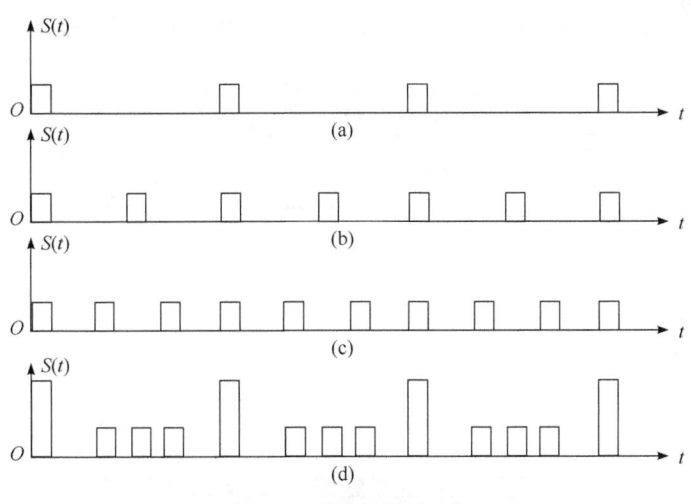

图 11.7　时域特征示意图

11.3.3　频域特征建模

战场电磁环境的频域特征是各种电磁辐射所占用频谱范围的表现形态，是战场电磁环境的频域描述结果。其典型特征是无限宽广，但是相互拥挤和重叠。频域特征是目前电磁频谱管理最为关注的内容：在平时，它是人们对各种电磁设备进行管理调控的重要参数；在战时，各类设备以频谱占用度为主要形式的频域特征决定着这些设备的作战使用效能。

电磁频谱是一种重要的作战资源，也是十分有限的资源。频谱是通用的，是所有电子信息设备、设施、系统不可缺少的宝贵资源和财富。理论上，电磁频谱的范围可以从零延伸到无穷大，但实际应用时往往集中在相对狭小的区域中。又由于大气衰减、电离层反射与吸收，以及不同频率电磁波的传播特性，人们只能使用电磁频谱几个有限的频段。例如，现代无线电通信信号占用的频率范围可达几百千赫兹到十几吉赫兹，雷达的工作频率范围可达 0.1～40GHz，但在特定的作战区域内，通信信号占用的频率范围往往窄得多，为 2～500MHz；雷达的工作频率主要集中在 1～18GHz。在现代技术条件下，功能相同的电子设备具有相似的技术结构，往往工作于同一频段内。这使得同一频段范围内的电磁辐射信号出现重叠现象。

频域特征表示各种战场电磁辐射所占用频谱的总体状态，通常采用频率占用度等参数来表示。特征频率占用度是在一定作战空间和作战时间段内，电磁环境的信号功率密度谱所占有的频率带与作战用频范围的比值，反映的是战场电磁辐射占可用电磁频谱资源多少的状况(图 11.8 和图 11.9)。频谱占用度越大，电磁环境越复杂。

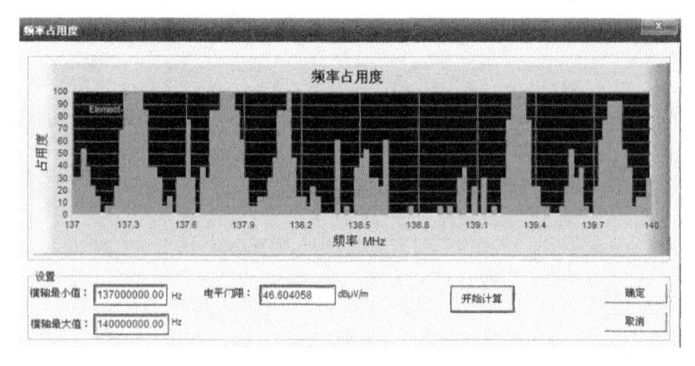

图 11.8 频率占用度

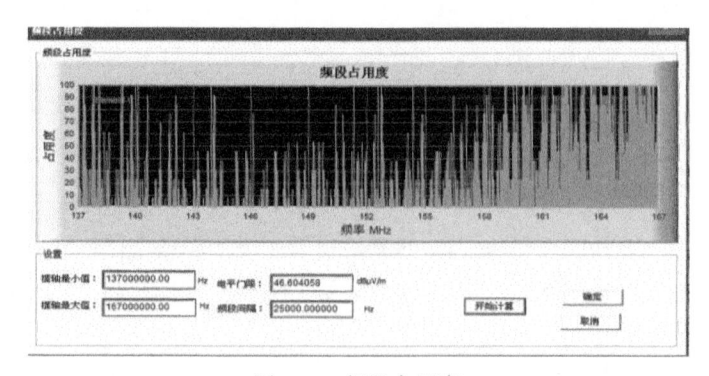

图 11.9 频段占用度

11.3.4 能域特征建模

战场电磁环境的能域特征反映战场空间内电磁信号强度的分布状态，其典型特征是功率强弱起伏、能流密集，但分布不匀。在现代战场，运用电磁信号和电磁能的强大威力，控制战场电磁环境的能量形态，使局部区域特定时间内的电磁辐射特别强大。以此为手段，一方面，可以更多、更远、更好地探测或者传递电磁信息；另一方面，可以对电子装备形成毁伤、压制、干扰或者欺骗的作用效果。

在理想情况下，电磁辐射是在无限空间内向所有方向传播的，空间任何一点的能量密度只与传播距离有关，其影响因素称为传播衰减因子。在实际情况下，由于各种辐射传播因素的存在，为了满足不同作战行动的需要，空间的电磁辐射能量密度是不均匀的，有可能很大，也有可能很小。为了按照需要控制能量密度，人们发明了电磁发射天线，通过各种天线及其控制技术的运用，可以在任何时刻、任何空间和任何频率上实现任意的能量密度。有控制的发射天线，使战场电磁环境的能域特征更加丰富。

能域特征表示电磁信号功率强弱的变化情况，通常用场强表示，它通过图形、表格或数据的形式给出特定区域、特定时段、特定频谱范围的信号强度分布规律。

能量是电磁活动的基础，所有电磁波的应用都基于电磁能量的传播，各种调制样式都是在频域、时域和空域上控制辐射能量。例如，雷达天线的作用是将电磁波能量集中在一个特定的方向上，跳频电台则是在不同频率点上依次辐射能量。同时，能量是各种电磁活动产生相互影响的根本原因，当接收到的干扰信号的功率大于有用信号时，随即产生干扰；空域、时域和频域是能量得以到达接收机的三个基本"窗口"或"渠道"，不同"渠道"输送的能量大小各不相同，影响也不同。在所有关于战场电磁环境的监测、分析、表示中，描述其空域、时域、频域特征都要通过信号强度这一物理量来体现。

11.4 电磁环境可视化建模

11.4.1 电磁波束可视化

单一电磁装备产生的电磁波束可视化是电磁场模拟的基础。根据电磁波束的形状，可将电磁波束符号分为雷达波束符号、球状波束符号、柱状波束符号、锥状波束符号、扇面波束符号、线束符号以及箔条和红外符号等，每种符号可应用于特定类型电磁现象的表达(张宗佩，2011)。

1. 雷达波束符号可视化

雷达装备是战场中使用最广泛的电子设备，可为作战侦察、防空预警、导航定位等作战行动提供服务。雷达波束符号用于表现雷达作用范围、受到动态干扰的效果。雷达波束符号可视化可形象地表现雷达开关机、功率变化、受到干扰后探测范围的改变等电磁状态(图 11.10)。

(a) 探测范围效果图　　　　　　　　(b) 受干扰效果图

图 11.10　雷达波束符号

2. 球状波束符号可视化

球状波束符号主要用于表现电磁装备的探测范围，以及受到干扰后探测范围变化的效果。其与雷达波束符号的绘制方法基本一致。为了表现球状波束符号动态变化的效果，可根据动态变化前后的探测半径及变化持续的时间，以线性插值的方式计算得到球状波束符号半径的时间变化率，在绘制过程中实时更新探测半径，从而实现球状波束符号的动态变化效果。

3. 柱状波束符号可视化

柱状波束符号可用于表现作战装备之间通信联系以及通信状态的效果。柱状波束符号由柱状主体符号和外围符号两部分组成，柱状主体符号用于表现装备之间的通信联系，外围符号颜色的动态变化可模拟通信状态的效果(图 11.11)。

4. 锥状波束符号可视化

锥状波束符号可用于表现作战装备进行电磁压制干扰和侦察的效果。锥状波束符号由锥状主体符号和外围符号两部分组成(图 11.12)。其与柱状波束符号的绘制方法基本一致，唯一的不同之处是，锥状波束符号采用图形形状。

5. 扇面波束符号可视化

扇面波束符号可用于表现作战装备进行侦察和扫描的效果。扇面波束符号由扇形主体符号和轮廓符号两部分组成(图 11.13)。通过扇面波束符号，可模拟作战装备进行侦察的覆盖范围。通过修改扇面波束符号主体形状的旋转矩阵，可实现扇面扫描的效果。

图 11.11　柱状波束符号

图 11.12　锥状波束符号

6. 线束符号可视化

线束符号用于表达作战装备之间的通信、光电效果。线束符号实际上是连接两个作战装备的一个线段,线段上的激活色从发射方不断地向接收方移动,模拟作战装备之间的通信、光电效果,其实现方法与柱状波束符号的绘制方法类似(图 11.14)。

图 11.13　扇面波束符号

图 11.14　线束符号

7. 箔条和红外符号可视化

箔条和红外符号分别用于表达箔条弹、红外干扰弹的爆炸效果。箔条和红外符号实现的方法和采用的技术基本相同,因此以箔条符号为例说明其可视化方法及特点。箔条弹爆炸后散落的大量箔条难以使用准确的实体模型进行描述,为了描述箔条的飘散效果,可采用粒子系统加以实现。通过粒子编辑器编辑箔条符号的相关属性,可以生成单个箔条的爆炸效果(图 11.15),并通过排列组合多个箔条模拟箔条弹的爆炸效果(图 11.16)。

图 11.15　粒子编辑器编辑箔条符号的属性　　　　图 11.16　箔条符号

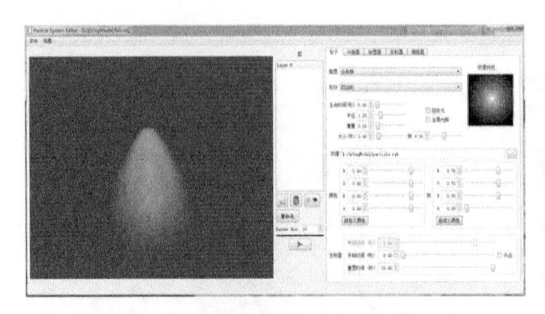

11.4.2　电磁场可视化

　　当前，电磁场的三维可视化主要有两类方法，即面绘制和直接体绘制。面绘制方法需要根据三维数据场构造出几何图元，然后进入图形硬件管线渲染绘制。等值面提取技术是常用的面绘制方法之一，它可以根据原始数据场中某个属性值抽取特定大小范围的轮廓，进而构造三角形格网。等值面提取技术只能将原始数据场的部分属性进行映射表现，不能反映整个原始数据场的全貌和细节，但是绘制等值面格网有图形硬件的支持，而且能够很清晰地反映原始数据场的表面轮廓信息，目前仍被广泛采用，并有大量学者对其进行了深入研究。直接体绘制方法也称体绘制方法，不用构造中间的几何图元，而是直接由三维数据场根据数据映射关系生成二维图像。该方法能反映三维数据场的整体信息，绘制图像质量高；缺点是数据存储量大、耗费计算资源多、实时性差。但是随着计算机技术的发展和体绘制方法的改进，三维数据场的体绘制效率基本能够满足实时性要求。有关这两类方法的具体内容已在第 9 章进行了介绍，在此不再赘述。

11.4.3　电磁态势可视化

　　态势是事物发展的状态和形势。战场态势是指作战行动形成的状态和形势，是指挥员下定作战决心、确定作战行动的重要依据。战场电磁态势是指作战空间内敌我双方电磁力量形成的状态和形势，是战场态势的重要组成部分。
　　目前，关于如何表达战场电磁态势还没有准确有效的方法，基本上以侦测范围图、二维用频图、功率图以及一些统计图表形式表现战场电磁态势。这些方法难以形象直观地表达电磁空间作用范围和动态电磁态势，没有电磁专业知识的指挥员难以准确把握其表达的信息。三维电磁态势表达可有效弥补二维电磁态势表达的不足，实现动态电磁态势表达以及对电磁空间作用范围的形象表达，帮助指挥员快速把握战场中不断变化的电磁态势。
　　根据战场电磁态势的组成要素，可将战场电磁态势可视化划分为战场电磁状态可视化和战场电磁形势可视化；根据战场电磁态势的空间分布特征，又可将其细分为点状电磁态势可视化、线状电磁态势可视化、面状电磁态势可视化和体状电磁态势可视化(张宗佩，2011)，如图 11.17 所示。战场电磁状态可视化主要用战场电磁状态符号加以表现；战场电磁形势可视化主要用三维军标、实体模型、电磁波束符号、电磁状态符号以及电磁场数据可视化方法组合加以表达。

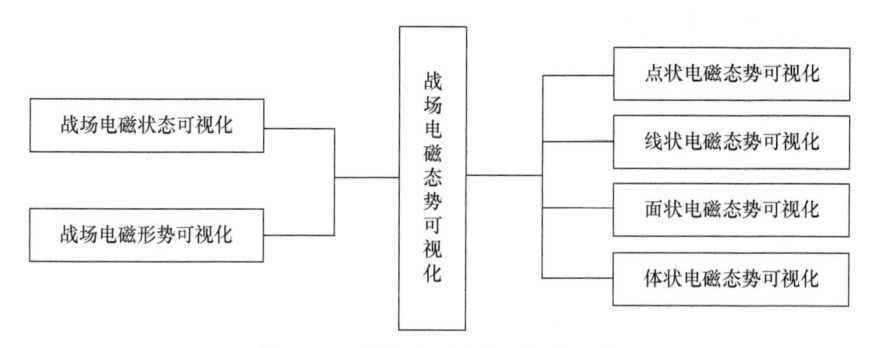

图 11.17　战场电磁态势可视化组成

1. 战场电磁状态可视化

1) 战场电磁状态符号

战场电磁状态符号是指用于表现战场空间中电磁设备当前工作状态的符号，主要用于表达电磁设备的工作效能等级和受到其他设备的干扰程度等级。

在通常情况下，相比于电磁波束符号，电磁状态符号空间复杂度低，更利于表现大量电磁设备的工作状态。电磁波束符号在表现单个电磁装备工作状态方面有独特的优势，即形象、直观地反映电磁现象及其涉及的空间范围或空间对象。因此，当进行全局观察时，采用电磁状态符号可以减少视野内电磁波束符号的数量，从而降低空间复杂度，使得整体电磁状态更加容易被把握；当需要观察某个局部区域内少量电磁设备间的相互作用情况时，可采用电磁波束符号准确表达电磁设备的作用范围以及设备间的相互关系。

战场电磁设备种类多种多样，与之对应的战场电磁状态符号同样呈现多样性。按照电磁设备辐射信号类型，战场电磁状态符号可以分为雷达状态符号、雷达干扰状态符号、通信状态符号、通信干扰状态符号、光电状态符号、光电干扰状态符号等类型。在具体表现时，每一类电磁设备都有一种电磁状态符号与之对应，使指挥员能根据符号类型快速认知何种电磁设备处于怎样的工作状态。

为了更加准确地描述每种类型的状态符号，需要根据其所处的电磁设备工作状态、发射信号强度进行分级，可分为 0~5 共 6 级状态符号。例如，处于关机状态的雷达对应的状态符号为 0 级雷达状态符号。针对不同级别的信号，需要设计不同的符号用于表达其级别差异。由符号视觉变量理论可知，符号的尺寸变量、密度变量能够产生数量的视觉效果。由于三维场景采用透视投影方法，依靠尺寸变量表达数量视觉效果已经不是最有效的方法，密度变量则成为最佳选择。基于符号密度变量产生数量等级感的原理，设计类似于手机信号强度的状态符号可以体现不同级别的电磁状态。

2) 基于序列图像技术实现电磁状态符号可视化

按照电磁设备辐射信号类型及其工作状态、信号强度对电磁状态符号进行分类分级，可得到每种电磁设备在不同工作状态下对应的电磁状态符号。为了更加准确、生动地表达每种类型的电磁状态符号，可采用序列图像技术表现动态变化的电磁状态符号，使之形象地表达电磁设备的接收、发射、扫描或强度级别等电磁信息和态势信息。

序列图像技术是指通过多幅连续变化的图像实现动画效果的技术。通过序列图像技术可以在三维场景中实现类似于二维图片的动画效果。其工作原理如图 11.18 所示。

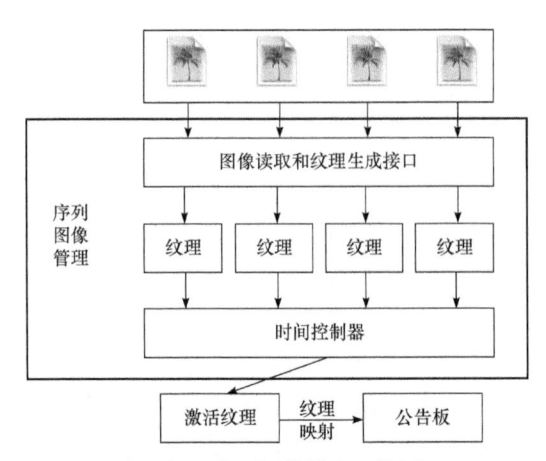

图 11.18 序列图像技术工作原理

基于序列图像技术表现动态变化的电磁状态符号的主要流程如下。

(1) 根据每种电磁状态符号特性设计多幅连续变化的图像。图像在连续播放时能够实现动画效果，并且每幅图像的大小必须是 2^n，从而减小图形处理器运算量，提高图形绘制速度。

(2) 设计并实现序列图像管理功能模块，包括图像读取、纹理生成和序列图像播放功能。图像读取、纹理生成功能用于将设计好的序列图像快速读入内存，并利用三维图形引擎生成纹理。为了提高程序的通用性，图像读取、纹理生成功能应能够读取多种格式的图像，尤其是能够实现透明效果的便携式网络图形格式图像。图像播放功能的关键部分是时间控制器，时间控制器根据设定的单次循环播放时长和图像总数量计算每幅图像的播放时间，然后以开始播放时刻为起始时刻，按照设定的循环方式逐次播放图像。

(3) 将当前激活的纹理映射到公告板上，完成状态符号绘制。在三维虚拟环境中，公告板通常采用 BillBoard 和像素大小两种方式进行配置。BillBoard 配置方式通过不断变换三维图形引擎的投影变换矩阵，实现公告板始终朝向视点的效果；像素大小配置方式则需要根据当前投影变换矩阵及观察距离不断修改绘制比例，实现公告板在屏幕上占有固定的像素。

采用序列图像技术实现的电磁状态符号能够很好地表达电磁设备的当前工作状态及其效能，降低空间复杂度，使屏幕中显示的战场电磁态势更加简洁清晰，为指挥员快速、准确认知战场电磁态势提供一种有效的符号表达方法，其最终实现效果如图 11.19(a)所示。

采用三维纹理技术也能实现图像动画效果，并且其在两幅图像切换时具有很好的渐变效果，但三维纹理技术消耗的纹理资源相比于序列图像要多，渲染效率较低，不能满足大量电磁状态符号实时绘制的要求。

2. 战场电磁态势可视化

按照电磁态势的空间特征，可将战场电磁态势分为点状电磁态势、线状电磁态势、面状电磁态势和体状电磁态势。每种类型的电磁态势都可采用三维军标、三维实体模型、电磁符号或其他可视化手段加以表现，只是采用的方法不同而已。

1) 点状电磁态势可视化

点状电磁态势是指描述战场中某个电磁设备空间位置信息及其自身电磁活动形成的状态和形势。战场中电磁装备的开机、扫描、探测、关机等自身电磁活动及其信号受干扰强度等级构成战场点状电磁态势。因此，可采用三维军标和实体模型表达电磁设备在战场空间中的位置信息，通过三维电磁状态符号或部分电磁波束符号表达电磁设备自身活动的状态和形势，如图 11.19(a)所示。图 11.19(a)用雷达状态符号表达雷达扫描状态及其信号强度的级别，用通信状态符号表达通信设备向外辐射电磁波及其信号强度级别的状态。

2) 线状电磁态势可视化

线状电磁态势是指战场中电磁设备间由电磁活动形成的状态和形势。战场中单个电磁设备或电磁设备间的通信、干扰、侦察、雷达扫描等电磁活动构成战场线状电磁态势。由前面的论述可知，电磁波束符号是表达战场电磁实体或实体间作用情况的最佳可视化形式。因此，可采用一种或者多种电磁波束符号组合表达电磁设备间的作用态势。在图 11.19(b)中，使用锥状波束符号和雷达波束符号实现干扰机干扰、压制雷达的态势，使用线束符号和球状波束符号实现雷达发现目标、锁定目标的态势，使用扇面波束符号表达地面侦察力量进行侦察扫描的态势。

3) 面状电磁态势可视化

面状电磁态势是指描述战场中电磁设备的空间作用范围以及所有电磁活动的电磁复杂度或电磁强度等量化信息形成的状态和形势。战场中各种电磁设备不断向外辐射电磁波，正是这些电磁波携带的信号能量形成了研究平面上电磁复杂度或强度等量化信息。这些量化信息是看不见的抽象数据，为了形象、直观地观察研究平面上量化信息的分布情况，需要采用对应的可视化手段加以表现。可通过三维军标或实体模型描述战场空间中电磁设备的空间分布关系，采用三维图形引擎的颜色混合技术将空间中研究平面内电磁复杂程度或电磁强度等量化信息映射为不同的色彩，从而实现面状电磁态势可视化效果，如图 11.19(c)所示。

4) 体状电磁态势可视化

体状电磁态势是指战场中所有电磁活动在某个研究区域内电磁强度等量化信息形成的状态和形势。通过电磁传播理论计算或传感器测量战场空间中的电磁场强分布，采用体绘制方法可以实现空间各点的电磁态势，如图 11.19(d)所示。

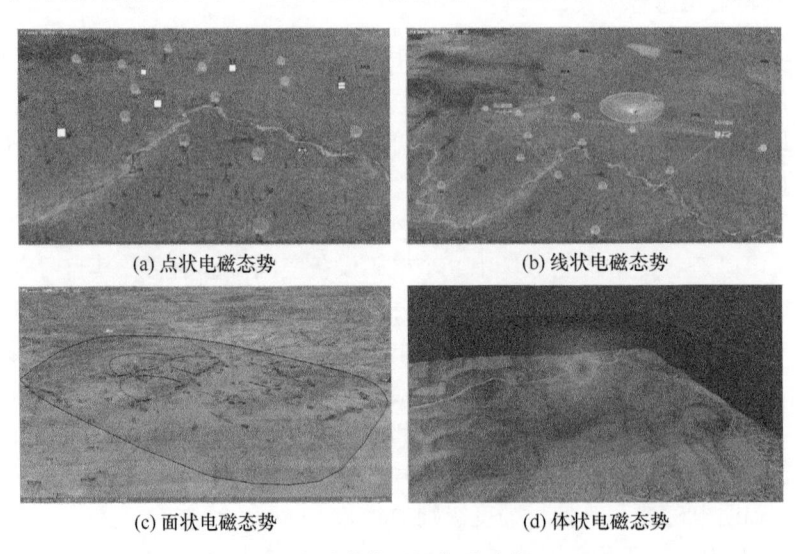

(a) 点状电磁态势　　　　　　　　(b) 线状电磁态势

(c) 面状电磁态势　　　　　　　　(d) 体状电磁态势

图 11.19　电磁态势可视化(张宗佩，2011)

综合运用点状电磁态势可视化、线状电磁态势可视化、面状电磁态势可视化和体状电磁态势可视化手段，可以实现综合战场电磁态势可视化效果(图 11.20)。在图 11.20 中，利用三维军标和电磁状态符号表达点状电磁态势，通过雷达、锥状、扇面、线束等波束符号表达线状电磁态势，采用将量化信息映射为颜色的可视化手段表达面状电磁态势。

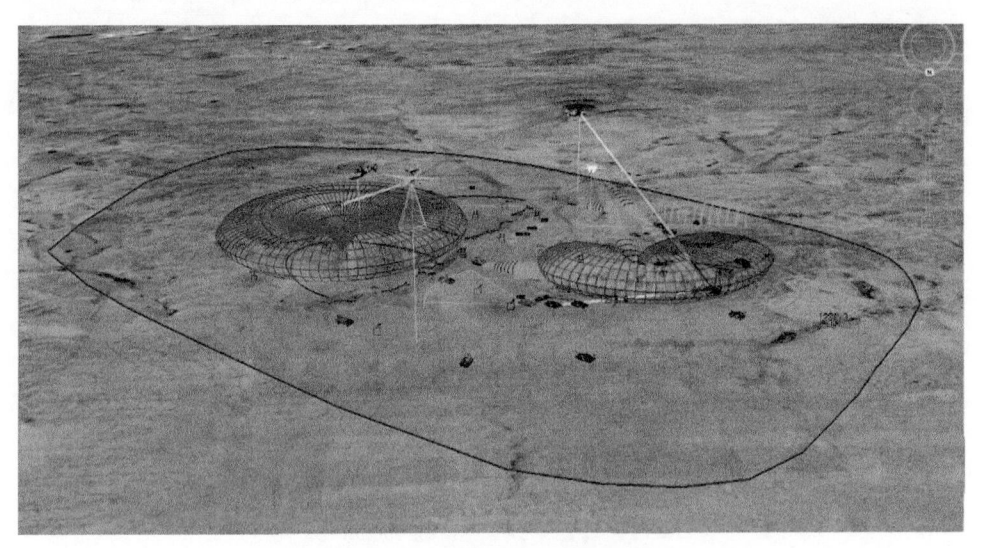

图 11.20 综合电磁态势可视化(张宗佩，2011)

第 12 章 空间环境建模

随着科学技术的不断发展和社会经济、组织能力的提高,战争总是从一个成熟的空间领域向另一个新的空间领域扩展。战争的胜败往往取决于谁能在战争空间领域和相关军事技术的转换中先人一步。21 世纪,外层空间正逐步成为海、陆、空战场延伸扩展的空间,成为控制海、陆、空战场的制高点,是军事家密切关注和利用的第四维战场空间。

12.1 空间环境建模分析

12.1.1 空间环境的概念

"空间"这个概念包含的范围很广,每种事物都存在于一定意义的空间中。从空间科学和航天学的角度,空间是人类能够观测到的整个宇宙空间。通常,将地球大气层以外的空间称为宇宙空间,也称外层空间或太空。外层空间是航天技术和航天飞行器面临的客观环境。1989 年,国际航空联合会将人类生存环境分为四类,即第一环境为陆地、第二环境为海洋、第三环境为空中、第四环境为外层空间。1960 年,国际航空联合会在巴塞罗那会议提出距地球海平面 100km 为大气层上界。所以,航空航天界将距地球海平面 100km 高度以上的广阔宇宙称为外层空间,也称空间、太空、外空,简称天。通常认为距地球表面 100~40000km 为近地空间,40000~384000km 为远地空间,384000km 以上为星际空间。当前,人类对外层空间的利用主要在近地空间,科学探索主要在星际空间。从军事利用的角度来看,应重点研究近地外层空间。

空间环境则是航天器在空间飞行时所处的环境(包括自然环境和人为环境)。从技术系统的角度来看,空间环境研究主要关心近地空间区域中对技术系统有影响的环境要素,包括由太阳的辐射和爆发引起的地球空间(弓形激波、地球磁层、电离层、热层、中层、对流层)的物质密度、温度、压力、高能粒子、电场电流及其电磁特性的剧烈变化,以及人类航天活动留下的空间碎片等参数。具体来讲,空间环境包括大气环境、空间等离子体环境、高能带电粒子辐射环境、空间磁场环境、空间引力场环境、空间光辐射环境、空间碎片及微流星体环境、空间电波环境等。这些具体的物质形态构成空间环境。

狭义地讲,空间环境主要关注地球同步轨道(geosynchronous orbit, GEO)以下航天器的飞行环境，以及影响航天器之间、航天器与地球之间信息链路的空间环境要素。这些空间环境要素主要有高层中性大气、电离层等离子体、地球基本磁场、高能带电粒子(太阳宇宙线、地球辐射带、银河宇宙线)、空间碎片和流星体等。

这些空间环境区域中并不是完全"真空"，而是充满大量的等离子体、高能粒子、微流星体、尘埃、空间碎片、中性原子和电磁射线等物质。当航天器运行在这样的空间环境时，这些物质会对航天器产生一定的影响，其作用形式及效应与这些物质的分布状态及运动状态有极大的关系。在近地空间环境范围内，影响航天器活动的空间环境要素主要有高层中性大气、电离层等离子体、地球磁场、地球辐射带、空间碎片与流星体等(李建胜，2004；王鹏，2006；徐青等，2020)。

12.1.2 空间环境的构成要素

1. 高层中性大气

地球大气是指被地球引力场和磁场束缚、包裹着地球陆地和水圈的气体层。根据大气的密度、温度和热力学特性，地球大气由地面向上大致可分为对流层(0~12km)、平流层(12~50km)、中间层(50~85km)、热层(85~800km)和外逸层(>800km)。其中，高度在 90km 以上的大气称为高层大气。

通常，地球大气仅指地球周围的中性大气层。地球中性大气层的气体主要集中在 0~50km 的高度范围内，约占地球大气总量的 99.9%，而高度大于 100km 空间中的气体仅占 0.0001%左右。

大气的物理状态主要用密度、温度、压力、成分及其变化来描述。大气密度随高度呈指数下降。大气成分随高度有明显的变化，分子质量较轻的大气成分的相对浓度随高度的升高而升高。高层大气下部的主要成分为氮气、原子氧和氧气，上部的主要成分为原子氧、氦和原子氢。90~200km 高度的大气温度随高度急剧升高，200km 以上大气温度随高度极缓慢升高，直至热层顶大气趋于等温状态。

高层中性大气对航天器的影响主要表现在两个方面：一是大气密度对航天器产生阻力，导致航天器的寿命、轨道衰变速率和姿态的改变；二是高层大气中的原子氧作为一种强氧化剂，与航天器表面材料发生化学效应(如氧化、溅散、腐蚀、挖空等)，导致航天器表面材料的质量损失、剥蚀以及物理、化学性能改变。

2. 电离层等离子体

等离子体是宇宙空间物质构成的主要形态，宇宙空间 99%以上的物质都是以等离子态的形式存在的。离人们最近的等离子体就是地球电离层。地球电离层是地球大气的一个重要层区，是由太阳高能电磁辐射、宇宙线和沉降粒子作用于高层大气，使之电离而生成的由电子、离子和中性粒子构成的能量很低的准中性等离子体区域。它处在 50km 至几千千米高度，温度在 180~3000K，其带电粒子(电子和离子)的运动受地球磁场制约，因此又称电离层介质为磁离子介质。

一般情况下，可以认为电离层具有球面分层结构，最主要的是随着高度和纬度的变化而变化。电离层按照电子密度随高度的变化分为 D 层、E 层和 F 层。D 层是指地面上空 50～90km 的高度区；E 层是指地面上空 90～130km 的高度区；F 层是指从地面上空 130km 直至几千千米的广大高度区。电离层电子密度的高度分布随昼夜、季节、纬度和太阳活动而变化。由于白天和晚上的电离源(太阳电磁辐射)不同，电离层结构也有所不同，在夜间 D 层消失，而 E 层和 F 层的电子密度减小；在太阳活动高年和低年，太阳电磁辐射的差异也导致电离层的电子密度有很大差别。

电离层对航天器的影响主要表现在四个方面：一是对航天器通信系统的影响。电离层对无线电波存在严重的影响，对在其中传播的电磁波产生折射、反射、散射、吸收、色散和法拉第旋转等，改变电波的传播路径，会出现电波时延、信号衰落、通信质量下降。二是产生航天器充放电效应。当航天器在电离层区域运行时，航天器与等离子体的相互作用，导致航天器出现充放电效应。当航天器被充电到一定程度时，产生的强电场可造成材料或器件的击穿，放电产生的电磁辐射会干扰航天器上各种电子设备的正常工作，甚至是航天器失效。三是对航天器定轨系统的影响。当电波在电离层中传播时，电离层的运动或其特性随时间变化，电波在电离层中传播的路径随时间变化，表现为接收站收到的电波信号频率发生偏移。四是对航天器轨道和姿态的影响。电离层中的电子和离子，可对航天器的运动产生小份额的阻力。当大尺度航天器(如空间站)运行于电离层环境中有大面积高负电位时，将增大它们与正离子的作用面积，从而使阻力增大。

3. 地球磁场

近地空间磁场大致像一个均匀磁化球的磁场，它延伸到地球周围很远的空间。在太阳风的作用下，地球磁场位形改变，向阳面被压缩，背阳面向后伸长到很远的地方。地球磁场存在的空间就是磁层。磁层位于行星际磁场的包围中，并受其控制。磁场的变化可以灵敏地反映空间环境的变化，是空间环境状态的重要指标。

地球磁场与地球引力场一样，是一个地球物理场，由内源场与外源场(变化磁场)两部分组成。内源场来源于地球内部，包括基本磁场和外源场变化时在地壳内感应产生的磁场。基本磁场是地球固有的稳定性强的磁场，是地球磁场的主要部分，约占 99%。基本磁场十分稳定，只有缓慢的长期变化。外源场起源于地球附近的电流体系，包括电离层电流、环电流、场向电流、磁层顶电流及磁层内其他电流的磁场，它的变化与电离层的变化和太阳活动等有关。

地球磁场是重要的空间环境参数之一，控制着近地空间带电粒子的运动，并通过大气增温对航天器轨道运动产生影响。同时，地球磁场对航天器的影响还表现在产生磁力矩，从而对航天器姿态造成干扰。当航天器具有剩余磁矩时，它将受到磁力矩的作用而改变姿态。另外，对于具有导电回路的自旋稳定航天器，当它在地球磁场中自旋时，导电回路切割磁力线会产生感应电流，地球磁场与感应电流的相互作用将使航天器的姿态受到影响。

4. 地球辐射带

地球辐射带又称范艾伦(van Allen)辐射带，是指在地球周围一定的空间范围内由地球磁场捕获的高能带电粒子组成的捕获区。

根据捕获粒子分布在空间的不同位置，可分为内辐射带和外辐射带。地球辐射带内层靠近地球表面，通常其下边界高度为 600~1000km，中心位置高度为 3000~5000km，纬度在南北纬40°之间，主要由质子和电子组成，也存在少量的重离子；地球辐射带外层离地球表面较远，空间分布范围较广，在赤道面内的高度范围为 10000~60000km，中心位置高度为 20000~25000km，纬度范围在南北纬55°~70°，主要由电子组成，也存在很低能量的质子。

地球辐射带对航天器的影响主要表现在两个方面：一是地球辐射带中的高能带电粒子与航天器上的电子元器件及功能材料发生相互作用，产生各种辐射效应，从而对航天器产生不良影响；二是在载人航天中，空间粒子辐射还会对航天员的身体造成损伤，甚至威胁航天员的生命安全。

5. 空间碎片与微流星体

空间碎片是指分布在人造地球卫星利用的环绕地球轨道上(通常为距地面100~40000km 高度的空间内)，并已丧失功能的空间物体(王鹏等，2012)。空间碎片是人类在太阳系空间，尤其是地球外层空间的太空探索活动中产生或遗弃的碎片和颗粒物质，也称为太空垃圾。它主要由报废的空间装置、失效的载荷、火箭残骸、绝热防护材料、分离装置及因碰撞、风化产生的碎屑等物质组成。低地球轨道(low-earth orbit, LEO)的高度在 2000km 以下，是空间碎片密集区域，在 800km和 1400km 高度上有两个峰，最大密度为 1×10^{-8} 个/km³。在 18000km 和 GEO 高度上也有较多的空间碎片，密度达 1×10^{-10} 个/km³。GEO 以外空间碎片的密度急剧下降。

微流星体是围绕太阳大椭圆轨道高速运转的固体颗粒，主要来源于彗星，并具有与彗星相近的轨道。当它们的轨道与地球相交时，可能闯入地球大气，与大气摩擦而产生发光现象，即流星。有个别尚未在大气层完全燃烧到达地面者称为陨星。流星体具有各种不规则的外形，它们在太阳引力场的作用下沿着各种椭圆轨道运动，相对于地球的速度为 11~72km/s。当它与航天器发生碰撞时，就可能对航天器造成损伤(如航天器表面部分的穿透和剥落等),严重时甚至使航天器或其子系统发生故障。

12.1.3 空间环境的建模内容

空间环境包含的内容多,涉及的空间尺度大,环境要素的状态变化复杂多样。因此,如何从宏观上定量地描述空间环境要素的平均分布状态就显得特别重要。进一步讲,就是如何以一种简单实用的数学表达式来描述空间环境要素的状态,进而通过计算机方便地给出不同空间位置空间环境要素的定量分布(姜景山,2001),而这种对空间环境状态的数学描述通常用空间环境模式表示。

空间环境模式是描述空间各要素各种参数在空间的定量平均分布状态。它是以实际的探测数据为基础编制的,原则上只要有了足够数量的、分布比较合理的探测数据,就可以采用统计学的方法进行拟合,最后给出一个统计平均模式。

随着航天事业的发展,空间环境模式的建立从开始到现在已有数十年的历史,有的模式已经过几次更新,并取得长足的进展。但是,由于空间环境本身的复杂性和多变性,以及空间环境的探测与研究还处于不断发展状态,已经完成的工作还远远不够。当前给出的空间环境模式还存在很大的局限性,还有许多不完善的地方。当前的空间环境模式是比较简化的,还有一些参量尚未考虑或正在考虑。另外,一些空间环境参数存在多个模式,彼此采用的探测数据不同和编制模式使用的方法不同,使得空间环境模式之间有一定的差异。

目前,国际上通用的空间环境模式大体可以分成两类(王鹏,2006;王鹏等,2012):一类是静态模式,它只反映空间环境参量在静态情况下的平均特征,包括空间环境参量与一些基本量的关系(如质量、能量、成分),以及它们空间分布的基本规律;另一类是动态模式(或称事件模式),主要反映空间环境扰动事件的基本特性,如开始时间、上升到峰值时间、峰值大小、衰减时间等。

静态模式主要有以下几种。

(1) 高层大气模式,主要包括 MSIS(mass spectrometry and incoherent radar scatter,质谱仪和不连贯散射雷达)2000 模式、MET(Marshall engineering thermosphere,马歇尔工程用热层)模式、HWM(horizontal neutral wind model,中性风)93 模式和 CIRA(COSPAR international reference atmosphere,国际参考大气)模式。

(2) 电离层等离子体模式,主要包括国际参考电离层(international reference ionosphere,IRI)模式、Chiu 模式。

(3) 地磁场模式,主要是国际地磁参考场(international geomagnetic reference field,IGRF)分布模式。该模式是由国际地磁学和高空大气物理学协会(International

Association for Geomagnetism and Aerophysics, IAGA)发布的全球地球磁场经验模式，可以提供 10 阶的高斯系数。

(4) 地球辐射带模式，如世界各国广泛采用的辐射带电子模型 AE8 和辐射带质子模型 AP8，以及最新的分布模式 AE9 和 AP9。

(5) 流星体、空间碎片模式。流星体模式主要包括偶现流星体模式、流星雨模式。空间碎片模式主要包括 Traffic 模式、Breakup 模式、Propagation 模式、轨道碎片工程模式等。

动态模式尚未形成固定的数值计算模式，在现阶段还不完善。

12.2 空间环境数学建模

12.2.1 高层中性大气建模

高层大气模式是指在不同时间、不同太阳活动和不同空间环境条件下，高层大气参量空间分布的概括描述。高层大气模式分为中性大气模式和电离层模式，一般提到高层大气模式时，是指中性大气模式，它给出温度、压力、密度、标高、各主要气体成分密度、总数密度和平均分子量等高层大气结构参数，有些模式还给出了风场。

在国际上，高层中性大气的物理模型有很多，各种模式建立的物理基础及其所依据的实测数据有所不同，高层中性大气环境效应对航天器，特别是长寿命航天器的影响显著，这就要求选择合适的模式来预报大气环境的变化。当前，常见的中性大气模式有 MSIS2000 模式、MET 模式、HWM93 模式、CIRA86 模式。

1. MSIS2000 模式

MSIS2000 模式由美国华盛顿赫尔伯特(Hulburt)空间研究中心、海军研究实验室的 Picone、Hedin、Drob，马里兰州格林贝尔特(Greenbelt)地球物理实验室、NASA 戈达德(Goddard)空间航天中心的 Aikin 等共同提出。

MSIS2000 模式把热层看作一个低通滤波器，假设球谐函数是热层的本征函数。该系列的模式定义了大气温度，考虑大气的混合、扩散过程，提供大气成分和密度。大气随地理和地方时的变化公式建立在低量级球谐函数的基础上，球谐函数的展开也反映了大气参数随太阳活动、地磁活动及年、半年、季节、昼夜和半日等的变化。

MSIS2000 模式采用的数据包含多个火箭、卫星和非相干涉散射雷达的温度、密度和成分测量，以及太阳活动高年时大气参数的观测数据。该模式的适用范围可扩展到大气平流层。

2. MET 模式

MET 模式是 NASA 于 1988 年建立的，由 J70 和 J71 演变改进得到。MET 模式的计算建立在高层大气静态扩散的基础上，定义温度和大气成分，推算大气密度。假设 90km 处大气温度、密度和平均摩尔质量为常数的边界条件，则由经验定义的大气温度剖面使产生的大气密度与卫星轨道衰减数据所获得的密度数值相一致。

MET 模式的计算中要求输入 10.7cm 太阳射电辐射流量($F_{10.7}$)和地磁活动 A_p 指数。在 MET 模式的设计中，高层大气温度、成分和密度的变化主要由以下几个因素引起，即太阳活动、地球自转、地磁活动、地球环绕太阳的公转、随季节和纬度变化的低热层的密度和 500km 以上的氦气密度。

3. HWM93 模式

HWM93 模式为中性风模式，是以 AE-E 和 DE-2 两颗卫星测量的热层风场资料为基础建立的热层中性风经验模式。风矢量的表达式属于球谐矢量展开式，HWM93 模式的适用范围向下可以延伸到地面。HWM93 模式没有考虑太阳活动周期变化的影响，但是考虑了地磁活动的影响。利用 HWM93 模式可以计算指定经度、纬度、高度、时间和地磁活动 A_p 指数条件下的径向风和纬向风的风速。

4. CIRA86 模式

CIRA86 模式是由国际空间研究委员会(Committee for Space Research, COSPAR)根据卫星轨道衰减求得的大气密度和其他手段测得的资料建立的高层大气模式。CIRA86 模式由热层参考大气、中层参考大气和微量成分参考大气三部分组成。CIRA86 的中层参考大气部分从地面到 120km，热层参考大气部分从 90~2000km，90~120km 区域相互重叠，数据及形式有所不同。在应用时，主要关注的高度在 100km 以上，因此使用热层经验模式。热层经验模式可以提供温度、密度、成分和环流的变化图像。利用热层经验模式可以计算指定球坐标参数、世界时、日期、太阳 $F_{10.7}$ 流量和地磁活动 A_p 指数条件下的温度、压力、密度和成分。

12.2.2 电离层建模

电离层模式是电离层各参量随高度变化的数学描述。这种变化与地理位置、季节、地方时，以及太阳和地磁活动有关。电离层模式多种多样，既有经验模式，也有理论模式；既有具体层区的模式，也有具体地理上空的电离层模式。电离层的参量主要包括电子密度、离子密度、电子温度、离子温度和离子成分等。对于不同的参量，有其相应的模式，如电子密度模式、电子温度模式等。其中，电子密度模式最常用，也研究得最充分。目前，国际上通用的参考模式是 IRI 模式，另外还有不常用的 Chiu1975 模式。

1. IRI 模式

IRI 模式是一个全球的电离层经验模式。它是利用全球地面分布的几百个电离层观测站的长期观测资料及卫星观测资料，由国际无线电科学联合会和国际空间研究委员会联合从 20 世纪 60 年代后期开始发展建立。随着观测数据的不断增多和理论研究的深入，不断推出新的 IRI 模式版本。自 1978 年开始，先后推出 IRI78、IRI80、IRI86、IRI90、IRI95、IRI2001、IRI2007、IRI2012 等版本，现在最新的是 IRI2016 版本。

IRI 模式提供的是全球电离层各有关特征参量(电子密度、临界频率、电子温度、离子温度等)的月平均状态值。该模式的适用范围为：高度在 50～2000km，纬度在南北纬 60°之间；太阳活动条件为太阳黑子数 R_{12}(12 个月平均值)≤150，不适用于电离层不均匀结构的特征表述。

2. Chiu1975 模式

Chiu1975 模式根据当地时间、纬度和太阳黑子数来描述较大范围内的电离层电子密度。它的数据基础是由 1957～1970 年分布在 50 个国家的电离层探测仪获得的数据。Chiu1975 模式使用少于 50 个参数来求解赤道或高纬度地区的电离层电子密度，能够给出初估计的起始值。

12.2.3 地球磁场建模

地球磁场模式是指地球磁场空间分布的定量描述。地球磁场是由内源场与外源场两部分组成的，因此地球磁场模式一般也分为两类：一类是描述基本磁场分布的基本磁场模式；另一类是描述外源场分布的外源场模式。地球的基本磁场可以表达为球谐级数和的形式，根据磁场探测数据拟合得到一组球谐级数的高斯系数，就可得到基本磁场的分布模式。地球磁场模式是 IAGA 每 5 年根据地球磁场的探测数据，组成高斯系数表示的基本磁场模式。由于外源场变化复杂，用模式描述与时间相关的外源场很困难，只存在若干一定扰动条件下的平均外源场模式。在低轨道空间环境中，基本磁场是地球磁场的主要部分，基本磁场模式可较好地反映磁场的分布。

1. IGRF 模式

目前,国际上采用最广的地球磁场模式是 IAGA 发表的 IGRF 模式。IAGA 每 5 年根据地球磁场的探测数据,给出一组高斯系数表示基本磁场,目前已有 25 个 IGRF(1900~2020 年)资料供研究使用。最新的地球磁场模式是 IGRF2020。

IGRF 模式是全球地球磁场经验模式,提供了 10 阶的高斯系数,磁场精度在纳特斯拉量级。由于地球磁场的长期变化,在实际计算时,采用计算点时间相邻的两组 IGRF 模式的高斯系数的线性插值进行磁场计算。考虑地球磁场的长期变化,IAGA 公布新的 IGRF 模式时,会给出高斯系数的变化率。

2. IGRF2015 计算模式

在 1000km 以下高度范围内,平静时外源场的强度不到内源场的 1‰,强扰动时的外源场也在内源场的 1%以下,因此在考虑地球磁场本身对航天器的影响时,只需考虑内源场中的基本磁场。地球磁场是一个矢量场,因此任一点的磁场需要 3 个独立分量进行描述。基本磁场可由 7 个地磁要素来定量表示,即总磁场强度 B、水平强度 H、垂直强度 Z、北向分量 X、东向分量 Y、磁倾角 I、磁偏角 D。它们之间的关系为

$$\begin{cases} H = B\cos I \\ X = H\cos D \\ Y = H\sin D \\ Z = B\sin I = H\tan I \\ H^2 = X^2 + Y^2 \\ B^2 = H^2 + Z^2 = X^2 + Y^2 + Z^2 \end{cases} \tag{12.1}$$

12.2.4 地球辐射带建模

地球辐射带是由地球磁场捕获的带电粒子组成的。辐射带粒子的运动状态和空间分布受到地球磁场的强烈控制,并随地球磁场的变化而变化。根据捕获粒子的空间分布位置,可分为内辐射带和外辐射带。内辐射带在赤道平面上 600~10000km 的高度范围内。内辐射带粒子从高度 1300km 左右开始迅速增加,至 2300km 高度达到极大,大于 0.5MeV 的电子内辐射带峰值流量超过 4×10^5 个/(cm^2·s)。高度 2000~4000km 电子全向通量变化不大,4000km 以后电子流量下降较快,6000km 左右已降至内外辐射带谷底。对于近地空间环境,地球辐射带主要是指内辐射带。

辐射带模式是指利用现代计算机手段对空间探测得到的辐射带数据进行分析、加工和处理而形成的辐射带平均分布状态的数学描述。20 世纪 60 年代初期,

NASA 就开始利用卫星探测资料编制辐射带模式,包括辐射带电子模式 AE 和辐射带质子模式 AP。随着空间探测的深入,探测数据的覆盖时间、空间和能量分布不断拓宽,辐射带模式得到不断改进和完善,形成一系列 AE 和 AP 模式。最新的分布模式是 AE9 模式和 AP9 模式(田天等,2022)。

AE 模式和 AP 模式是由 NASA 根据卫星观测资料编制的辐射带经验模式,它们各自包含太阳活动极大年或极小年两个模式。该模式是辐射带粒子通量模式,在给定太阳活动极大年或极小年的条件下,计算给定粒子能量 E 和磁坐标(L, B) 或$(L, B/B_0)$时的粒子积分和微分通量,其中 L 为磁壳参量,以地球平均半径 R_e 为单位,B 为地球磁场强度,B_0 为磁赤道处的磁场强度,以 nT 为单位。

12.2.5 流星体、空间碎片建模

1979 年,NASA 制订了空间碎片研究计划,由约翰逊空间中心负责经常性的空间碎片观测、数据收集与碎片环境的建模研究工作(王若璞,2010)。1993 年,由 NASA、俄罗斯航天局(Russian Space Agency,RSA)、欧洲航天局(European Space Agency,ESA)和日本宇宙开发事业团发起成立了机构间空间碎片协调委员会,以加强各成员机构间的交流,共同控制空间碎片的产生,保护空间环境。1995 年 6 月,我国以国家航天局的名义加入了机构间空间碎片协调委员会,并于 2000 年启动空间碎片行动计划。经过世界各航天国家 40 多年的共同努力和持续研究,在微流星体/空间碎片环境建模领域取得显著进展,建立了一系列微流星体/空间碎片环境模型(表 12.1),为微流星体/空间碎片环境预报、风险评估及防护设计等提供了重要技术支撑。

表 12.1 微流星体/空间碎片环境模型(王鹏等,2012)

模型名称	所属国家或机构	模型类型	最小碎片尺寸/mm	适用轨道
ORDEM	NASA	短期/工程	0.01	LEO
CHAIN	NASA	长期/演化	10	LEO
EVOLVE	NASA	短期与长期/演化	1	LEO
MASTER	ESA	短期/演化	0.1	LEO/GEO
CHAINEE	ESA	长期/演化	10	LEO
DELTA	ESA	长期/演化	10	LEO
SDPA	RSA	短期与长期/演化	1	LEO
IDES	英国国防评估研究局	短期/演化	0.01	LEO
LUCA	德国布伦瑞克工业大学	长期模型	10	LEO/GEO
SDM/STAT	ESA/意大利空间局	短期与长期/演化	—	LEO/GEO

微流星体/空间碎片环境模型按建模方法及适用范围可分为分布模式和演化模式两类。分布模式也称中短期工程模式或参考模式,是广泛收集空间物体的轨道参数和其他特征信息,经过一定的计算转换为可供工程设计应用的参数,如通量、碰撞速度、仪器探测率等,从而为工程技术人员提供他们感兴趣的轨道碎片分布情况。这种模式也可以帮助设计人员确定空间碎片对航天器的威胁。演化模式又称长期演化模式,主要用于预测空间碎片数量的未来增长。分布模式的输出常常是演化模式的输入。

1. 中短期工程模型

目前,国际上常用的空间碎片工程模型主要有三个系列(王若璞,2010;王鹏等,2012),即 NASA 的轨道碎片工程模型(orbital debris environment model,ORDEM)系列、ESA 的日地空间流星体和碎片参考 (meteoroid and space debris terrestrial environment reference,MASTER)模型系列和 RSA 的空间碎片预测与分析工程模型(space debris prediction and analysis engineering model,SDPA)系列。

1) ORDEM 系列

ORDEM 系列是 NASA 约翰逊空间中心根据地基和天基测量数据建立的半经验性质的工程模型,描述 LEO 的空间碎片环境,主要用于为航天器设计和运行提供比较精确 LEO 空间碎片环境,也适用于对碎片碰撞风险进行评估。该模型不直接反映空间碎片的来源,但是需要根据测量数据计算空间碎片的通量。ORDEM 系列包括 ORDEM96、ORDEM2000、ORDEM2008、ORDEM2010 和 ORDEM3.0。

ORDEM96 是 1996 年由 NASA 约翰逊空间中心的空间碎片程序办公室发布的第一个基于计算机的空间碎片工程模型。该模型发行之后,便被国际空间组织广泛应用于对运行高度为 200~2000km 的 LEO 区域的航天器进行空间碎片风险评估。几年之后,它已经成为一种重要且通用的空间碎片风险评估工具,用于对 LEO 上运行的航天器,以及空间碎片进行测量和观测。

ORDEM2000 是 ORDEM96 的升级和完善版本,采用一系列 $10\mu m\sim 1m$ 尺寸范围的天基和地基空间碎片观测数据,利用最大似然估计法把观测结果分析转换为空间碎片的概率分布函数,得到 ORDEM2000 的数据库,利用有限元法处理空间碎片分布形成空间碎片环境。

ORDEM2008 是 NASA 于 2008 年发布的空间碎片环境短期工程模型,是对 ORDEM2000 的进一步完善和更新,适用的轨道高度也从 LEO 扩展到 GEO,即 200~36000km。

2) MASTER 模型系列

MASTER 模型系列是 ESA 基于空间碎片速度和密度分布数据编制的从近地空间到 GEO 高度的空间碎片和流星体的工程参考模型，适用于从 LEO 到 GEO 区域的流星体/空间碎片环境短期工程预测。MASTER 模型系列包括 MASTER96、MASTER97、MASTER99、MASTER2001、MASTER2005、MASTER2009。

MASTER 模型不直接从探测数据出发，而是先分析空间碎片的产生来源，对不同来源的空间碎片用不同的碎片源模型详细描述其产生过程，并将产生后的物体群的分布推演至某一参考时刻的分布。该模型包括 MASTER 标准应用模块和 MASTER 分析应用模块。其中，标准应用模块主要用于空间碎片通量特征的快速评估，分析应用模块具有精确确定通量结果和附加分析的能力。

3) SDPA 模型系列

SDPA 模型系列是由 RSA 的 Nazarenko 主持开发的，是以美国和俄罗斯登记在册的空间碎片数据和实验数据为基础，通过建立数学模型，综合理论模拟和统计方法所建立的半解析性质的随机模型。SDPA 模型适用于尺寸大于 1mm 的空间碎片，用于 LEO 和 GEO 两个区域的空间碎片环境的短期与长期预测，可提供空间碎片密度和速度的空间分布、航天器轨道的代表性面积通量，以及碰撞风险评估。该系列模型主要有空间碎片环境工程模型 SDPA-E、空间碎片通量模型 SDPA-F 和 SDPA-PP 三个版本。

2. 长期演化模型

1) EVOLVE 模型

EVOLVE 模型是一种将空间物体的历史数据与专用程序相结合，半确定性模拟空间碎片环境发展趋势的模型。该模型将发射入轨的空间物体、爆炸碎片、碰撞产生的碎片，以及非碎裂产生的各种碎片纳入具体的轨道上进行分析研究。计算这些轨道随时间的变化，碎片通量随尺寸、时间、轨道高度和倾角的变化，以及轨道上大物体之间的碰撞率。该模型既可以模拟当前的碎片环境，又可以研究碎片环境未来的演变趋势，对低轨道空间碎片环境进行短期和中长期的预测。

EVOLVE 由两类模型组成：碎裂(生成的)碎片按其质量和速度分布归入 NASA 碎裂碎片模型；非碎裂(生成的)碎片，如固体火箭发动机的喷射物，则按照其积累方式和过程归入非碎裂碎片模型。EVOLVE 的主要用途是预示未来的空间碎片环境。众所周知，空间碎片的数量可通过控制空间物体发射率、偶然爆炸、航天器和末级火箭任务完成后的运行寿命等方法预测。在用 EVOLVE 模型预示未来的空间碎片环境之前，首先要根据空间物体发射和碎裂事件的历史数据，用 EVOLVE 模型计算当前的空间碎片环境。将当前的碎片环境与当前的观测结果(包括轨道上各种大小的人造天体)进行比较,检验历史数据处理结果的可信度,然后将当前的碎片环境作为初始条件。

2) CHAIN/CHAINEE 模型

CHAIN 模型是德国布伦瑞克工业大学的 Eichter 于 1988～1991 年开发的。1993 年以后,Eichter 在 NASA 约翰逊空间中心继续从事 CHAIN 模型的研究。1995 年,改进后的 CHAIN 模型被 ESA 采用,称为 CHAINEE(CHAIN European extension)。

CHAIN 模型是一种以箱中粒子 (particles in a box,PIB)理论为基础的快速分析工具,用于空间碎片环境的长期预测。箱中粒子模型将空间碎片环境简化为一系列在不同质量域和轨道高度域内的随机分量。在 CHAIN 模型中,碎裂模型、轨道变迁和碎片数量增长等参量作为空间运输状态的函数。首先通过预处理软件建模,然后在方程中以速率系数和适应函数的形式出现。经过简化处理,用 CHAIN 模型预测空间碎片环境,计算速度比 EVOLVE 模型快 $10^3 \sim 10^4$ 倍,但是可信度要低一些。CHAIN 模型常用 EVOLVE 模型对其进行校核。CHAIN 模型除可用于预测碎片环境外,还可对用变参数模型预测的碎片环境进行参数分析;将 EVOLVE 模型的预测结果进一步向未来扩展。

CHAIN 模型的主要输出结果是按年给出 LEO 上 4 个轨道高度域和 6 个质量域内空间碎片的总数、总质量和年积累碰撞率(不含非灾难性的碰撞)。CHAIN 的计算程序主要通过与 NASA 碎裂模型和 EVOLVE 模型的比较进行校准。

12.3 空间环境可视化建模

空间环境不能被人的视力直接察觉,过去只能通过分散在空间环境监测点上的离散数据去认识它。随着探测技术和观测水平的提高,计算、测量或实验得到的空间环境数据越来越多,这些数据在空间上的分布上构成一个三维或高维的数据场。这些数据场中包含庞大的复杂信息,不易被理解与分析。为了把数据场中的不可见物理量转换为可见形式,以图形、图像的形式展现出来,直观地表现出数据场中蕴含的丰富内涵和潜在规律,需要利用可视化技术仿真和模拟其在空间的分布与运动。利用可视化技术研究空间环境,就是将人们通过监测和空间探测获取的离散数据和通用计算模型获得的数据场用直观的图形、图像形式进行表现,从而反映其存在状态及运动规律,指导人们科学地认识和利用空间环境。

12.3.1 空间环境数据场的可视化方法

空间环境数据场的可视化是空间环境要素建模的后续步骤,根据建模理论可以有不同的可视化方法,每种可视化方法的适用条件和数据结构也不相同。目前,常用的可视化方法主要有基于几何建模的可视化方法、基于颜色与纹理图像的可视化方法,以及动态体绘制的可视化方法三大类(王鹏,2006;王鹏等,2012)。

1. 基于几何建模的可视化方法

基于几何建模的可视化方法就是基于三维数据场中的几何建模方法,构造能表示场分布的曲线、曲面等,用三维几何形状反映场的信息,然后用传统的图形学方法实现可视化图形、图像的输出。基于几何建模的可视化方法中比较成功和常用的方法有距离浓淡算法、梯度浓淡算法、渐进立方体浓淡算法。

距离浓淡算法是用同种颜色的浓淡来反映观察者到物体表面的距离。它首先将体元数据二值化,然后确定观察位置,记录每条观察光线与等位面的交点,在得到给定视向的 Z 缓存之后,用式(12.2)计算各像素的光强值,即

$$I(i,j) = I_{\max}(D-d)/D \tag{12.2}$$

式中,$I_{\max}$ 为光强值计算函数;d 为等位面上体元到视点的距离;D 为预先给定的最大距离。

梯度浓淡算法的主要依据是空间等位面的法向矢量方向,即其梯度矢量方向。其计算量只与像素数有关而与被表达对象的复杂程度无关,因此只要计算出各像素点对应的梯度,就可以获得该点所在空间等位面的法向矢量,然后可用传统的光照模型计算各像素的亮度值。

渐进立方体浓淡算法处理的单元是由 8 个顶点构成的体元。将顶点处的属性值二值化后,若体元某条边的两个端点发生 0 与 1 的变化,则认为此边与二值图像形成的等位面有一个交点。由体元各边的此类交点可以构成由若干三角形或四边形形成的等位面。在求出体元中的等位面后,可由梯度法计算各等位面顶点处的梯度值,然后以传统的光照浓淡算法绘制等位面。

在这三种算法中,距离浓淡算法所产生的图像十分平滑,但是缺乏细节;梯度浓淡算法效果较好,但只考虑像素间的局部关系,会产生三维干扰现象;渐进立方体浓淡算法表现出的数据场的分布最为鲜明、准确,但是计算量较大。

基于几何建模的可视化方法在几何关系清楚的情况下,给人以鲜明、准确的感受,输出效率高,但整体信息丢失太多,无法表现几何元素内部或外部所包含的信息。需要经过曲线、曲面表示这一中间环节,是基于几何建模的可视化方法区别于基于颜色与纹理图像的可视化方法和动态体绘制的可视化方法的标志。

2. 基于颜色与纹理图像的可视化方法

颜色在数据场的可视化中起着非常重要的作用。在标量场中,通过在标量值

与颜色之间建立一一映射关系,可通过颜色值的变化清晰地表达出标量值的变化。但是由于数据场包含的信息量大,仅使用颜色来表示并不能达到很好的真实感,利用纹理图像可以有效地补充颜色表示的不足。纹理图像是颜色按一定方式排列组成的图案,兼具形状和颜色两种属性,通过颜色的有序排列可表达出一定的方向信息,从而克服传统的基于颜色的映射方法无法揭示方向的缺点。另外,纹理映射是在图像空间进行的,可生成具有图像空间分辨率的细致图形。

3. 动态体绘制的可视化方法

动态体绘制的可视化方法是将三维空间的离散数据直接转换为二维图像而不必生成中间几何图元。这种方法将数据场假定为具有透明性、散射性及自发光性的微粒子系统,可在一定的光照条件下表现实体的内部结构,反映数据场的整体信息。动态体绘制的可视化方法的实质就是图像重采样及图像合成。图像重采样就是将三维数据场转换为二维离散信号。图像合成就是合成全部数据值对二维图像的贡献。动态体绘制的可视化方法产生的图像能够反映数据场的全貌与细节,具有图像质量高、便于并行处理等优点。然而其计算量大,特别是当观察方向变化时,数据场采样点之间的前后关系也发生相应变化,导致重采样及图像合成的计算需要重新进行,难以满足实时绘制的要求。为了提高绘制的实时性,可采取将重采样空间由三维降为二维、利用数据相关性、跳过空体元、借助硬件的三维纹理映射及并行处理等方法。

从展示数据场的知识和信息这一可视化目标而言,基于几何建模的可视化方法、基于颜色与纹理图像的可视化方法、动态体绘制的可视化方法,均未能很好地解决可视化问题。从可视化图像效果比较,基于几何建模的可视化方法会丢失整体信息,且无法表达几何元素内外部的信息;基于颜色与纹理图像的可视化方法虽然图像效果逼真,但是不能表达数据场内部的定位、拓扑关系;动态体绘制的可视化方法是最有发展潜力的一种技术手段,可视化效果明显,能够反映数据场的整体结构形态,但是现阶段还有很多问题没有解决,不适合对大范围数据场进行实时绘制与交互。因此,寻求高速有效的视觉模型或以上三种方法结合的综合显示算法仍然是需要进一步研究的课题。

12.3.2 空间环境数据场的直接体绘制

传统的计算机图形学一般采用几何模型描述形体。几何模型是表示有形、规则形体的理想模型,对于无形、不规则的物体,只能描述形体的表面,无法刻画形体内部的复杂结构。与传统计算机图形学描述物体的方法不同,直接体绘制不必生成中间图元,而是直接对数据场成像,以反映数据场中各种信息的综合分布情况(王建华,2002)。它的基本原理是把整个数据场空间看成充满了非均匀的半透明物质，这种物质本身既发光，又对光线传播有阻挡吸收作用，即每一物质元都有光强和一定的透明度,沿视线观察方向将这些物质元投影到二维图像平面上，计算每一物质元对整体光强所做的贡献，累加起来可以得到一幅透明的投影图像(贾艾晨，2003)。

直接体绘制的基本过程是，对数据进行分类，给不同类的数据赋予不同的色彩和非透明度；根据体绘制的光学模型，对数据场中的数据进行绘制。在绘制过程中，涉及数据点的投影变换、数据的插值计算、排序和色彩合成等操作。由直接体绘制的基本过程可以看出，三维数据场体绘制中的关键是体光照模型和直接体绘制方法。体光照模型提供的是体数据中各数据点光照强度的计算方法，直接体绘制方法提供的是结果图像的生成方法(王鹏等，2012)。

1. 体光照模型

体光照模型是直接体绘制的基础。它研究光线穿过体元时的光强变化，将光线穿过体元时的物理现象用数学模型来描述。不同的物理背景决定了体光照模型与传统的表面光照模型有很大的差别。目前，主要有源-衰减模型、变密度发射模型和材料分类及混合模型(石教英等，1996)。

(1) 源-衰减模型为每一体元分配一个源强度和衰减系数,当光线通过空间时，按每个体元的源强度及光线沿距离的衰减分配一个亮度值，并投射到图像平面上形成结果图像。该模型具有可靠的数学基础，因此是目前主要的体光照模型。

(2) 变密度发射模型将粒子系统用于体数据显示。它假设空间中充满了粒子云，粒子均可以发光。在由某点观察体数据时，每一粒子发出的光能被沿着视点方向的其他粒子散射掉一部分，使得光强减弱。沿着视线积分求得各粒子云对像素光亮度的贡献可以得到体数据的可视化图像。

(3) 材料分类及混合模型认为每一体元是由若干材料组合而成的，对不同材料分别计算密度分布及其色彩和不透明度。根据密度分布函数提取不同材料的分界面，再进行光照计算。

2. 直接体绘制方法

直接体绘制方法的实质是将离散分布的三维数据场按照一定的规则转换为图形设备的二维离散信号，即生成每个像素点颜色的 RGB 值。简而言之，直接体绘制方法的实质就是一个三维离散数据场的重新采样和图像合成的过程。直接体绘制方法的相关内容在第 9 章已有描述，在此不再赘述。

12.3.3 空间环境数据场的面绘制

面绘制方法首先由三维数据场构造中间几何元素，即构造表示场分布的曲线、曲面等，用三维几何形状反映场的信息，并将面上的数据属性映射为可视元素，然后用传统的图形学方法实现可视化图像的输出(王鹏，2006；王鹏等，2012)。这种方法构造出的可视化图像虽然不能反映整个原始数据场的全貌及细节，但是可以对感兴趣的某层曲面产生清晰的图像，而且可以利用现有的图形硬件实现大规模的绘制功能，速度较快。

1. 基于空间剖面的面绘制

基于空间剖面的面绘制首先计算剖面与三维数据场的包围盒相交生成的多边形，以及该多边形对应的纹理图像，然后采用纹理映射技术对空间剖面进行显示。

如图 12.1 所示，设原始三维体数据场所处的区域(包围盒)为

$$\{(x,y,z) | 0 \leqslant x \leqslant x_{max}; 0 \leqslant y \leqslant y_{max}; 0 \leqslant z \leqslant z_{max}\}$$

剖面 Q 的方程为

$$f(x,y,z) = ax + by + cz + d = 0$$

其法线 P 为(a,b,c)，剖面过空间一点 $O(x_0,y_0,z_0)$。

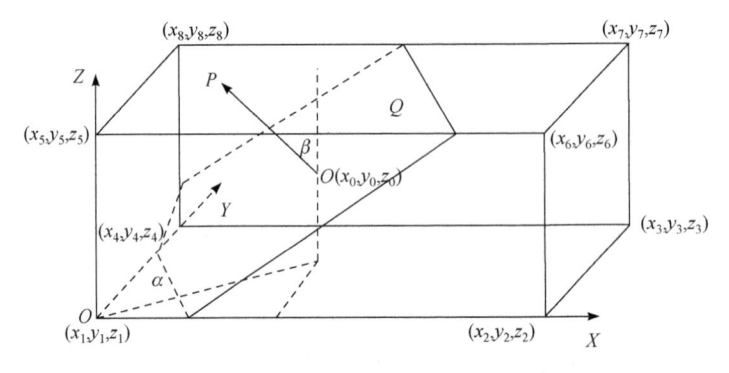

图 12.1 空间剖面与三维体数据场的关系

剖面与包围盒的交点在三维空间，而二维纹理坐标的计算必须在二维平面内进行，为此以 O 为坐标原点对剖面以及包围盒进行旋转，使剖面法线 P 的方向为 Z 轴正向，变换后的剖面 Q' 的方程为 $f'(x,y,z)=0$。变换后，可简化剖面与包围盒的交点计算。

在多边形上插值可得到剖面的纹理图像以及多边形顶点对应的纹理坐标，然后对坐标进行逆变换恢复到初始状态，采用纹理映射技术显示生成的剖面，具体步骤如下。

1) 计算剖面与包围盒的交点

设长方体的 8 个顶点分别是(x_1, y_1, z_1)，…，(x_8, y_8, z_8)，剖面 Q 变换到 Q' 的变换矩阵为 M。

计算 M 的步骤是，计算 P 与 Z 轴的夹角 β，与 Y 轴的夹角 α；进行复合变换，

即先平移，后绕 Z 轴、Y 轴旋转，得到的变换矩阵 M 为

$$M = \begin{bmatrix} 1 & 0 & 0 & 0 \\ 0 & 1 & 0 & 0 \\ 0 & 0 & 1 & 0 \\ -x_0 & -y_0 & -z_0 & 1 \end{bmatrix} \begin{bmatrix} \cos\beta & \sin\beta & 0 & 0 \\ -\sin\beta & \cos\beta & 0 & 0 \\ 0 & 0 & 1 & 0 \\ 0 & 0 & 0 & 1 \end{bmatrix} \begin{bmatrix} \cos\alpha & 0 & -\sin\alpha & 0 \\ 0 & 1 & 0 & 0 \\ \sin\alpha & 0 & \cos\alpha & 0 \\ 0 & 0 & 0 & 1 \end{bmatrix} \quad (12.3)$$

设 P 为原始包围盒的 8 个顶点坐标形成的矩阵，P' 为 P 变换后的坐标矩阵，则有

$$P' = PM$$

设包围盒变换后的棱线 L' 的两个顶点坐标分别为 (x_i', y_i', z_i')、(x_j', y_j', z_j')，此时 L' 与水平面(即变换后的剖面)的交点可用以下方法判断。

(1) 若 $z_i' \times z_j' > 0$，则表示该棱线与平面没有交点。
(2) 若 z_i' 与 z_j' 其中有一个为 0，则表示交点就是该顶点。
(3) 若 z_i' 与 z_j' 均为 0，则表示该棱线在平面上。
(4) 若 $z_i' \times z_j' < 0$，则表示该棱线与平面有交点。

设棱线的参数方程为

$$\begin{cases} x = x_i' + (x_j' - x_i') \times t \\ y = y_i' + (y_j' - y_i') \times t \\ z = z_i' + (z_j' - z_i') \times t \end{cases} \quad (12.4)$$

令 $z = 0$，可得 $t = z_i' / (z_i' - z_j')$，代入式(12.4)可得交点坐标，即

$$\begin{cases} x = x_i' + z_i' \times (x_j' - x_i') / (z_i' - z_j') \\ y = y_i' + z_i' \times (y_j' - y_i') / (z_i' - z_j') \\ z = 0 \end{cases} \quad (12.5)$$

将 12 条棱线与剖面求交，即可求得所有棱线与平面 $Z = 0$ 的交点，从而形成一交点序列。

2) 交点排序，生成相交多边形 H

剖面与包围盒的交点个数有以下几种情况。
(1) 一个交点，表示剖面仅经过包围盒的一个顶点，没有形成多边形。
(2) 两个交点，表示剖面仅经过包围盒的一条棱线，没有形成多边形。
(3) 三个交点，表示剖面与包围盒相交为一个三角形，不需要排序。
(4) 多个交点，表示剖面与包围盒相交为一个凸多边形(平面与凸多边形相交)。

如图 12.2 所示，首先在顶点序列中找出一个内部点 A，以 A 为依据，计算 A 与所有交点形成的向量 AP，以及 AP 与 Z 轴的夹角，然后按照角度由小到大的顺序排列，就可以得到以逆时针方向排列的多边形顶点序列。

利用矩阵 M 的逆矩阵 M^{-1} 对多边形每个顶点坐标进行逆变换，即可得到剖面 Q 与包围盒的相交多边形 H。

3) 生成纹理

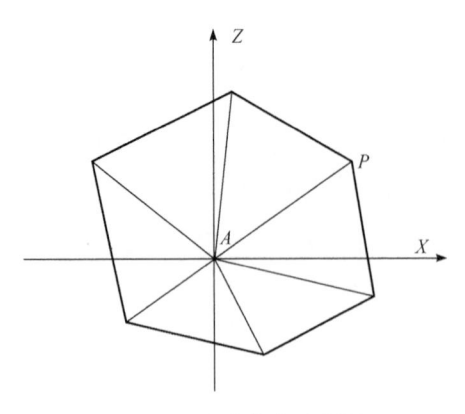

图 12.2 交点排序示意图

求出剖面 Q 的包围矩形，在该矩形上布置规则格网点(可根据生成图像的精细程度进行调节)，利用插值方法求得每个格网点的属性值，再由属性值与颜色之间的对应关系得到各格网点的颜色值，最终形成纹理图像。

4) 确定多边形顶点的纹理坐标

纹理空间一般定义在单位正方形域，因此多边形 H 的纹理坐标只需要将多边形 H' 的顶点坐标进行规则化处理即可。设多边形 H' 的包围盒范围是 $\{x_{\min} \leqslant x' \leqslant x_{\max}; y_{\min} \leqslant y' \leqslant y_{\max}\}$，与 H 的顶点(x, y, z)对应的 H' 的顶点是(x', y')，则 H 的任一顶点对应的纹理坐标为

$$\begin{cases} t_x = (x' - x_{\min}) / (x_{\max} - x_{\min}) \\ t_y = (y' - y_{\min}) / (y_{\max} - y_{\min}) \end{cases} \quad (12.6)$$

5) 显示剖面

利用三维绘制引擎的纹理映射方法显示剖面。

2. 基于空间分层的表面绘制

基于空间分层的表面绘制的主要流程如下：首先利用自适应分层算法对三维数据场进行自适应分层，得到基本的空间层次结构；然后对需要绘制的某一层的格网数据进行等值线追踪，生成二维等值曲线图；最后利用分层设色的原理对二维等值线图进行分层渲染，获得 2.5 维的等值曲面图。下面分别对流程涉及的方法进行介绍。

1) 数据场分层表示的数学模型

根据建立数据场的方式不同，空间环境要素的属性可以是连续型的(数值模式直接计算得到)，也可以是离散型的(离散数据内插得到)。建立数据场分层表示的数学模型也需要相应地分成两类进行讨论，然后给出统一的数学模型。

(1) 连续型变量的指标模型。

连续型变量可以表示为 $\{Z(x)|x\in R\}$，其中 R 是研究区域，对于 $\forall x\in R$，$Z(x)$ 相对于一个连续型随机变量，其空间变异性可以用空间变异函数来度量。给定若干截断值 $Z_1<Z_2<\cdots<Z_m$，那么对于 $Z_i\in R(1\leqslant i\leqslant m)$，定义一个指标变量，即

$$I(x,Z_i)=\begin{cases}1, & Z(x)\leqslant Z_i\\ 0, & Z(x)>Z_i\end{cases} \tag{12.7}$$

这样 $I(x,Z_i|1\leqslant i\leqslant m)$ 就是定义在 R 上的 m 个指标函数。对于 $\forall x\in R$，则经验分布函数 $F(Z)$ 可由 $F(Z_i)=P[Z(x)\leqslant Z_i](1\leqslant i\leqslant m)$ 来确定，而

$$P[Z(x)\leqslant Z_i]=E[I(x,Z_i)] \tag{12.8}$$

即 $F(Z_i)$ 可由指标变量的数学期望 $E[I(x,Z_i)]$ 表示。

(2) 离散型变量的指标模型。

离散型随机变量可以表示为 $\{L(x)|x\in R\}$，其中 $L(x)$ 的值域为 $\{l_1,l_2,\cdots,l_n\}$。相应地，可以定义 m 个指标变量为

$$I_i(x)=\begin{cases}1, & L(x)=l_i\\ 0, & L(x)\neq l_i\end{cases} \tag{12.9}$$

此时，一个指标变量 $I_i(x)$ 对应于范畴 l_i 的刻画。定义在 R 上的 m 个随机函数 $\{I_i(x)|i=1,2,\cdots,m\}$，将 m 个随机函数看作对离散随机函数的处理，则有

$$P[L(x)=l_i]=P[l_i(x)=l]=E[l_i(x)] \tag{12.10}$$

经指标化处理后，三维数据场可由式(12.11)统一表达，即

$$F_m(x,y,z,p)=F(N_x,N_y,N_z,d_x,d_y,x_0,y_0,z_i,p_i),\quad 1\leqslant i\leqslant N_x\times N_y\times N_z \tag{12.11}$$

式中，N_x、N_y、N_z 为沿三轴方向的格元数；d_x、d_y 为 X、Y 轴方向的等间隔格元间距；Z 轴方向上的格元间距不等，由 z_i 直接表示；p 为属性值。

数据按照 Z 轴形成 N_z 个层面，坐标 (x_u,y_u,z_u) 及属性 p_u 构成一维矢量 $U(x_u,y_u,z_u,p_u)$，则空间格元序号 (i,j,k) 与 $U(x_u,y_u,z_u,p_u)$ 可以表示为

$$\begin{cases}x_u=x_0+d_x\times i\\ y_u=y_0+d_y\times j\\ z_u=z_{i,j,k}\\ p_u=p_{i,j,k}\end{cases} \tag{12.12}$$

式(12.11)中，N_z、z_i 的确定就是下一步自适应分层算法所要解决的目标。以上是对 Z 轴方向分层的描述，同理可以扩展到 X 轴、Y 轴方向的分层描述。

2) 数据场的自适应分层算法

对数据场的分层，理论上层数越多越好，这样可以充分展现数据场的细节特

征,但是考虑可视化绘制速度和空间环境要素自身的分层物理特性,实际上层数太多意义不大。可以充分考虑层与层之间的物理连续关联过渡特性,将变化不明显的分层区域合并,而在变化明显的区域细分,形成数据场的一种优化自适应分层。该算法的基本过程如下。

(1) 找出数据场中的最大值 P''_{max} 和最小值 P''_{min}。

(2) 确定层数 N。按照显示粒度的要求给定层数 N,建议 N 取 6~256 的整数值。

(3) 均分数据场。设数据集中共有 n 个数据,这 n 个数据构成数据集 P,以 $(P''_{max} - P''_{min})/N$ 作为间隔将数据场进行均分,得到 N 个数据子集 $R_i\{R_i, i \in (1, N)\}$,R_i 满足 $P = \bigcup_{i=1}^{N} R_i$ 关系,也就是说,R_i 的并集集合为 P。

(4) 统计各层的数据个数。统计各相邻间隔点之间即某个值域内数据值的个数 $M_i\{M_i, i \in (1, N)\}$,$\sum_{i=1}^{N} M_i = n$。

(5) 计算数值出现的频率 f_i。根据 $f_i = M_i/n = l/N$(其中 l 为整数数值,取值为 1~N),计算得到各层中数值出现的频率 f_i。

(6) 对数据层进行合并或拆分处理。当某层 $0.5/N \leqslant f_i < 1.5/N$ 时,该层不进行处理,单独作为一层;当某层 $f_i < 0.5/N$ 时,将值域上限加上 $0.5 \times m \times (P''_{max} - P''_{min})/N$,其中 m 为循环次数。重新循环统计使得 f_i 满足 $0.5/N \leqslant f_i < 1.5/N$ 时,层合并终止;当某层 $f_i = l/N \geqslant 1.5/N$ 时,将值域上限减去 $0.5 \times m \times (P''_{max} - P''_{min})/N$,其中 m 为循环次数。重新循环统计使得 f_i 满足 $0.5/N \leqslant f_i < 1.5/N$。

(7) 重新确定各个数据层的值域,并存储经过预处理的空间环境要素的三维数据场。

3) 基于格网的等值线追踪算法

构建等值线的过程就是将应用数据映射为几何数据的过程。按照自适应分层的结果对应用数据进行等值线追踪,得到相应层数的等值线数据。

在规则格网中构造空间等值线的基本过程如下。

(1) 找出某条等值线的起点,按照设计的判断和识别条件追踪该条等值线的全部等值点。

(2) 计算各条等值线与格网边交点的坐标值。

(3) 连接各等值点,绘制光滑曲线。

等值线追踪算法较为成熟,在此不再赘述。

4) 等值线图的分层设色算法

得到等值线图后,如何将其以 2.5 维的方式显示,可以借鉴地图渲染中的分层设色原理,在属性值与颜色之间建立一一映射关系,通过颜色值的变化清晰地表达属性值的变化。应该注意的是，这里是对分层后的某一层进行操作。下面要提及的"层"是在某一层等值线中为了分层渲染而根据等值线的属性值划分的，与空间分层中的"层"不是一个概念。

设可用的颜色有 N 种，属性值差为 ΔH，则可将属性值分成 N 层，每层的属性值差为 $h=\Delta H/N$，色彩分层的层数最好与基本等值线的条数呈整数倍的关系，即一个等值距分成几层或几个等值距合成一层，以便于在某一属性值设色，并且分层的层数也反映了属性变化的敏感程度。分层设色对应关系如表 12.2 所示。

表 12.2 分层设色对应关系

属性值	颜色索引	属性域	颜色索引
L_1	I_1	—	—
L_2	I_2	$[L_1, L_2]$	$J_1 \in [L_1, L_2]$
L_3	I_3	$[L_2, L_3]$	$J_2 \in [L_2, L_3]$
⋮	⋮	⋮	⋮
L_N	I_N	$[L_{N-1}, L_N]$	$J_{N-1} \in [L_{N-1}, L_N]$

对于颜色模型的选用，可以有 RGB 模型和 CMYK 模型，常用的是 RGB 模型。当使用 RGB 模型时，一般将 r、g、b 的值都归一化到 0~1，以便于更好地控制颜色分量的值。设 r_w、g_w、b_w 为颜色分量值，r_0、g_0、b_0 为归一化后对应的颜色分量值，则

$$r_0 = r_w/255, \quad g_0 = g_w/255, \quad b_0 = b_w/255$$

对于一个层指定最高点和最低点的颜色，其他属性值的颜色值采用线性插值方法求得。设最低点对应颜色的红、绿、蓝分量分别为 r_1、g_1、b_1，对应的属性值为 $z_{\min}$；最高点对应颜色的红、绿、蓝分量分别为 r_2、g_2、b_2，对应的属性值为 $z_{\max}$，则任意属性值 z 对应的颜色分量为

$$\begin{cases} r = r_1+(r_2-r_1)\times(z-z_{\min})/(z_{\max}-z_{\min}) \\ g = g_1+(g_2-g_1)\times(z-z_{\min})/(z_{\max}-z_{\min}) \\ b = b_1+(b_2-b_1)\times(z-z_{\min})/(z_{\max}-z_{\min}) \end{cases} \quad (12.13)$$

12.3.4 地球磁场及磁层的 MHD 可视化

考虑地球外层空间的磁场受太阳风的压缩形成的磁层，可利用全球磁流体动力学(magnetohydrodynamics，MHD)模型对整个地球空间的磁场(包括磁层)进行可视化。尽管 MHD 有一定的局限性，但它仍然是唯一可用于全球磁层模拟，并对较大尺度磁层物理过程有较好再现的方法。

磁场是在一定空间区域内连续分布的矢量场。三维矢量场的可视化有两种方

法：一是采用标量显示技术显示矢量每个分量的分布；二是对矢量的大小和方向同时进行显示。矢量场的几何表示一般有点、线和面三种方法。对地球磁场的可视化主要采用点表示法和线表示法，即直接对磁感应强度和磁力线进行可视化。

1. 磁感应强度的可视化

地球磁场不是均匀磁场，是随空间位置不断变化的，无法用一个固定的磁感应强度进行描述，因此需通过对空间采样点的磁感应强度的表达来描述。磁感应强度是一个矢量，具有方向和大小等属性。根据这一特点，可以采用箭头进行描述，即对三维空间的任意一点，以采样点为起点，以磁感应强度的方向为箭头绘制方向，磁感应强度的模作为箭头长度。

然而，三维空间的可视化多数情况是使用透视投影的。透视投影具有消失感、距离感、相同大小的形体呈现出有规律的变化等一系列的透视特性，能逼真地反映形体的空间形象。透视投影符合人们的心理习惯，即离视点近的物体大，离视点远的物体小，远到极点的物体消失，成为灭点。这对磁感应强度的表达造成了模糊，例如具有相同磁感应强度的两点，由于与视点的距离不同，近处的箭头会比远处的箭头长；表达远处较大磁感应强度的箭头会比近处表达较小磁感应强度的箭头短，这就无法正确地表达磁感应强度。为了消除该视觉误差，可增加一维信息，即用箭头的颜色来表达大小。用颜色来表达大小就要使用伪彩色变换，即将磁感应强度的大小映射为特定的颜色，参照颜色映射表可以直观地反映出磁感应强度大小的变化。该方法比较适合于对空间单独点、曲线，以及曲面上的磁场进行描述。图 12.3 给出的是空间某飞行轨迹上各点处的磁感应强度表示效果。

图 12.3　磁感应强度表示效果(李大林，2008)

2. 磁力线的可视化

磁力线是指与磁感应强度相切的线。磁感应强度的方向与磁力线方向一致，其大小与磁力线的密度成正比。由于地球磁场可以认为是偶极子场经过挤压后形成的磁场，形状不规则，所以磁力线需要逐根进行拟合计算。对拟合计算得到的磁力线，主要有以下三种可视化方法(李大林，2008；王鹏等，2012)。

1) 直接磁力线法

直接磁力线法用实线、半透明虚线表示磁力线。不同磁壳参数 L(简称 L 值)对应的磁力线用不同颜色进行区分(图 12.4)。其可以表现出磁场的宏观变化情况，数据量小，绘制速度快，并且画面简单，可以突出其他可视化元素，但信息量小导致展现不够细致，缺乏细节信息，无法详细展现磁场的分布变化情况，并且过于抽象。

图 12.4 虚线表示磁力线(李大林，2008)

2) 磁壳法 I

磁壳法 I 将 L 值相同的磁力线用连续三角面片连接成半透明曲面来表现磁壳。其相当于在同纬度邻近磁力线之间进行插值，所以每磁纬上计算的磁力线条数越多，所绘制出的磁壳越平滑。同时，为了增强层次感，磁壳之间用颜色进行区分(图 12.5)。其表现细节比直接磁力线法丰富，能更加直观、形象地表现出不同磁壳间的变化情况。在采样点与直接磁力线法相同的情况下，表现效果有一定的提高，但是无法表现磁力线穿越磁层顶的情况，并且在采样数据点较少时画面粗糙，不能真实地反映磁壳的几何形状。

3) 磁壳法 II

磁壳法 II 用半透明非均匀有理 B 样条(non-uniform rational B-splines，NURBS)曲面表示不同 L 值对应的磁壳。磁壳之间用颜色进行区分。在该方法中，根据

NURBS 曲面绘制的需求，对各磁力线先进行插值计算，使 L 值相同的磁力线上的取值点相同。该方法表现的磁壳比用三角面片方法平滑，接近实际的几何形状；画面细腻，受采样数据缺乏的影响小，但也无法表现磁力线穿越磁层顶的情况；插值计算带来的系统开销较大，刷新率也较前两种方式低。

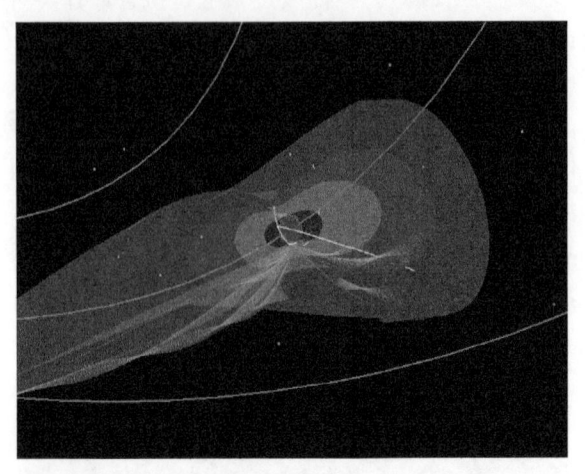

图 12.5　三角面片表示磁壳(李大林，2008)

12.3.5　地球辐射带的可视化

1. 地球辐射带积分通量的可视化

地球辐射带的可视化，主要是对辐射带中给出的不同能量的质子、电子在空间的全向积分通量的分布情况进行可视化表示。其表达方式主要有以下四种(李大林，2008；王鹏等，2012)。

1) 最外层面法

最外层面法将截面和最外层上点的质子、电子通量用颜色表示，每个值对应一种颜色，通过颜色的变化表现通量大小的变化(图 12.6(a))。该方法画面简洁明了，能够明显表现出随着海拔高度的增加电子通量的变化情况，反映辐射带的位置及大致几何形状，但是信息量小，只有几个曲面，无法反映随经度变化电子通量的变化情况。

2) 全空间截面法

全空间截面法绘制所有截面，即表达所有空间采样点数据(图 12.6(b))。该方法可以反映出随经度变化电子通量的变化情况。虽然数据量大，但可视化效果明显不如最外层面法，并且系统开销陡增。

3) 动态截面扫描法

动态截面扫描法沿经度、纬度或者高度等不同方式对辐射带进行截取，每次只绘制一个面的数据,随时间变化,动态地变换不同的截面,从而让用户了解全局的情况(图 12.6(c))。该方法可以解决全空间截面法系统开销大的问题,同时也能很好地展现全局的信息,并且在不同维度的插值丰富了模型数据,充分利用了有限的数据。通过变换不同的截取方式,为用户提供多维度的观察方式,再配以动态的截面变化,在选择的维度下高能电子通量的变化情况一目了然。

4) 随视点自动截面法

随视点自动截面法与动态截面扫描法相似,不同之处在于被展现的截面不是自动随时间变化的,而是与视点相关,符合人们观察习惯的截面(图 12.6(d))。例如,当沿经度截取截面时,选择与视点垂直的截面。当沿高度截取截面时,视点拉近(等效于放大)地球,则选择海拔较低的截面;视点拉远(等效于缩小)地球,则选择海拔较高的截面。该方法在继承了动态截面扫描法优点的同时,更适于有人工交互的工作方式,让用户可以根据关注区域的不同,控制所展现的截面。

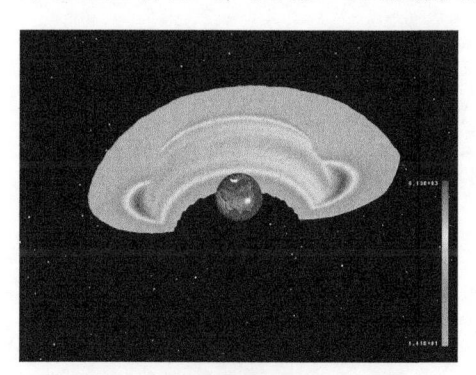

(a) 最外层面法

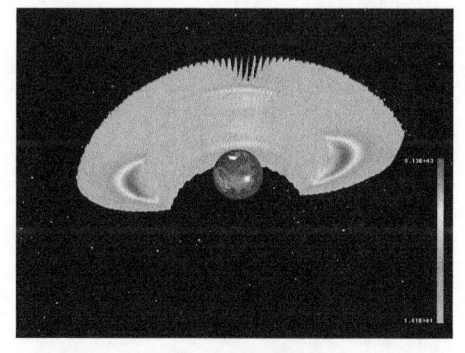

(b) 全空间截面法

(c) 动态截面扫描法

(d) 随视点自动截面法

图 12.6 高度在 18000~37000km 的电子通量分布图(李大林,2008)

2. 结合布告板技术的纹理映射

辐射带在空间分布上的几何结构复杂,其数值模式计算速度有限,为了能在仿真中达到实时绘制的效果，必须牺牲一定的数据精度而采用一些特殊方式来处理，如数值模型简化、数据采样间隔增大、纹理映射等。这样既能保证绘制图像的实时性，增强视觉效果，又能根据用户的交互实时计算空间某一点的属性值，达到真实性。其中，数值模型简化、数据采样间隔增大等对数字的处理方法会降低场景的绘制质量，而纹理映射是兼顾绘制速度与绘制质量的一种有效途径。

在纹理映射中，二维图像是映射的源，三维物体是映射的目标。在对剖面进行纹理映射时，为了使剖面在三维空间的任何角度都能被看到，可采用结合布告板技术的纹理映射方法实现剖面纹理映射。该方法首先利用基于空间剖面的面绘制方法，预先生成某一垂直剖面的多幅纹理图像，然后利用纹理映射方法将纹理图像映像于一个垂直的平面上，并利用布告板技术使该平面在任何角度均能被看到；最后根据对象的空间坐标，将对象置入整个三维场景中，构造出具有高度真实感的景观，利用同一位置多幅纹理图像的重复映射来反映该对象的时间特性，形成动画效果。

第 13 章　网络空间建模

随着以计算机技术、微电子技术和通信技术为核心的信息技术的飞速发展，全球形成了一个相互依赖的巨型网络世界。金融、商贸、交通、通信、军事等各领域无一不与网络紧密相连，国家的整个民用和军用基础设施都越来越依赖网络。同时，互联网技术的发展使人类的信息传播和交流从地理空间的束缚中得到解放，人类的活动空间从地理空间延伸到网络空间。在军事上，网络空间已成为类似于陆、海、空、天真实存在的一个全新作战领域，是现代战争中制信息权与制网络权争夺的重要空间。开展网络空间的建模与仿真，对于作战指挥人员认识和了解战场网络态势具有重要意义。

13.1　网络空间建模分析

网络空间(Cyberspace)是一种人工世界，是一种文化、知识和精神交往的虚拟空间。随着科技水平的发展，网络空间已成为继陆、海、空、天后的第五维空间，并逐步成为人类生产活动的第二类生存空间。同时，网络空间的安全问题日趋严重。近年来，各类大大小小的网络安全事故层出不穷，大到国家级的网络安全事件，小到我们身边发生的个人隐私泄露。为此，关注和研究网络空间环境是网络空间建模必须开展的一项工作。

13.1.1　网络空间的概念

网络空间的英文为 Cyberspace。Cyberspace 一词来源于加拿大作家 William Gibson 出版的科幻小说《Neuromancer》(神经漫游者)，意为由计算机创建的虚拟信息空间。故事描写了反叛者兼网络独行侠凯斯受雇于某跨国公司，被派往全球计算机网络构成的空间中，执行一项极具冒险性的任务。进入这个巨大的空间，凯斯并不需要乘坐飞船或火箭，只需在大脑神经中植入插座，然后接通电极，计算机网络便被他感知。在网络与人的思想意识合二为一后，即可遨游其中。在这个广袤空间中，既看不到高山荒野，也看不到城镇乡村，只有庞大的三维信息库和各种信息在高速流动。William Gibson 把这个空间取名为 Cyberspace。

Cyberspace 在我国的译名较多，如网络空间、信息空间、网电空间、电脑空间、异次元空间、数字世界等，甚至还有音译为赛博空间，现在大家用得较多的是网络空间。随着信息技术的快速发展和互联网的广泛应用，Cyberspace 的概念也在不断丰富和演化(邓志宏等，2013；邱洪云等，2013；周光霞等，2015)。

2003 年，美国首次发布《保护 Cyberspace 国家战略》(Luker，2003)，指出 Cyberspace 是由成千上万互联的计算机、服务器、路由器、转换器、光纤组成的，使美国的关键基础设施能够工作的网络。

2006 年，在美军参联会出台的《Cyberspace 国家军事战略》(Staff，2006)中，Cyberspace 被定义为一个作战域，其特征是通过互联的、因特网上的信息系统和相关的基础设施，应用电子技术和电磁频谱产生、存储、修改、交换和利用数据。

2008 年，美国国家安全第 54 号总统令对 Cyberspace 进行了定义，认为 Cyberspace 是信息环境中的一个整体域(全球范围的域)，它由独立且互相依存的信息基础设施和网络组成，包括互联网、电信网、计算机系统、嵌入式处理器和控制器系统(Kask，2011)。同时，还对网络空间作战进行了定义，即在网络空间或通过网络空间运用网络能力来达到作战目的的行动，包括网络侦察、网络攻击和网络防御等。

在美军《国防部军事术语词典》(Gortney，2016)中，将 Cyberspace 定义为信息环境中的一个整体域，由相互依赖的信息技术基础设施网络及其承载的数据组成，包括互联网、电信网、计算机系统，以及嵌入式处理器和控制器。

在百科全书中，Cyberspace 被定义为可以通过电子技术和电磁能量调制来访问与开发利用的电磁域空间，并借助此空间实现更广泛的通信与控制能力。

我国的网络空间安全专家方滨兴(2018)认为，网络空间可被定义为构建在信息通信技术基础设施之上的人造空间，用以支撑人们在该空间中开展各类与信息通信技术相关的活动。其中，信息通信技术的基础设施包括互联网、各种通信系统与电信网、各种传播系统与广电网、各种计算机系统、各类关键工业设施中的嵌入式处理器和控制器。信息通信技术活动包括人们对信息的创造、保存、改变、传输、使用、展示等操作过程，以及其所带来的对政治、经济、文化、社会、军事等方面的影响。载体和信息在技术层面反映出"Cyber"的属性，而用户和操作则在社会层面反映出"Space"的属性，从而形成网络空间——Cyberspace。

在 2011 年版的《中国人民解放军军语》(全军军事术语管理委员会等，2011)中，将网络空间和电磁空间合称为网络电磁空间(简称网电空间)，并认为网电空间是一个融合于物理域、信息域、认知域和社会域，以互联互通的信息技术基础设施网络为平台，通过无线电、有线电信道传递信号与信息，控制实体行为的信息活动空间。

从上述对网络空间定义的发展历程可以看出，虽然对网络空间的概念和内涵认识上有较大差异，定义表述方式上也各不相同，但剖析其内涵可以发现，这些定义都强调网络空间具有以下特征(郭莉等，2018)。

(1) 强调网络空间的物质属性，即网络空间依存于硬件、软件等物质基础。

(2) 强调网络空间的社会属性，网络空间是人基于互联网技术与社交行为结合产生的空间感,并将网络空间看作关于人在交流和再现的空间中对社会的感知。有学者认为，社会性的交互活动比技术内容更能体现网络空间的本质内涵。

(3) 强调网络空间中的操作和活动。网络空间是创造、储存、调整、交换、共享、提取、使用和消除信息与分散的物质资源的全球动态领域。

从上述定义可以看出，网络空间既具有物质属性(软硬件等基础设施)，又具有社会属性(人的交互行为及其操作)。

13.1.2 网络空间的组成要素

不管网络空间如何定义和理解，其基本组成都是一致的。一般来说，网络空间的组成要素可分为 4 种类型(方滨兴，2018)：载体、资源、主体和操作。其中，网络空间载体是网络空间的软硬件设施(基础设施)，是提供信息通信的系统层面的集合，包括互联网、通信系统与电信网、传播系统与广电网、传感器网、计算机软硬件系统、控制系统、信息服务系统等。它是网络空间存在的基础，只有通过各种载体才能把其他三个方面的要素串联起来，共同构成网络空间；网络空间资源是在网络空间中流转的数据内容，包括人类用户及机器用户能够理解、识别和处理的信号状态，是用户间进行信息交互的内容；网络空间主体是用户，包括传统网络中的人类用户以及物联网中的机器和设备用户，是物质和精神的统一体，是网络空间的关键要素，只有通过用户才能将网络空间中的虚实空间结合起来；网络空间的操作是对网络空间资源的创造、存储、改变、使用、传输、展示等信息活动，是网络空间运转必不可少的重要因素，通过用户的操作才能使现实世界的网络空间载体与虚拟世界的信息流联系起来。

13.1.3 网络空间的分层

对网络空间的分层，不同学者有不同的认识(郭莉等，2018；陈宗章，2019；罗向阳等，2020)。

有学者把网络空间划分为物理层、逻辑层和社会层(用户层)三层。物理层指网络空间的硬件(物理)设施，是组成网络空间的基础，是一种客观实体。其与地理空间紧密相连，空间位置及属性信息可被直接观察，易于感知。逻辑层则是一个逻辑网络，是由逻辑拓扑、业务流动和用户操作等构成的复杂网络。逻辑拓扑是指网络节点(物理实体)之间的逻辑连接。节点是连接到计算机网络的任何设备，可以是计算机、平板电脑、手机或其他网络设备。在基于互联网协议(internet protocol，IP)的网络中，节点往往表现为一个 IP 地址。业务流动是指由用户(实体用户或虚拟用户)操作而在网络空间中形成的各种信息流。逻辑网络往往无法直接观察,必须借助于工具进行感知;社会层由各类角色组成,包括人物角色和网络角色。人物角色对应现实世界的自然人,其在网络空间中往往有多种身份或网络角色(电子邮件、电话号码、微信号、QQ 号、其他社交及游戏账号等)。一个网络角色可以被多个人物角色使用。各类人物角色在网络空间进行信息交流时,往往需要整合自己的知识来引导其在真实世界的各种行为。

也有学者把网络空间划分为物理层、协议层、逻辑/代码层、内容层和关系层五个层次。物理层指向构成计算机的硬件设备;协议层强调不同版本的通信协议在很大程度上构成网络空间权力和权威的来源,提供用户在网络空间中的关键性身份识别标志;逻辑/代码层指的是计算机运行的软件,构成并限定了用户使用网络的方式和限度;内容层主要指向互联网用户所创造的各种内容;关系层则突出强调网络空间传递的内容中所嵌入的制造、交换、传播和共享网络内容的用户之间的社会关系。

13.1.4　网络空间的建模内容

当前,人们对网络空间还没有形成统一的认识,对其概念和内涵的理解也各不相同。但采用建模与仿真的方法对其开展研究,已成为大家的共识,并形成多种建模与仿真的方法和研究框架。例如,针对网络空间作战建模与仿真的方法,其主要包括基于博弈论的建模方法、基于 Agent(智能体)/MAS(multi-agent system, 多智能体系统)的建模方法、基于复杂网络的建模方法,以及 EBI(entity-behavior interaction, 实体-行为-交互)、EBNI(entity-behavior-network, interaction, 实体-行为-网络交互)建模方法等(张阳等,2017),这些方法各有特点,适合于不同层次、不同网络空间要素的建模。本节试图从顶层对网络空间的建模内容和建模方法进行抽象,即将网络空间的建模内容归结为实体、行为和态势三个方面,并围绕这三个方面分别介绍其建模内容及建模思路。

(1) 网络空间实体主要包括各种电子设备、计算机系统、信息网络,以及相关的基础设施等载体,人类用户及物联网中的机器和设备用户,以及在网络空间中流转的各类信息。基于虚实特性,又可把这些网络空间实体区分为物理实体和虚拟实体两大类。围绕网络空间实体,需描述实体所具有的各项物理属性或信息属性,以及实体之间的各种关系。

(2) 网络空间行为是指各类网络空间实体在自身具有的能力基础上,在一定时空条件下的动态变化过程。其涉及物质、信息、能量等各种形式的交换,涉及多种不同类型实体的多种不同行为,如物理实体的机动、毁伤等物理行为,基于网络的信息传输、处理、对抗等信息行为,感知、识别、判断和决策等认知行为。

(3) 网络空间态势是指由网络空间中所有电子设备和电子系统的运行状况、设备行为以及用户行为等因素构成的整体安全状态和未来变化发展趋势。一般需通过多传感器多手段协同侦察的方式，对能够引起网络空间态势发生变化的所有环境要素进行获取、理解和评估，并预测其发展趋势。

13.2 实 体 建 模

13.2.1 实体建模分析

网络空间是由各种电子设备、计算机系统、信息网络，以及相关基础设施组成并产生的虚实结合的空间。它除了包括基础设施本身的物理特性，还包括虚拟空间中信息及信息系统衍生出的虚拟特性。因此，从认知视角来看，网络空间的实体可以分为物理层和虚拟层两层。

在物理层，对应的网络空间实体为物理实体，主要是指存在于自然物理空间的各种网络基础设施，在作战领域还可以是网络空间作战相关实体，如信息化程度较高的武器装备平台(如飞机、坦克、舰船等)、网络空间作战单位等。这类实体的主要特点是具有真实的物理存在，如网络空间作战单位有实际编制、人员、部署位置等属性信息。

在虚拟层，对应的网络空间实体为虚拟实体。虚拟实体又可以分为两大类，即具有语义的各种信息(信息实体)和具有功能的各类信息系统(如以软件形式存在的网络病毒、安全防护程序等网络战系统或武器)。虚拟实体需要描述信息、信息系统内涵及其衍生出的各种虚拟特性。其虚拟特性包括本身固有的属性，如信息实体携带的信息量、信息内容等属性，需要对此类虚拟的特性进行量化描述；其衍生虚拟特性包括信息在传输过程中的完整性、可用性、私密性等。

另外，物理实体之间、虚拟实体之间，以及物理实体与虚拟实体之间，可能或多或少地存在一定的关联关系，需通过一定的手段加以描述。

基于以上分析，可以定义网络空间实体结构与状态模型为 E_Model，用巴科斯范式(Backus-Naur form，BNF)表示为

<E_Model>::=<P_Model><V_Model><R_Model>

式中，E_Model 为网络空间实体，用来描述网络空间实体的结构与状态，可按物理实体模型(P_Model)、虚拟实体模型(V_Model)分类组织；R_Model 为描述实体间关系的关系模型，用于描述网络空间物理实体和虚拟实体各自内部与两类实体之间的关联关系。

13.2.2 物理实体建模

网络空间物理实体是指存在于陆、海、空、天等物理空间,有实在物理位置且以物质形态存在的实体。在网络空间作战领域,更多关注的是网络空间内部或通过网络空间彼此间产生网络利用、攻击、防御等行动交互的实体,如网络空间作战单位、网络空间作战支撑平台(如电子战飞机、预警飞机、电子侦察船等)。下面以这两类实体为例介绍建模方法。

1. 基于能力的网络空间作战单位建模

传统领域作战部队建模一般采用聚合体建模方式,如粒度为营级单位的陆军部队模型,主要描述人员、装备、物资等有形资产,以及机动、火力、防御等物理域属性。

对网络空间作战单位进行建模,除了继承传统领域作战部队模型特征,重点应当体现在网络空间作战单位的信息作战能力(如网络利用、攻击、防御等)的描述上。也就是说,网络空间作战单位模型既要描述传统领域作战部队的人员、装备、物资等有形资产,以及机动、火力、防御等物理域属性,更应重点描述网络空间作战单位的信息作战能力(司光亚等,2019)。例如,某类网络空间作战单位用模型 CyberUnit 进行 BNF 描述为

  <CyberUnit>::=<Unit><Net_Atb><Cap_Atb>
   <Net_Atb>::=<DefenseDeg><ConnectedState><AttackedState>…
   <Cap_Atb>::=<CheckCap><RepairCap>…

式中,Unit 为传统领域作战部队模型,包括各类物理属性(人员、装备、物资,机动、火力、防御等);Net_Atb 为网络基本属性模型,可描述作为网络目标所具有的攻防状态属性,如防御等级(DefenseDeg)、被接入状态(ConnectedState)、被攻击状态(AttackedState)、被接入可见、被攻击可见等;Cap_Atb 为网络攻防能力属性模型,主要有检测能力(CheckCap)、修复能力(RepairCap)、接入能力、窃密能力、阻塞能力、扰乱能力和控制能力等。

2. 组件化的网络空间作战支撑平台建模

原本属于物理空间的武器装备作战平台,如电子战飞机、预警飞机、电子侦察船等,因搭载了网络空间作战系统或设备,在建模时可将其归为网络空间作战支撑平台。这些网络空间作战支撑平台可在物理空间建立较为完备的模型,但仍需在已有模型的基础上加以扩展,以便描述对网络空间作战的支撑能力。其建模方法是将网络空间作战支撑平台所搭载的网络空间作战相关的信息化设备作为实体组件进行描述,并为组件添加信息作战属性(司光亚等,2019)。

按在网络空间作战中的具体支撑功能，其对应的实体模型 P_Model 主要有指挥控制平台(C2Platform)、核心通信平台(CommunicationPlatform)、情报分发平台(InforDistributePlatform)和作战单元搭载平台(WeaponCarryingPlatform)等。举例描述如下，即

<P_Model>::=<C2Platform>|<CommunicationPlatform>|<InforDistributePlatform>|
　　　　<WeaponCarryingPlatform>…
<C2Platform>::=<Name><Position><ComInforType><UpNode><WifiFrequency>
　　　　<C3iDevHealth><AntiJamLev><AntiEMPLev><Status>…
<CommunicationPlatform>::=<Name><Position><ComFrequency><AntiJamLev>
　　　　<MaxRouteNum><AntiEMPLev><Status>…
<InforDistributePlatform>::=<Name><Position><ComFrequency><InfoDisTag>
　　　　<AntiEMPLev><Function><Status>…
<WeaponCarryingPlatform>::=<Name><Position><Function><UpNode>
　　　　<C3iDevHealth><ComFrequency><AntiEMPLev>
　　　　<Status>…

例中，指挥控制平台的建模描述具有层次特性，重点反映不同指挥控制节点的指挥关系，其主要描述指挥控制命令类型(ComInforType)、上级指挥控制节点(UpNode)、信息系统完好程度(C3iDevHealth)、抗电磁脉冲等级(AntiEMPLev)等属性；核心通信平台主要描述通信频率(ComFrequency)、抗电磁脉冲等级(AntiEMPLev)等属性；情报分发平台是提供战场数据存储和数据查询的服务节点，主要描述通信频率(ComFrequency)、信息接收节点列表(InfoDisTag)和抗电磁脉冲等级(AntiEMPLev)等属性；作战单元搭载平台是战场中能够执行网络空间攻防行动的信息化作战单元，主要刻画其能够执行的功能(Function)、上级指挥控制节点(UpNode)、信息系统完好程度(C3iDevHealth)和抗电磁脉冲等级(AntiEMPLev)等属性。为了描述节点状态，每个节点可定义节点状态(Status)属性。此外，网络空间作战支撑平台还应具有节点名称(Name)、地理位置(Position)等自然物理空间的其他属性。

13.2.3 虚拟实体建模

网络空间虚拟实体是相对于现实世界实际存在的物理实体而言的，主要分为两类：一类是信息实体(以数据包形式存在的各种网络信息)；另一类是软件实体(以软件形式存在的信息系统、网络病毒、安全防护程序等网络战系统、武器、攻击/防护目标)。此外，还包括为描述网络空间自身运作和对抗过程而从认知层面抽象描述的逻辑实体，如网络身份(又称虚拟主体)、逻辑链路(又称虚拟信道)。下面以信息实体、软件实体为例介绍其建模方法。

1. 信息实体建模

在传统武器装备体系建模与仿真的研究范畴中，信息的作用是通过其传递的信息语义体现的。它是作为武器装备之间传递的各类消息的载体而出现的，通过接口关系的约束和信息格式的定义，武器装备之间通过信息的交互并翻译信息内含的语义来维持交互关系。

在网络空间对抗中，信息作为信息内容的载体也成为受攻击的对象，其携带语义的数量、完整性等参数都成为衡量对抗效果的指标。因此，在网络空间建模中，需要对信息及其内含的语义进行抽象建模，以支撑网络空间对抗效果、毁伤效果的描述(谷雨等，2016)。

信息语义是信息所含内容的最小单元。信息包含的信息语义的集合可表示为 IS={IS_1, IS_2, ···, IS_n}，其中 n 表示信息包含的语义数量。

信息整体特性是指信息具有的可用性、完整性和私密性。可用性(Availability)表征信息本身是否可被使用的状态；完整性(Integrity)表征信息当前包含的语义数量与本身包含的语义数量的比例度量；私密性(Confidentiality)表征信息已被获知的语义与信息本身包含的语义数量的比例度量。

信息实体是网络空间中的一种虚拟实体，是一组信息语义的载体，具有可用性、完整性和私密性等整体特性。信息实体模型 I_Entity 可用 BNF 描述为

  <I_Entity>::=<Semantic><Attribute><Availability><Integrity><Confidentiality>···

以常见的网络消息为例，可定义其信息实体模型 P_Message 为

  <P_Message>::=<ID><Type><Semantic><Sender><Receiver><SendTime>
      <LifeTime><Availability><Integrity><Confidentiality>···

式中，ID 表示消息的标识符，每个消息都有唯一的标识符；Type 表示消息的类型，如指挥控制类消息、情报类消息、报告类消息等；Semantic 表示消息体，是具体需要传递的消息；Sender 和 Receiver 表示消息的发送方和接收方；SendTime 和 LifeTime 表示消息的发送时间和存续时间；Availability、Integrity 和 Confidentiality 表示消息的可用性、完整性和私密性。

2. 软件实体建模(以网络蠕虫病毒建模为例)

网络蠕虫病毒是一种能够利用系统漏洞通过网络进行自我传播的恶意程序。具有高度的自动化和智能性，可以实现对目标网络的降级、瘫痪、破坏，甚至可以进行窃密，特殊情况下也可用于网络防御，已成为最常见的网络战武器。

1) 恶意蠕虫模型

在网络空间作战中，恶意蠕虫(malicious worm)是网络空间作战攻击方为窃密、降低、破坏、瘫痪对方网络节点、部分或整体网络而使用的蠕虫病毒。一般来讲，一种恶意蠕虫只能攻击特定操作系统、特定端口或具有特定漏洞的主机。

在具体建模时，可将恶意蠕虫模型用 BNF 表示为(司光亚等，2019)

<MaliciousWorm>::=<WormType><InfectedOS><ScanPort><TTL><WormData>
<AttackAbility><GroupQuantity>…

式中，InfectedOS 表示恶意蠕虫能够感染的操作系统类型；ScanPort 表示恶意蠕虫所扫描机器的端口号，只有当所扫描机器开放相应端口时，蠕虫病毒才能对其进行感染；TTL 表示蠕虫数据包在网络中生存的时间，用于描述蠕虫传播的能力属性；WormData 表示蠕虫病毒的具体信息；AttackAbility 表示蠕虫病毒的攻击能力；GroupQuantity 表示蠕虫病毒的种群规模，用于描述病毒在网络中的传播扩散速度。

2) 良性蠕虫模型

良性蠕虫(benign worm)是一种特殊的网络蠕虫，在网络中具有与恶意蠕虫类似的行为能力。目标主机可以利用良性蠕虫清除已感染的恶意蠕虫或修复其漏洞。良性蠕虫模型可用 BNF 表示为(司光亚等，2019)

<BenignWorm>::=<WormType><InfectedOS><ScanPort><TTL><WormData>
<GroupQuantity><WormFunction><WormStartupType>…

<WormFunction>::=<UpdateHost>|<ClearupMaliciousWorm>|<CompositeFunction>

<WormStartupType>::=<Active>|<Passive>|<Hybird>

式中，WormFunction 表示良性蠕虫所具有的功能作用，分为三种类型：一是发现并升级具有漏洞的脆弱型主机(UpdateHost)，使其对特定恶意蠕虫具有免疫能力；二是可以发现已经感染特定恶意蠕虫的主机，并清除主机中的恶意蠕虫(ClearupMaliciousWorm)，但主机仍然有再次被恶意蠕虫感染的可能；三是具有上述两种良性蠕虫的能力(CompositeFunction)。WormStartupType 表示良性蠕虫的启动方式，也分为三种类型：一是主动型(Active)，可以主动扫描并发现网络中已经感染恶意蠕虫的主机或脆弱型主机；二是被动型(Passive)，不能主动发现已经感染恶意蠕虫的主机或脆弱型主机，其只能等待恶意蠕虫的扫描，一旦发现恶意蠕虫，则可定位感染恶意蠕虫的主机，并向其发送良性蠕虫数据包，清除该主机中的恶意蠕虫；三是混合型(Hybird)，指具有主动型和被动型良性蠕虫共同的功能，既可以随机扫描网络中已经感染恶意蠕虫的主机或脆弱型主机，也可以根据恶意蠕虫的扫描主动定位相应主机。

13.2.4 实体关系建模

1. 实体关系建模分析

在网络空间中，不管是物理实体，还是虚拟实体，它们之间或多或少地会存在一定的联系或交互。这种关系称为实体关系，也可称为网络拓扑关系。在网络空间实体关系建模中，可以把网络实体看作网络空间中的点(节点)，把网络实体之间的关系看作网络空间中的边。建立网络空间实体关系模型即建立或描述出网络实体之间的各种关系(边)。

为有效描述复杂的网络空间实体关系,需要对其基本特点进行归纳。考虑网络空间实体关系的复杂性,对其进行描述和建模需要关注以下基本特点(司光亚等,2019)。

(1) 网络拓扑结构的描述应当体现层次性。

网络空间体系涉及不同类型、不同层次的网络,从本质上要求对其关系进行分类分层描述。例如,从战争和军事行动的角度,可把网络空间中的网络分为战略网和战场网。战略网是国家关键基础设施网,按用途及功能主要分为互联网、电信网、传媒网、电力网和金融网等。战场网特指军用信息网络,可分为战略信息网络、战役(战术)信息网络和信息化作战平台网络三大类。从功能上,又可把战场网区分为通信网、传感网、指挥控制网和战场计算机网络等。此外,还可以进行不同形式的分层描述,即对于不同层次的网络,可以从不同视角采用不同的方法、不同的细节层次对其进行描述和建模。

(2) 网络拓扑结构的描述应当体现动态性。

在网络空间动态演化过程中,很多网络空间实体会随时增加或消亡,整个网络拓扑结构也会不断发生调整和变化,造成网络拓扑结构不断演化,如作战实体指控关系变化、通信网络动态组网等。这些变化需实时、动态地在网络拓扑结构中加以描述和体现。

(3) 网络拓扑结构中"边"的描述应当体现方向性。

在网络拓扑结构中,"边"具有明显的方向性。在通信网络中,消息传递有消息发送方和消息接收方之分。在指挥控制网中,有明确的上下级、从属和控制与被控制的关系。在网络对抗中,"边"的方向性更加明显,每一条对抗交互链路都具有方向性,起点是对抗的发起方,终点是对抗的承受方。因此,在描述网络拓扑结构时,应当直观地把"边"的方向性加以体现。

2. 实体关系形式化建模

网络空间实体关系形式化建模是指综合利用图、表、公式、逻辑语言等方式对实体关系进行与自然语言相对应的描述,目的是规范实体关系的表达,形成实体关系的描述共识。实体关系形式化建模是实体关系概念建模的核心,也是构建实体关系仿真模型的重要前提与必要基础。

下面以战场网为例,描述其形式化建模内容。战场网模型 N_Model 主要有物理域的战场通信网络模型(CommunicationNetwork)和信息域的战场指挥控制网络(C2Network)、战场传感网络模型(SensorNetwork)、战场计算机网络模型(ComputerNetwork)等(司光亚等,2019),用 BNF 可表示为

<N_Model>::=<CommunicationNetwork>|<C2Network>|<SensorNetwork>|
        <ComputerNetwork>…

以战场通信网络模型(即网络空间实体间的通信关系)为例,用 BNF 可表示为
<CommunicationNetwork>::=[{<ComRel>}]
    <ComRel>::=<ID>{<PlatformID>}{<ComDevID>}<Type><MessageType>
              <ProtocolModel><BandRate><Delay>
        <Type>::=<NetworkType><StatusType>
              <NetworkType>::=<LandLine>|<Simple>|<Duplex>|<Broadcast>
              <StatusType>::=<Primary>|<Standby>
<MessageType>::=<Command>|<Track>|<Report>

战场通信网络由多个具体的通信链路构成,也可为空。一个通信链路需要明确参与者、工具和通信关系约束等构成要素,分别对应通信关联平台(PlatformID)、通信采用的具体设备(ComDevID)和通信协议(ProtocolModel)。此外,通信关系还需定义类型(Type)、消息类型(MessageType)、带宽(BandRate)、时延(Delay)等参数。其中,类型又分通信网络类型和网络状态类型,通信网络类型包括有线、单工、双工和广播等方式,网络状态类型有首选网络和备用网络之分,消息类型是指通信传输所支持的不同消息类型,包括命令、轨迹和情报等。

3. 实体关系多视图建模

用户建模及仿真需求不同,对网络空间实体关系的描述角度也各不相同。针对不同应用需求,在网络空间实体关系形式化描述方面,可以采用不同视图的方式加以表达(司光亚等,2019)。下面以基于图的网络关联关系、基于矩阵的网络关联关系、基于有向图的网络交互关系、网络变结构机制等为例简单介绍描述视图的构建。

1) 基于图的网络关联关系描述视图

基于图的网络关联关系描述视图主要采用点、线等图形要素来描述网络基本拓扑结构,以及不同网络间的依赖关系。图 13.1 主要描述在物理通信网支撑下的指控网、传感网、战场计算机网的拓扑结构,以及这种支撑下的网络选择关系。

在如图 13.1 所示的战场网络拓扑结构下,传感器节点 S_2 到计算机节点 P_3 之间存在两条通信链路,即 $S_2 \rightarrow P_3$ 以及 $S_2 \rightarrow S_3 \rightarrow P_3$。在这种情况下,要想将传感器节点 S_2 获取的目标情报消息传输给计算机节点 P_3,在判断通信链路的有效性后,还需要在可能的链路之间进行路由选择。

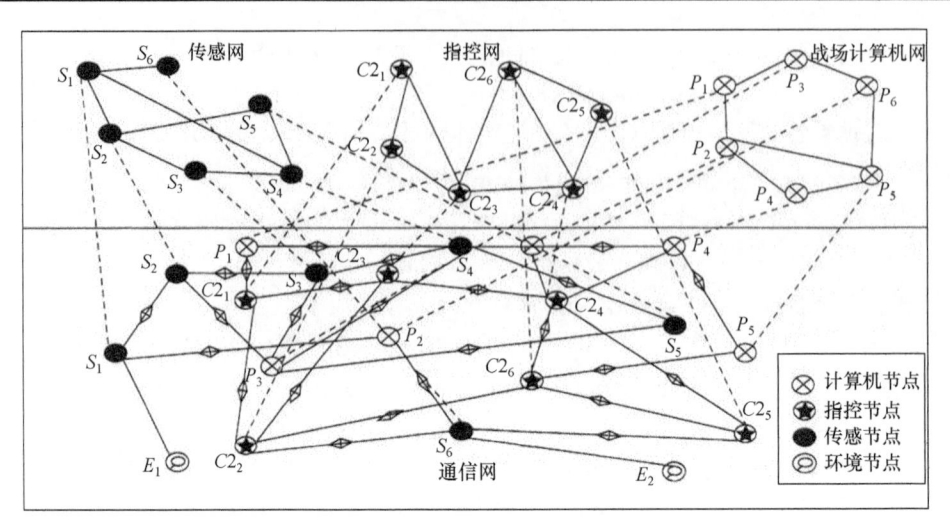

图 13.1 基于图的网络关联关系描述示例

2) 基于矩阵的网络关联关系描述视图

利用矩阵这种数学方法描述网络空间中的信息网络，有利于对信息网络进行量化，便于组织网络性能分析和后续建模研究。

图 13.2 为一个简化的基于矩阵的战场网络拓扑结构描述示例。矩阵中节点间链路用关联关系 C 表示，可以定义为一个三元组，即

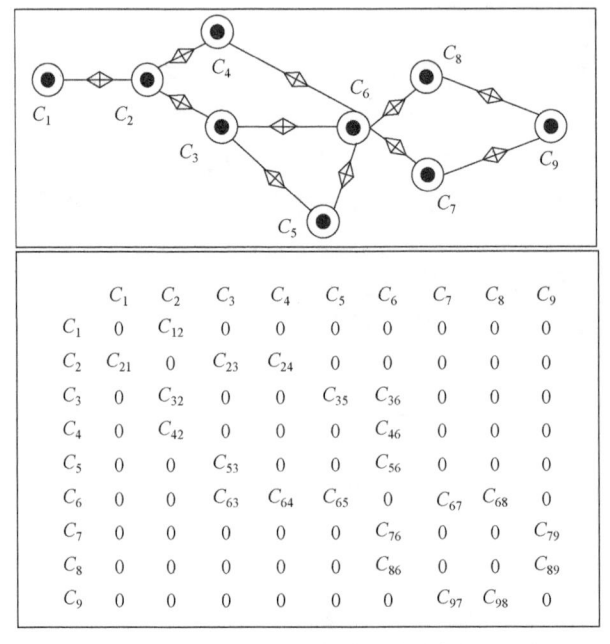

	C_1	C_2	C_3	C_4	C_5	C_6	C_7	C_8	C_9
C_1	0	C_{12}	0	0	0	0	0	0	0
C_2	C_{21}	0	C_{23}	C_{24}	0	0	0	0	0
C_3	0	C_{32}	0	0	C_{35}	C_{36}	0	0	0
C_4	0	C_{42}	0	0	0	C_{46}	0	0	0
C_5	0	0	C_{53}	0	0	C_{56}	0	0	0
C_6	0	0	C_{63}	C_{64}	C_{65}	0	C_{67}	C_{68}	0
C_7	0	0	0	0	0	C_{76}	0	0	C_{79}
C_8	0	0	0	0	0	C_{86}	0	0	C_{89}
C_9	0	0	0	0	0	0	C_{97}	C_{98}	0

图 13.2 基于矩阵的战场网络拓扑结构描述示例

$$C=<链路类型,消息类型,连通状态>$$

3) 基于有向图的网络交互关系描述视图

有向图描述方法可以清晰地表现网络的方向性特点,主要用于描述由各种信息交互关系构成的网络。这种网络中的边,专指网络空间实体之间发生的具体信息交互关系,如组网探测等。这些边具有明确的方向性,有向图描述形式为

$$\text{II} = P_i^m \xrightarrow{\text{NoII}} P_j^n$$

式中,II(informational interaction)表示信息交互,是 m 方体系中第 i 个实体 P_i^m 与 n 方体系中第 j 个实体 P_j^n 发生的名为 NoII 的信息型交互。

例如,蓝方传感实体 S 探测红方作战实体 P 的信息型交互,可以表示为 $S \xrightarrow{\text{探测}} P$。

4) 网络变结构机制描述视图

变结构是指当网络出现不稳定性时,网络往往表现出一定的自适应特点,通过结构的自我调整维持网络的稳定。简单地说,网络变结构机制就是网络自适应性的表现。以指挥控制网为例,其自适应性集中表现为指挥控制关系的动态调整机制,当发现指挥上级或下属失效或被摧毁时,网络空间实体可以自我选择接替指挥单元,相应指挥关系发生变化,组成新的指挥控制网络链路。图 13.3 为指挥关系动态调整机制描述视图。

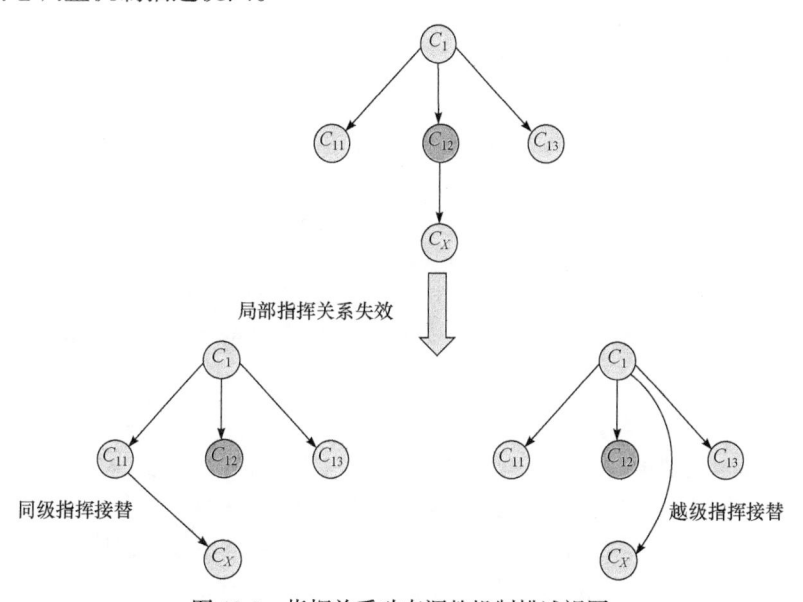

图 13.3 指挥关系动态调整机制描述视图

13.3 行为建模

网络空间可以看作一种广义的信息网络,是各种网络连接、信息传递、信息对抗等活动组合而成的复杂网络。其实体行为涉及物质、信息、能量等各种形式的交换,涉及多种不同类型实体的多种不同行为,如网络空间作战单位、网络空间作战支撑平台等物理实体的机动、火力、防御等物理行为,基于网络的信息产生、传输、处理、对抗等信息行为,传感设备网络的探测、感知、识别、判断及决策等认知行为。

13.3.1 行为建模分析

行为建模是在网络空间实体具有的能力基础上,在一定时空条件下对实体动态变化的行为抽象,是对网络实体能力及任务执行过程的描述。在信息化条件下,网络空间行为涉及多种不同类型实体的多种不同行为,可以划分为多种层次和类型。按照行为的层次,网络实体的行为模型(B_Model)包括平台机动、火力毁伤等物理行为模型(PB_Model),基于网络的信息传输、处理、对抗等信息行为模型(IB_Model),以及基于感知、识别、判断和决策的认知行为模型(RB_Model)(司光亚等,2019),用 BNF 可表示为

<B_Model>::=<PB_Model>|<IB_Model>|<RB_Model>

<PB_Model>::=<MobileBehavior>|<FireBehavior>|<JammingBehavior>|…

<IB_Model>::=<TransmitBehavior>|<ProcessingBehavior>|<ConfrontationBehavior>|…

<RB_Model>::=<PerceptionBehavior>|<IdentifyBehavior>|<JudgeBehavior>|<DecisionBehavior>

按照行为的类型,行为模型可以分为在体系对抗过程中预先规划的预置行为模型(InitBehavior)和基于触发/响应规则的临机行为模型(RespBehavior),用 BNF 可表示为

<B_Model>::=<InitBehavior>|<RespBehavior>

物理行为模型是对实体位置、速度等实体物理属性的描述,其类型相对固定,普遍采用预先规划的预置行为模型;相对于物理行为模型,信息行为模型和认知行为模型涉及人员和信息化装备实体,具有更强的自主性和自适应性,可以采用基于触发/响应规则的临机行为模型。由于物理行为与传统领域的物理实体行为是相似的,所以本节主要介绍信息行为建模和认知行为建模。

13.3.2 信息行为建模

从信息全生命周期的角度出发,网络空间涉及的信息行为通常包括信息获取、信息传输、信息处理、信息对抗等关键环节。围绕这些信息行为构建的信息行为模型应当体现其特色鲜明的行为特征(司光亚等,2019)。

(1) 信息行为的主体多为网络空间中信息域特征明显的实体。传统武器装备的能力主要是指装备实体在物理空间中的能力,如机动、火力、探测等。网络空间实体具有虚实结合的特性,其能力更多地通过其在虚拟空间中的特性展示出来,如基于信息和信息系统的对抗行为能力是其典型表现。为此,信息化实体需要将信息获取、信息传输、信息处理和信息对抗等信息行为抽象出来,从机理、机制等方面描述信息活动的过程。

(2) 信息行为的承载对象是消息实体。信息获取行为生成目标情报消息,信息传输行为在通信网络中传输通信消息、情报消息、指挥控制消息和状态消息等不同种类的消息,信息处理行为实现对获取或接收到的消息进行优化、融合和处理,信息对抗行为实现对敌方信息体系的入侵、获取信息或阻止其传输信息,或阻止敌方对己方信息体系的入侵和窃取。

下面以信息对抗为例简要介绍信息行为建模内容。网络空间建模的一个重要方面就是研究如何对网络空间信息对抗行为进行抽象建模,分析信息对抗行为的机理、过程及影响。信息对抗行为随其依托的技术不同而呈现不同的形态,但对抗行为样式相对有限。此外,网络空间中基于信息和信息系统的信息对抗行为也具有层次性,依据其对信息和信息系统的影响效能不同,需要对其层次结构进行分析归类。为此,在对信息对抗行为进行抽象描述时,可用如下 BNF 表示信息对抗行为模型,即

<ConfrontationBehavior>::=<Host><Target><Type><Technology><Level><Time> <Scale>…

<Host>::=<IPAddress><OSType><HostState>…

<Target>::=<IPAddress><OSType><HostState>…

<Type>::=<Access>|<Footprinting>|<Scanning>|<Enumeration>|<Sniffing>…

式中,Host 表示行为主体,描述信息对抗行为的发起方;Target 表示行为目标,描述信息对抗行为的目标方;Type 表示行为类型,描述信息对抗行为的类别;Technology 表示技术手段,描述信息对抗行为所使用的技术类型;Level 表示技术水平,描述信息对抗行为所使用的技术先进性程度;Time 表示持续时间,描述信息对抗行为从发起到结束所使用的总时长;Scale 表示行为规模,描述信息对抗行为发起者所使用的攻击资源的数量。

13.3.3 认知行为建模

网络空间的认知行为主要包括感知行为、识别行为、判断行为和决策行为。对这些认知行为进行建模，可得到网络空间认知行为模型(RB_Model)，包括感知行为模型(PerceptionBehavior)、识别行为模型(IdentifyBehavior)、判断行为模型(JudgeBehavior)和决策行为模型(DecisionBehavior)(司光亚等, 2019)。网络空间认知行为模型可用 BNF 描述为

<RB_Model>::=<PerceptionBehavior>|<IdentifyBehavior>|<JudgeBehavior>|
<DecisionBehavior>
<PerceptionBehavior>::=<PerceptionHost><PerceptionTarget><PerceptionPhase>
<PerceptionPhase>::=<Searching>|<Tracking>|<Locking>
<Searching>::=<SensorControl><SensorState><SensorSearching>
<Tracking>::=<SensorControl><SensorState><FindTarget>
<SensorTracking>
<Locking>::=<SensorControl><SensorState><SensorLocking>
<TargetState>
<IdentifyBehavior>::=<IdentifyHost><IdentifyTarget><IdentifyStyle>
<IdentifyStyle>::=<TargetAttrib><TargetStyle><TargetProp>
<TargetAttrib>::=<Friend>|<Enemy>|<Neutrality>
<TargetStyle>::=<TargetType><AttackAbility><DefendAbility>
<TargetProp>::=<Size><Distance><Altitude><Velocity>
<JudgeBehavior>::=<JudgeBehaviorHost><JudgeContent><JudgeStyle>
<JudgeContent>::=<Target><Event><Situation>
<Situation>::=<FindEnemy>|<FindVulHost>|<HostIsAttacked>
<JudgeStyle>::=<ThreatenGrade><FutureDevelop>
<ThreatenGrade>::=<High>|<Middle>|<Low>
<FutureDevelop>::=<Nice>|<Bad>
<DecisionBehavior>::=<DecisionHost><CurrentSituation><DecisionContent>
<DecisionContent>::=<Attack>|<Defend>|<Infect>|<Surveilance>
<Attack>::=<AttackHostType><AttackHostNum><AttackStyle>
<Defend>::=<DefendHostType><DefendHostNum><DefendStyle>

网络空间的感知行为是各感知实体(PerceptionHost)对待感知目标(PerceptionTarget)的探测行为，可以分为搜索(Searching)、跟踪(Tracking)和定位(Locking)三个阶段。识别行为是实体根据自身规则对目标实体类型(TargetStyle)、属性(TargetProp)和所属方(TargetAttrib)的辨别活动。判断行为是实体根据战场中

的目标(Target)、事件(Event)或态势(Situation)的变化,对目标、事件和态势变化的威胁程度(ThreatenGrade)及发展趋势(FutureDevelop)进行的判断活动。决策行为是实体在感知、识别和判断行为的基础上,根据当前战场态势(CurrentSituation)对控制实体下一步行动做出决定的活动(DecisionContent),如攻击、防护、监视等。

13.4 态势建模

态势感知技术最早出现并应用于军事领域,目的是通过研究人为因素对战争胜负的影响,使指挥员对战场形势做出及时、准确的判断。当前,态势感知技术已在多个领域得到广泛应用,将态势感知应用于网络空间就衍生出网络空间的态势感知(situation awareness,SA)。

13.4.1 态势建模分析

态势感知是起源于军事领域的概念,最早出现在航天飞行的人因(human factors)研究中,被认为是对态势进行评估以获得决策执行的过程。Endsley(1988)提出态势感知的三个阶段(图 13.4),即三个不同层次的信息处理过程。

(1) 感知/提取(perception),检测和获取态势中重要的信息,发现异常事件,并进行初步整理和规范化。

(2) 理解(comprehension),整合提取到的数据和信息,理解当前的状态,分析其相关性。

(3) 预测(projection),基于对态势信息的提取和理解,预测未来态势的发展趋势。

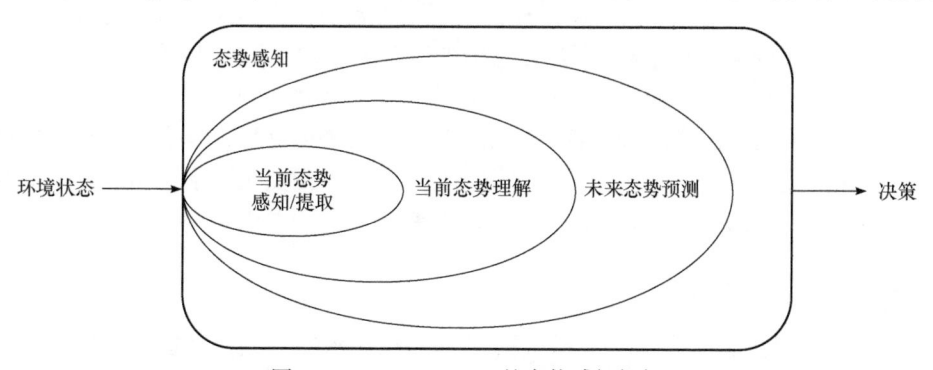

图 13.4 Endsley(1988)的态势感知框架

态势感知在军事战场、空中交通管制、通信等领域得到广泛研究。Bass(2000)将空中交通管制中态势感知的成熟理论和技术应用到网络安全领域,首次提出网络态势感知的概念,认为网络态势感知是指在大规模网络环境中,对能够引起网络态势发生变化的安全要素进行获取、理解、显示,以及预测其未来的发展趋势,并指出下一代网络入侵检测系统应该融合从大量的异构分布式网络传感器采集的数据，实现网络空间的态势感知。

网络空间态势感知(cyberspace situation awareness，CSA)是指由网络空间中所有电子设备和电子系统的运行状况、设备行为以及用户行为等因素构成的整体安全状态和变化趋势，通过多传感器多手段协同侦察的方式，对能够引起网络空间态势发生变化的所有环境要素进行获取、理解和评估，并预测其发展趋势(张勇等，2012)。其基本过程如下。

(1) 信息获取，对各种影响系统安全性的要素进行检测获取。安全要素包括电磁信号层、通信与网络协议层、信息层和行为层的安全信息。

(2) 信息处理，对采集到的多源安全信息采用分类、归并、关联分析等手段进行融合，得到规范化的数据。

(3) 信息分析，对融合的数据进行综合分析，提取有用的信息，评估网络空间的安全态势，并给出相应的应对措施。

(4) 态势预测，对网络空间安全态势的发展趋势进行预测，及时预警，预防大规模安全事件的发生。

网络空间态势感知建模是开展网络空间态势感知研究的前提和基础。通过建立网络空间态势感知模型，可对网络空间态势感知主要环节之间，以及感知过程中与环境之间的关联关系、因果关系进行定量研究。基于网络空间态势感知的基本流程，可建立层次化网络空间态势感知的概念模型(图 13.5)。该模型依据态势感知层次的高低，依次分为态势信息获取、态势评估、态势预测三层(赖积保，2006)。态势信息获取是态势感知的基础。该层主要用于获取多源异构海量网络态势数据，为态势评估做准备。态势评估是态势感知的核心，是对当前网络态势的一个动态推理过程。通过识别态势信息中的安全事件，确定它们之间的关联关系，并依据受到的威胁程度形成整个网络的态势状况。态势预测是态势感知的目标，依据当前及历史的网络态势信息，预测未来网络发展的趋势，为决策者制定合理准确的决策提供依据。其中，网络空间态势的评估、预测是网络空间态势感知的核心功能，后续部分主要介绍态势评估、态势预测的相关内容。

13.4.2 态势评估与分析

网络空间态势的评估与分析是网络空间态势感知的核心功能，一般是在获取海量网络空间信息的基础上，解析信息之间的关联性，对其进行规范化融合处理，根据给出的 CSA 指标体系对网络空间的运行状态进行分析，最终获得宏观的网络空间安全态势。其中，对网络空间信息的融合处理是态势评估与分析的基础。

第 13 章 网络空间建模

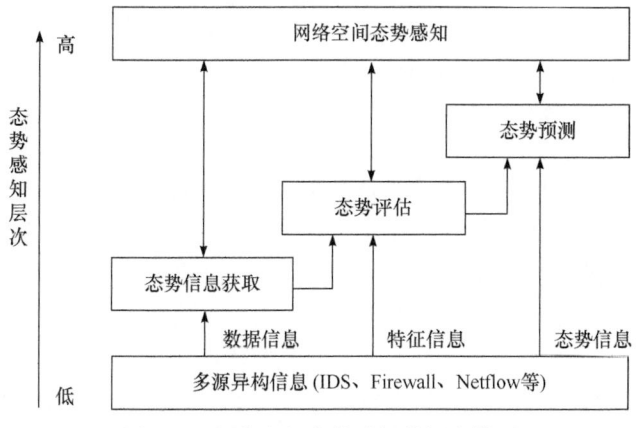

```
态                     ┌─────────────────────┐
势   高 ↑              │   网络空间态势感知   │
感      │              └─────────────────────┘
知      │                 ↕         ↕      ↕
层      │                         ┌──────────┐
次      │                         │ 态势预测 │
        │                         └──────────┘
        │              ┌──────────┐  ↕
        │              │ 态势评估 │←─┘
        │              └──────────┘
        │                 ↕
        │          ┌──────────────┐
        │          │ 态势信息获取 │
        │          └──────────────┘
        │              ↑        ↑        ↑
        │           数据信息  特征信息  态势信息
     低 │          ┌─────────────────────────────┐
        ↓          │多源异构信息(IDS、Firewall、Netflow等)│
                   └─────────────────────────────┘
```

图 13.5 网络空间态势感知的概念模型

1. 网络空间信息的融合处理

1) 数据融合的概念

多源数据具有冗余性、互补性和低代价等特点，在降低系统的不确定性、改善其容错能力及鲁棒性等方面具有不可替代的优势。数据融合是一种利用计算机对来自多种信息源的数据，在一定准则下进行自动分析、综合，以获得单个或单类信息源所无法获取的有价值的综合信息，并最终完成其任务目标的信息处理技术。简而言之，数据融合就是对来自多个传感器或多源的信息进行综合处理，从而得出更为准确的、可靠的结论。数据融合技术早期应用于军事领域，自 20 世纪 80 年代中期以来，世界各国都投入了大量的人力、物力从事该领域的理论与应用研究，主要应用领域有图像融合、目标检测、敌我识别、工业智能机器人、遥感、刑侦、故障检测、安全态势评估与威胁估计等。

数据融合技术应用于 CSA 领域，可以实现对整个网络的实时、连续监测，通过对多层次的异构数据源信息联合、分析及匹配，可以精确获得被监测对象的状态、一致性评估及整体评价。在网络空间态势感知中，必须对海量的异构监测数据进行处理，因此数据融合技术的使用具有非常重要的地位，而融合方法的设计就成为其中的关键。

2) 数据融合的层次

数据融合是对多源数据进行多级处理，每一级处理都代表对原始数据不同程度的抽象，包括对数据的检测、关联、相关、估计和组合等处理。依据数据融合时对数据的抽象层次，数据融合可以划分为数据级融合、特征级融合和决策级融合三个级别。

(1) 数据级融合是最低层次的融合，是指对来自同一类别传感器的原始数据进行融合，然后从融合的数据中提取特征向量，最后进行识别判断。数据级融合获取的数据具有数据量大、准确性高的特点，但是对系统计算能力和网络通信速度的要求比较高。由于是最低层次的融合，直接对原始数据进行处理，其优点在于极大地保留了原始信息，其处理的信息细微性是其他两个融合级别所不能比的，基本上不存在信息丢失的情况。但是，这种融合具有很大的局限性：首先，数据级融合只能对单个或相同类型的多个传感器进行信息处理，而且需要相关传感器具有时空一致性，即在融合前要进行时间和空间的配准；然后，数据级融合要对海量的原始数据进行综合处理，因此对通信带宽要求高，在处理器性能、计算速度及存储器容量的要求上比其他两个融合的级别也要高得多；最后，传感器获取的数据还具有不完整、易出现偏差、不稳定的特点。

(2) 特征级融合属于中间层次的融合。它对来自传感器的原始数据进行特征提取，然后按信息特征对多传感器数据进行关联、分类和综合，最后进行融合处理。特征级融合可分为目标特征融合和目标状态融合两大类。目标特征融合就是特征层的联合识别，它的实质是模式识别。在融合之前必须实现对特征的关联处理，将特征向量划分为有意义的组合。具体技术包括参数模板法、特征压缩和聚类方法等。目标状态融合主要应用于多传感器的目标跟踪识别领域。在融合之前需要对数据进行预处理以完成数据的配准，然后依赖参数关联和状态估计来进行融合处理。常用的估计方法如卡尔曼滤波和扩展卡尔曼滤波等。特征级融合可以实现可观的信息压缩，有利于实时处理，并且提取的特征直接与决策分析有关，因此融合结果能最大限度地为决策分析提供所需要的特征信息。其缺点是相较于数据级融合，特征提取会导致部分信息丢失，降低数据的精度。

(3) 决策级融合是最高层次的融合。它通过不同类型的传感器观测同一个目标，每个传感器独自完成对观测数据的特征提取、识别，融合处理中心对识别结果进行关联融合，最后得到目标或环境的属性说明，融合结果可作为决策的依据。决策级融合直接针对具体决策目标进行融合，其结果直接影响决策水平。决策级融合的优点在于可以对不同类型的传感器进行融合，融合时信息处理量小、实时性高，容错和抗干扰能力强等；其缺点是对传感器的数据进行多层次的融合处理，信息丢失比较严重，会降低融合结果的准确性。目前，决策级融合中经常使用的方法有贝叶斯估计、专家系统理论、神经网络法、确定性理论、模糊集理论等。

决策级融合在信息处理上具有方便、灵活的特点，系统对信息带宽要求较低，可以有效地合成不同类型信息，能够处理非同步信息，并且对信息关联的要求较低，这使得大量关于数据融合的研究成果都是在决策层上取得的。表13.1对三个融合层次的特点进行了综合比较。

表 13.1 三个融合层次的特点比较

融合层次	信息损失	实时性	融合精度	容错性	抗干扰性	工作量	融合水平
数据级	小	差	高	差	差	小	低
特征级	中	中	中	中	中	中	中
决策级	大	优	低	优	优	大	高

3) 数据融合的方法

多源数据融合尚未形成完整、统一的理论体系，融合研究大多针对某一特定领域的具体问题进行。因此，需要在解决具体问题时，充分分析问题的特点，针对融合的目标及数据特性选择融合方法。如何根据问题的特点，结合已有的融合方法确立合理的融合方案和融合模型，是有效进行信息融合的基本问题。目前，比较常见的融合方法主要有加权平均法、卡尔曼滤波、贝叶斯推理、D-S(Dempster-Shafer)证据理论、模糊逻辑推理、人工神经网络、聚类分析法等。可以预见，神经网络和人工智能等新概念、新技术在多源数据融合中将起到越来越重要的作用。

(1) 加权平均法。

加权平均法是一种非常简单直观的融合方法，即将多个传感器提供的监测数据乘以相应权值然后进行累加，所得和就是融合结果。此方法的最大特点是计算量小，能够对动态的数据进行实时融合，但权值系数的设定和调整具有一定的主观性，且工作烦琐。

(2) 卡尔曼滤波。

卡尔曼滤波主要用于融合实时动态的低层次多源传感冗余数据。卡尔曼滤波非常适合处理复杂的多传感器估计和数据融合问题。对于线性模型系统，噪声是高斯分布的白噪声，可获得最优融合信息统计；对于非线性模型，可采用扩展卡尔曼滤波；当系统模型有变化或系统状态有渐变／突变时，可采用基于强跟踪的卡尔曼滤波。此外，由于统计方法的不确定性，卡尔曼滤波可以定量评价每个传感器在整个系统中的作用。算法线性回归的本质可确保算法简洁和有效，因此卡尔曼滤波在许多不同数据融合问题中得到广泛应用。

(3) 贝叶斯推理。

贝叶斯推理是融合静态环境下多传感器高层信息的常用方法。它使传感器信息依据概率原则进行组合，测量不确定性以条件概率表示，当多传感器的观测坐标一致时，可以直接对传感器的数据进行融合。贝叶斯推理克服了传统概率统计方法中不依靠样本数据而是主观或根据经验确定精度和信度的缺点，通过样本获取先验概率，相较于古典统计方法更加合理准确，因此更具合理性。它是一种比较好的多源信息融合方法。如何获取准确的先验概率是其关键所在，因为先验似然函数的定义比较困难，而且必须满足对立假设事件互斥的条件，前提假设的苛刻限制了它的应用。如果许多假设事件彼此相关而不独立，贝叶斯推理就变得非常复杂，需要进行大量的计算。

(4) D-S 证据理论。

D-S 证据理论是由 Dempster 提出、Shafer 加以推广和发展的证据推理理论，是数据融合中最常用的方法之一，用于处理不确定性、不精确、不准确的信息。D-S 证据理论是在有限论域上对传统概率统计理论的扩充，适用于专家系统、人工智能、模式识别和系统决策问题。证据理论不需要先验概率信息，使用信任函数(概率区间)代替用具体某一概率值表示不确定的数据，从而很好地解决如何表示不确定性的问题。D-S 证据理论采用信任函数而不是概率作为度量，对一些事件的概率加以约束，以建立信任函数而不必说明精确的难以获得的概率，当约束限制为严格的概率时，D-S 证据理论就成为概率论。因此，D-S 证据理论也可以看作贝叶斯推理的一种扩展。

(5) 模糊逻辑推理。

模糊逻辑是多值逻辑，通过指定一个 0~1 的实数来表示真实度，相当于隐含算子的前提，允许将多个传感器信息融合过程中的不确定性直接表示在推理过程中。如果采用某种系统化的方法对融合过程中的不确定性进行推理建模，则可以产生一致性模糊逻辑推理。与概率统计方法相比，模糊逻辑推理存在许多优点：在一定程度上克服了概率论所面临的问题，对信息的表示和处理更加接近人类的思维方式，一般比较适合高层次应用(如决策)，但是模糊逻辑推理本身还不够成熟和系统化。此外，由于模糊逻辑推理对信息的描述存在很大的主观因素，所以信息的表示和处理缺乏客观性。

(6) 人工神经网络。

人工神经网络是一种仿效生物神经系统处理信息的新型计算模型，一般是指用计算机模拟人脑的结构，用许多小的处理单元模拟生物的神经元，用算法实现人脑的识别、记忆、思考过程。人工神经网络是一个具有自主学习能力的系统，主要通过基于数学统计学类型的学习方法进行优化。这种方法比逻辑学推理演算更具优势。人工神经网络具有很强的容错性，以及自学习、自组织及自适应能力，能够模拟复杂的非线性映射。神经网络的这些特性和强大的非线性处理能力，恰好满足了多传感器数据融合技术处理的要求。在多传感器系统中，各信息源所提供的环境信息都具有一定程度的不确定性，对这些不确定信息的融合过程实际上是一个不确定性推理过程。神经网络根据当前系统所接收样本的相似性确定分类标准，这种确定方法主要表现在网络的权值分布上，同时，可以采用神经网络特定的学习算法来获取知识，得到不确定性推理机制。利用人工神经网络的信号处理能力和自动推理功能，即可实现多传感器的数据融合。

(7) 聚类分析法。

聚类分析法融合的核心思想是按照某一划分规则把分布在空间内的目标对象划分成若干子集，每个子集可以根据目标特性判定为属于某一类别。聚类分析法主观性比较强，主要凭借经验或定义的函数来判断聚类结果的好坏。因此，为了得到比较准确的聚类结果，在使用前要对聚类分析法的有效性和可重复性进行分析。

通过分析可将信息融合方法归为四类，即估计理论方法，如卡尔曼滤波、小波分析等；基于概率统计的方法，如经典概率推理、经典贝叶斯推理、贝叶斯凸集理论和信息论等；基于规则推理的方法，如D-S证据理论、模糊逻辑推理、条件事件代数、随机集理论、粗集等；智能化方法，如人工神经网络、支持向量机、进化算法等。常用融合方法性能比较如表13.2所示。

表 13.2 常用融合方法性能比较

融合方法	运行环境	信息类型	信息表示	不确定性	融合技术	适用范围
加权平均法	动态	冗余	原始值读取	—	加权平均	低层融合
卡尔曼滤波	动态	冗余	概率分布	高斯噪声	系统模型滤波	低层融合
经典贝叶斯推理	静态	冗余	概率分布	高斯噪声	贝叶斯推理	低层融合
统计决策	静态	冗余	概率分布	高斯噪声	极值决策	高层融合
D-S证据理论	静态	冗余互补	命题	—	逻辑推理	高层融合
模糊逻辑推理	静态	冗余互补	命题	隶属度	逻辑推理	高层融合
人工神经网络	动态	冗余互补	神经元输入	学习误差	神经网络	低层或高层融合

2. 网络态势评估

网络态势评估是网络空间态势感知的核心功能，一般是指网络监控设备实时采集网络状态信息，将它们规范化融合处理之后，通过态势评估方法对网络态势进行计算，得出相应的态势值。在态势评估前，需根据收集的网络历史状态数据构建CSA指标体系。在态势评估时，可根据给出的CSA指标体系对网络运行状态进行反映。简而言之，网络态势评估是从网络实时信息到评估指标的一个映射。一般来说，态势评估的传统方法主要包括贝叶斯估计、基于知识的方法、人工神经网络、模糊逻辑推理、遗传算法。随着技术的发展又出现了新的理论和方法，如D-S证据理论、粗集理论、灰关联分析和集对分析等。这些评估方法可以概括为三类，即基于数学模型的方法、基于知识推理的方法和基于模式识别的方法(王磊，2015)。

基于数学模型的方法最先被提出。该方法综合考虑影响态势的各项因素，构造评定函数，建立态势因素集合到态势空间(评估指标)的映射关系。传统的数学模型，如层次分析法、模糊综合评价法、专家打分法和集对分析等都可以用于态势评估。基于数学模型的方法建立了明晰的数学表达式，模型直观易理解，而且能够建立连续的态势空间，给出一种有利或不利的判断性结果，便于态势的优劣对比。但是评定函数的构造、参数的选择，没有统一科学的方法，一般依赖领域知识和专家经验，不可避免地带有主观意见，缺少科学客观的依据。此外，态势评估多数情况使用自然语言表述知识，而这种知识不容易被转换为易被机器处理的数学表达式。因此，建立面向自然语言条件陈述的数学模型也成为该方法的又一难点。

为解决基于数学模型的方法存在的问题，基于知识推理的方法随之出现。该方法的基本思路是，在已知先验知识和先验概率的前提下，根据实时监测的网络态势信息，通过一定的关系逐级推理得到当前态势的状态，并可以对态势空间进行划分，给出分级、分类结果。基于知识推理的方法又可以分为基于产生式规则的逻辑推理、基于图模型的推理、基于证据理论的概率推理。基于知识推理的方法能够模拟人类的思维方式，较之基于数学模型的方法，将知识的运用融于推理的过程之中，具有一定的智能，类似于专家解决问题的过程。评估的结果是建立离散的态势空间，确定态势优劣等级，或者指明态势的攻防类型，便于理解和把握态势。该方法的难点在于获取知识、建立模型。此外，该方法需维护大量的推理规则，空间开销和推理代价都很高，如何应对大规模问题，是另一个需要考虑的问题。

随着机器学习技术的发展，基于模式识别的方法被引入网络态势评估的研究之中。该方法借鉴数据挖掘算法的理念，主要依靠从训练样本或者历史数据中挖掘态势模式来进行态势评估。基于模式识别的方法是建立在以知识为基础的推理方法之上的。该方法分为模板建立和模式匹配两个阶段。模板建立阶段，在对态势空间进行分类分级的基础上，识别所有可能出现的态势状态。在模式匹配阶段，通过一定的关联方法将实时监测数据与模板数据进行匹配，匹配成功后即可确定网络态势的状态。模板建立是基于模式识别方法的重点，关键在于选择分类方法。除了凭借专家经验、领域知识，机器学习是划分的主要手段，从训练样本或案例中获得有关分类的知识，代表性方法有基于案例的推理、神经网络、模糊聚类分析、灰关联分析、粗集。这些方法一般也用于模式匹配。基于模式识别的方法引入机器学习机制，科学客观，可以方便地从历史数据或者案例中获得有关态势划分的知识。但是，该方法计算量大，在非实时环境中有很好的效果，而在实时环境中可能无法满足要求，某些研究采用启发式算法提高效率，而且分类知识是从历史数据中通过机器学习获得的，机器很难给出直观的解释，不利于理解。

13.4.3 态势预测

网络空间态势评估是基于网络空间当前状态信息的分析、评估而获得对网络空间状态的评价。因此，态势评估是一种事后行为，无法对网络的未来变化情况做出评判。而态势预测则可以有效弥补态势评估存在的不足，有效提高网络管理的智能性和前瞻性。

网络空间态势预测是指根据网络空间的当前状态和历史信息，对未来一段时间的网络发展趋势进行预测。态势预测可以及早发现网络空间可能面临的威胁，并对这些威胁采取防范性措施，以达到一种提前预防的作用。在网络空间态势感知模型中，网络空间态势预测位于最高层面，是网络空间态势感知的最终目标，是建立在准确的态势信息获取和充分的态势理解与评估基础之上的。

开展网络空间态势预测，首先需要明确网络空间哪些方面的内容能够被预测。根据网络空间态势预测的实现目标不同，可将预测内容分为以下四类(张志勇等,2019)。

(1) 攻击行为预测。当某个威胁事件正在发生时，预判其下一步可能采取的行动。

(2) 攻击意图预测。在某个威胁事件发生的过程中，预判攻击者的最终意图。

(3) 攻击/入侵预警。在威胁事件尚未发生时，预估目标网络可能遭受的攻击类型，以及相应攻击可能发生的时间和具体位置。

(4) 整体安全态势预测。预测目标网络的整体安全状态演化趋势。

总体而言，前两项预测内容是在威胁事件发生的过程中，即观测到威胁事件的某些行为之后，从两个不同角度对其后续的发展进行预判。它们是网络空间态势预测研究中最早受到关注的内容，所采用的预测方法也具有很多相似之处，甚至在某些场景下可以相互替换。第三项预测内容则希望不再依赖威胁事件的前期活动，而是在威胁事件实际发生之前就对其做出预警。最后一项预测内容则将关注的焦点放到整个网络的宏观安全态势上，不再局限于某个具体威胁事件或者某个局部网络区域。

针对网络空间态势预测，现有的预测方法及模型主要有人工神经网络、灰色预测模型、贝叶斯网络、支持向量机、隐马尔可夫模型。

人工神经网络是一种由大量节点构成的非线性、自适应智能信息处理系统。它是在模仿人体神经网络工作原理的基础上，模拟大脑对信息存储、处理的方式来处理复杂问题。人工神经网络对非线性信息具有强大的处理能力，可以用于复杂事物的规则抽取及趋势分析等领域，也适用于 CSA 预测，主要考虑网络连接的拓扑结构、神经元的特征、学习规则等。目前，有近 40 种神经网络模型，如反传网络、自组织映射、Hopfield 网络、玻尔兹曼机、适应谐振理论等。根据连接的拓扑结构，可以分为前向网络和反馈网络两大类。但人工神经网络的训练需要大量的样本来实现，一般单纯的神经网络规则自发掘的能力较差。

灰色预测模型是根据灰色理论的特点，基于时间序列方式挖掘可用信息。近年来，灰色理论的应用已扩展到环境、气候、卫生、医疗、人口等多个领域，在网络流量预测方面也有不少研究成果。灰色理论是一种研究既含有已知信息又含有未知或未确知信息的系统理论和方法，从杂乱无章的、有限的、离散的数据中找出数据的规律，然后建立相应的灰色预测模型。灰色理论的实质是对原始随机数列采用生成信息的处理方法来弱化其随机性，使原始数据序列转换为易于建模的新序列。其优点是所需的数据量少，对数列中存在的奇点等处理较好。其缺点是只能对态势的整体趋势进行预测而缺乏对具体态势因子的处理。尤其当网络中出现较大波动时，其预测精度将不能达到要求的范围。

贝叶斯网络是神经网络和贝叶斯推理的结合，是一种基于先验概率的模型。它使用节点和弧代表域知识，节点之间可通过弧传播新的信息，网络中保存的知识可以由专家指定，也可以通过样本进行学习。贝叶斯网络使用具有语义性的贝叶斯推理逻辑，更能反映容易理解的推理过程，在具有内在不确定性的推理和决策问题中得到广泛应用。基于贝叶斯网络的 CSA 预测，首先要了解已有的网络空间态势，然后通过计算得出当前状态和未来状态之间的关系，从而预测下一个状态的情况。作为一种知识表示和进行概率推理的框架，将贝叶斯网络应用于态势感知，具有广阔的发展前景。这种概率方法预测的随机性太大，预测结果的置信程度不易得到。

支持向量机是一种基于统计学习理论的机器学习方法。它采用结构风险最小化原理，具有收敛速度快、抗过度学习能力强的优点，在解决非线性、小样本和高维模式识别等方面具有优势。此外，它的理论基础坚实，数据模型简洁，不但能够解决模式识别(分类问题、判别分析)和回归分析(时间序列分析)等问题，而且在预测和综合评价等领域得到广泛应用。单独使用支持向量机也存在类似神经网络的缺陷，其参数的选取存在盲区且容易陷入局部最优。

隐马尔可夫模型是一种统计分析模型，用于描述一个含有未知参数的马尔可夫过程。在这种模型中，所有的状态都不能被直接观察到，但能通过观测向量序列观察到，每个观测向量都是通过某些概率密度分布表现为各种状态，即每一个观测向量是由具有相应概率密度分布的状态序列产生的。利用网络攻击序列及 CSA 指标体系构建预测模型之后，就可以实时计算下一个时刻的网络安全态势。其缺点是参数估计的时效性较差，模型有待进一步优化。

参 考 文 献

白建军, 赵学胜, 陈军. 2005. 基于线性四叉树的全球离散格网索引. 武汉大学学报(信息科学版), 30(9): 805-808.

蔡军, 赵黎明, 许丽人, 等. 2011. 大气环境建模与仿真技术. 计算机工程与设计, 32(5):1815-1819.

曹伟, 陈动, 史玉峰, 等. 2021. 激光雷达点云树木建模研究进展与展望. 武汉大学学报(信息科学版), 46(2):203-220.

曹晓东, 王杏林, 樊延平. 2013. 概念建模. 2版. 北京: 国防工业出版社.

曹雪峰. 2012. 地球圈层空间网格理论与算法研究. 郑州: 解放军信息工程大学博士学位论文.

陈超. 2012. 海洋标量场数据三维可视化方法研究与实现. 长沙: 国防科学技术大学硕士学位论文.

陈丁. 2015. 海洋水文数据可视化关键技术研究. 郑州: 解放军信息工程大学硕士学位论文.

陈刚, 张笑, 薛梦姣, 等. 2019. 数字地形建模与地学分析. 南京: 东南大学出版社.

陈令羽, 贾奋励, 宋国民. 2014. 基于全景影像的增强地理现实配准方法研究. 测绘工程, 23(10):4-8.

陈楼衡. 2018. 海洋标量与矢量数据场的可视化技术研究. 杭州: 浙江工业大学硕士学位论文.

陈为, 沈则潜, 陶煜波, 等. 2013. 数据可视化. 北京: 电子工业出版社.

陈祥葱, 苏贝. 2015. CityGML与IFC三维空间构模分析与比较. 交通科技与经济, 17(3):115-118.

陈勇, 陈戈, 张淑军. 2008. 近岸海浪实时仿真. 系统仿真学报, 20(3): 741-745.

陈宗章. 2019. 网络空间: 概念、特征及其空间归属. 重庆邮电大学学报(社会科学版), (2): 63-71.

程承旗, 任伏虎, 濮国梁, 等. 2012. 空间信息剖分组织导论. 北京: 科学出版社.

褚彦军, 康凤举, 聂卫东, 等. 2004. 海面场景虚拟仿真方法. 计算机应用, 24(12): 114-117.

崔马军, 赵学胜. 2007. 球面退化四叉树格网的剖分及变形分析. 地理与地理信息科学, 23(6):23-25.

邓红艳, 邓桂龙, 赵倩. 2013. 作战仿真理论与实践. 北京: 国防工业出版社.

邓志宏, 老松杨. 2013. 赛博空间概念框架及赛博空间作战机理研究. 军事运筹与系统工程, 27(3): 28-31,58.

董志明, 郭齐胜, 黄玺瑛. 2013. 战场环境建模与仿真. 北京: 国防工业出版社.

杜建丽, 陈动, 张振鑫, 等. 2019. 建筑点云几何模型重建方法研究进展. 遥感学报, 23(3):374-391.

方滨兴. 2018. 定义网络空间安全. 网络与信息安全学报, 4(1):1-5.

高俊, 万刚. 2016. 战场环境工程理论和技术. 北京: 解放军出版社.

高颖, 张政, 王凤华, 等. 2014. 复杂电磁环境建模与可视化研究综述. 计算机工程与科学, 36(9): 1742-1749.

葛永新. 2006. 基于特征的图像配准算法研究. 重庆: 重庆大学硕士学位论文.

宫立山. 2012. 沙尘暴景象的参数化建模与绘制研究. 杭州: 浙江大学硕士学位论文.

谷雨, 杨慧杰. 2016. 赛博对抗建模仿真研究. 现代计算机, (12): 24-27.

郭莉, 曹亚男, 苏马婧, 等. 2018. 网络空间资源测绘: 概念与技术. 信息安全学报, 3(4): 1-14.

国家测绘局. 2010. 基础地理信息数字成果 1：5000、1：10000、1：25000、1：50000、1：100000 数字高程模型: CH/T 9009.2-2010. 北京: 测绘出版社.
韩李涛, 朱庆, 侯澄宇. 2006. 构建虚拟海洋环境若干问题探讨. 海洋通报, 25(4): 85-91,96.
韩阳, 万刚, 曹雪峰. 2008. 混合式全球网格划分方案. 测绘工程, 17 (3): 16-20.
何鼎乾. 2013. 全景图像获取和显示技术研究. 郑州: 解放军信息工程大学硕士学位论文.
贺毅辉, 胡斌, 彭伟. 2012. 作战模拟基础. 北京: 国防工业出版社.
胡绘斌. 2006. 预测复杂环境下电波传播特性的算法研究. 长沙: 国防科学技术大学博士学位论文.
胡晓峰. 2004. 作战模拟术语导读. 北京: 国防大学出版社.
胡晓光, 程承旗, 童晓冲. 2015. 基于 GeoSOT-3D 的三维数据表达研究. 北京大学学报(自然科学版), 51(6): 1022-1028.
黄海明, 刘保卫, 刘金刚, 等. 2005. 基于真实景物的虚拟现实场景的生成. 计算机工程, 31(14):183-186.
黄柯棣, 邱晓刚, 查亚兵. 2010. 建模与仿真技术. 长沙: 国防科技大学出版社.
黄柯棣, 张金槐, 查亚兵, 等. 1998. 系统仿真技术. 长沙: 国防科技大学出版社.
黄立勤, 陈财淦. 2014. 全景图拼接中图像融合算法的研究. 电子与信息学报, 36(6):1292-1298.
黄唯. 2017. 基于 GPU 和粒子系统的动态云实时模拟. 南京: 东南大学硕士学位论文.
黄文清. 2011. 作战仿真理论与技术. 北京: 国防工业出版社.
纪松. 2012. 多视匹配策略与优化方法研究. 郑州: 解放军信息工程大学博士学位论文.
贾艾晨. 2003. 大坝地震反应数据场可视化方法研究. 大连: 大连理工大学博士学位论文.
姜春良. 1995. 军事地理学. 北京: 军事科学出版社.
姜景山. 2001. 空间科学与应用. 北京: 科学出版社.
柯玲玲. 2019. 基于气象数据的三维云仿真技术研究. 杭州: 浙江工业大学硕士学位论文.
赖积保. 2006. 网络安全态势感知系统关键技术研究. 哈尔滨: 哈尔滨工程大学硕士学位论文.
李波. 2010. 复杂环境下的海面实时建模与仿真研究. 武汉: 华中科技大学硕士学位论文.
李勃. 2013. 虚拟海洋与三维可视化仿真引擎的研究与开发. 青岛: 中国海洋大学博士学位论文.
李大林. 2008. 日、地空间环境仿真可视化技术研究. 北京: 中国科学院研究生院硕士学位论文.
李德仁, 肖志峰, 朱欣焰, 等. 2006. 空间信息多级网格的划分方法及编码研究. 测绘学报, 35(1): 52-56,70.
李峰, 吴燕雄, 卫爱霞, 等. 2015. 机载激光雷达 3 维建筑物模型重建的研究进展. 激光技术, 39(1):23-27.
李建胜. 2004. HLA 在"空间环境要素仿真"中的应用. 郑州: 解放军信息工程大学硕士学位论文.
李松. 2012. 基于图像拼接的球面全景图研究. 长春: 长春理工大学硕士学位论文.
李苏军, 杨冰, 吴玲达. 2008. 海浪建模与绘制技术综述. 计算机应用研究, 25(3):666-669.
李修和. 2014. 战场电磁环境建模与仿真. 北京: 国防工业出版社.
李昭. 2010. 虚拟海洋环境时空数据建模与可视化服务研究. 杭州: 浙江大学博士学位论文.
李志林, 朱庆, 谢潇. 2018. 数字高程模型. 3 版. 北京: 科学出版社.
李志林, 朱庆. 2003. 数字高程模型. 2 版. 武汉: 武汉大学出版社.

廖瑛, 邓方林, 梁加红. 2006. 系统建模与仿真的校核、验证与确认(VV&A)技术. 长沙: 国防科技大学出版社.

廖瑛, 梁加红, 等. 2002. 实时仿真理论与支撑技术. 长沙: 国防科技大学出版社.

林雕, 宋国民, 邓晨. 2015. 基于图的语义室内导航模型构建研究. 测绘工程, 24(1): 48-52.

林雕, 宋国民, 贾奋励. 2014. 面向位置服务的室内空间模型研究进展. 导航定位学报, 2(4): 17-21, 26.

林雕. 2015. 基于上下文感知的室内路径规划研究与实践. 郑州: 解放军信息工程大学硕士学位论文.

刘世光. 2007. 大气现象的真实感建模及绘制技术研究. 杭州: 浙江大学博士学位论文.

刘思峰, 方志耕, 朱建军. 2012. 系统建模与仿真. 北京: 科学出版社.

刘湘南, 黄方, 王平. 2008. GIS 空间分析原理与方法. 北京: 科学出版社.

刘学军, 符锌砂. 2001. 三角网数字地面模型的理论、方法现状及发展. 长沙交通学院学报, 17(2): 24-31.

刘学军. 2002. 基于规则格网数字高程模型解译算法误差分析与评价. 武汉: 武汉大学博士学位论文.

刘藻珍, 魏华梁. 1998. 系统仿真. 北京: 北京理工大学出版社.

罗向阳, 刘琰, 尹美娟. 2020. 网络空间测绘. 北京: 科学出版社.

吕品, 鲁敏, 李杰. 2015. 地形可视性分析与应用. 北京: 国防工业出版社.

麻金继, 梁栋栋. 2018. 三维测绘新技术. 北京: 科学出版社.

穆歌, 李巧丽, 孟庆均. 2013. 系统建模. 2 版.北京: 国防工业出版社.

宁振伟, 朱庆, 夏玉平. 2013. 数字城市三维建模技术与实践. 北京: 测绘出版社.

彭凤婷. 2017. 全景视频图像融合与拼接算法研究. 成都: 电子科技大学硕士学位论文.

邱洪云, 张彦卫, 关慧, 等. 2013. 论赛博空间的基本特征. 空间电子技术, 10(2): 95-99, 108.

全国地理信息标准化技术委员会. 2007. 地理空间数据交换格式: GB/T 17798-2007. 北京: 中国标准出版社.

全国地理信息标准化技术委员会. 2009. 地理格网: GB/T 12409-2009. 北京: 中国标准出版社.

全军军事术语管理委员会, 军事科学院. 2011. 中国人民解放军军语. 北京: 军事科学出版社.

邵国培, 刘雅奇, 何俊, 等. 2007. 战场电磁环境的定量描述与模拟构建及复杂性评估. 军事运筹与系统工程, 21(4): 17-20.

石教英, 蔡文立. 1996. 科学计算可视化算法与系统. 北京: 科学出版社.

史敏红. 2019. 图像融合技术发展综述. 计算机时代, (9): 27-29.

司光亚, 王艳正. 2019. 网络空间作战建模仿真. 北京: 科学出版社.

宋国民. 2016. 作战环境建模. 郑州: 解放军信息工程大学.

汤国安, 刘学军, 闾国年. 2005. 数字高程模型及地学分析的原理与方法. 北京: 科学出版社.

田天, 常峥, 马杰, 等. 2022. AP9/AE9/SPM 辐射环境模型研究. 装备环境工程, 19(5): 149-156.

王畅. 2014. 数值模拟云三维可视化关键技术的研究. 南京: 南京信息工程大学硕士学位论文.

王光霞. 2005. DEM 精度模型建立与应用研究. 郑州: 解放军信息工程大学博士学位论文.

王国利, 李群, 杨学博, 等. 2021. 基于机载激光雷达点云的森林场景建模. 北京建筑大学学报, 37(2):39-46.

王国玉, 汪连栋. 2004. 雷达电子战系统数学仿真与评估. 北京: 国防工业出版社.

王建华. 2002. 空间信息可视化. 北京: 测绘出版社.
王金宝. 2019. 基于图像融合的实时全景融合模型的设计与实现. 沈阳: 中国科学院沈阳计算技术研究所硕士学位论文.
王磊. 2015. 网络安全态势感知关键技术研究. 西安: 西安电子科技大学硕士学位论文.
王鹏, 徐青, 李建胜. 2012. 空间环境建模与可视化仿真技术. 北京: 国防工业出版社.
王鹏. 2006. 基于 HLA 的空间环境要素建模与仿真技术研究. 郑州: 解放军信息工程大学博士学位论文.
王汝群, 胡以华, 谈何易, 等. 2006. 战场电磁环境. 北京: 解放军出版社.
王汝群. 2008. 论复杂电磁环境的基本问题. 中国军事科学, (4): 62-70.
王若璞. 2010. 空间碎片环境模型研究. 郑州: 解放军信息工程大学博士学位论文.
王章野, 宫立山, 施肖菁, 等. 2013. 沙尘暴场景的参数化建模与实时绘制. 计算机辅助设计与图形学学报, 25(7): 1012-1021.
王志勇, 张继贤, 黄国满. 2012. 数字摄影测量新技术. 北京: 测绘出版社.
王壮壮. 2021. 倾斜摄影三维模型构建及其优化研究. 赣州: 江西理工大学硕士学位论文.
威廉·吉布森. 2013. 神经漫游者. Denovo 译. 南京: 江苏文艺出版社.
翁干飞, 华祖耀, 田新华. 2002. 电磁环境仿真研究. 计算机仿真, 19(5): 107-110.
翁干飞. 2002. 基于雷达模拟器的电磁环境仿真. 长沙: 国防科学技术大学硕士学位论文.
吴立新, 余接情. 2009. 基于球体退化八叉树的全球三维网格与变形特征. 地理与地理信息科学, 25(1): 1-4.
吴立新, 余接情. 2012. 地球系统空间格网及其应用模式. 地理与地理信息科学, 28(1): 7-13.
吴迎年, 张霖, 张利芳, 等. 2009. 电磁环境仿真与可视化研究综述. 系统仿真学报, 21(20): 6332-6338.
徐华勋, 赵龙, 肖全初. 2006. 云的动态实时仿真技术研究与实现. 计算机仿真, 23(7): 202-206.
徐慧玲. 2010. 基于粒子系统三维云的模拟仿真. 武汉: 武汉理工大学硕士学位论文.
徐青, 施群山, 蓝朝桢. 2020. 空间态势信息可视化表达的理论技术与方法. 北京: 科学出版社.
徐迎庆, 苏成, 李华, 等. 1999. 基于物理模型的流水及波浪模拟. 计算机辅助设计与图形学学报, 9(2): 191-192.
许丽人, 徐幼平, 李鲲, 等. 2006. 大气环境仿真建模方法研究. 系统仿真学报, 18(S2): 24-27.
鄢来斌, 李思昆, 张秀山. 2001. 虚拟海战场景中的海浪实时建模与绘制技术研究. 计算机研究与发展, 38(5): 568-573.
杨必胜, 董震. 2019. 点云智能研究进展与趋势. 测绘学报, 48(12):1575-1585.
杨超. 2010. 虚拟战场中电磁环境三维建模与绘制方法研究. 长沙: 国防科学技术大学博士学位论文.
游雄, 陈刚, 宋国民, 等. 2012. 战场环境仿真. 北京: 解放军出版社.
于丽莉. 2010. 球面虚拟实景空间漫游的关键技术研究. 郑州: 解放军信息工程大学硕士学位论文.
余接情, 吴立新. 2012. 适应性球体退化八叉树格网及其编码方法. 地理与地理信息科学, 28(1): 14-18.
袁文, 程承旗, 马蔼乃, 等. 2004. 球面三角区域四叉树 L 空间填充曲线. 中国科学 E 辑 工程科学材料科学, 47(3): 265-280.

张宏升, 朱好, 彭艳, 等. 2007. 沙尘天气过程沙地下垫面沙尘通量的获取与分析研究. 气象学报, 65(5): 744-752.
张锦明. 2020. DEM 插值算法适应性理论与方法. 北京: 电子工业出版社.
张霖, 沈月伟, 吴迎年, 等. 2013. 复杂电磁环境三维仿真及可视化系统. 中国电子科学研究院学报, 8(2): 111-118.
张欣. 2014. 六角格兵棋地图建模关键技术与应用研究. 郑州: 解放军信息工程大学博士学位论文.
张阳, 司光亚, 王艳正. 2017. 基于 EBNI 框架的网络空间作战建模研究. 系统仿真学报, 29(9): 1886-1894,1906.
张寅宝, 张威巍, 孙卫新. 2014a. 面向位置服务的室内空间数据模型研究. 测绘与空间地理信息, 37(11):11-13,17.
张寅宝, 张威巍, 张欣. 2014b. 建筑物室内空间建模研究综述. 地理信息世界, 21(5):7-12.
张永生, 贲进, 童晓冲. 2007. 地球空间信息球面离散网格:理论、算法及应用. 北京: 科学出版社.
张勇, 丁建林. 2012. 赛博空间态势感知技术研究. 信息网络安全, (3): 42-44,80.
张振超. 2015. 多视角倾斜航空影像匹配技术研究. 郑州: 解放军信息工程大学硕士学位论文.
张志勇, 张文博, 杨慧, 等. 2019. 网络安全态势预测研究综述. 通信技术, 52(7): 1713-1721.
张宗佩. 2011. 战场复杂电磁环境可视化技术研究. 郑州: 解放军信息工程大学硕士学位论文.
赵鹏图. 2019. 大视角场景下的图像匹配算法研究. 南京: 东南大学硕士学位论文.
赵学胜, 贲进, 孙文彬, 等. 2016. 地球剖分格网研究进展综述. 测绘学报, 45(S1): 1-14.
郑文翰. 1993. 军事科学概论. 北京: 军事科学出版社.
中国军事百科全书编审委员会. 2014. 中国军事百科全书-军事环境. 2 版.北京: 中国大百科全书出版社.
中煤航测遥感. 2020. http://www.arscsoftware.com/a/soft/swcj/46.html[2020-11-10].
周光霞, 王菁, 赵鑫. 2015. 美军赛博空间发展动向及启示. 指挥信息系统与技术, 6(1): 1-5.
周杰. 2017. 倾斜摄影测量在实景三维建模中的关键技术研究. 昆明: 昆明理工大学硕士学位论文.
周启鸣, 刘学军. 2006. 数字地形分析. 北京: 科学出版社.
周杨, 徐青, 蓝朝桢. 2013. 地理空间信息可视化技术. 郑州: 解放军信息工程大学.
朱长青, 史文中. 2006. 空间分析建模与原理. 北京: 科学出版社.
朱庆, 李世明, 胡翰, 等. 2018. 面向三维城市建模的多点云数据融合方法综述. 武汉大学学报(信息科学版), 43(12): 1962-1971.
朱庆, 徐冠宇, 杜志强, 等. 2012. 倾斜摄影测量技术综述. http://www.paper.edu.cn/releasepaper/content/201205-355[2012-05-22].
朱欣焰, 杨龙龙, 呙维, 等. 2015. 面向全息位置地图的室内空间本体建模. 地理信息世界, 22(2):1-7.
邹建武, 祝明波, 董巍. 2010. 海浪建模方法综述. 舰船电子工程, 30 (11): 10-14.
曾桂香. 2018. 面向位置服务的室内三维模型数据组织. 成都: 电子科技大学硕士学位论文.
Amiri A, Samavati F, Peterson P. 2015. Categorization and conversions for indexing methods of discrete global grid systems. ISPRS International Journal of Geo-Information, 4(1): 320-336.
Bartholdi J, Goldsman P. 2001. Continuous indexing of hierarchical subdivisions of the globe.

International Journal of Geographical Information Science, 15(6): 489-522.
Bass T. 2000. Intrusion detection systems and multisensor data Fusion: Creating cyberspace situational awareness. Communications of the ACM, 43(4): 99-105.
Bay H, Tuytelaars T, van Gool L. 2006. SURF: Speeded up robust features. European Conference on Computer Vision, Graz: 404-417.
Bjørke J T, Nilsen S. 2004. Examination of a constant-area quadrilateral grid in representation of global digital elevation models. International Journal of Geographical Information Science, 18(7): 653-664.
Blinn J F. 1978. Simulation of wrinkled surfaces. Computer Graphics, 12(3): 286-292.
Cabral B, Leedom L C. 1993. Imaging vector fields using line integral convolution. Proceedings of the 20th Annual Conference on Computer Graphics and Interactive Techniques, New York:263-270.
Chen J X, Lobo N V. 1995. Toward interactive-rate simulation of fluids with moving obstacles using Navier-Stokes equations. Graphical Models and Image Processing, 57(2):107-116.
Cullip T, Neumann U. 1993. Accelerating Volume Reconstruction with 3D Texture Mapping Hardware. Chapel Hill:University of North Carolina.
Dutton G. 1996. Encoding and handling geospatial data with hierarchical triangular meshes. Proceedings of 7th International Symposium on Spatial Data Handling, Delft:34-43.
Dutton G. 1999. A Hierarchical Coordinate System for Geoprocessing and Cartography. Berlin: Springer.
Endsley M R. 1988. Design and evaluation for situation awareness enhancement. Proceedings of the Human Factors Society 32nd Annual Meeting, Santa Monica: 97-101.
Ewing J A, Longuet-Higgins M S, Srokosz M A, et al. 1987. Measurements of the vertical acceleration in wind waves. Journal of Physical Oceanography, 17(1):3-11.
Fisher P F, Tate N J. 2006. Causes and consequences of error in digital elevation models. Progress in Physical Geography:Earth and Environment, 30(4):467-489.
Fishman B, Schachter B. 1980. Computer display of height fields. Computer & Graphics, 5(2-4): 53-60.
Foster I, Kesselman C. 1998. The Grid: Blueprint for a New Computing Infrastructure. San Francisco :Morgan Kaufman.
Foster N, Metaxas D. 1996. Realistic animation of liquids. Graphical Models and Image Processing, 58(5):471-483.
Fournier A, Reeves W T. 1986. A simple model of ocean waves. ACM SIGGRAPH Computer Graphics, 20(4):75-84.
Gerstner F. 1809. Theorie der wellen. Annalen der Physik, 32(8):412-445.
Gibb R G. 2016. The rHEALPix discrete global grid system. Proceedings of the 9th Symposium of the International Society for Digital Earth (ISDE), Halifax: 012012.
Gibson L, Lucas D. 1982. Spatial data processing using generalized balanced ternary. Proceedings of IEEE Computer Society Conference on Pattern Recognition and Image Processing, Las Vegas:566-572.
Goodchild M F, Yang S R. 1992. A hierarchical spatial data structure for global geographic information systems. CVGIP: Graphical Models and Image Processing, 54(1): 31-44.
Goodchild M F. 1991. Issues of Quality and Uncertainty. London: Elsevier Applied Science.

Gortney W E. 2016. Department of defense dictionary of military and associated terms. https://digital.library. unt.edu /ark:/67531/metadc949822/m2/1/high_res_d/jp1_02.pdf [2020-3-10].

Gröger G, Kolbe T H, Nagel C, et al. 2012. OGC city geography markup language(CityGML) encoding standard. https://portal.opengeospatial.org/files/?artifact_id=47842[2019-10-20].

Harris C, Stephens M. 1988. A combined corner and edge detector. Proceedings of the Aloey Vision Conference,Manchester:147-151.

Heuvelink G. 1998. Error Propagation in Environmental Modelling with GIS. London: Talyor and Francis.

ISO 16739-1:2018. 2018. Industry foundation classes (IFC) for data sharing in the construction and facility management industries-Part 1: Data schema. https://www.iso.org/standard/70303.html [2020-6-20].

ISO 19107:2019. 2019. Geographic information-spatial schema. https://www.iso.org/ standard/66175. html[2020-6-20].

Jensen L S, Golias R. 2016. Deep-water animation and rendering. https://www. semanticscholar. org/paper/Deep-Water-Animation-and-Rendering-Jensen-Goli%C3%A1%C5%A1/b82acf6a543 aff6a3581b1e7ad02efb88b501750 [2016-5-15].

Kageyama A, Sato T. 2004. "Yin-Yang grid": An overset grid in spherical geometry. Geochemistry Geophysics Geosystems, 5(9):1-15.

Kanchan U, Anupama A, Neetu T, et al. 2013. Determination of nimesulide in pharmaceutical and biological samples by a spectrophotometric method assisted with the partial least square method. Research on Chemical Intermediates, 39(8):3553-3563.

Kask R J. 2011. Cyberspace Policy Review: Assuring a trusted and resilient information and communications infrastructure. https://www.nationalcyberwatch.org/resource/cyberspace-policy-review-assuring-a-trusted- and-resilient-i nformation-and-communications-infrastructure-2/ [2020-3-10].

Kruger J, Westermann R. 2003. Acceleration techniques for GPU-based volume rendering. Proceedings of IEEE Visualization ,Seattle:287-292.

Leberl F, Olson D. 1982. Raster scanning for operational digitizing of graphical data. Photogrammetric Engineering and Remote Sensing, 48(4):615-627.

Lee J, Li K J, Zlatanova S, et al. 2014. OGC indoor geography markup language (IndoorGML) implementation standard. http://docs.opengeospatial.org/is/14-005r3/14-005r3.html [2019-10-20].

Levoy M. 1988. Display of surfaces from volume data. IEEE Computer Graphics and Applications, 8(3): 29-37.

Li Z L. 1988. On the measure of digital terrain model accuracy. The Photogrammetric Record, 12(72):873-877.

Li Z L. 1992. Variation of the accuracy of digital terrain models with sampling interval. The Photogrammetric Record, 14(79):113-128.

Losasso F, Talton J O, Kwatra N, et al. 2008.Two-way coupled SPH and particle level set fluid simulation. IEEE Transactions on Visualization and Computer Graphics, 14(4): 797-804.

Lowe D G. 2004. Distinctive image features from scale-invariant key points. International Journal of Computer Vision, 60(2):91-110.

Luker M A. 2003. The national strategy to secure cyberspace. Educause Review, 38(2):60.

Mahdavi-Amiri A, Harrison E, Samavati F. 2015. Hexagonal connectivity maps for digital earth. International Journal of Digital Earth, 8(9): 750-769.

Mandelbrot B B, van Ness J W. 1968. Fractional Brownian motions, fractional noises and applications. SIAM Review, 10(4):422-437.

Max N L. 1981. Vectorized procedural models for natural terrain: Waves and islands in the sunset. Computer Graphics, 15(3):317-324.

Mikolajczyk K, Schmid C. 2005.A performance evaluation of local descriptors. IEEE Transactions on Pattern Analysis and Machine Intelligence, 27(10): 1615-1630.

Miller C L, Laflamme R A. 1958. The digital terrain model-theory and application. Photogrammetric Engineering, 24(3):433-442.

Mitchell J L. 2005. Real-time Synthesis and Rendering of Ocean Water. Marlborough: Array Technology Industry Technologies Inc.

Ottoson P, Hauska H. 2002. Ellipsoidal quadtrees for indexing of global geographical data. International Journal of Geographical Information Science, 16(3): 213-226.

Peachey D R. 1986. Modeling waves and SURF. Proceedings of the 13th Annual Conference on Computer Graphics & Interactive Techniques, New York: 65-74.

Perlin K. 1985. An image synthesizer. ACM SIGGRAPH Computer Graphics, 19(3): 287-296.

Perry P. 2009. Close-packed, uniformly adjacent, multi resolutional, overlapping spatial data ordering. https://pubchem.ncbi.nlm.nih.gov/patent/US-8400451-B2 [2020-8-13].

Pierson W J, Neumann G, Jemes R W. 1955. Pratical methods for observing and forecasting ocean waves by meas of wave spectra and statistics. https://repository.oceanbestpractices.org/handle/11329/1483[2020-4-16].

Pozzer C T, Pellegrino S R M. 2002. Procedural solid-space techniques for modeling and animating waves. Computers & Graphics, 26(6): 877-885.

Reeves W T. 1983. Particle systems: A technique for modeling a class of fuzzy objects. ACM Transactions on Graphics, 2(2): 91-108.

Rezk-Salama C, Engel K, Bauer M, et al. 2000. Interactive volume rendering on standard PC graphics hardware using multi-textures and multi-Stage rasterization. Proceedings of the ACM Siggraph/Eurographics Workshop on Graphics Hardware,New York:109-118.

Sahr K, White D, Kimerling A J. 2003. Geodesic discrete global grid systems. Cartography and Geographic Information Science, 30(2): 121-134.

Sahr K, White D. 1998. Discrete global grid systems. Proceedings of the 30th Symposium on the Interface, Computing Science and Statistics, Minneapolis: 269-278.

Sahr K. 2005. Discrete global grid systems: A new class of geospatial data structures. Eugene: University of Oregon.

Sahr K. 2016. Central Place Indexing Systems: US-2012206494-A1. https://pubchem. ncbi.nlm.nih. gov/patent/US-2012206494-A1#section=Full-Text[2012-8-16].

Staff J. 2006. The national military strategy for cyberspace operations. https://gssd.mit.edu/search-gssd/site/national-military-strategy-cyberspace-60365-sun-06-16-2013-1531 [2020-3-15].

Staff J. 2017. Joint publication 3-0. Joint operations. https://docslib.org/doc/3173119/ jp-3-0-joint-operations-17-january-2017-incorporating-change-1 [2020-3-15].

Stegmaler S, Strengert M, Klein T, et al. 2005. A simple and flexible volume rendering framework for graphics-hardware-based raycasting. Fourth International Workshop on Volume Graphics ,Stony Brook :187-241.

Stemmer K, Harder H, Hansen U. 2006. A new method to simulate convection with strongly temperature-and pressure-dependent viscosity in a spherical shell: Applications to the earth's mantle. Physics of the Earth and Planetary Interiors, 157(3-4): 223-249.

Tong X C, Ben J, Wang Y, et al. 2013. Efficient encoding and spatial operation scheme for aperture 4 hexagonal discrete global grid system. International Journal of Geographical Information Science, 27(5): 898-921.

Tsai V J D. 1993. Delaunay triangulations in TIN creation: An overview and a linear-time algorithm. International Journal of Geographical Information Systems, 7(6):501-524.

United States Federal Geographic Data Committee Standards Working Group. 2001. United states national grid: FGDC-STD-011-2001. Reston: United States Federal Geographic Data Committee.

Vince A, Zheng X. 2009. Arithmetic and Fourier transform for the PYXIS multi-resolution digital earth model. International Journal of Digital Earth, 2(1): 59-79.

Westermann R, Ertl T. 1998. Efficiently using graphics hardware in volume rendering application. Proceedings of the 25th Annual Conference on Computer Graknics and Interac tive Techniques,New York:169-177.

White D. 2000. Global grids from recursive diamond subdivisions of the surface of an octahedron or icosahedron. Environmental Monitoring and Assessment, 64(1): 93-103.

Wijk J J. 1991. Spot noise: Texture synthesis for data visualization. Computer Graphics, 25(4): 309-318.

Wijk J J. 2002. Image based flow visualization. ACM Transactions on Graphics, 21(3):745-754.

William G. 1984. Neuromancer. New York: AceBooks.

Wood J D. 1996. The geomorphological characterisation of digital elevation models. Leicester: University of Leicester.

Yang H C, Zhang S B, Wang Y B. 2012. Robust and precise registration of oblique images based on scale-invariant feature transformation algorithm. IEEE Geoscience and Remote Sensing Letters,9(4): 783-787.